El bar de las
grandes esperanzas

NEFELIBATA

J. R. MOEHRINGER

El bar de las grandes esperanzas

Traducción de Juanjo Estrella

Duomo ediciones

Barcelona, 2021

Título original: *The Tender Bar*

© 2005, J. R. Moehringer
© 2015, de la traducción: Juanjo Estrella González
© 2021, de esta edición: Antonio Vallardi Editore S.u.r.l., Milán

Todos los derechos reservados

Primera edición: septiembre de 2015
Primera edición en esta colección: diciembre de 2021

Duomo ediciones es un sello de Antonio Vallardi Editore S.u.r.l.
Av. del Príncep d'Astúries, 20. 3.º B. Barcelona, 08012 (España)
www.duomoediciones.com

Gruppo Editoriale Mauri Spagnol S.p.A.
www.maurispagnol.it

ISBN: 978-84-17128-20-3
Código IBIC: FA
DL B 18.335-2021

Diseño de interiores:
Agustí Estruga

Composición:
Grafime. Mallorca 1. Barcelona 08014 (España)
www.grafime.com

Impresión:
Grafica Veneta S.p.A. di Trebaseleghe (PD)

Impreso en Italia

Queda rigurosamente prohibida, sin la autorización por escrito de los titulares del copyright, la reproducción total o parcial de esta obra por cualquier medio o procedimiento mecánico, telepático o electrónico –incluyendo las fotocopias y la difusión a través de internet– y la distribución de ejemplares de este libro mediante alquiler o préstamos públicos.

A mi madre

Índice

Prólogo

Donde no se alza mar alguno,
las aguas del corazón impulsan sus mareas.

Dylan Thomas,
La luz irrumpe donde ningún sol brilla

Prólogo
Uno de tantos

Íbamos para todo lo que necesitábamos. Cuando teníamos sed, claro, y cuando teníamos hambre, y cuando estábamos muertos de cansancio. Íbamos cuando estábamos contentos, a celebrar, y cuando estábamos tristes, a quedarnos callados. Íbamos después de una boda, de un funeral, en busca de algo que nos calmara los nervios, y siempre antes, para armarnos de valor tomando un trago. Íbamos cuando no sabíamos qué necesitábamos, con la esperanza de que alguien nos lo dijera. Íbamos a buscar amor, o sexo, o líos, o a alguien que estuviera desaparecido, porque tarde o temprano todo el mundo se pasaba por allí. Íbamos, sobre todo, cuando queríamos que nos encontraran.

En mi caso, mi lista de necesidades era larga. Hijo único, abandonado por mi padre, necesitaba una familia, un hogar. Y hombres. Sobre todo hombres. Los necesitaba para que me sirvieran de mentores, de héroes, de modelos, y como una especie de contrapeso masculino de mi madre, mi abuela, mi tía y las cinco primas con las que vivía. El bar me proporcionaba a todos los hombres que necesitaba, más dos o tres que no me hacían ninguna falta.

Mucho antes de servirme copas, el bar me sirvió la salvación. Me devolvió la fe cuando era niño, cuidó de mí de adolescente, y me acogió cuando me convertí en un hombre joven. Aunque me temo que nos sentimos atraídos por aquello que nos abandona, y por lo que parece más probable que vaya a abandonarnos, finalmente creo que nos define lo que nos acoge. Yo, naturalmente, correspondí al bar y lo acogí también, hasta que una noche el bar me rechazó y, con ese acto de abandono final, el bar me salvó la vida.

Siempre había habido un bar en esa esquina, con un nombre u otro, desde el principio de los tiempos, o desde el final de la Prohibición, lo que en mi pueblo –Manhasset, Long Island–, en el que tanto se bebía, era lo mismo. En la década de 1930, el bar era una escala para las estrellas de cine que iban camino de sus clubes náuticos y sus urbanizaciones exclusivas frente al mar. En la de 1940, el bar era un refugio para los soldados que regresaban de las guerras. En la de 1950, un lugar de encuentro para chicos engominados y novias con falda de capa. Pero el bar no se convirtió en referente, en terreno sagrado, hasta 1970, cuando Steve compró el local, le cambió el nombre y le puso Dickens. Sobre la puerta, Steve colgó la silueta del escritor, y debajo el nombre, escrito con caracteres de inglés antiguo: 𝕯𝖎𝖈𝖐𝖊𝖓𝖘. Tan descarada profesión de anglofilia no sentó bien a todos los Kevin Flynn y todos los Michael Gallagher de Manhasset. Si se lo pasaron por alto fue sólo porque, en cambio, consideraron acertadísima la Regla de Oro del Bar: la tercera copa corre a cuenta de la casa. También ayudó que Steve contratara a siete u ocho miembros del clan O'Malley para atender las mesas, y que hiciera todo lo que estaba en su mano para que pareciera que el Dickens había sido trasladado piedra a piedra hasta allí desde el condado de Donegal.

Steve pretendía que su bar tuviera el aspecto de un pub europeo pero que, a la vez, encarnara la quintaesencia de América, una auténtica casa para el público. Su público. En el corazón de Manhasset, suburbio campestre de ocho mil habitantes situado a veintisiete kilómetros de Manhattan. La intención de Steve era crear un refugio en el que sus vecinos, sus amigos y otros bebedores, y sobre todo sus compañeros de instituto que regresaban de Vietnam, pudieran saborear cierta sensación de seguridad, de retorno. En todos los proyectos que emprendía, Steve se mostraba seguro del éxito; aquella confianza era su cualidad más atractiva, y su defecto más trágico. En cualquier caso, el Dickens había superado con creces sus más grandes esperanzas. Manhasset no tardó en considerar el Dickens como El Bar. Así como decimos, simplemente, la Ciudad para referirnos a Nueva York, y la Calle cuando hablamos de Wall Street, siempre decíamos el Bar, por defecto, y nunca había confusión posible sobre a cuál de ellos nos referíamos. Y después, de manera imperceptible, el Dickens se convirtió en algo más que en el Bar. Pasó a ser el Sitio, el refugio preferido frente a todas las tormentas de la vida. En 1979, cuando el reactor nuclear de Three Mile Island se fundió y el temor a un apocalipsis barrió el noreste del país, muchos habitantes de Manhasset telefonearon a Steve para reservar sitio en el sótano estanco construido bajo su bar. En todas las casas había sótano, por supuesto. Pero el Dickens tenía algo. Cuando el Día del Juicio acechaba, la gente pensaba primero en él.

Además de proporcionar un refugio, Steve impartía, todas las noches, lecciones sobre democracia, o sobre esa pluralidad especial que propicia el alcohol. De pie, desde el centro del local, veías a hombres y mujeres de todos los estratos de la sociedad educándose unos a otros, maltratándose. Oías al hombre más pobre del pueblo conversar sobre la «volatilidad de los mercados» con el presidente de la Bolsa de Nueva York, o al bibliotecario local darle una clase a uno de los mejores beisbolistas de los New York Yankees sobre la conveniencia de agarrar el bate desde más arriba. Oías a un porteador de escasas luces decir algo tan descabellado y a la vez tan sensato que el profesor universitario de filosofía se lo apuntaba en una servilleta y se metía esta en el bolsillo. Oías a camareros que, mientras cerraban apuestas y preparaban cócteles, hablaban como reyes filósofos.

Steve creía que la barra de un bar era el punto de encuentro más igualitario de todos los que existían en América, y sabía que los americanos siempre habían venerado sus bares, sus salones, sus tabernas y sus «gin mills», una de sus expresiones favoritas. Sabía que los americanos dotan a sus bares de significado y que acuden a ellos para todo, en busca de glamur y de auxilio y, sobre todo, para hallar alivio contra el azote de la vida moderna: la soledad. No sabía que los puritanos, a su llegada al Nuevo Mundo, construyeron un bar antes incluso que una iglesia. No sabía que los bares americanos eran descendientes directos de las posadas inglesas que aparecen en los *Cuentos de Canterbury* de Chaucer, que a su vez descendían de las casas de cerveza sajonas, que a su vez descendían de las *tabernae* que poblaban las calzadas de la antigua Roma. El bar de Steve podía remontarse hasta las cuevas pintadas de la Europa occidental, donde los más viejos de la Edad de Piedra iniciaban a los muchachos y las muchachas en las costumbres de la tribu hace quince mil años. Aunque Steve no sabía esas cosas, las notaba en la sangre, y las representaba en todo lo que hacía. Más que muchos otros, Steve valoraba la importancia de los lugares, y sobre la piedra angular de aquel principio logró crear un bar tan raro, tan inteligente, tan querido, tan en sintonía con sus clientes, que llegó a ser conocido mucho más allá de Manhasset.

Mi pueblo era famoso por dos cosas: el lacrosse y el alcohol. Año sí y año no, Manhasset daba al mundo una cantidad desproporcionada de excelentes jugadores de lacrosse, y una cantidad aún mayor de hígados hinchados. Había quien también conocía Manhasset como escenario donde se situaba la acción de *El gran Gatsby*. Mientras escribía pasajes de su obra maestra, F. Scott Fitzgerald pasaba ratos sentado en un porche fresco de Great Neck, y, desde el otro lado de la bahía de Manhasset, veía nuestra población, que él, en su obra de ficción, convirtió en East Egg, distinción histórica que otorgaba a nuestra bolera y nuestra pizzería cierto empaque arqueológico. Nos paseábamos cada día por el escenario abandonado de Fitzgerald. Nos enamorábamos entre sus ruinas. Era una alegría, un honor. Pero, como el bar de Steve, se trataba simplemente de una derivada más de la célebre afición a la bebida de Manhasset. Cualquier conocedor de Manhasset entendía por qué el alcohol empapaba la novela de Fitzgerald como el Mississippi anegaba las llanuras. ¿Hombres y mujeres dando fiestas salvajes y bebiendo hasta perder el conocimiento, o hasta atropellar a alguien con su coche? A nosotros todo aquello nos sonaba a un martes por la noche típico en Manhasset.

Manhasset, localidad en la que se encontraba la mayor licorería del estado de Nueva York, era la única de todo Long Island que tenía un cóctel con su nombre (un manhasset es un manhattan pero con más alcohol). Plandome Road, la calle principal del pueblo, de casi un kilómetro de longitud, era la calle de los sueños de todo bebedor: un bar detrás de otro, y de otro... Muchos, en Manhasset, comparaban Plandome Road con alguna calle mítica del campo irlandés, una procesión ligeramente curva de hombres y mujeres rebosantes de whisky y alegría. Los bares, en Plandome Road, eran tan numerosos como las estrellas en el Paseo de la Fama de Hollywood, y nosotros nos sentíamos terca, excéntricamente orgullosos de aquella abundancia. Cuando un hombre pegó fuego a su bar de Plandome Road para cobrar el seguro, los policías se lo encontraron en otro bar de la misma calle, y fue allí donde le comunicaron que lo buscaban para interrogarlo. El hombre se llevó la mano al corazón, como un sacerdote acusado de quemar una cruz. «¿Cómo iba yo a ser capaz –preguntó–, cómo iba alguien a ser capaz de quemar un bar?»

Con su curiosa división entre clase alta y clase trabajadora, con su mezcla étnica de irlandeses e italianos, y con su reducido círculo compuesto por algunas de las familias más ricas de Estados Unidos, Manhasset se hallaba en una lucha constante por definirse. Aquél era un pueblo donde unos pillos de cara sucia se congregaban en el Memorial Field para jugar a «polo en bicicleta»; donde los vecinos se ocultaban unos de otros tras sus impecables setos, al tiempo que se mantenían perfectamente al día de las vidas y flaquezas de los demás; donde todos se iban de allí en tren, temprano por la mañana, para ir a Manhattan, y de donde nadie se iba nunca para siempre, salvo en una caja de pino. Aunque Manhasset parecía una pequeña comunidad de granjeros, y aunque los agentes de la propiedad inmobiliaria tendían a considerarlo una comunidad-dormitorio, nosotros nos aferrábamos a la idea de que se trataba de una comunidad de bares. Los bares nos daban identidad y puntos de intersección. La Little League, la liga de sóftbol, la de bolos y la Junior League no sólo celebraban sus reuniones en el bar de Steve, sino que a menudo coincidían la misma noche.

Brass Pony, Gay Dome, Lamplight, Kilmeade's, Joan and Ed's, Popping Cork, 1680 House, Jaunting Car, The Scratch..., los nombres de los bares de Manhasset nos resultaban más conocidos que los de sus calles principales y sus familias fundadoras. La vida de un bar era como una dinastía: nos servía para medir el tiempo, y nos proporcionaba cierto placer básico saber que, cuando uno cerrara, el telón se alzaría en otro. Mi abuela me decía que Manhasset era uno de esos sitios en los que un tópico se daba por cierto: beber en casa era de alcohólicos. Siempre que uno bebiera públicamente, sin ocultarse, no era un borracho. Y de ahí los bares. Muchos, muchos bares.

Muchos de los bares de Manhasset, claro está, como los de cualquier otra parte, eran sitios desagradables, llenos de personas avinagradas que se maceraban en sus lamentaciones. Steve quería que el suyo fuera distinto. Quería que el suyo fuera sublime. Imaginaba un bar orientado a las distintas personalidades de Manhasset. Que fuera un pub acogedor en un momento dado, y un salvaje club nocturno para trasnochadores un rato después. Un restaurante familiar a última hora de la tarde y una taberna canalla a altas horas de la madrugada, donde hombres y mujeres pudieran contar mentiras y beber hasta desplomarse. Para Steve era fundamental la idea de que el Dickens fuera lo contrario al mundo exterior: fresco en los días de la canícula, cálido desde las primeras escarchas hasta la primavera. Su bar siempre estaría limpio y bien iluminado, como el refugio de esa familia perfecta que todo el mundo cree que existe, pero que no existe ni ha existido nunca. En el Dickens todo el mundo se sentiría especial, aunque nadie destacaría. Mi anécdota favorita sobre el bar de Steve, tal vez, tenía que ver con un hombre que había llegado hasta allí después de fugarse de un manicomio cercano. Nadie lo miró mal, nadie le preguntó quién era ni por qué iba en pijama, ni por qué tenía aquel brillo animal en la mirada. Los habituales se limitaron a darle la bienvenida, a contarle historias divertidas, a invitarle a copas durante todo el día. Y si al final acabaron pidiéndole que saliera de allí fue sólo porque el pobre hombre, sin motivo aparente, se bajó los pantalones. Pero incluso en ese momento los camareros se limitaron a regañarlo con gran cordialidad, recurriendo a su admonición clásica: «¡Bueno, bueno, eso aquí no se hace!».

Como las historias de amor, los bares dependen de una delicada mezcla de coincidencia en el tiempo, química, iluminación, suerte y –tal vez lo más importante– generosidad. Desde el primer momento Steve declaró que, en el Dickens, nadie se sentiría ninguneado. Sus hamburguesas serían suflés de tres dedos de solomillo, su hora de cierre sería negociable, por más que dijeran las ordenanzas, y sus camareros serían generosos al servir los tragos. Bastante generosos. Una copa normal en el Dickens sería como una doble en cualquier otra parte. Con una doble verías doble. Con una triple «te harían puré», según expresión del hermano menor de mi madre, mi tío Charlie, el primer camarero contratado por Steve.

Auténtico hijo de Manhasset, Steve creía en el alcohol. Todo lo que era se lo debía al alcohol. Su padre, distribuidor de Heineken, había muerto y le había dejado una pequeña fortuna cuando era joven. La hija de Steve se llamaba Brandy, su fueraborda se llamaba *Dipsomanía*, y su cara, tras años bebiendo épicamente, había adquirido una acusadora tonalidad escarlata. Steve se veía a sí mismo como un Flautista de Hamelín del Alcohol, y los residentes beodos de Manhasset también lo veían así. Con los años llegó a sumar una congregación de fanáticos, una legión de devotos. Un culto a Steve.

Todo el mundo tiene un lugar sagrado, un refugio, donde su corazón es más puro, su mente más clara, donde se siente más cerca de Dios, o del amor, o de la verdad, o de lo que sea que venere. Para bien o para mal mi lugar sagrado era el bar de Steve. Y, como lo encontré en mi juventud, aquel bar fue aún más sagrado, y su imagen quedó emborronada por ese respeto especial que los niños otorgan a los lugares en los que se sienten a salvo. Habrá quien, tal vez, se sienta así en relación con un aula, con un patio de recreo, con un teatro o una iglesia, con un laboratorio, con una biblioteca o un estadio. Incluso en relación con un hogar. Pero, a mí, ninguno de aquellos lugares me llamaba. Exaltamos lo que tenemos a mano. De haberme criado junto a un río, al lado del mar, cerca de algún escenario natural propicio para el descubrimiento de mí mismo y para la evasión, es posible que los hubiera mitificado. Pero yo me crie a ciento cuarenta y dos pasos de una vieja y gloriosa taberna americana, y eso me marcó.

No me pasaba el día en el bar. Me lancé al mundo, trabajé y fracasé, me enamoré, hice el ridículo, me destrozaron el corazón, pusieron a prueba mis límites. Pero, gracias al bar de Steve, cada rito de paso me parecía vinculado al anterior, y al siguiente, como me lo parecían todas las personas a las que conocía. Durante los primeros veinticinco años de mi vida, todo aquel a quien conocía me enviaba al bar, o me llevaba en coche al bar, o me acompañaba al bar, o me rescataba del bar, o ya estaba en el bar cuando yo llegaba, como si estuviera esperándome desde el día en que nací. Entre este último grupo se encontraban Steve y los hombres.

Yo antes decía que en el bar de Steve había encontrado a los padres que necesitaba, pero eso no es del todo cierto. En determinado momento fue el bar mismo el que se convirtió en mi padre, y todos aquellos hombres se fundieron hasta convertirse en un inmenso ojo masculino que me observaba a mis espaldas, que me proporcionaba aquella alternativa a mi madre que yo necesitaba, aquel cromosoma Y que combinara con su X. Mi madre no sabía que competía con los hombres del bar, y aquellos hombres no sabían que se medían con ella. Todos daban por sentado que se encontraban en la misma página, porque todos compartían una idea anticuada de la hombría. Tanto mi madre como aquellos hombres creían que ser un buen hombre es un arte, y que ser un mal hombre es una tragedia, tanto para el mundo como para quienes dependen de ese trágico hombre en cuestión. Aunque mi madre fue la primera en darme a conocer aquella idea, era en el bar de Steve donde obtenía la demostración diaria de su veracidad. El bar de Steve atraía a toda clase de mujeres, a una asombrosa variedad de ellas, pero yo, de niño, me fijaba sólo en el extraordinario surtido de hombres buenos y malos. Paseándome a mi antojo entre aquella fraternidad insólita de machos alfa, prestando atención a las historias de soldados y beisbolistas, poetas y policías, millonarios y corredores de apuestas, actores y estafadores que cada noche se acodaban en la barra del bar de Steve, les oía decir una y otra vez que la diferencia entre ellos era enorme, pero las razones por las que habían llegado a ser tan distintos resultaban mínimas.

Una lección, un gesto, una anécdota, una filosofía, una actitud... Yo tomaba algo de cada uno de aquellos hombres que frecuentaban el bar de Steve. Era un maestro del «robo de identidad» en una época en la que ese delito no era tan grave. Me volví sarcástico como Cager, melodramático como el tío Charlie, un bruto como Joey D. Intentaba ser duro como Poli Bob, frío como Colt, racionalizar mi enfado diciéndome que no podía ser peor que el más que justificado enfado de Smelly. Con el tiempo empecé a aplicar aquellas imitaciones que había aprendido en el Dickens a las personas que conocía fuera del bar: amigos, amantes, padres, jefes, incluso a desconocidos. El bar me proporcionó la costumbre de convertir en mentora a toda persona que se cruzara en mi camino, o en personaje, y le atribuyo el mérito y la culpa al bar, de haberme convertido en un reflejo, o en una refracción, de todos ellos.

A todos los que frecuentaban el bar de Steve les encantaban las metáforas. Un viejo bebedor de bourbon me dijo una vez que la vida era siempre cuestión de montañas y de cuevas: montañas que debemos escalar y cuevas en las que escondernos cuando no somos capaces de enfrentarnos a nuestras montañas. Para mí, el bar fue las dos cosas: mi cueva más recóndita, mi montaña más peligrosa. Y sus hombres, aunque en el fondo fueran hombres de las cavernas, fueron mis sherpas. Los quise mucho, y creo que ellos lo sabían. Aunque lo habían experimentado todo –la guerra y el amor, la fama y la vergüenza, la riqueza y la ruina–, creo que nunca vieron a otro niño contemplarlos con ojos tan brillantes, tan llenos de veneración por ellos. Mi devoción era algo nuevo para ellos, y creo que les hizo quererme, a su manera, y que por eso me secuestraron cuando tenía once años. Y ahora casi me parece oírles decir: «Pero, niño, te estás adelantando».

Steve me habría hecho contarlo así: «Me enamoré de ese bar, y fue un amor recíproco, y fue esa historia de amor la que dio forma a todas mis demás historias de amor». A una edad temprana, allí, en el Dickens, llegué a la conclusión de que la vida es una sucesión de historias de amor, y de que cada una de ellas es la respuesta a otra anterior. Pero yo era sólo uno de los muchos románticos del bar de Steve que había llegado a aquella misma conclusión, que creía en aquella reacción en cadena del amor. Era aquella creencia, tanto como el bar, la que nos unía, y por eso mi historia es sólo una hebra en la cuerda que mantenía trenzadas todas nuestras historias de amor.

Primera parte

En todo ser humano, adormecidas, hay infinidad de posibilidades que no hay que despertar en vano. Pues resulta espantoso un hombre entero reverberando en ecos y más ecos, sin que ninguno de ellos se convierta en una voz real.

Elias Canetti, *Hampstead*

Uno
Los hombres

Si un hombre puede trazar con alguna exactitud su evolución de niño a bebedor, la mía se inició una calurosa noche de verano de 1972. A mis siete años, iba en coche por Manhasset con mi madre, miré por la ventanilla y vi a nueve hombres con sus uniformes naranjas de sóftbol corriendo por el Memorial Field. En el pecho, recortada en seda negra, llevaban la silueta de Charles Dickens.

–¿Quiénes son ésos? –le pregunté a mi madre.

–Unos hombres del Dickens –me dijo ella–. ¿Ves a tu tío Charlie? ¿Y a su jefe, Steve?

–¿Podemos ir a mirar?

Mi madre aparcó y encontramos sitio en las gradas.

El sol se ponía, y los hombres proyectaban unas sombras alargadas que parecían hechas con la misma tinta negra de las siluetas que llevaban en el pecho. Además, aquellos hombres lucían unos flotadores de grasa que tensaban sus sudaderas de talla XXL hasta que aquellas siluetas parecían salpicaduras producidas por el choque de los hombres con sus propias sombras. Todo en ellos tenía ese aspecto algo irreal, de tebeo. Con su pelo escaso, sus zapatos gigantescos y la parte superior del cuerpo hipertrofiada, parecían Brutos, Popeyes y Elmers Gruñones, todos menos mi tío Charlie, que patrullaba por el centro del campo como un flamenco con las rodillas peladas. Recuerdo que Steve blandía un bate de madera del tamaño de un poste telefónico, y que todos sus *homeruns* quedaban suspendidos en el aire como una segunda luna.

De pie sobre el pentágono, Steve –el Babe Ruth de la liga cervecera– pateaba el suelo y mascullaba al pitcher que le diera algo que pulverizar.

El pitcher lo miraba entre asustado y divertido, porque incluso cuando le ladraba, Steve nunca dejaba de sonreírle. Su sonrisa era como el haz de luz de un faro, y hacía que todo el mundo se sintiera un poco más seguro. También era una orden. Obligaba a todos los demás a devolverle la sonrisa. Era irresistible, y no sólo para quienes se encontraban a su alrededor. El propio Steve parecía incapaz de dejar de mostrar los dientes. Steve y los hombres del Dickens eran tremendamente competitivos, pero nunca jamás el juego se interpuso en la principal meta de su vida: la risa. Fuera cual fuese el resultado, no dejaban de reírse, no podían dejar de reírse, y sus aficionados, desde las gradas, tampoco. Yo me reía más que cualquier otro, aunque no le viera la gracia. Me reía de oír las risas de aquellos hombres, su sincronización cómica, tan fluida e impredecible como un *double play* suyo.

–¿Por qué hacen tanto el tonto esos hombres? –le pregunté a mi madre.

–Porque están... contentos.

–¿Por qué?

Ella los miró, pensativa.

–Por la cerveza, cielo. Están contentos por la cerveza.

Cada vez que aquellos hombres pasaban frente a nosotros, dejaban a su paso una estela perfumada: cerveza, *aftershave*, cuero, tabaco, tónico capilar. Yo aspiraba hondo, memorizaba su aroma, su esencia. A partir de entonces, siempre que olía un barril de Schaeffer, un frasco de Aqua Velva, un guante de béisbol Spalding recién engrasado, un Lucky Strike consumiéndose, un bote de Vitalis, regresaba al mismo lugar, junto a mi madre, mientras veíamos a aquellos gigantes cerveceros dar trompicones por el campo.

Aquel partido de sóftbol marcó para mí el inicio de muchas cosas, pero sobre todo el inicio del tiempo. Los recuerdos anteriores tienen una naturaleza inconexa, fragmentada; a partir de ahí, los recuerdos avanzan ordenadamente, en fila india. Es posible que tuviera que encontrar el bar, uno de los dos principios organizadores de mi vida, para poder establecer una narración lineal, coherente, de ésta. Recuerdo haberme vuelto hacia el otro principio organizador de mi vida y haberle dicho que quería seguir mirando a aquellos hombres para siempre. No podemos, cielo, me respondió ella. El partido ya se ha terminado. ¿Qué? Me puse de pie, presa del pánico. Los hombres abandonaban el campo abrazados. Mientras se perdían entre los zumaques que rodeaban el Memorial Field, gritándose los unos a los otros: «¡Nos vemos en el Dickens!», yo empecé a llorar. Quería ir con ellos.

–¿Por qué? –me preguntó mi madre.

–Para ver qué es tan divertido.

–No vamos a ir al bar –dijo ella–. Nos vamos a... casa.

Siempre se encallaba un poco antes de pronunciar aquella palabra.

Mi madre y yo vivíamos en casa de mi abuelo, un hito en el pueblo casi tan famoso como el bar de Steve. La gente, muchas veces, pasaba por delante de la casa del abuelo y señalaba, y yo, en una ocasión, oí a un transeúnte aventurar que aquella vivienda debía de sufrir de alguna «dolorosa enfermedad de las casas». De lo que aquella casa sufría en realidad era de las comparaciones. Plantada entre elegantes mansiones victorianas de Manhasset, que eran como tartas, y residencias coloniales de estilo holandés, la modesta y destartalada granja de mi abuelo, escandalizaba doblemente. Él decía que no podía permitirse reformarla, pero la verdad era que le daba igual. Con algo de desafío y de orgullo perverso, la llamaba la Casa Mierda, y si el tejado empezaba a hundirse como la carpa de un circo, a él le traía sin cuidado. Casi no se daba cuenta cuando la pintura se desconchaba en copos del tamaño de naipes. No reprimía el bostezo cuando mi abuela le comentaba que en el camino de la entrada se había abierto una grieta irregular, como si un rayo hubiera impactado en él, que en realidad era lo que había ocurrido. Mis primos lo habían visto chisporrotear camino arriba, y había estado a punto de caer sobre el tejadillo. Incluso Dios, pensaba yo, señalaba la casa del abuelo.

Bajo aquel tejado hundido mi madre y yo vivíamos con mi abuelo, mi abuela, los dos hermanos de mi madre –ya adultos, el tío Charlie y la tía Ruth–, y con las cinco hijas y el hijo de la tía Ruth. «Las masas hacinadas, anhelantes de respirar libres de alquiler», nos llamaba nuestro abuelo. Mientras Steve se dedicaba a crear su refugio público en Plandome Road 550, mi abuelo regentaba una pensión en el 646 de la misma calle.

También él habría podido colgar la silueta de Charles Dickens sobre su puerta, porque allí las condiciones eran comparables a las de un taller dickensiano. Con sólo un baño en uso y doce personas, las esperas en aquella casa resultaban a menudo desesperantes, y la fosa séptica estaba constantemente embozada («Casa Mierda» era a veces algo más que un sobrenombre usado para escandalizar). El agua caliente se acababa cada mañana en plena Ducha Número Dos, hacía un breve acto de presencia durante la Ducha Número Tres, y después se burlaba y abandonaba cruelmente a la persona que se estuviera dando la Ducha Número Cuatro. Los muebles, que en gran parte databan del tercer mandato de Franklin Roosevelt, se sostenían en pie gracias a la cinta aislante, sobre la que se aplicaba más cinta aislante. Los únicos objetos de la casa eran unos vasos que nos habíamos llevado «prestados» del Dickens, y el sofá del salón, de Sears, que tenía un tapizado espantoso a base de campanas de la libertad, águilas americanas y perfiles de los Padres Fundadores. Nosotros lo llamábamos el sofá del bicentenario. Íbamos con unos cuantos años de adelanto, pero el abuelo decía que el nombre era acertado y le iba muy bien, porque George Washington bien podría haberlo usado para cruzar con él el río Delaware.

Lo peor de vivir en la casa del abuelo era el ruido, un estruendo constante de insultos, llantos y peleas, y el tío Charlie gritando que intentaba dormir, y la tía Ruth chillándoles a sus seis hijos con su enervante graznido de gaviota, que destrozaba los nervios. Justo por debajo de aquella cacofonía se distinguía una percusión permanente, débil al principio, más audible a partir del momento en que te percatabas de ella, algo así como el latido del corazón que suena en lo más profundo de la Casa Usher. En la casa del abuelo, aquel latido lo proporcionaba la puerta mosquitera de la entrada, que se abría y se cerraba durante todo el día, a medida que la gente entraba y salía –¡ñiii-pom!, ¡ñiii-pom!–, y, también, la manera de andar característica de todos los miembros de mi familia, pisando fuerte con los talones, como si fueran fuerzas de asalto sobre zancos. Entre los gritos y la puerta mosquitera, entre las broncas y el resonar de los pasos, cuando llegaba la noche ladrabas y te agitabas más que nuestra perra, que salía corriendo siempre que podía. Pero aquella hora del anochecer era el crescendo, la hora más ruidosa y más llena de tensión del día, porque era la hora de la cena.

Sentados alrededor de la mesa torcida del comedor, todos hablábamos a la vez, intentando no fijarnos mucho en la comida. La abuela no sabía cocinar, y el abuelo casi no le daba dinero para hacer la compra, así que lo que salía de la cocina en fuentes desportilladas era tóxico y cómico a partes iguales. Para preparar lo que ella llamaba «espaguetis con albóndigas», la abuela hervía un paquete de pasta hasta que se convertía en engrudo, la saturaba de puré de tomate Campbell y por encima le echaba salchichas de Frankfurt sin cocinar. Sal y pimienta a gusto del consumidor. Con todo, lo que nos provocaba indigestión era el abuelo. Solitario, misántropo, cascarrabias, tartamudo, se encontraba todas las noches en su mesa con doce comensales a los que no había invitado, incluida la perra. Una representación de la Última Cena con irlandeses pobres. Mientras nos repasaba de arriba abajo con la mirada, oíamos sus pensamientos. «Todos y cada uno de vosotros me habéis traicionado esta noche.» En su honor hay que decir que el abuelo jamás rechazaba a nadie. Pero tampoco hacía que se sintiera bienvenido, y deseaba a menudo, en voz alta y clara, que «nos largáramos todos de allí».

Mi madre y yo nos habríamos marchado muy gustosamente, pero no teníamos adónde ir. Ella ganaba muy poco dinero, y no recibía nada de mi padre, que no quería saber nada de su mujer ni de su hijo. Mi padre era muy difícil, una mezcla explosiva de encanto y rabia, y mi madre no había tenido más remedio que dejarlo cuando yo tenía siete meses. Él se había vengado desapareciendo, y retirando toda ayuda.

Como yo era tan pequeño cuando desapareció, no sabía qué aspecto tenía mi padre. Sólo sabía cómo sonaba, y aquello lo sabía muy bien. Pinchadiscos de rock and roll muy popular, mi padre hablaba todos los días frente a un micrófono situado en algún punto de Nueva York, y su voz redonda, de barítono, viajaba Hudson abajo, cruzaba la bahía de Manhasset, ascendía por Plandome Road y, una fracción de segundo más tarde, salía de la radio verde oliva que reposaba sobre la mesa de la cocina del abuelo. La voz de mi padre era tan profunda, tan imponente, que me reverberaba en las costillas y hacía temblar los utensilios de la cocina.

Los adultos que vivían en aquella casa intentaban protegerme de mi padre fingiendo que no existía. (Mi abuela ni siquiera se refería a él por su nombre, Johnny Michaels, sino que lo llamaba simplemente «La Voz».) Cambiaban de emisora siempre que lo oían, y en algunos casos escondían la radio, lo que me llevaba a mí a gritar en señal de protesta. Rodeado de mujeres, y de dos hombres distantes, yo sentía La Voz como mi única conexión con el mundo masculino. Y, más aún, era la única manera que tenía de sofocar todas las demás voces odiosas de la casa de mi abuelo. La Voz, que cada noche daba una fiesta en la misma radio verde oliva que compartía con Stevie Wonder y Van Morrison y los Beatles, era el antídoto contra toda la discordancia que me rodeaba. Cuando mis abuelos entraban en guerra por el dinero de la compra, cuando la tía Ruth, furiosa, estampaba algún objeto contra la pared, yo pegaba aún más la oreja a la radio y La Voz me contaba algo divertido, o me ponía una canción de Peppermint Rainbow. Escuchaba con tanto fervor a La Voz, llegué a dominar hasta tal punto el arte de filtrar las demás voces, que me convertí en un prodigio de la audición selectiva, que yo creía que era un don hasta que demostró ser una maldición. La vida consiste en escoger qué voces sintonizar y qué voces no, lección que yo aprendí mucho antes que la mayoría de la gente, pero que me costó más que a muchos otros aplicar correctamente.

Recuerdo haberme sentido especialmente solo un día, al sintonizar el programa de mi padre. La primera canción que puso fue *Working my Way Back to You*, de Four Seasons, y con su voz más suave, más sedosa, en la que se oía la sonrisa que se dibujaba en su rostro, dijo: «Trabajo para volver contigo, mami..., pero ten paciencia, porque sólo tengo una ruta de periódicos». Cerré los ojos y me eché a reír, y por un momento me olvidé de quién era y de dónde estaba.

Dos
La Voz

Mi padre era un hombre de muchos talentos, pero en lo que era un verdadero genio era en su capacidad para desaparecer. Sin previo aviso cambiaba de turno, se cambiaba de emisora. Yo contraatacaba sacando una radio portátil al escalón de la entrada, donde había mejor cobertura. Con el transistor sobre las piernas, movía la antena de un lado a otro y, lentamente, hacia girar la rueda del dial, sintiéndome perdido hasta que volvía a encontrar a La Voz. Un día mi madre me pilló.

–¿Qué estás haciendo?

–Buscando a mi padre.

Ella frunció el ceño, se dio la vuelta y entró en casa.

Yo sabía que La Voz no tenía el mismo efecto tranquilizador sobre ella. Para ella, la voz de mi padre «sonaba a dinero», como Fitzgerald había escrito refiriéndose a otra voz de Manhasset. Cuando oía a mi padre por la radio, mi madre no oía sus bromas, ni su encanto, ni su voz. Lo que ella oía era la cuota de manutención que él no le pasaba. Después de toda una tarde escuchando a La Voz, muchas veces veía a mi madre abrir el buzón en busca del cheque de La Voz. Recogía un montón de sobres, los dejaba caer sobre la mesa del comedor y me miraba sin decir nada. Nada. Otra vez.

Por respeto a mi madre, yo intentaba mantener el volumen de la radio muy bajo. De vez en cuando procuraba incluso dejar de escuchar La Voz, pero era inútil. En casa de mi abuelo, todos teníamos al menos un vicio: beber, fumar, jugar, mentir, insultar, holgazanear. El mío era La Voz. A medida que mi dependencia crecía, también lo hacía mi grado de tolerancia, hasta que ya no me bastaba simplemente con oírlo: empecé a responderle. Le contaba a La Voz cosas del colegio, de la Liga Menor, de la salud de mi madre; llegaba a casa agotada del trabajo todas las noches, le contaba a La Voz, y yo estaba constantemente preocupado por ella. Si lo sincronizaba bien –escuchando cuando La Voz hablaba, hablando cuando no lo hacía–, casi parecía una conversación.

Con el tiempo, mi madre me descubrió.

–¿Con quién estás hablando?

–Con nadie.

Ella se llevó la mano a la boca y la vi muy afectada. Bajé el volumen de la radio.

Una tarde, justo después de que acabara el programa de La Voz, sonó el teléfono en el salón del abuelo.

–Contesta tú –me dijo mi madre en tono raro.

Descolgué.

–¿Diga?

–Hola –dijo La Voz.

–¿Papá?

Tragué saliva. Era la primera vez que usaba aquella palabra. Noté que en mi interior se liberaba una gran presión, como si hubiera salido disparado un tapón. Me preguntó cómo estaba. ¿A qué curso vas? ¿Cómo es eso? Te gustan los profesores? No me preguntó por mi madre, que era la que, en secreto, había organizado aquella llamada después de oír mi última conversación con la radio. No me explicó dónde estaba, ni por qué no venía nunca. Hablamos de cosas intrascendentes, como si fuéramos viejos amigos de la mili. Entonces oí que le daba una larga calada a un cigarrillo y que soltaba el humo con tal fuerza que pensé que saldría por mi lado del teléfono. Oía el humo en su voz, y pensé que su voz era humo. Así era como imaginaba a mi padre: como humo parlante.

–¿Y bien? –me dijo–. ¿No te gustaría venir a ver un partido de béisbol con tu viejo?

–¡Uau! ¿En serio?

–¡Claro!

–¿Mets o Yankees?

–Mets, Yankees, quien sea.

–El tío Charlie dice que los Mets estuvieron en el Dickens el otro día.

–¿Cómo está tu tío Charlie? ¿Qué tal le va por el bar?

–Mañana por la noche juegan con los Braves.

–¿Quiénes?

–Los Mets.

–Ah, vale.

Oí el entrechocar de unos cubitos de hielo en un vaso.

–Pues muy bien. Mañana por la noche. Te recojo en casa de tu abuelo... a las seis y media.

–Estaré listo.

A las cuatro y media ya lo esperaba. Sentado en el escalón, con mi gorra de los Mets puesta, el puño metido en mi guante de béisbol nuevo, un Dave Cash, clavaba la vista en todos los coches que se acercaban a la casa. Esperaba a mi padre, pero no sabía qué significaba aquello. Mi madre no había guardado ninguna foto de él, y yo todavía no había estado en Nueva York y no había visto su rostro en vallas ni en autobuses. No sabía si mi padre tenía un ojo de cristal, un tupé, un diente de oro. No podría haberlo distinguido en una rueda de reconocimiento de la policía, algo que, según mi abuela, tal vez me tocara hacer algún día.

A las cinco, mi abuela se asomó a la puerta.

–Creía que venía a las seis y media –dijo.

–Quiero estar listo. Por si llega antes.

–¿Tu padre? ¿Antes? –Chasqueó la lengua–. Ha llamado tu madre desde el trabajo. Me ha pedido que te diga que te lleves una chaqueta.

–Hace demasiado calor.

Ella volvió a emitir un sonido y se fue.

Mi abuela no era muy partidaria de mi padre, y no era la única. Toda la familia había boicoteado la boda de mis padres, menos el hermano rebelde de mi madre, el tío Charlie, cuatro años menor, que fue quien la llevó al altar. A mí me avergonzaba que me emocionara tanto la visita de mi padre. Sabía que no estaba bien darle la bienvenida, pensar en él, quererlo. Como hombre de la familia, como protector de mi madre, yo tendría que haber estado dispuesto a exigirle dinero a mi padre en cuanto asomara la cabeza. Pero no quería asustarlo, ahuyentarlo. Me moría de ganas de verlo, más aún que de ver a mis amados Mets en vivo, por primera vez en mi vida.

Hice botar una pelota de goma en el primer escalón e intenté concentrarme en las cosas buenas que sabía de mi padre. Mi madre me había contado que antes de entrar en lo de la radio mi padre había sido «humorista», y que la gente se tronchaba cuando actuaba. «¿Qué es "humorista"?», le pregunté yo. «Una persona que actúa ante la gente y la hace reír», me respondió ella. Yo me preguntaba si mi padre se pondría delante de mí y me haría reír. ¿Se parecería a mi humorista favorito, Johnny Carson? Esperaba que sí. Le prometí a Dios que no volvería a pedirle nada más si mi padre se parecía a Johnny Carson, con aquellos ojos radiantes, con aquel rastro de sonrisa amable asomando siempre en la comisura de sus labios.

Pero entonces una idea terrorífica me llevó a dejar de jugar con la pelota en el peldaño: ¿y si mi padre, consciente de lo que toda la familia sentía por él, no quería entrar en el camino de casa? ¿Y si reducía la velocidad al llegar a Plandome Road, comprobaba si estaba allí y se alejaba a toda prisa? Bajé corriendo hasta la acera. Así podría saltar por la ventanilla del coche cuando él redujera la velocidad, y nos iríamos los dos pitando. De pie, ladeado como un autoestopista, me fijaba en todos los hombres que pasaban conduciendo, intentando decidir si podían ser mi padre. Todos me devolvían la mirada, preocupados, molestos, preguntándose por qué un niño de siete años los miraba tan fijamente.

Poco después de las ocho regresé al escalón y vi ponerse el sol. El horizonte se puso tan naranja como los uniformes del equipo de sóftbol del Dickens, como las letras NY de mi gorra de los Mets. El tío Charlie salió de casa para irse al bar. Cruzando el césped, cabizbajo, estaba tan concentrado en la operación de limpiarse las gafas de sol con un Kleenex que no me vio.

A las ocho y media mi abuela se asomó a la puerta.

–Entra y come algo –dijo.

–No.

–Sólo un bocado.

–Vamos a pedir perritos calientes en el estadio.

–Mmm.

–Se ha retrasado, eso es todo. Vendrá.

Oí que el abuelo ponía la tele para ver el partido de los Mets en Canal 9.

En condiciones normales, como era duro de oído y en la casa había siempre tanto ruido, la ponía a todo volumen. Pero aquella noche la puso muy bajita, por consideración a mí.

A las nueve intenté otra cosa. Si no miro el siguiente coche, pensé, si ni siquiera le dirijo una mirada, seguro que será mi padre. Recurrí a aquella estrategia, en la que tenía plena confianza, con treinta coches.

A las nueve y media empecé a hacer pequeñas concesiones a lo inevitable: me quité la gorra de los Mets. Me quité el guante de béisbol y lo usé como cojín. Me comí un trozo del pollo que había preparado mi abuela.

A las diez entré corriendo a hacer pis. Mientras avanzaba por el pasillo, oí al público rugir porque alguien había anotado un *homerun*.

A las once terminó el partido. Entré, me puse el pijama y me metí en la cama. Segundos después de apagar la luz, el abuelo apareció a los pies de la cama. Mi asombro fue mayúsculo.

–Lo siento –dijo–. Lo de tu padre.

–Ah –respondí yo quitándole importancia, tirando de un hilo suelto de mi mantita favorita–. Me alegro de que no haya venido. No me gustaban los pantalones que llevaba.

Mi abuelo asintió y salió del cuarto.

Me quedé en la cama, a oscuras, escuchando a mis abuelos, que en la cocina comentaban que mi padre «ha dejado plantado a JR». Dejaron de hablar al oír que un coche entraba en el camino de casa. Oí la gravilla crepitando bajo unas ruedas, un motor al ralentí. ¡Mi padre! Salté de la cama y salí corriendo del dormitorio. Al final del pasillo estrecho que conducía a la puerta principal estaba mi madre.

–Oh, no –dijo al verme–. ¿Qué haces? ¿No has ido al partido?

Negué con la cabeza. Ella vino hacia mí a paso ligero y yo la rodeé con mis brazos, sorprendido al constatar lo mucho que la quería, y lo muy intensamente que la necesitaba. Mientras estaba así, abrazado a mi madre, aferrado a ella, llorando contra sus piernas, se me ocurrió que era lo único que tenía, y que si no cuidaba mucho de ella estaría perdido.

Tres
Mi mantita favorita

Cuando no estaba pegado a la radio, escuchando a La Voz, sintonizaba las frecuencias de mi madre, me dedicaba a escrutar sus estados de ánimo. La observaba, la analizaba, la seguía de una habitación a otra. Era más que apego, más que protección. Se trataba, en parte, de toda una hazaña, porque por más atentamente que la observara, que la escuchara, mi madre era a menudo un absoluto misterio para mí.

Cuando estaba contenta, cuando expresaba alegría, o amor, mi madre podía ser maravillosamente estridente. Pero cuando estaba triste, o dolida, cuando se asustaba o le preocupaba el dinero, mi madre permanecía en silencio, con el gesto inexpresivo. Había gente que lo interpretaba como frialdad. Pero no podían estar más equivocados. Incluso yo, a mis siete años, comprendía que los silencios de mi madre, su rostro inexpresivo, ocultaban una hoguera de emociones. Lo que parecía una falta de sentimientos era un desbordamiento, un chorro de ellos. Mi madre se ocultaba tras una máscara de calma fingida por discreción, como otro podía meterse detrás de un biombo cuando se cambiaba de ropa.

Mi madre siempre había tenido algo de inescrutable, según la abuela, que me contó una anécdota para que lo entendiera mejor. Cuando mi madre iba a segundo, la maestra preguntó algo a todos los alumnos, y mi madre levantó la mano para responder. Sabía la respuesta, y estaba impaciente por decirla en voz alta. Pero la maestra se la preguntó a otro alumno. Minutos después, la maestra se dio cuenta de que mi madre todavía tenía la mano levantada. Dorothy, le dijo, baja la mano. No puedo, replicó mi madre. Baja la mano, dijo la maestra. A mi madre se le llenaron los ojos de lágrimas. La maestra la envió al despacho del director, que llegó a la conclusión de que mi madre no fingía. Tenía la mano y el brazo realmente agarrotados, tiesos. Llamaron a mi abuela para que fuera a recogerla, y ella me describió aún con cierto asombro aquel trayecto de vuelta a casa, mi madre caminando medio paso por detrás de ella, la mano levantada, rígida. La abuela la envió a la cama –no se le ocurrió otra cosa–, y a la mañana siguiente, cuando la tristeza, o la decepción, seguramente ya habían remitido, el brazo de mi madre regresó al costado.

Aunque era misteriosa por naturaleza, parte del misterio de mi madre era intencionado. A pesar de ser la persona más sincera que he conocido en mi vida, era una mentirosa extraordinaria. Para evitar causar dolor, para amortiguar el golpe de una mala noticia, mentía o fabulaba descaradamente, sin la más mínima vacilación. Sus mentiras estaban tan bien elaboradas, tan bien contadas, que yo no dudaba de su veracidad ni por un momento. Como consecuencia de ello, a veces, cuando recuerdo cosas de mi infancia, todavía hoy sigo descubriendo alguna que otra mentira de mi madre, como un huevo de Pascua pintado y tan bien escondido que nadie encontró nunca.

La primera mentira que recuerdo la dijo después de que ella y yo nos hubiéramos trasladado a un pequeño apartamento situado a unos cinco minutos de la casa de mi abuelo. Al fin, dijo, nos hemos escapado. Estaba escandalosa, ruidosamente contenta, hasta que la echaron del trabajo. Yo no tardé en encontrar unos cupones de alimentos en su billetera.

–¿Qué es esto? –le pregunté.

–Cupones –respondió con voz alegre.

Mi madre no quería que supiera que estábamos sin blanca. No quería que me preocupara más de lo que ya lo hacía. Por ese mismo motivo me mintió cuando le pregunté si podíamos comprarnos una tele.

–Hace tiempo que quiero comprar una –me dijo–. Ojalá los fabricantes de televisores no estuvieran en huelga.

Durante varias semanas yo le insistía sobre aquella huelga de fabricantes de televisores, y ella inventaba historias con todo lujo de detalles, las improvisaba en el acto, sobre piquetes en la fábrica, ruptura de las negociaciones. Cuando consiguió ahorrar lo bastante para comprar una Zenith de segunda mano en blanco y negro, vino y me dijo que la dirección había cedido. Yo, durante años, creía que se había producido un paro en la producción entre los fabricantes de televisores de Long Island, hasta que me oí a mí mismo contárselo a la gente durante una cena, y vi que todos me miraba fijamente.

En las raras ocasiones en que a mi madre la pillaban en una mentira, ella se mostraba impenitente, descarada. Explicaba sin inmutarse que mantenía una «relación» con la verdad y que, como en todas las relaciones, había que hacer concesiones. Para ella, mentir no era un pecado peor que bajar el volumen de la radio para protegerme de La Voz. Lo que ella hacía, simplemente, era bajarle el volumen a la verdad.

Su mentira más inspirada marcó un hito en nuestro vínculo, porque tenía que ver con mi posesión más preciada: mi mantita favorita. De color verde menta, de raso, con sus piezas cosidas con grueso hilo blanco, era mi otra adicción, además de La Voz. Me ponía irritable si no la tenía cerca. Me cubría con ella como si fuera un poncho, la usaba como banda, como bufanda, y a veces como cola de novia. Consideraba aquella especie de edredón un amigo fiel en un mundo cruel, y en cambio mi madre la veía como futura fuente de trastornos emocionales. A los siete años, decía, yo ya era demasiado mayor para tener una «mantita de consuelo», e intentaba razonar conmigo. Pero ¿desde cuándo la razón ha tenido algo que hacer contra el amor obsesivo? Ella había intentado requisármela alguna vez, pero yo aullaba como si me estuviera arrancando un brazo. Finalmente, una noche me desperté y vi que estaba junto a la cama.

–¿Qué pasa? –le pregunté.

–Nada. Sigue durmiendo.

Durante las semanas siguientes comprobé que la manta se hacía cada vez más pequeña. Le pregunté a mi madre.

–Tal vez se encoja al lavarla –me dijo–. A partir de ahora usaré agua fría.

Muchos años después me enteré de que mi madre entraba en mi habitación cada noche con unas tijeras y cortaba un trozo imperceptible de manta, hasta convertirla, más bien, en un chal favorito, en un trapo favorito, en una muestra de tela favorita. Con el tiempo llegarían a mi vida otras mantas favoritas, otras personas e ideas, y sobre todo lugares, por los que sentiría un apego enfermizo. Cada vez que la vida me arrebataba uno, yo recordaba la delicadeza con la que mi madre me había separado de la primera.

Lo único sobre lo que mi madre no era capaz de mentir era sobre lo mucho que la ofendía el estado de la casa del abuelo. Decía que la casa del abuelo hacía que la Casa de los Horrores de Amityville pareciera el Taj

Mahal. Decía que habría que incendiarla y cubrir el terreno con sal. Decía que era la versión de Manhasset de Alcatraz, aunque en la del abuelo los colchones y los modales en la mesa eran aún peores. Ella se había largado de aquella casa a los diecinueve años, había huido, literalmente, y había empezado a trabajar en United Airlines como azafata, y viajaba por todo el país con su uniforme y su gorrito aguamarina. Había pasado por varios empleos, entre ellos una breve incursión como chica para todo en Capitol Records, donde había conocido a Nat King Cole, y donde, desde la centralita, oía conversaciones telefónicas entre su jefe y Frank Sinatra. Ahora, a sus treinta y tres años, madre separada y sin blanca, había regresado a casa del abuelo, derrota amarga, triste paso atrás. Trabajaba en tres sitios –como secretaria, camarera y niñera–, y ahorraba todo lo que podía para poder poner en marcha lo que ella llamaba «Nuestra Próxima Gran Escapada». Pero todas nuestras fugas acababan en fracaso. Los ahorros se agotaban a los seis, a los nueve meses, o nos subían el alquiler, y teníamos que volver a la Casa Mierda. A los siete años, yo ya me había ido tres veces de casa del abuelo. Y había vuelto otras tres.

Aunque a mí no me encantaba la Casa Mierda, no la odiaba tanto como mi madre. El techo hundido, los muebles sostenidos con cinta aislante, la fosa séptica embozada, el sofá del bicentenario... Todo aquello me compensaba si a cambio podía estar con mis primos, a los que adoraba. Mi madre lo entendía, pero la casa del abuelo le chupaba la energía hasta tal punto que las compensaciones que pudiera proporcionarme a mí ya no le valían de nada. Estaba muy cansada, decía. Muy muy cansada.

Más que tener que regresar a casa del abuelo, más que tener que trasladar de nuevo todas nuestras pertenencias, lo que parecía destrozar a mi madre era el momento en que se daba cuenta de que nuestro siguiente regreso era inevitable. Recuerdo despertar en otro apartamento de un solo dormitorio, entrar en la cocina y encontrar a mi madre aporreando la calculadora. Era evidente que llevaba aporreándola desde el amanecer, y por su aspecto se diría que era la calculadora la que la aporreaba a ella. Sospechaba desde hacía tiempo que hablaba con su calculadora, como yo hablaba con la radio, y aquella mañana la pillé in fraganti. «¿Con quién estás hablando?», le pregunte. Ella alzó la vista y me miró con su gesto inexpresivo. ¿Mamá? Nada. Ante mis propias narices se estaba convirtiendo de nuevo en aquella alumna catatónica del brazo alzado.

Cada vez que regresábamos a casa del abuelo, mi madre insistía en que hiciéramos escapadas regulares para proteger nuestra salud mental. Los domingos por la tarde nos montábamos en nuestro T-Bird oxidado de 1963, que sonaba como un cañón de la guerra de Secesión, y nos íbamos a dar una vuelta. Empezábamos en Shore Drive, la mejor calle de Manhasset, donde las casas, con sus columnatas blancas, eran más grandes que el edificio del Ayuntamiento, y donde algunas de ellas tenían en el estrecho de Long Island su jardín delantero. «Imagínate vivir en una de estas joyas», decía mi madre. Aparcaba delante de la mansión más señorial, la que tenía contraventanas doradas, y un porche que la rodeaba por completo. «Imagínate estar en la cama una mañana de verano –decía–, con las ventanas abiertas, y la brisa tibia del mar meciendo las cortinas.»

Se diría que, durante nuestras salidas, siempre caía una llovizna fina, y mi madre y yo nunca podíamos bajarnos del coche para mirar mejor. Nos quedábamos allí sentados con el motor en marcha y la calefacción puesta, y los limpiaparabrisas se movían de un lado a otro, una y otra vez. Mi madre observaba la casa, y yo observaba a mi madre. Tenía el pelo brillante, cobrizo, largo hasta los hombros, y unos ojos entre castaños y verdosos que tiraban hacia el verde cada vez que sonreía. Sin embargo, su expresión facial más común era de enorme autocontrol, como una joven aristócrata que posara para su retrato de puesta de largo. Era el gesto de una mujer que podía ser amable, y frágil, pero que sin duda se mostraría fiera cuando se tratara de proteger a sus seres queridos. En algunas fotografías de mi madre veo que era consciente de su capacidad para dejar de lado sus rasgos más delicados en momentos difíciles, para luchar como la que más, y que hasta cierto punto se enorgullecía de ello. La cámara captaba ese orgullo de un modo que a mí, a mis siete años, se me escapaba. El único orgullo que yo captaba en ella de niño era el placer que le proporcionaba su sentido del estilo. Menuda, delgada, mi madre sabía qué le sentaba bien. Incluso estando sin blanca se las apañaba para resultar elegante, lo que seguramente tenía más que ver con su porte que con la ropa que vestía.

Cuando ya llevábamos un rato ahí sentados, los propietarios de la casa oían el motor del T-Bird y se asomaban a la ventana. Entonces mi madre ponía el coche en marcha y nos íbamos hasta Plandome Road, pasando por la zona comercial que empezaba en el Dickens y terminaba en la iglesia de Saint Mary. A mí me gustaba que Manhasset quedase enmarcado por sus dos lugares más sagrados, ambos centros de comunión adulta, furtiva. Al llegar a Saint Mary doblábamos a la izquierda, seguíamos por Northern Boulevard y enseguida, en Shelter Rock Road, a la derecha. Pasábamos por delante de la roca que daba nombre a la calle, un glaciar de mil ochocientas toneladas que se había desprendido hacía milenios desde el norte del estado, como una de las canicas que yo lanzaba en el patio de escuela primaria de Shelter Rock, a un kilómetro y medio de allí. Las leyendas rodeaban el lugar. Durante siglos, su silueta recortada, que proporcionaba un refugio natural de piedra, había servido para proteger a la gente de los animales, los elementos y los enemigos. Reverenciada por los americanos nativos que vivían a lo largo de toda la bahía de Manhasset, los ganaderos holandeses que llegaron hasta allí en el siglo XVII en busca de fortuna la codiciaron, y posteriormente se apoderaron de ella los colonos británicos que llegaron en busca de libertad religiosa en el siglo XVIII. En el siglo siguiente se hicieron con ella los millonarios que construyeron sus grandes mansiones en Shelter Rock Road. Yo suponía que si las cosas se ponían feas en casa del abuelo, mi madre y yo siempre podríamos irnos a vivir allí. Podríamos dormir debajo de la roca, y cocinar en una hoguera, y aunque fuera difícil, ¿acaso no lo era ya?

Un poco más allá de la roca mi madre y yo llegábamos a una zona de colinas onduladas en que las casas eran aún más impresionantes que las de la costa. Eran las más bonitas del mundo, decía mi madre. Cada pocos metros, a través de las altas rejas de hierro forjado cerradas a cal y canto, entreveíamos jardines más verdes, más amplios que el césped del Shea Stadium, que llegaban hasta aquellas réplicas de los castillos irlandeses que salían en mis libros de cuentos. «Aquí viven los Whitney –decía mi madre–. Y aquí, los Paley. Ahí es donde viven los Payson. ¿A que es bonito?»

Al llegar a la última mansión y dar media vuelta para regresar a casa del abuelo, mi madre siempre se ponía a cantar. Calentaba la voz con *I Got You, Babe*, porque le gustaba ese verso que dice: «They say our love won't pay the rent, before it's earned our money's all been spent».* A continuación, a voz en grito, llegaba su favorita, una antigua de Tin Pan Alley.

---

* Dicen que nuestro amor no basta para pagar el alquiler, nosotros nos gastamos el dinero antes de ganarlo. (*Nota del traductor.*)

Oh! We ain't got a barrel of money,
Maybe we're ragged and funny,
But we'll travel along
Singing a song,
Side by side.*

La cantaba siempre a grito pelado, pero ni así conseguía disimular la frustración que sentía. Aquellas mansiones la atormentaban tanto como la fascinaban y yo lo entendía muy bien, porque a mí me pasaba lo mismo. Con la frente apoyada en la ventanilla del coche, mientras aquellas mansiones iban quedando atrás, pensaba: «Hay tantos sitios bonitos en el mundo, y todos nos están vedados». Era evidente que el secreto de la vida consistía en «entrar ahí dentro». ¿Por qué ni a mi madre ni mí se nos ocurría la manera de hacerlo? Mi madre se merecía un hogar. No hacía falta siquiera que fuera una mansión, bastaba una casa de campo pequeña, con una rosaleda y cortinas color crema, y alfombras que fueran mullidas y estuvieran limpias y te besaran los pies descalzos cuando caminaras sobre ellas. Con eso habría de sobras. A mí me enfurecía que mi madre no tuviera cosas bonitas, y me enfurecía aún más no poder proporcionárselas yo, y más aún no poder decir nada de todo aquello en voz alta, porque mi madre seguía cantando, haciendo todo lo posible por mantener el ánimo. Cuidar de mi madre significaba no decir nada que pudiera alterar su frágil optimismo, así que yo apoyaba la frente en el cristal, más fuerte, hasta que me dolía, y dejaba de fijarme en las mansiones y me fijaba en mi reflejo en la ventanilla.

Aunque mantenía mis sentimientos bien enterrados, con el tiempo aquellos sentimientos fermentaban y afloraban a la superficie en forma de comportamientos raros. De la noche a la mañana me volví un niño compulsivo y neurótico. Emprendí la tarea de intentar arreglar la casa del abuelo, poniendo rectas las alfombras, apilando revistas, sujetando los muebles con más cinta aislante. Mis primos se reían y me llamaban Félix el Gato. Pero no es que fuera ordenado, es que me estaba volviendo loco. Además

---

* Oh, no tenemos un tonel de dinero / tal vez somos raros y desharrapados / pero viajaremos juntos / cantando una canción / el uno junto al otro. (*Nota del traductor.*)

de hacer todo lo que podía para que la casa le resultara menos ofensiva a mi madre, intentaba poner orden al caos, una gesta que, con el tiempo, me llevó a buscar una redistribución más espectacular de la realidad.

Empecé a dividir la vida en absolutos. Si Manhasset era así, pensaba, ¿por qué no podía serlo el mundo? En Manhasset o eras de los Yankees o eras de los Mets, o eras rico o eras pobre, o estabas sobrio o ibas borracho, o ibas a la iglesia o ibas al bar. «O irlandés o italiano», me dijo un día un compañero de clase, y yo no pude confesarle –ni confesármelo a mí mismo– que yo tenía antepasados irlandeses e italianos. Había llegado a la conclusión de que la vida estaba gobernada por polos opuestos, como lo demostraba el acusado contraste entre la Casa Mierda y la mansión de los Whitney. Las cosas y la gente eran o absolutamente malas o absolutamente buenas, y cuando la vida no obedecía a aquella regla del blanco o negro, cuando las cosas o la gente eran complejas o contradictorias, yo me negaba a aceptarlo. Convertía cualquier contratiempo en un desastre, cualquier éxito en un triunfo épico, y dividía a la gente en héroes y malvados. Incapaz de tolerar la ambigüedad, construía una barricada de engaños para protegerme de ella.

Mis otros engaños eran más evidentes y, por tanto, más preocupantes para mi madre. Me volví supersticioso hasta la excentricidad, coleccionaba fobias como otros niños coleccionaban cromos de béisbol. Evitaba las escaleras y los gatos negros, me echaba la sal derramada por encima del hombro, tocaba madera, contenía la respiración cuando pasaba por delante de un cementerio. Ponía tanto empeño en no pisar las juntas de las baldosas de la calle, por temor a que a mi madre se le partiera la espalda, que caminaba por la acera como si estuviera borracho. Pronunciaba tres veces palabras «mágicas» para librarme de peligros, y buscaba señales y presagios en las alturas. Mientras escuchaba la voz de mi padre, también escuchaba la voz del universo. Entraba en comunión con rocas, con árboles, con objetos inanimados, sobre todo con el T-Bird. Como un domador de caballos, le daba unas palmaditas a la carrocería y le suplicaba que siguiera funcionando. Me preocupaba que, si se estropeaba, mi madre se estropeara también. Los temores irracionales me perseguían, y el peor de ellos era el temor a ser el último en quedarme dormido en casa del abuelo. Si todos dormían menos yo, me sentía insoportablemente solo, y se me enfriaban mucho los brazos y las piernas, y se me ponían rígidas. Tal vez tuviera algo que ver con la ausencia de todas aquellas voces. Cuando le confesé mi temor a mi prima Sheryl, cinco años mayor que yo, ella me abrazó y dijo lo que necesitaba oír: «Aunque todos en casa estemos dormidos, puedes estar seguro de que el tío Charlie y todos los demás que están en el Dickens estarán despiertos».

Mi madre esperaba que mi comportamiento raro remitiera. Pero no sólo no se me pasaba, sino que iba a peor, y cuando empecé a tener rabietas, me llevó a un psiquiatra infantil.

–¿Cómo se llama el niño? –preguntó el psiquiatra mientras mi madre y yo nos acomodábamos en nuestras sillas, delante de su escritorio y él tomaba unas notas en un cuaderno.

–JR –dijo mi madre.

–Su nombre completo.

–JR.

–Pero eso son iniciales, ¿no?

–No.

–Bien. –El psiquiatra dejó el cuaderno sobre el escritorio–. Ahí tiene la respuesta.

–¿Cómo dice? –dijo mi madre.

–Está claro que el niño sufre una crisis de identidad. No tiene identidad, lo que le causa ira. Póngale un nombre, un nombre de verdad, y se acabaron las rabietas.

Mi madre se puso de pie, me dijo que volviera a ponerme la chaqueta, que nos íbamos. Y dedicó al psiquiatra una mirada con la que habría podido partir en dos Shelter Rock y, con voz serena, le informó de que los niños de siete años no sufren crisis de identidad. De vuelta a casa del abuelo, apretaba mucho el volante, y repasó su repertorio musical en tres cuartas partes del tiempo habitual. De pronto dejó de cantar. Me preguntó qué opinaba de los comentarios del médico. ¿Me molestaba mi nombre? ¿Sufría una crisis de identidad? ¿Había algo, o alguien, que me hiciera sentir... ira?

Yo aparté la mirada de las mansiones que pasaban volando, me volví lentamente hacia ella y le dediqué mi propio gesto inexpresivo.

Cuatro
El abuelo

Un día caí en la cuenta. Entendí que a mi madre no le resultaba tan ofensiva la casa del abuelo como su dueño. Las reformas que hacían falta la ponían triste porque le recordaban al hombre que se negaba a hacerlas. Al verla mirar en dirección al abuelo y, acto seguido, hundirse en una tristeza infinita, lo entendí, aunque di por sentado que su problema tenía algo que ver con el aspecto de él.

Además de la casa, el abuelo se había descuidado mucho él mismo. Llevaba los pantalones llenos de remiendos, los zapatos con agujeros, las camisas manchadas de saliva y restos del desayuno, y pasaba días enteros sin peinarse, sin cepillarse los dientes ni bañarse. Reutilizaba tanto las cuchillas de afeitar que tenía la cara como si se la hubiera arañado un gato. Era seco, estaba arrugado, olía mal y –algo que mi madre nunca toleraría– era perezoso. El abuelo había dejado de esforzarse hacía tiempo. Ya de joven había perdido, o se había librado, de cualquier ambición que hubiera podido albergar. Cuando sus sueños de convertirse en beisbolista profesional quedaron reducidos a polvo, se metió en el negocio de los seguros, y tuvo tanto éxito que le dio asco. Qué cruel era el destino, pensaba, que lo llevaba a destacar en algo que tanto despreciaba. Y se vengó del destino. En cuanto logró ahorrar el dinero suficiente para generar unos ingresos fijos y mínimos el resto de su vida, dejó el trabajo. A partir de entonces, se dedicó a poco más que a ver cómo su casa se caía a trozos y a avergonzar a su familia.

Y nos avergonzaba aún más cuando salía a la calle. Todos los días, al anochecer, el abuelo se iba hasta la parte alta de la ciudad a recibir a los trenes que venían de la ciudad en hora punta. Cuando los viajeros bajaban al andén y se desprendían de sus periódicos vespertinos, el abuelo se sumergía en los cubos de basura y se dedicaba a rescatarlos, decidido a ahorrarse unos centavos. Al verlo con las piernas saliendo de aquellos cubos, ningún pasajero habría imaginado para qué aquel viejo vagabundo quería hacerse con la última edición del periódico; pero lo cierto era que le interesaba consultar los precios de cierre de su considerable cartera de acciones y bonos.

El abuelo poseía una memoria fotográfica, un vocabulario asombroso, un notable dominio del latín y el griego, pero su familia no podía disfrutar de sus dotes intelectuales porque él se negaba a mantener conversaciones con nosotros. Nos mantenía a distancia recurriendo a su rollo interminable de canciones de anuncios televisivos, eslóganes publicitarios e incongruencias. Nosotros le contábamos cómo nos había ido el día, y él respondía: «¡Éste es un país libre!». Le pedíamos que nos pasara las judías, y él decía: «Sabe a auténtico cigarrillo». Le comentábamos que la perra tenía pulgas y él replicaba: «No vayáis pregonándolo por ahí: ¡Todos querrán una!». Su lenguaje privado era una valla que él mismo colocaba a su alrededor, una valla que se hizo un poco más alta el día en que oyó a uno de mis primos instar a la perra, que estaba estreñida, a «hacer bo bo». Así nació la frase para todo del abuelo. Al menos doce veces al día decía: «Haz bo bo», que tanto podía significar «Hola» como «¡A comer!», como «Los Mets han perdido» o no significar nada. Era posible que el abuelo hablara así para compensar su tartamudeo, porque las frases ensayadas son más fáciles de pronunciar. Pero también es posible que estuviera moderadamente loco.

El abuelo tenía dos pasiones. Una era secreta y la otra no. Todos los sábados por la mañana bajaba con el pelo cepillado, la dentadura puesta, la ropa planchada e impecable. Del bolsillo de su traje azul de rayas brotaba un pañuelo de encaje, como un géiser. Sin decir ni una palabra se montaba en su Ford Pinto, se iba y no volvía hasta tarde, a veces hasta el día siguiente. Nadie preguntaba adónde iba el abuelo. Sus citas de los sábados eran como la fosa séptica, tan claramente repugnantes que no hacía falta comentar nada.

Su pasión no secreta eran las palabras. El abuelo se pasaba horas sentado en su dormitorio, resolviendo sopas de letras, leyendo libros, buscando palabras en el diccionario con ayuda de una lupa. Consideraba a

Shakespeare el hombre más importante de todos los tiempos, «porque inventó la lengua ing... ingl... inglesa; cuando no encontraba la palabra que quería, la inventaba». El abuelo atribuía su pasión por la etimología a sus profesores jesuitas que, cuando sus alumnos no memorizaban una palabra, les pegaban hasta que la aprendían. Aunque aquellas palizas habían funcionado, el abuelo creía que también le habían causado el tartamudeo. Los curas le habían hecho amar las palabras, y a la vez habían hecho que le costara pronunciarlas. Mi primer ejemplo de ironía.

Uno de los pocos momentos tiernos que compartí con el abuelo se dio, precisamente, gracias a una palabra. Ocurrió cuando, sin querer, respondió al teléfono. Como era tartamudo, y duro de oído, tendía a evitarlo, pero ese día pasaba por delante justo cuando sonó, y lo descolgó. Tal vez fuera un acto reflejo. O estaba aburrido. Incapaz de oír lo que decían al otro lado de la línea, me hizo un gesto para que me acercara.

–Traduce –me ordenó, alargándome el auricular.

La mujer que llamaba estaba llevando a cabo una encuesta para una empresa de estudios de mercado. Empezó a enumerar una lista de productos, coches y alimentos que, en ningún caso, mi abuelo había usado, conducido o probado en su vida. Pero el abuelo no se privó de ofrecerle su opinión sobre ellos, mintiendo alegremente.

–Dígame, ¿qué es lo mejor de la población en la que vive?

–¿Qué es lo mejor de Manhasset? –le traduje yo.

El abuelo se lo pensó muy bien, como si le estuvieran entrevistando los del *Times*.

–Su proximidad con Manhattan.

Yo le transmití la respuesta a la mujer.

–Muy bien –dijo ella–. Y, ya por último, ¿cuáles son sus ingresos anuales?

–¿Cuáles son tus ingresos anuales? –le traduje yo.

–Cuelga.

–Pero...

Coloqué el auricular sobre el teléfono.

El abuelo permaneció sentado en silencio, con los ojos cerrados, y yo me quedé a su lado, frotándome las manos, que era lo que hacía cuando no se me ocurría qué decir.

–¿Qué es «proximidad»? –le pregunté.

Él se puso de pie. Se metió las manos en los bolsillos y agitó unas monedas.

–«Proximidad» –dijo–. Por ej... por ej... por ejemplo, yo tengo mucha prox... prox... proximidad con mi familia.

Y se echó a reír. Una risotada breve al principio, que siguió y siguió, cada vez más escandalosa, hasta hacerme reír a mí. Nos reíamos los dos a carcajadas, hasta que la risa del abuelo se convirtió en un ataque de tos. Se sacó un pañuelo del bolsillo y lo dejó lleno de flema, antes de darme unas palmaditas en la cabeza y alejarse.

Tras aquel breve encuentro, sentía una nueva proximidad emocional con mi abuelo, y empecé a albergar la idea de ganarme su favor. Tal vez pudiera pasar por alto sus defectos, concentrarme en sus cosas buenas, si es que las había. Lo único que tenía que hacer era vencer su verja lingüística. Escribí un poema sobre él, que le entregué con gran pompa una mañana en el baño. Él se estaba enjabonando la cara para afeitarse, para lo que usaba una brocha de pelo de marmota que parecía una seta gigante. Leyó el poema, me lo devolvió y siguió mirándose en el espejo. «Gracias por la propaganda», dijo.

Poco después me dio un vuelco el corazón. ¿Hacerme amigo del abuelo implicaba traicionar a mi madre? Caí en la cuenta de que debía pedirle permiso antes de ir un paso más allá y así, antes de acostarme, la sondeé, le pedí que volviera a contarme por qué odiaba al abuelo. Ella me arropó con mi manta atrofiada y midió muy bien sus palabras: Nosotros no odiábamos al abuelo, me explicó. De hecho, esperaba que yo encontrara la manera de llevarme bien con él mientras viviéramos bajo su techo. Debía seguir dirigiéndole la palabra, aunque él no me respondiera. Y no debía hacer mucho caso al hecho de que ella no se la dirigiera. Nunca.

–Pero ¿por qué no le hablas? –le pregunté–. ¿Por qué te pones tan triste siempre que lo miras?

Ella clavó la vista en el papel pintado, que se despegaba de la pared a tiras.

–Porque el abuelo es un Scrooge de carne y hueso, y no sólo con el dinero.

Mi madre me dijo que el abuelo ahorraba amor como si tuviera miedo de quedarse sin él algún día. La había ignorado a ella, había ignorado a la tía Ruth y al tío Charlie cuando eran pequeños, no les había dedicado atenciones, ni el menor afecto. Me contó una salida a la playa con la familia, cuando ella tenía cinco años. Al ver con qué dulzura el padre de su prima Charlene jugaba con sus hijos, mi madre le pidió al abuelo que la montara a caballito en el mar. Él lo hizo, pero se la llevó mar adentro, más allá de las olas, y cuando estaban ya muy lejos, cuando ella ya casi no veía la costa, se asustó y le pidió que la bajara. Entonces él la tiró al agua. Ella se hundió, llegó al fondo, tragó agua de mar. Subió como pudo, tomó una bocanada de aire y vio al abuelo riéndose. ¿No querías que te bajara?, le preguntó, indiferente a sus lágrimas. Mientras, dando bandazos, mi madre llegaba a la orilla; tuvo una revelación precoz: su padre no era un buen hombre. Darse cuenta de ello, me contó, le supuso cierta liberación: se sintió independiente. Yo le pregunté qué significaba «independiente».

–Libre –me respondió ella. Volvió a clavar la vista en el papel pintado y, en voz más baja, repitió–: Libre.

Pero pasó algo más, me dijo, algo más grave. El abuelo les había prohibido a ella y a la tía Ruth que fueran a la universidad, y lo había hecho en una época en la que no había préstamos para alumnos, ni ayudas económicas disponibles, por lo que ellas no pudieron saltarse su prohibición. Más que su indiferencia, ése fue un golpe que alteró la trayectoria vital de mi madre. Ella deseaba con todas sus fuerzas estudiar una carrera, formarse para ejercer alguna profesión emocionante, pero el abuelo le negó esa posibilidad. Las chicas se casan y tienen hijos, decretó, y las esposas y las madres no necesitan ir a la universidad. «Por eso tú tendrás la educación que a mí me faltó –me dijo mi madre–. Harvard o Yale, cielo. Harvard o Yale.»

Aquélla era una afirmación descabellada para una mujer que ganaba veinte dólares al día. Y la cosa no quedó ahí: estudiaría Derecho Yo no sabía qué era un abogado, pero sonaba aburridísimo, y yo murmuré algo en ese sentido.

–No, no, tú serás abogado. Así podré contratarte para denunciar a tu padre por no pasarme la pensión. Jaja.

Sonrió, pero no me pareció que lo dijera en broma.

Me proyecté mentalmente en el futuro. Tal vez, cuando yo ya fuera abogado, mi madre pudiera perseguir su sueño, largamente postergado, de asistir a la universidad. Eso era lo que yo quería para ella. Si convirtiéndome en abogado podía hacerlo posible, sería abogado. Entretanto, ya podía ir olvidándome de hacerme amigo del abuelo.

Me puse de lado en la cama, dándole la espalda a mi madre, y le prometí que con mi primer sueldo de abogado la enviaría a la universidad. Oí que ella ahogaba un sonido, o tragaba saliva, como si luchara por salir a la superficie desde el fondo del mar, y un momento después noté sus labios en la nuca.

Cinco
Junior

Unos días antes de cumplir los ocho años, llamaron a la puerta de la casa del abuelo, y La Voz salía de un hombre plantado bajo el tejadillo de la entrada. Él tenía el sol a la espalda, y a mí me daba directamente en los ojos y me impedía distinguir sus rasgos. Sólo llegaba a intuir el perfil del torso, una mole inmensa de músculo blanco, pálido, metido en una camiseta ajustada, blanca, plantada sobre dos piernas arqueadas. La Voz era una muela gigante.

–Dale un abrazo a tu padre –me ordenó La Voz. Yo levanté los brazos, intenté rodearlo con ellos, pero él era demasiado ancho de hombros. Era como abrazar un garaje–. Eso no es un abrazo –dijo–. Dame un abrazo de verdad. –Me puse de puntillas y apreté con fuerza–. ¡Más fuerte! –dijo. Yo ya no podía apretar más. Me odié a mí mismo por ser tan débil. Si no conseguía abrazarlo con la suficiente fuerza, si no mantenía la presión, él no volvería más.

Tras un aparte con mi madre, que no dejó de dedicarme miradas furtivas, nerviosas durante el tiempo que duró, mi padre me dijo que iba a llevarme a la ciudad para que conociera a su familia. Por el camino me entretuvo con una mareante Babel de acentos. Al parecer La Voz no era su única voz. Además de ser humorista de monólogos, me contó, en una ocasión había sido «imitador», una palabra que para mí era nueva y preciosa. Me lo demostró: era un comandante nazi, era un chef francés. Ahora era un mafioso, ahora un mayordomo inglés. Pasando abruptamente de voz en voz, mi padre sonaba como la radio cuando yo giraba la rueda del dial muy deprisa, a un lado y a otro, algo que, aunque me daba risa, también me ponía nervioso.

–¿Y bien? –me dijo, encendiéndose un cigarrillo–. ¿Te gusta vivir en casa de tu abuelo?

–Sí –dije yo–. Bueno, no.

–¿Un poco de las dos cosas?

–Sí.

–Tu abuelo es un buen hombre. Va a la suya, eso sí, pero eso es lo que me gusta de él.

Yo no sabía bien qué decir.

–¿Qué es lo que no te gusta de vivir en casa de tu abuelo? –me preguntó mi padre.

–Que mi madre se pone triste.

–¿Y qué es lo que sí te gusta?

–Su proximidad con mi madre.

Mi padre volvió la cabeza de golpe, le dio una calada al cigarrillo y me miró.

–Tu madre dice que oyes mucho a tu viejo por la radio.

–Sí.

–¿Y qué opinas?

–Eres divertido.

–¿Te gustaría dedicarte a poner discos cuando seas mayor?

–Voy a ser abogado.

–¿Abogado? Por Dios, mira que hay profesiones. ¿Y por qué?

No respondí. Él soltó el humo contra la ventanilla y los dos lo vimos pegarse al vidrio y retorcerse sobre sí mismo, como una ola.

Conservo sólo un recuerdo borroso del rostro de mi padre ese día. Estaba demasiado nervioso para mirarlo más de un segundo seguido, y demasiado cautivado por su voz. Además, intentaba concentrarme en el discurso que estaba a punto de pronunciar: iba a exigirle a mi padre que me diera dinero. Si era capaz de encontrar las palabras exactas, si era capaz de pronunciarlas como era debido, regresaría a casa, junto a mi madre, con un puñado de billetes, y podríamos largarnos de casa de mi abuelo, y ella ya no tendría que cantar más, enfadadísima, ni que aporrear su calculadora. Ensayaba mentalmente lo que iba a decirle, al tiempo que respiraba hondo y me armaba de valor. Es como tirarse de la plataforma más alta de la piscina pública, me decía a mí mismo, cerrando los ojos. Uno. Dos. Tres.

Pero no podía. No quería decir nada que hiciera que La Voz desapareciera de nuevo. En vez de hablar, miraba por la ventanilla, veía los barrios pobres, las licorerías, los papeles arrastrados por el viento junto a la carretera. Debíamos estar ya bastante lejos de Manhasset, pensaba yo, y me preguntaba vagamente qué haría si mi padre seguía conduciendo y no me devolvía nunca a casa, y me sentí culpable al constatar que aquella idea me provocaba un escalofrío de emoción.

Llegamos a casa de alguien, en un edificio urbano, con fachada de ladrillo, que olía a tomate frito y a salchichas a la parrilla. A mí me plantaron en un rincón de la cocina, desde donde podía observar una fila de enormes posaderas femeninas. Cinco mujeres, entre ellas una que se llamaba tía Fatty, se disponían frente a los fogones, preparando el almuerzo. Después de robarle unas cuantas rodajas de berenjena a tía Fatty, mi padre me llevó a otro apartamento a conocer a su «pandilla». Una vez más se me puso en un rincón y se me pidió que me entretuviera solo. Pero yo me dediqué a observar a mi padre y a las tres parejas que estaban sentadas alrededor de una mesa, jugando a las cartas y bebiendo. No tardaron en empezar a quitarse prendas de ropa.

–Vas de farol –dijo alguien.

–Tienes razón. Por suerte me he puesto ropa interior limpia hoy.

–Yo, por suerte, llevo ropa interior hoy –dijo mi padre, provocando la carcajada general.

A mi padre ya sólo le quedaban puestos unos calzoncillos bóxers y un calcetín negro. Poco después perdió el calcetín. Observó las cartas, arqueó una ceja y consiguió que todos se troncharan de risa fingiendo un momento de pánico ante la idea de tener que desprenderse de su última prenda de ropa.

–Johnny –le dijo alguien–. ¿Qué tienes?

–Vaya pregunta. Pero si no llevo ropa. ¡Lo que tengo ya se ve!

–Johnny no tiene nada.

–Mierda, mierda. Yo no quiero ver lo que tiene Johnny.

–Estoy de acuerdo. Secundo la moción. Johnny, eliminado.

–¡Esperad un momento! –dijo mi padre–. ¡El niño! ¡Me apuesto el niño! –Me llamó, y yo di un paso al frente–. Fijaos en este joven espécimen. ¿No preferís tener a este niño tan guapo que echarle un vistazo a mi hombría? ¿No preferís a este fruto de mis entrañas y no la prenda que me las cubre? Veo vuestra apuesta y la aumento con... ¡Junior!

Mi padre perdió una vez más. Sus amigos se desternillaban de la risa, se caían de las sillas, y entre carcajadas discutían quién se haría cargo de mi educación y quién se lo contaría a mi madre cuando mi padre no me llevara de vuelta a casa.

Después de que mi padre me apostara, ya no recuerdo nada más. Me sentí peor que si me hubiera pegado. No lo recuerdo serenándose, vistiéndose, llevándome a casa, y no recuerdo qué le conté a mi madre sobre aquella visita. Sólo sé que no le dije la verdad.

Semanas después, yo tenía ya la radio puesta, esperando a que empezara el programa de mi padre. Pensaba contarle a La Voz un rumor que me atormentaba, según el cual los Mets iban a vender a mi ídolo, Tom Seaver. Guapo, pulcro, exmarine y punta de lanza de los pitchers de los Mets, Seaver iniciaba sus lanzamientos con las dos manos bajo la barbilla, como si rezara, y a continuación echaba su potente cuerpo hacia delante y plantaba en el suelo la rodilla derecha, como si estuviera a punto de pedirle matrimonio al bateador. Que los Mets pudieran vender a Seaver me parecía demasiado monstruoso para planteármelo siquiera. Me preguntaba qué diría La Voz. Pero llegó la hora del programa, y La Voz no estaba ahí. Mi padre había cambiado de turno, o de emisora, una vez más. Me llevé la radio al escalón de la entrada y empecé a girar la rueda del dial lentamente, a un lado y a otro. Nada. Busqué a mi madre y le pregunté si sabía qué le había ocurrido a La Voz. Ella no me respondió. Volví a preguntárselo. Rostro inexpresivo. Se lo pregunté una vez más, implorante. Ella suspiró y miró a las nubes.

–Ya sabes que llevo años pidiéndole a tu padre que nos ayude –dijo–. ¿Verdad?

Yo asentí.

Había contratado a abogados, había presentado documentos en los tribunales, se había presentado ante jueces, y mi padre seguía sin pagar nada. Así que había hecho un último esfuerzo: había conseguido una orden de arresto contra mi padre. Al día siguiente dos policías lo esposaron y se lo llevaron en directo, lo arrancaron en vivo de delante del micrófono, en presencia de un público que no salía de su asombro. Cuando lo soltaron de la cárcel, al día siguiente, estaba loco de ira, me contó mi madre. Pagó una pequeña parte de lo que nos debía, y no se presentó en el juzgado a la semana siguiente. Su abogado informó al juez de que mi padre había abandonado el estado.

Mi madre hizo una pausa para que yo asimilara toda aquella información. Después me contó que, en las últimas veinticuatro horas, había recibido una llamada de mi padre. No había querido decirle dónde se encontraba, y la había amenazado diciéndole que, si no dejaba de reclamarle dinero, haría que me secuestraran. Años después me enteraría de que también había amenazado con encargar su asesinato, y se lo dijo con una voz tan amenazadora que ella no supo sin considerarlo un farol. Durante varias semanas, cada vez que ponía en marcha el T-Bird, le temblaban las manos.

¿Mi padre no quería verme pero estaba dispuesto a secuestrarme? Aquello no tenía sentido. Miré a mi madre con desconfianza.

–Supongo que sólo quiere asustarme –me dijo ella–. Pero si tu padre se presenta por Shelter Rock, o si viene alguien y te dice que va a llevarte a ver a tu padre, no debes irte con ellos. –Me agarró por los hombros y me obligó a mirarla–. ¿Me oyes?

–Sí.

Yo me alejé y volví al peldaño, a la radio. Tal vez estuviera equivocada. Tal vez mi padre estuviera trabajando en otra emisora, recurriendo a alguna otra de aquellas voces suyas tan divertidas, y por eso no lo reconocían. Giré la rueda del dial, moví la antena a un lado y a otro, analicé todas las voces, pero ninguna de ellas era divertida como las de mi padre, ninguna era tan grave como para que reverberara en mis costillas e hiciera temblar los utensilios de la cocina. Mi madre vino y se sentó a mi lado.

–¿Quieres que hablemos? –me preguntó.

–No.

–Nunca me cuentas lo que sientes.

–Tú tampoco.

Ella palideció. No era mi intención ser tan brusco. Unas lágrimas empezaron a resbalar por mis mejillas. Yo creía que mi madre me estaba contando toda la verdad sobre mi padre, y por eso me dolía tanto, pero, claro está, ella me había servido la historia algo cocinada, ocultándome la peor parte. Durante los años siguientes, de manera gradual, iría revelándome los hechos, despojándome con gran delicadeza de la imagen falsa que yo me había ido formando de La Voz, punto por punto. Sin embargo, yo siempre recuerdo la historia como si me la hubiera relatado toda allí, en el escalón de la entrada, aquella tarde gris, porque fue ese día cuando me despojó, dolorosamente, de la primera capa del engaño.

Mi padre era una combinación imposible de características que atraían y repelían a la vez. Carismático, voluble, sofisticado, suicida, hilarante, irascible, y peligroso desde el primer momento. Se peleó a puñetazo limpio ya el día de la boda. Borracho, mi padre empujó a mi madre, y cuando el padrino se lo recriminó, él lo tumbó de un golpe. Varios invitados se abalanzaron sobre él, intentando frenarlo, pero cuando llegó la policía lo encontraron corriendo de un lado a otro de la acera, acechando a los peatones.

Mi padre se llevó a mi madre a Escocia de luna de miel. Al regresar, mi madre descubrió que, supuestamente, aquel viaje debía ser el gran premio de un concurso radiofónico que su emisora daba a los oyentes. Mi padre tuvo suerte de que no lo detuvieran. En los dos años que estuvieron casados, él se mantuvo siempre bordeando la ilegalidad, relacionándose con gente de mal vivir, amenazando a taxistas y a camareros, y llegando a agredir a uno de sus jefes. Hacia el final, empezó a usar los mismos modales de delincuente con mi madre. Cuando yo tenía ocho meses, mi padre arrojó a mi madre contra la cama e intentó asfixiarla con una almohada. Ella consiguió zafarse. Dos semanas después volvió a hacerlo. Ella consiguió liberarse una vez más, pero en esa ocasión él la persiguió y la acorraló en el baño, blandiendo una navaja. Con todo lujo de detalles truculentos, empezó a explicarle cómo le quedaría la cara cuando le hundiera el filo. Se abalanzó sobre ella, y sólo mi llanto, en la habitación contigua, rompió el hechizo de su cólera. Ése fue el día en que lo abandonamos. Ése fue el día en que llegamos a casa del abuelo. No teníamos adónde ir.

–¿Por qué te casaste con él? –le pregunté ese día, en el escalón de la entrada.

–Era joven –dijo ella–. Era tonta.

Yo no quería que ella dijera nada más. Sólo había una cosa que debía saber antes de dejar para siempre el tema de mi padre.

–¿Por qué mi padre tiene un apellido distinto al nuestro?

–En la radio usa un seudónimo.

–¿Qué es un seudónimo?

–Un nombre falso.

–¿Y cuál es su verdadero nombre?

–John Joseph Moehringer.

–Mi padre me llamaba Junior. ¿Por qué?

–Ah... –Mi madre frunció el ceño–. Está bien. Tu nombre, legalmente, es John Joseph Moehringer Jr. Pero a mí no me gustaba el nombre de John, y no quería llamarte Joseph. Ni Junior. Así que tu padre y yo acordamos que te llamaríamos JR. De Junior.

–¿Me estás diciendo que me llamo exactamente igual que mi padre?

–Sí.

–¿Y que JR viene de... Junior?

–Sí.

–¿Lo sabe alguien?

–Bueno, la abuela. Y el abuelo. Y...

–¿Podemos no decírselo a nadie más? ¿Nunca? ¿Podemos, por favor, decirle a la gente que mi verdadero nombre es JR? ¿Por favor?

Ella me miró con la expresión más triste que yo había visto nunca en su rostro.

–Claro –me dijo.

Me abrazó, y enlazamos los meñiques. Nuestra primera mentira conjunta.

Seis
Mr. Sandman

Como sólo intentaba sustituir una voz, no me hacía falta gran cosa. Sólo otra entidad masculina, otro falso padre. Aun así, me daba cuenta de que, aunque el padre fuera falso, era mejor poder verlo. La masculinidad es mímesis. Para ser hombre, un niño tiene que poder ver a un hombre. Lo del abuelo no había salido bien, así que, de manera natural, a continuación, recurrí al otro hombre que tenía a mano: mi tío Charlie. Y el tío Charlie no pasaba desapercibido.

A los veintipocos años empezó a caérsele el pelo, primero a mechones pequeños, después a placas, después a puñados. Acto seguido perdió el pelo del pecho, el de las piernas y el de los brazos. Por último, un día se quedó sin cejas, sin pestañas y sin vello púbico, que fueron desprendiéndose como las esporas a un diente de león. Los médicos le diagnosticaron alopecia, una enfermedad rara del sistema inmunitario. Aquella enfermedad destrozó al tío Charlie, pero sus embestidas fueron más internas que externas. Después de desnudarle el cuerpo, la alopecia le dejó la psique pelada. Se convirtió en una persona patológicamente preocupada por su aspecto, incapaz de salir de casa sin sombrero ni gafas oscuras, disfraz que, de hecho, hacía que llamara más la atención. Era como el Hombre Invisible.

A mí, personalmente, me encantaba el aspecto del tío Charlie. Mucho antes de que las calvas se pusieran de moda, mucho antes de Bruce Willis, el tío Charlie ya era moderno, *cool*. Pero la abuela me contó que el tío Charlie no soportaba verse, que se alejaba de los espejos como si fueran pistolas cargadas.

Para mí, lo que hacía único al tío Charlie no era su aspecto, sino su manera de hablar, con aquella mezcla loca y divertida de palabras cultas y argot de gánster que lo convertía en un cruce entre profesor de Oxford y capo de la mafia. Más raro aún era que, después de soltar sin el menor reparo una retahíla de palabras vulgares, se disculpara por recurrir a un término elevado, como si su erudición hubiera de resultar más chocante que sus blasfemias. «¿No os importa que diga "verosimilitud", ¿verdad?», decía. «No os importa que diga "perspicaz", ¿verdad?» El tío Charlie había heredado el amor por las palabras del abuelo, pero a diferencia de éste él las pronunciaba todas con gran precisión, a veces arrastrando un poco las letras. A mí, en ocasiones, me parecía que el tío Charlie alardeaba un poco, restregándole al abuelo en sus narices su ausencia de tartamudeo.

Justo después de que mi padre desapareciera, empecé a prestar más atención al tío Charlie. Cuando se sentaba a la mesa del comedor, yo dejaba de masticar y lo observaba, fijándome en cada una de sus palabras. A veces no pronunciaba ni una sola, pero cuando hablaba, siempre era sobre el mismo tema. Al terminar la cena empujaba el plato hacia delante, encendía un Marlboro, y nos contaba alguna anécdota del Dickens para acompañar el postre. Nos hablaba de dos hombres del bar que habían hecho una apuesta a vida o muerte por un pulso: el perdedor tendría que llevar una gorra de los Boston Red Sox durante todo un partido en el Yankee Stadium. «Ya no sabremos nada más del tipo ese», decía el tío Charlie, ahogando una risita. Una noche nos contó que Steve y los chicos del bar habían «secuestrado» un camión de la panificadora Entenmann. Robaron cientos de tartas y libraron una batalla cuerpo a cuerpo con ellas en el bar y por sus alrededores, lanzándose cremas y merengues los unos a los otros, y a los inocentes transeúntes que pasaban por Plandome Road. El tío Charlie aseguraba que aquél había sido el Gettisburg de Entenmann, con los heridos sangrando gelatina. En otra ocasión el tío Charlie nos relató que Steve y la banda habían comprado una flota de viejos cacharros y los habían trucado para que pudieran competir. Les llenaron los maleteros de cemento, soldaron las puertas para que no pudieran abrirse, y los aparcaron a lo largo de Plandome Road. Pensaban encontrar un campo al día siguiente para organizar en él su propia carrera de demolición, pero empezaron a beber y Steve no pudo esperar más. A las tres de la madrugada se pusieron a hacer carreras por la calle, chocando los unos contra los otros a gran velocidad. A la policía no le hizo demasiada gracia. A la policía casi nunca le hacían demasiada gracia las cosas que pasaban en el Dickens, se vanagloriaba el tío Charlie. Los hombres del bar estaban sobre todo enemistados con un policía en concreto, un gilipollas destinado a una garita de policía cerca del Memorial Field. Una noche, muy tarde, organizaron una batida, y atacaron con flechas encendidas el puesto vacío, que quedó reducido a cenizas.

¿Flechas de fuego? ¿Carreras de demolición? ¿Guerras de tartas? El Dickens sonaba a sitio tonto y a la vez siniestro, como a una fiesta infantil de cumpleaños celebrada en un barco pirata. Me habría encantado que mi madre fuera allí de vez en cuando, y se llevara también a mis abuelos, pues a todos ellos les iría bien hacer un poco el tonto. Pero mi madre apenas bebía, y la abuela sólo se tomaba algún daiquiri cuando cumplía años, y el abuelo se tomaba dos cervezas sin marca con la cena, ni una más ni una menos. Era demasiado tacaño para ser alcohólico, según mi madre, aunque también era cierto que no tenía la menor tolerancia a la bebida. En vacaciones, después de tomar un vaso de Jack Daniel's, se ponía a cantar: «Chicky in the car and the car won't go... That's how you spell Chicago». Poco después se desplomaba sobre el sofá del bicentenario, y sus ronquidos se oían más que el motor de nuestro T-Bird.

A primera vista, no parecía nada probable que el tío Charlie pudiera sentirse atraído por las tonterías del Dickens. Era demasiado melancólico, suspiraba demasiado. Como mi madre, él también era un misterio para mí. Y cuanto más lo observaba, más crecía el misterio.

Todas las tardes telefoneaba a casa un hombre de voz ronca preguntando por el tío Charlie. «¿Está Chas?», decía, hablando muy deprisa, como si lo siguiera alguien. El tío Charlie se pasaba casi todo el día durmiendo, y mis primos y yo ya sabíamos lo que teníamos que decir. Si llamaba alguien del Dickens preguntando por el tío Charlie, que dejaran el recado. Si llamaba Mr. Sandman, había que despertar al tío Charlie de inmediato.

Normalmente me tocaba hacerlo a mí. Me gustaba responder al teléfono –pensando que tal vez fuera La Voz–, y cuando era Mr. Sandman le pedía por favor que esperara un momento, y me iba corriendo por el pasillo hasta el dormitorio del tío Charlie. Llamaba muy flojito y entreabría la puerta.

–Tío Charlie –le decía–. Está ese hombre al teléfono.

Desde la oscuridad húmeda, oía el chasquido de los muelles del somier. Después, un gruñido, seguido de un suspiro estentóreo.

–Dile que ahora voy.

Cuando el tío Charlie llegaba al teléfono –aún poniéndose la bata, con un cigarrillo apagado entre los dientes–, yo ya estaba acurrucado detrás del sofá del bicentenario.

–Eh –le decía el tío Charlie a Mr. Sandman–. Sí, sí, aquí sí. Río quiere Cleveland cinco a uno; Tony quiere Minnesota diez a uno. Todo el mundo va por los Jets quince a uno. A mí me das los Bears. Seguro que cubren. Sí. Ocho y medio, ¿no? Eso. ¿Y cuál es el mínimo de los Sonics? ¿Doscientos? Vaya, vaya. Pues el mínimo. Nos vemos en el Dickens.

Mis primos mayores me contaron que el tío Charlie «apostaba», y que apostar era ilegal, pero a mí no me parecía que aquello pudiera ser tan ilegal –no más que no utilizar el paso de peatones para cruzar la calle–, hasta que descubrí que el mundo de las apuestas, y la miopía especial de los apostadores, escapaban absolutamente a mi comprensión. Ocurrió un día en que fui a ver a mi amigo Peter. Abrió su madre.

–Diría que ya no puedes seguir llevando eso –me dijo, señalándome el pecho.

Bajé la mirada. Llevaba mi sudadera favorita –una de los New York Kiks en la que se leía: CAMPEONES DEL MUNDO– que adoraba casi tanto como mi mantita.

–¿Por qué no? –le pregunté, horrorizado.

–Los Nicks perdieron anoche. Ya no son campeones.

Me eché a llorar. Volví a casa corriendo, me colé por la puerta trasera e irrumpí en la habitación del tío Charlie; una infracción impensable, colarme así en su sanctasanctórum, por más que no estuviera hablando por teléfono con Mr. Sandman. El tío Charlie se incorporó en la cama al momento.

–¿Quién está ahí? –gritó.

Llevaba una máscara del Llanero Solitario, pero sin agujeros para los ojos. Le dije lo que me había contado la madre de Peter.

–¡Los Nicks no perdieron! ¿Verdad? ¡No pueden haber perdido! ¿O sí?

Él se quitó un poco la máscara, volvió a tumbarse en la cama y alargó la mano en busca del paquete de Marlboro que tenía siempre en la mesilla de noche.

–Peor aún –dijo, suspirando–. No cubrieron.*

En verano, el tío Charlie y los hombres del Dickens se apoderaban del garaje del abuelo y organizaban allí grandes timbas de póquer que duraban días enteros. Allí se apostaba fuerte. Los hombres se pasaban seis horas jugando, se iban al Dickens a comer algo, regresaban a sus casas, hacían el amor con sus mujeres, dormían, se duchaban y, cuando volvían al garaje, la partida todavía estaba en lo más alto. A mí me gustaba quedarme despierto hasta tarde, echado en la cama, con las ventanas abiertas, y escuchar las voces que subían de tono, que gritaban, que se calmaban. Oía el barajar de las cartas, el entrechocar de las fichas de póquer, el crujido de los arbustos cuando los hombres salían en busca de un sitio donde echar una meada. Aquellas voces eran más balsámicas que una nana. Durante unos cuantos días, al menos, no debía preocuparme por si era el último que se quedaba despierto.

Mientras yo observaba con creciente interés las apuestas del tío Charlie, los adultos que vivían en casa del abuelo hacían como si aquello no existiera. Sobre todo la abuela. Un día sonó el teléfono y a mí no me dio tiempo de llegar, así que descolgó la abuela. Como no era Mr. Sandman, se negó a despertar al tío Charlie. El interlocutor suplicó. Ella se mantuvo firme.

–¿Quiere dejar un mensaje? –le preguntó, metiéndose una mano en el bolsillo de la bata para sacar la lista de la compra y un lápiz gastado–. Sí, dígame. Sí... Eh... ¿Boston diez a uno? ¿Pittsburgh... cinco a uno? ¿Cuánto a Kansas City?

Sí, claro, es posible que no tuviera ni idea de qué significaba aquel mensaje. Pero sospecho que, sencillamente, no quería saberlo.

A ojos de la abuela, el tío Charlie no podía hacer nada malo. Era su único hijo varón, y entre ellos existía un vínculo que a mí me resultaba familiar. Pero, a diferencia de mi madre, mi abuela no insistía en exigirle respeto y buena educación a su hijo. Por mal que el tío Charlie se dirigiera a ella –y cuando tenía resaca podía resultar muy desagradable–, ella lo mimaba, lo consentía, lo llamaba «pobrecito mío», porque su mala suerte suscitaba en ella una compasión infinita. Gracias a Dios que está Steve, decía a menudo. Steve le había dado un empleo al tío Charlie en aquel bar

---

* Argot de apuestas. (*Nota del traductor.*)

oscuro y tan agradable en la época en que el tío Charlie se estaba sometiendo a un doloroso y en último extremo inútil tratamiento que consistía en ponerse gran cantidad de inyecciones en el cuero cabelludo. El tío Charlie necesitaba un lugar donde esconderse, y Steve había acudido en su rescate. Steve le había salvado la vida, según la abuela, y yo daba por sentado que ella hacía lo mismo con él dejándole esconderse en su habitación de cuando era niño y conservar el mismo papel pintado –de beisbolistas de cómic– que habían puesto cuando el tío Charlie tenía mi edad.

Muchas noches, cuando el tío Charlie estaba en el Dickens, yo me metía en su cuarto y husmeaba entre sus cosas. Repasaba sus hojas de apuestas, olía las camisetas que se ponía para ir al Dickens, le ordenaba un poco la cómoda, oculta bajo un manto de dinero. Por todas partes había billetes de cincuenta y de cien, en una casa en que a la abuela no siempre le alcanzaba para comprar leche. Siempre pensaba en coger algo y dárselo a mi madre, pero sabía que ella lo rechazaría y se enfadaría conmigo. Me dedicaba a hacer montones ordenados con ellos, y me fijaba en que Ulysses Grant se parecía a uno de los hombres que había visto en el partido de sóftbol del Dickens. Después me echaba en la cama del tío Charlie, recostado sobre sus almohadas con relleno de plumas de ganso, y me convertía en el tío Charlie. Veía a los Mets por la tele y fingía que había apostado fuerte por ellos o, como decía el tío Charlie, que tenía «mucha viruta metida en los Mets». Yo me preguntaba si el tío Charlie había metido alguna vez mucha viruta contra los Mets. Eso, a mí, me habría preocupado mucho más que saber que se saltaba la ley.

Una noche, el partido se interrumpió por la lluvia y yo cambié de canal, con la esperanza de encontrar alguna película de Abbott y Costello, y me tropecé con *Casablanca*. «Me escandaliza, me escandaliza saber que aquí se juega.» Me incorporé al momento. Aquel hombre del esmoquin era el tío Charlie. Aquella cara de sabueso, aquella mirada algo melancólica, aquel ceño fruncido... Y no era sólo que Humphrey Bogart fuera calcado al tío Charlie (pero con pelo), sino que hablaba igual, sin separar los labios más de lo imprescindible para colgarse un cigarrillo entre ellos. Cuando Bogart dijo: «Vamos, vamos», se me erizaron los pelos de la nuca, porque era como si el tío Charlie estuviera en el cuarto conmigo. Bogart caminaba incluso como el tío Charlie, con esos andares de flamenco con dolor de rodillas. Y, por si fuera poco, Bogart se pasaba el día metido en un bar. También él había tenido una racha de mala suerte, al parecer, y había escogido un bar para refugiarse, un bar que frecuentaban muchos otros refugiados que jugaban al escondite con el mundo. No es que a mí me hiciera falta gran cosa para mitificar el Dickens, pero desde que descubrí *Casablanca* me convertí en un caso perdido. A los ocho años empecé a soñar con ir al Dickens como otros niños de mi edad soñaban con ir a Disneylandia.

Siete
Nokomis

Siempre que me encontraba en la habitación del tío Charlie, la abuela intentaba convencerme para que saliera de allí: entraba con un montón de camisetas limpias del Dickens para guardarlas en la cómoda, me veía en la cama y me miraba mal. A continuación lo repasaba todo con la mirada –los montoncitos de billetes, las hojas de apuestas, los sombreros, los dados, las colillas–, y sus ojos azules, gélidos, se oscurecían.

–Tengo pastel de café de Entenmann –me decía–. Ven conmigo y te doy un poco.

Hablaba un poco a trompicones, se movía como con prisa, como si hubiera algo en aquella habitación que fuera contagioso y los dos estuviéramos en peligro. Yo no le daba mucha importancia, porque la abuela siempre tenía miedo de algo. Todos los días se reservaba un poco de tiempo para asustarse. Y no es que se tratara de un temor general, sin nombre: era bastante específica sobre las diversas tragedias que la acechaban. Temía a la neumonía, a que entraran a robar en casa, a las corrientes marinas, a los meteoritos, a los conductores borrachos, a los drogadictos, a los asesinos en serie, a los tornados, a los médicos, a los dependientes de colmado sin escrúpulos y a los rusos. Yo comprendí la gravedad de sus miedos un día en que jugó a la lotería y se sentó frente al televisor para oír cómo cantaban los números. Al ver que acertaba los tres primeros, se puso a rezar como una loca para fallar los otros tres. Le daba miedo ganar, porque temía que le fallara el corazón.

A mí me daba pena la abuela, la miraba con ojos compasivos, pero cuando pasábamos tiempo juntos enseguida me contagiaba sus temores. Yo ya era muy aprensivo por naturaleza –era consciente de ello, y me preocupaba–, y de vez en cuando me asaltaba la duda, al pasar demasiado tiempo con la abuela y añadir sus temores a mis preocupaciones, de si acabaría paralizado por el miedo. Además, la abuela estaba siempre enseñándome cosas de niñas, como a planchar o a bordar, y aunque a mí me gustaba aprender cosas nuevas, me daba miedo en qué pudieran convertirme aquellas cosas.

Aun así, y por más que temiera la influencia de mi abuela, anhelaba que me hiciera caso, porque ella era la persona más amable de la casa. Por eso, cuando me invitaba a la cocina a tomar pastel, yo siempre renunciaba a mi trono, a la cama del tío Charlie, y me iba tras ella.

Cuando aún no me había metido el primer bocado de tarta en la boca, ella ya me estaba contando alguna historia. El tío Charlie contaba muy bien las cosas, y mi madre también, pero mi abuela era la maestra. Había aprendido aquel arte de niña, frecuentando los cines del barrio de Hell's Kitchen. Después de ver mil veces la película del Oeste, o de amor, que estuviera en cartel, volvía a casa de noche y la asaltaban los niños más pobres del barrio, que no podían permitirse pagar la entrada. Rodeada de semejante corrillo –que yo imaginaba como una mezcla de los Bowery Boys y la Pandilla–, la abuela reproducía los diálogos y las escenas, y los niños gritaban de asombro y aplaudían, haciendo que, por un momento, la pequeña Margaret Fritz se convirtiera en una estrella de cine.

La abuela conocía bien a su público: siempre hacía hincapié en alguna moraleja que supiera que tenía un significado especial para quien la escuchaba en cada momento. A mí, por ejemplo, me hablaba de sus hermanos, aquellos tres irlandeses corpulentos que parecían recién salidos de los *Cuentos de los hermanos Grimm.* «A aquellos chicos no había manera de engañarlos», decía mi abuela, que era su versión del «Érase una vez...». El cuento clásico sobre los Hermanos Fritz tenía que ver con la noche en que llegaron a casa y vieron que su padre estaba pegando a su madre. Todavía eran unos niños, de mi edad, más o menos, pero agarraron su padre del pescuezo y le dijeron: «Si vuelves a tocar a mamá, te matamos». Moraleja: los hombres de verdad protegen a sus madres.

De sus hermanos la abuela pasaba a contarme cosas de mis otros primos, los Byrne, que vivían en Long Island, más lejos (yo nunca entendía del todo qué relación había entre nosotros: eran los nietos de la hermana de la abuela). Eran diez niños Byrne, una niña y nueve niños, a los que la abuela colocaba en el mismo pedestal que sus hermanos. Todos los hermanos Byrne tenían la misma mezcla de fuerza y elegancia, decía, y me los ponía como ejemplo de «perfectos caballeros», algo que a mí me dolía. Para ellos era fácil ser perfectos, pensaba yo: tenían padre. El tío Pat Byrne era el clásico irlandés moreno, guapo, y jugaba al fútbol americano con sus hijos todas las noches, cuando llegaba a casa del trabajo.

A mis ocho años yo era demasiado ingenuo, pero aun así adivinaba los motivos últimos que se ocultaban en muchas de las historias que me contaba la abuela. Aunque mi padre le caía muy mal, entendía lo que yo obtenía de su voz, y lo que había perdido cuando su voz se disipó, y hacía todo lo que podía por traer nuevas voces masculinas a mi vida. Yo se lo agradecía, y además era vagamente consciente de que aquélla no era la única sustitución que tenía lugar durante nuestras sesiones de pasteles y relatos. La abuela también se esforzaba por llenar el vacío que dejaba mi madre, que trabajaba muchas horas, más decidida que nunca a largarse de casa del abuelo y llevarme con ella.

A medida que la abuela y yo pasábamos juntos más tiempo, a medida que nos sentíamos cada vez más próximos, a los dos nos preocupaba que ella se quedara sin material narrativo. Con el tiempo, nuestros temores se materializaron: su archivo de anécdotas se agotó, y se vio obligada a recurrir a la literatura. Me recitaba fragmentos líricos de Longfellow, su poeta favorito, que había memorizado cuando iba a la escuela. A mí Longfellow me gustaba más aún que los Hermanos Fritz. Contenía el aliento cuando la abuela recitaba *La canción de Hiawatha*,* la miraba arrobado cuando describía que el padre del niño indio se esfumó poco después de que éste naciera, y que la madre de Hiawatha había muerto poco después, por lo que su abuela, Nokomis, había tenido que hacerse cargo de él. A pesar de las advertencias de Nokomis, a pesar de sus temores, Hiawatha había partido en busca de su padre. Al niño no le quedaba otra alternativa: oía la voz de su padre en el viento, llamándolo.

Yo disfrutaba mucho con los recuerdos de mi abuela sobre sus épicos hermanos, y con sus recitales poéticos sobre hombres heroicos, pero me incomodaba, me avergonzaba incluso, que mis relatos preferidos tuvie-

---

* Poema épico escrito por Henry Wadsworth Longfellow en 1855. (*Nota del traductor.*)

ran como protagonista a una mujer: su madre, Maggie O'Keefe. La mayor de trece hermanos, Maggie tenía que cuidar de ellos porque su madre estaba enferma o embarazada, y se convirtió en una heroína popular en el condado de Cork por los muchos sacrificios que soportaba, entre ellos llevar cargada al cuello a su hermanita a la escuela cuando ésta se negaba a caminar. Maggie había jurado que la pequeña aprendería a leer y a escribir, algo que a ella siempre le habría gustado poder hacer.

Qué hizo que Maggie abandonara Irlanda, dejara desamparados a sus hermanos y sus padres y huyera a Nueva York en la década de 1880, nunca lo supimos. Nos habría encantado saberlo, porque ella era la primera de una larga lista de prófugos, la matriarca de un clan de hombres y mujeres que protagonizaban huidas misteriosas y sonadas. Pero su razón para dejar su país debió de ser demasiado espantosa, demasiado dolorosa, porque aunque se decía que a Maggie se le daba muy bien contar historias, aquélla fue la única que no contó jamás.

Por su tormento secreto, por sus muchas y notables cualidades, Maggie se merecía encontrar un poco de felicidad cuando su barco atracó en Ellis Island. Pero no, la vida se le complicó aún más. Cuando trabajaba como doncella en una de las grandes fincas de Long Island, un día pasó junto a una de las ventanas de la primera planta y vio a un jardinero que, debajo de un árbol, leía un libro. Era «ofensivamente guapo», dijo años más tarde, y sin duda culto. Maggie se enamoró de él como una loca. Le confió sus sentimientos a una amiga, otra doncella, y juntas concibieron un plan. La amiga, que sabía escribir, iría anotando los pensamientos de Maggie y los convertiría en cartas de amor, que Maggie firmaría y metería dentro del libro del jardinero mientras él podara los rosales. A éste, claro está, le impresionaron las cartas de Maggie, quedó seducido por su elevada prosa, y tras un noviazgo breve y apasionado se casaron. Sin embargo, al descubrir que era analfabeta, el jardinero se sintió estafado, y así nació un resentimiento que duró toda la vida, y al que él recurría para justificar las palizas que le daba y lo mucho que bebía…, hasta que sus tres hijos lo pillaron y lo agarraron por el pescuezo.

Una noche, mientras la abuela me contaba aquellas historias, el abuelo entró en la cocina.

–Dame tarta –le dijo.

–Ahora estoy contando una historia –replicó ella.

–Dame un pedazo de tarta y no me obligues a pedírtelo dos veces, mujer tonta.

Si el abuelo era simplemente frío con sus nietos y desalentador con sus hijos, con la abuela se mostraba desagradable. La ninguneaba, la maltrataba, la atormentaba por deporte, y su crueldad cristalizaba en su manera de llamarla. Ni una sola vez oí que la llamara Margaret. La llamaba Mujer Tonta, que sonaba a perversión de alguno de los nombre indios –Oso Grande o Agua Risueña–, que aparecían en *Hiawatha*. Yo no entendía que la abuela consintiera aquel trato por parte del abuelo porque no entendía hasta qué punto dependía de él, emocional y económicamente. El abuelo sí lo entendía, y explotaba aquella dependencia, obligándola a vestir con ropa harapienta, a juego con la suya. De los cuarenta dólares semanales que le daba para gastos de comida y casa, a ella no le quedaba nada para comprarse ropa ni zapatos. Su atuendo diario era una bata de andar por casa muy desgastada, su uniforme de sumisión, su hábito de penitencia.

Cuando el abuelo salió de la cocina –después de que la abuela le hubiera servido un pedazo de tarta–, se hizo un silencio terrible. Yo miraba a la abuela, que mantenía la mirada fija en su plato. Se quitó las gafas de vidrios gruesos y se rozó el ojo izquierdo, el párpado que movía, se abría y se cerraba, un tic nervioso. Una foto que le hicieron a los diecinueve años muestra sus ojos azules sosegados, quietos, su cara redonda enmarcada en su pelo rubio, rizado. No se trataba de un rostro de belleza convencional, pero en sus rasgos había una vitalidad que los armonizaba, y cuando aquella vitalidad desapareció (cuando el miedo y el maltrato la agotaron), también desapareció la armonía. Además del tic del párpado, tenía la nariz hinchada, los labios retraídos, los pómulos hundidos. Se le notaba en la cara cada día de degradación y vergüenza. Incluso cuando estaba callada, la cara de la abuela contaba una historia.

Aunque yo no entendía por qué la abuela no se rebelaba, por qué no recurría a su legado genético y se largaba de allí, sí entendí muy bien, después de aquella visita del abuelo, por qué contaba todas aquellas historias sobre hombres. No lo hacía sólo para mi provecho. Ella era su mejor público, y se recordaba a sí misma, volvía a convencerse a sí misma, de que los hombres buenos existían, y de que podían acudir a nuestro rescate en cualquier momento. Mientras ella seguía ahí, contemplando fijamente las migas, me pareció que debía decir algo, que alguien debía decir algo antes de que el silencio se nos tragara. Y le pregunté:

—¿Por qué hay tantos hombres malos en nuestra familia?

Sin levantar la vista me respondió:

—No sólo en nuestra familia. Hay hombres malos por todas partes. Por eso quiero que tú, cuando crezcas, seas bueno. —Alzó despacio la mirada—. Por eso quiero que dejes de estar siempre tan enfadado, JR. Basta de pataletas. Basta de mantitas favoritas. Basta de pedir televisores y juguetes que tu madre no puede permitirse. Tienes que cuidar tú de tu madre. ¿Me oyes?

—Sí.

—Tu madre trabaja mucho, está muy cansada y no tiene a nadie que cuide de ella. No puede hacer nada más. Ella cuenta contigo. Y yo también.

Cada vez que pronunciaba la palabra «tú» sonaba como un tambor. La boca se me estaba secando, porque aunque yo hacía todo lo que podía, aunque me esforzaba al máximo, según la abuela mi peor temor, lo que más me preocupaba, se estaba haciendo realidad: no daba la talla, le estaba fallando a mi madre. Le prometí a mi abuela que me esforzaría más, me disculpé y volví corriendo a la habitación del tío Charlie.

Ocho
McGraw

–¿Qué estás haciendo? –me preguntó mi primo McGraw.

Estaba en medio del patio, blandiendo un bate de béisbol ante un lanzamiento imaginario, imitando con la boca el sonido de una pelota golpeada. Yo estaba sentado en el escalón, con la radio sobre las piernas. Tenía nueve años, y McGraw siete.

–Nada –le dije.

Pasaron varios minutos.

–No, en serio –insistió–. ¿Qué estás haciendo?

Bajé el volumen.

–Intentando oír si mi padre ha vuelto a la radio.

Después de batear otro lanzamiento imaginario, McGraw se colocó bien el casco de bateador de los Metts, de plástico, que no se quitaba para nada, y dijo:

–¿Y si hubiera una máquina que te dejara oír o ver a tu padre siempre que quisieras? ¿A que sería chulo?

El padre de McGraw, mi tío Harry, apenas aparecía por allí, pero su ausencia resultaba más acusada que la de mi padre porque el tío Harry vivía en el pueblo de al lado. Y sus apariciones daban más miedo, porque a veces pegaba a la tía Ruth y a los primos. Una vez abrió una botella de vino y se lo echó por la cabeza a la tía Ruth delante de McGraw. Otra vez la arrastró por el suelo tirándola del pelo, en presencia de los primos. Llegó incluso a darme un bofetón a mí, y yo sentí un frío muy profundo en el pecho.

McGraw era mi mejor amigo y mi más estrecho aliado en casa del abuelo, después de mi madre. Muchas veces lo presentaba como mi hermano, y no mentía. Yo buscaba algo que fuera más verdadero que la verdad. ¿Cómo no iba a ser McGraw mi hermano, si llevaba la misma vida que yo, dirigida por las mismas coordenadas? Padre ausente. Madre cansada. Tío turbio. Abuelos tristes. Un apellido raro que suscitaba burlas y confusión. Además, igual que con mi nombre, con los orígenes de McGraw también había cierto misterio. La tía Ruth le contó al abuelo que el nombre estaba inspirado en John McGraw, el legendario mánager de béisbol, pero yo también la oí una vez decirle a mi madre que había escogido el nombre más duro que se le había ocurrido, para asegurarse de que McGraw, rodeado de hermanas, no le saliera nenaza.

Yo compartía la preocupación de la tía Ruth. Yo también temía que McGraw y yo estuviéramos condenados a ser nenazas. Si a McGraw, que era más relajado que yo, no le importaban aquellas cosas, yo lo obligaba a que le importaran. Yo iniciaba a McGraw en mis neurosis, le metía en la cabeza la idea de que estábamos creciendo sin acceso a saberes masculinos como la reparación de coches, la caza, la acampada, la pesca y, sobre todo, el boxeo. Por el propio bien de McGraw le ordenaba que me ayudara a llenar la bolsa de golf del tío Charlie de trapos de cocina y papeles de periódico, y con aquel saco de boxeo casero nos enseñábamos el uno al otro a lanzar combinaciones de derechazos e izquierdazos. Arrastraba a McGraw en contra de su voluntad hasta el estanque que había junto a las vías del tren, donde lanzábamos anzuelos cebados con pan de molde. Llegamos a pescar algo, un pez moteado que se parecía a Barney Fife, y que llevamos a casa del abuelo. Lo metimos en la bañera y nos olvidamos de él. Cuando la abuela lo encontró nos regañó mucho, lo que no hizo sino confirmar mi paranoia de que vivíamos bajo la tiranía de lo femenino.

A pesar de lo idéntico de nuestras vidas, McGraw y yo éramos dos niños distintos, y nuestras diferencias parecían provenir de las relaciones que manteníamos con nuestras respectivas madres. McGraw tendía a enfurecerse con la suya, a la que llamaba Ruth, mientras que yo me aferraba a la mía, a la que ni una sola vez llamé Dorothy: ella siempre era «mamá». Mi madre me dejaba llevar el pelo como Keith Partridge, pero la madre de McGraw lo rapaba cada dos semanas con un corte militar. Yo era intenso; McGraw, tranquilo. Yo era propenso a rumiar las cosas, y él a reírse, y su risita era un trino característico, sinfónico, que expresaba una alegría irreprimible. Yo era quisquilloso con la comida, y McGraw se comía todo lo que hubiera, y se lo tragaba con litros y litros de leche.

–¡McGraw! –le gritaba la abuela–. ¡Que no tengo una vaca en el patio!

A lo que él respondía con un ataque de risa. Yo era moreno y flaco, Mc-Graw rubio y corpulento, y no dejaba de crecer. Crecía como los niños de los cuentos, rompiendo sillas, hamacas, camas, la canasta de baloncesto colgada en el garaje. Como el tío Harry era un gigante, a mí me parecía lógico que McGraw creciera como una vaina de habichuela.

McGraw no hablaba de su padre, y no hablaba de por qué no hablaba de su padre. Sin embargo, yo sospechaba que cada vez que un tren pasaba por el pontón que cruzaba la bahía de Manhasset, emitiendo un traqueteo audible de una punta a otra de la ciudad, McGraw no podía evitar pensar en su padre, revisor de la línea de Long Island. Aunque McGraw no lo decía, yo creía que el sonido del tren le afectaba como a mí me afectaba la estática de la radio. En alguna parte de ese ruido blanco está tu viejo.

Cuando McGraw llegaba a ver a su padre, aquello no era una visita, sino una emboscada. La tía Ruth le pedía a McGraw que se fuera hasta un bar a pedirle dinero a su padre, o a que le firmara unos documentos. Yo me daba cuenta siempre de cuándo regresaba de aquellas emboscadas de bar. Traía las mejillas muy coloradas, los ojos vidriosos. Se veía traumatizado, pero también emocionado, porque acababa de ver a su padre. Llegaba con ganas de ponerse a jugar a béisbol enseguida, de quemar la adrenalina, el enfado. Blandía el bate con fuerza, golpeaba con rabia la pelota apuntando al blanco que habíamos dibujado con tiza en el garaje. Después de aquellas emboscadas de bar bateaba con tanta fuerza que el abuelo decía que estaba seguro de que McGraw echaría el garaje abajo.

Había, además, otra manera infalible de saber si McGraw estaba disgustado por algo: tartamudeaba. Su tartamudeo era mucho más sutil que el del abuelo, pero ver a McGraw esforzándose por formar palabras era algo que a mí me partía siempre el corazón, y me convencía una vez más de que él era una de las personas de la casa que necesitaba mi protección. En todas las fotos de aquellos años, yo salgo siempre con una mano apoyada en su hombro, agarrándole la camisa, como si estuviera a mi cargo, a mi cuidado.

Un día enviaron a McGraw a ver a su padre, pero no a la típica emboscada. Pasaron juntos un buen rato, fueron a comer hamburguesas con queso, conversaron. McGraw llegó incluso a conducir el tren. Cuando volvió llevaba una bolsa de colmado. Dentro tenía una de las gorras de revisor de su padre, grande y pesada como un frutero.

–Es de mi padre –dijo McGraw, quitándose la gorra de los Mets y poniéndosela. La visera le caía sobre los ojos, y el plato le cubría las orejas.

La bolsa del colmado contenía también centenares de billetes de tren.

–¡Mira! –dijo McGraw–. Podemos usarlos para ir a sitios. ¡Donde queramos! ¡Al Shea Stadium!

–Estos billetes ya están picados –le dije yo, intentando rebajar su entusiasmo, porque sentía envidia de que hubiera visto a su padre–. No sirven, tonto.

–Me los ha dado mi padre.

Y me quitó la bolsa del colmado.

Con su gorra de revisor y un cinturón con monedero incorporado que también le había regalado su padre, McGraw se proclamó revisor del salón. Se paseaba de un lado a otro imitando los andares de funámbulo de un revisor al pasar por el pasillo de un tren en marcha, aunque en realidad se parecía más al tío Charlie cuando volvía del Dickens.

–¡Billetes! –decía–. ¡Todos los billetes! ¡Próxima parada, Penn Station!

Todos sin excepción debíamos meternos la mano en el bolsillo y sacar unas monedas, aunque la abuela compraba muchos billetes para el sofá del bicentenario con galletas y vasos de leche fría.

La tía Ruth tiró del freno de emergencia en el salón-locomotora de McGraw. Le dijo que estaba a punto de denunciar a su padre para exigirle una pensión, y que él tendría que declarar en el juicio. A McGraw lo llamarían al banquillo como testigo, y tendría que jurar sobre la Biblia que el tío Harry dejaba que su mujer y sus seis hijos pasaran hambre. McGraw soltó un gemido y se tapó las orejas con las manos y salió corriendo por la puerta de atrás. Yo fui tras él y me lo encontré detrás del garaje, sentado en el barro. Casi no podía hablar.

–¡Tendré que levantarme y decir cosas malas de mi padre! –dijo–. ¡No querrá verme nunca más! ¡No volveré a verlo más!

–No –le dije yo–. Tú no tienes que decir nada malo de tu padre si no quieres.

Yo me lo llevaría a Shelter Rock y lo escondería allí antes de permitir que algo así ocurriera.

El caso no llegó nunca a juicio. El tío Harry le dio algo de dinero a la tía Ruth, y la crisis pasó. Pero pasó mucho tiempo hasta que McGraw y su padre se volvieron a ver. Sin decir nada, McGraw se quitó la gorra de revisor, se puso la de los Mets y todos volvimos a montarnos en el sofá del bicentenario sin pagar nada.

En la cama libre que compartíamos en la habitación del abuelo, por la noche McGraw y yo nos pasábamos mucho rato echados, despiertos, hablando de todo menos del tema que nos unía, aunque a veces el tema se colaba en la conversación. Al abuelo le gustaba dormir con la radio encendida, y cada pocos minutos algún locutor de voz grave me hacía dejar de hablar y escuchar. Y todos los trenes que pasaban a lo lejos hacían que McGraw levantara la cabeza. Cuando se quedaba dormido, yo escuchaba la radio, y oía los trenes, y veía la luz de la luna colarse por la ventana y formar grandes franjas amarillo canario sobre la cara redonda de McGraw. Le daba las gracias a Dios por tenerlo, y me preocupaba pensando qué haría yo si no estuviera él allí.

Y un día se fue. La tía Ruth se llevó a los primos a una casa que quedaba unos kilómetros más allá de Plandome Road. Ella también estaba decidida a escapar de casa del abuelo, aunque sus ganas de largarse no tenían nada que ver con las condiciones de hacinamiento en que vivíamos. Después de una pelea muy fea con la abuela y el abuelo, se fue en un arrebato de cólera, y no volvió, y no dejó que volvieran los primos, a los que les prohibió que vinieran a visitarnos.

–¿Ha secuestrado la tía Ruth a los primos? –le pregunté al abuelo.

–Podría decirse así.

–¿Los traerá alguna vez?

–No. Nos los ha em... em... embargado.

–¿Qué significa «embargado»?

Yo había oído aquella palabra muchas veces en 1973. Estaba el embargo de Oriente Medio, que significaba que los árabes se negaban a vendernos gasolina, razón por la cual no podíamos comprar más de cuarenta litros cada vez que íbamos a repostar a la gasolinera Mobil que había al lado del Dickens. ¿Qué tenía que ver aquello con la tía Ruth?

–Significa que estamos en su lis... lis... lista negra –dijo el abuelo.

Y no sólo eso. La tía Ruth me prohibió entrar en su casa. Me prohibió ver a McGraw y a las primas.

–Tú también estás en su lista negra –dijo el abuelo.

–¿Qué le he hecho yo?

–Eres culpable por asociación.

Recuerdo el embargo de McGraw de 1973 como la época en la que yo también me quedé sin gasolina. Me arrastraba por los días, gris, apático, triste. Era octubre. Los arces, por todo Manhasset, se convertían en antorchas rojas, naranjas, y desde las colinas más altas parecía que el pueblo entero estuviera en llamas. La abuela siempre me decía que saliera a jugar fuera, que disfrutara de los colores del otoño y el aire fresco, pero yo me quedaba tumbado en la cama del tío Charlie, viendo la tele. Una noche estaba viendo *Mi bella genio* cuando oí que se abría la puerta, e inmediatamente después la voz de Sheryl.

–¿Hay alguien en casa?

Salí corriendo de la habitación del tío Charlie.

–¡Qué sorpresa! –exclamó mi abuela, abrazándola.

–Has cruzado las líneas enemigas –dijo mi madre, besándola.

Sheryl agitó la mano.

–Pse.

Sheryl no temía a nadie. A sus catorce años, era la más guapa de las hijas de la tía Ruth, y la más desafiante.

–¿Cómo está McGraw? –le pregunté.

–Te echa de menos. Me ha pedido que te pregunte de qué te vas a disfrazar por Halloween.

Yo bajé la mirada.

–No puedo llevarlo al truco o trato –dijo mi madre–. Esa noche trabajo.

–Pues lo llevamos nosotros –dijo Sheryl.

–¿Y tu madre? –preguntó la abuela.

–Lo llevaré a dar la vuelta a la manzana –dijo Sheryl–, le llenaré la bolsita con lo que saquemos y estaremos de vuelta en casa sin dar tiempo a Ruth a enterarse de que he salido. –Se volvió hacia mí–. Vendré a buscarte a las cinco.

A las cuatro ya estaba en el escalón, disfrazado de Frito Bandito. Llevaba un poncho y un sombrero mexicano, y me había dibujado un mostacho de manubrio con rotulador. Sheryl llegó puntual.

–¿Estás listo? –me preguntó.

–¿Y si nos pillan? –le dije yo.

–Sé un hombre.

Sheryl me tranquilizó contándome muchos chistes y burlándose de todos los que nos daban caramelos. Cuando nos alejábamos de una casa, murmuraba: «¿Podría bajarle el volumen a esos pantalones, señor?». Si las luces del porche se encendían cuando nos acercábamos a la entrada, gritaba: «¡No preparen café, no nos quedamos!». Yo me partía de risa, me lo estaba pasando en grande, aunque de vez en cuando me volvía para ver si nos seguía alguien.

–Jo... –decía Sheryl–. Me estás poniendo nerviosa. Tranquilo.

–Lo siento.

Íbamos cogidos de la mano, recorriendo Chester Drive, cuando el coche familiar de la tía Ruth se detuvo junto a nosotros. La tía Ruth miró a Sheryl con ojos asesinos, a mí no me hizo ni caso, y dijo entre dientes:

–Móntate en el coche.

Sheryl me dio un abrazo de despedida y me dijo que no me preocupara. Yo seguí solo hacia casa del abuelo, pero me detuve a medio camino. ¿Qué haría Hiawatha en mi lugar? Debía asegurarme de que Sheryl estaba bien. Necesitaba mi protección. Di media vuelta en dirección a Plandome Road y, cuando estaba cerca de la casa de la tía Ruth, me metí por callejones y patios traseros hasta llegar frente a la verja del suyo. Me subí a un cubo de la basura y vi sombras en una ventana, y oí a la tía Ruth gritando. Oí que Sheryl decía algo, y después más gritos, y cristales rompiéndose. Habría querido entrar corriendo en la casa y salvar a Sheryl, pero estaba tan asustado que no podía moverme. Me preguntaba si McGraw acudiría en ayuda de su hermana, y si también él se metería en líos. Todo sería por mi culpa.

Regresé despacio a casa del abuelo, borrándome el bigote, parando aquí y allá para mirar por las ventanas de las casas. Familias felices. Chimeneas encendidas. Niños y niñas vestidos de piratas y de brujas, separando, contando los caramelos. Estaba decidido a hacer todo lo posible para que ninguno de aquellos niños supiera nada de emboscadas ni embargos.

Nueve
Dickens

Mi madre encontró un trabajo mejor como secretaria en el North Shore Hospital, y con su nuevo sueldo pudo alquilar un apartamento de un dormitorio en Great Neck, a pocos kilómetros de la casa del abuelo. Me explicó que yo seguiría cursando quinto en el colegio de Shelter Rock, y que después de clase el autobús escolar me dejaría como siempre en casa del abuelo, pero que cuando mi madre terminara de trabajar, por la noche, nos iríamos a nuestra nueva... casa. Me di cuenta de que esta vez no se encallaba al pronunciar la palabra, sino que la enfatizaba.

Mi madre adoraba aquel apartamento de Great Neck, mucho más que todos los otros a los que habíamos huido hasta entonces. Sus suelos de madera, su salón de techo alto, la calle arbolada... Para ella todos aquellos detalles eran valiosísimos. Lo amuebló lo mejor que pudo, con piezas desechadas de las salas de espera del hospital, que se habían redecorado hacía poco, es decir, con basura de la que ellos habían optado por desprenderse. Sentados en aquellas sillas de plástico duro, se nos ponía la misma cara seria de quienes las habían ocupado previamente. También nosotros estábamos preparados para recibir malas noticias, aunque en nuestro caso éstas podían adoptar la forma de una avería inesperada en nuestro coche, o de un aumento del precio del alquiler. A mí me preocupaba que cuando llegaran, cuando mi madre comprendiera que deberíamos renunciar al apartamento de Great Neck, su decepción fuera distinta. Que aquella vez la destruyera.

Estaba convirtiéndome en un aprensivo crónico, constante, a diferencia de mi madre, que seguía manteniendo a raya sus preocupaciones cantando y recurriendo a afirmaciones positivas («¡Todo irá bien, cielo!»).

A veces yo dejaba que me convenciera de que no tenía miedo de nada, hasta que oía un grito suyo que llegaba desde la cocina, y corría hacia allí y me la encontraba subida a una silla, señalando una araña. Mientras la mataba, la sacaba al vestíbulo y la echaba al cubo de la basura, me recordaba a mí mismo que mi madre no era tan valiente, que yo era el hombre de la casa, y a partir de ese momento se redoblaban mis preocupaciones.

Más o menos una vez al año, mi madre abandonaba toda pretensión de optimismo, se cubría la cara con las manos y lloraba. Yo la abrazaba e intentaba animarla, repitiéndole sus afirmaciones positivas. Yo no me las creía, pero a ella parecían ayudarla.

–Cuánta razón tienes, JR –me decía, sorbiéndose los mocos–. Mañana será otro día.

Pero al poco de mudarnos a Great Neck, su ataque de llanto anual resultó particularmente severo, y yo pasé al plan B: le recité un monólogo que había oído pronunciar a un humorista en *The Merv Griffin Show*. Lo había anotado en una hoja de papel suelta y me lo había guardado en un libro de texto por si se presentaba una ocasión como ésa.

–¡Hola, chicos! –dije, leyendo del papel–. Un placer estar aquí; no miento. No soporto a los mentirosos. Mi padre era mentiroso. Me dijo que hacía dedos. Y lo que hacía era dedo para ir de un sitio a otro.

Mi madre, despacio, apartó las manos de la cara y me miró.

–Pues sí –proseguí yo–. También me dijo que teníamos un sofá de Luis el XIV. Se lo tendríamos que devolver a Luis si no lo pagábamos el catorce.

Mi madre me atrajo hacia ella y me dijo que sentía mucho asustarme, pero que no podía evitarlo.

–Estoy tan cansada –dijo–. Cansada de preocuparme, de luchar, de estar tan... tan... sola.

Sola. No me ofendí. Por más intimidad que existiera entre mi madre y yo, la falta de un hombre en nuestra vida nos hacía sentir, a veces, solos. A veces yo me sentía tan solo que me habría gustado que existiera una palabra más larga, más grande, para decir «solo». Intenté hablarle a la abuela de lo que sentía, de mi sospecha de que la vida me estaba arrancando pedazos de mí, primero La Voz, después McGraw, pero ella me entendió mal. Me dijo que era pecado quejarse por estar aburrido cuando había tanta gente en el mundo que mataría por que el aburrimiento fuera el mayor de sus problemas. Yo le aclaré que no estaba aburrido, que estaba solo. Ella me dijo que no estaba siendo el hombre fuerte que ella me había pedido que fuera.

–Ve a sentarte en una silla y mira el cielo –me dijo–. Y dale las gracias a Dios de que no te duela nada.

Bajé al sótano, me puse a rebuscar y encontré un tocadiscos y una máquina de escribir de la década de 1940. Valiéndome de aquellos objetos para aplacar mi aislamiento, empecé a escuchar discos de Frank Sinatra mientras, simultáneamente, creaba algo que llamé la *Gaceta de Familia*. El número inicial salió a principios de 1974, y en la portada incluí una «ficha» de mi madre y un análisis de cuatro líneas sobre el gobierno de Nixon. Aparecía también un editorial breve denostando el comercio internacional de «marijuana», así como un sumario sucinto y embrollado de las desavenencias de la familia. Le entregué el primer ejemplar al abuelo.

–¿*Gaceta de Familia*? –dijo–. ¡Bah! Esto no es una fam... fam... familia.

Con la edición de la revista ya cerrada, y lista para salir al día siguiente, muchas veces iba a dar una vuelta en bicicleta, ascendía por la empinada cuesta de Park Avenue, donde se encontraban las casas más antiguas y, para mí, mejores de Manhasset. Pasando una y otra vez frente a aquellas mansiones espléndidas, miraba por las ventanas y pensaba en el secreto de la vida: entrar ahí dentro. Hasta mí llegaba el olor de la leña que ardía en las chimeneas, del humo ascendiendo en volutas, delicioso, embriagador. Había llegado a la conclusión de que los ricos compraban en tiendas secretas, donde conseguían una leña extra-aromática. En aquellas mismas tiendas también debían de vender lámparas mágicas. Los ricos tenían la mejor porcelana, las mejores cortinas, los mejores dientes, por supuesto, pero también unas lámparas que emitían un resplandor ofensivamente hogareño. En cambio, todas y cada una de las lámparas de la casa del abuelo desprendían el brillo cegador de un foco carcelario. Hasta las polillas las evitaban.

Al volver a casa del abuelo volvía a quejarme a la abuela de que me sentía solo.

–Ve a sentarte en una silla y mira el cielo...

Finalmente, bajaba al sótano.

Como el bar, el sótano del abuelo era oscuro, distante, y a los niños nos estaba totalmente prohibido ir. En el sótano era donde rugía la caldera, donde se embozaba la fosa séptica, donde las telarañas llegaban a ser grandes como almadrabas. Cuando descendía por la escalera endeble, iba dispuesto a salir corriendo al más mínimo ruido, a la más mínima presencia de algo que cruzara por el suelo de cemento, pero pasados unos minutos me convencía de que aquel sótano era el escondite perfecto, la única parte de la casa del abuelo que ofrecía silencio e intimidad. Allí no me encontraría nadie, y la caldera era mejor que La Voz para acallar toda la furia de los adultos que se desarrollaba arriba.

Explorando sin miedo los rincones más remotos del sótano, descubrí su mayor atracción, su tesoro secreto. Metidas en cajas, amontonadas sobre mesas, desbordando de maletas y baúles, había centenares de novelas y biografías, libros de texto y de arte, memorias y manuales de instrucciones, todos abandonados por las sucesivas generaciones y las ramas cortadas de la familia. Recuerdo que al verlos ahogué un grito.

Me enamoré de aquellos libros a primera vista, y fue mi madre la que me predispuso para que surgiera aquel amor. Desde que tenía nueve meses, y hasta que empecé a ir al colegio, mi madre me había enseñado a leer, usando para ello unas cartas muy bonitas que compraba por correspondencia. Yo siempre he recordado aquellas tarjetas con la claridad y la viveza de titulares de prensa, sus letras rojas destacando contra un fondo color crema, y tras ellas el rostro de mi madre, compuesto por aquellos mismos colores, los preciosos colores de su tez, de rosa y leche, enmarcados por su pelo caoba. A mí me encantaba el aspecto de aquellas palabras, sus formas, la asociación subliminal entre el tipo de letra y la cara tan bonita de mi madre, aunque tal vez lo que me robara el corazón fuera lo que tenían de funcional. Las palabras organizaban mi mundo, ordenaban el caos, dividían pulcramente las cosas en blancas y negras. Las palabras me ayudaban incluso a organizar a mis padres. Mi madre era la palabra impresa: tangible, presente, real; mientras que mi padre era la palabra hablada: invisible, efímera, convertida al instante en memoria. Había algo reconfortante en aquella simetría rígida.

Ahora, en el sótano, me sentía como si estuviera hundido hasta el pecho en un pozo de palabras. Abrí el libro más grande y más pesado que encontré, en el que se narraba el secuestro de Lindbergh. Dadas las advertencias de mi madre respecto de mi padre, yo sentía cierta conexión con aquel bebé Lindbergh. Me pasé un rato mirando las fotos del pequeño cadáver. Aprendí la palabra «rescate», que me pareció que debía de ser algo así como «pensión alimenticia».

Muchos de los libros del sótano eran demasiado avanzados para mi nivel, pero a mí no me importaba. Me conformaba reverenciándolos antes de poder leerlos. Apilada dentro de una caja de cartón estaba la magnífica colección, encuadernada en piel, de las obras completas de Dickens, y como el bar que yo tanto respetaba se llamaba así, aquéllos eran los libros que yo más valoraba, y ansiaba saber qué decían. Estudiaba impaciente las ilustraciones, sobre todo una de *David Copperfield* –que tenía mi edad– en un bar. En el pie se leía: «Mi primera consumición en el pub».

–¿De qué va éste? –le pregunté al abuelo, alcanzándole *Grandes esperanzas.*

Estábamos con la abuela, desayunando.

–De un niño que tiene grandes es... es... esperanzas –respondió él.

–¿Qué son «esperanzas»?

–Son una mal... mal... maldición.

Desconcertado, me metí una cucharada de gachas de avena en la boca.

–Por ejemplo yo –añadió–, cuando me ca... ca... casé con tu abuela, tenía grandes es... es... esperanzas.

–Qué bonito hablarle así a tu nieto –dijo la abuela.

El abuelo soltó una carcajada llena de amargura.

–Nunca te cases por el sexo –me dijo.

Seguí comiendo las gachas, arrepentido de haber preguntado nada.

Dos de los libros del sótano se convirtieron en mis compañeros constantes. El primero, *El libro de la selva*, de Rudyard Kipling, por el que conocí a Mowgli, que se convirtió en primo mío, tanto como McGraw. Me pasaba horas con él y con sus padres adoptivos, Baloo, el oso bondadoso, y Bagheera, la pantera sabia, que querían que Mowgli llegara a ser abogado. O al menos así lo leía yo: siempre le insistían a Mowgli para que aprendiera la Ley de la Selva. El segundo libro era un ejemplar desvencijado de los años treinta titulado *Biografías relámpago.* Sus páginas amarillentas estaban llenas de brevísimos relatos, y de retratos a plumilla de grandes hombres de la historia. A mí me encantaba su uso generoso de los signos de exclamación: «Rembrandt: ¡El pintor que jugaba con las sombras!», «Thomas Carlyle: ¡El hombre que dignificó el trabajo!», «Lord Byron: ¡El playboy de Europa!». Y me encantaba su fórmula, que me resultaba tranquilizadora: todas las vidas empezaban con penalidades y llevaban, inexorablemente, hasta la gloria. Durante horas yo miraba de tú a tú a César,

Maquiavelo, Aníbal y Napoleón, a Longfellow y a Voltaire, y me aprendía de memoria la página dedicada a Dickens, santo patrón de los niños abandonados. El retrato de él que aparecía en el libro era la misma silueta que Steve había colgado sobre el bar.

Un día estaba tan enfrascado en la lectura de *Biografías relámpago* que no vi a la abuela, plantada frente a mí con un billete de dólar en la mano.

–Te he buscado por todas partes –me dijo–. El tío Charlie tiene mono de nicotina. Vete al bar y cómprale un paquete de Marlboro.

¿Ir al Dickens? ¿Entrar al Dickens? Agarré el dinero y, con el libro bajo el brazo, salí corriendo hasta la esquina.

Pero al llegar frente al bar me detuve. Con la mano en el tirador, notaba que el corazón se me aceleraba, y no sabía por qué. Me sentía atraído por el bar, pero la atracción era tan poderosa, tan irresistible, que pensaba que tal vez fuera peligroso, como el mar. La abuela se pasaba la vida leyéndome artículos del *Daily News* sobre bañistas arrastrados por las corrientes y engullidos por el mar. «Así debe de ser una corriente.» Aspiré hondo, abrí la puerta y me metí dentro. Oí el portazo tras de mí, y la oscuridad me rodeó. Un zaguán. Delante había una segunda puerta. Tiré del pomo y las bisagras oxidadas chirriaron. Di un paso al frente y me encontré en una cueva alargada y estrecha.

Mientras se me acostumbraba la vista a la penumbra me fijé en que el aire era, en realidad, de un hermoso amarillo pálido, aunque allí no hubiera ni lámparas ni ninguna otra fuente de luz. El aire era del color de la cerveza, y olía a cerveza, y la respiración me sabía a cerveza: malteada, espumosa, densa. Abriéndose paso entre el olor a cerveza surgía otro, a descomposición, un poco a podrido, aunque no era desagradable y se parecía más a un bosque antiguo donde las hojas muertas y el moho renuevan tu fe en el ciclo interminable de la vida. Había también notas débiles a perfumes y a colonia, a tónico capilar y a betún de zapatos, a limón, a filete, a puro y a periódico, y un fondo de olor a mar de la bahía de Manhasset. Se me humedecieron los ojos, como me pasaba en el circo, donde el aire poseía un olor animal similar, a almizcle.

También me recordaron al circo todos aquellos hombres de cara blanca, pelo naranja y nariz colorada. Allí estaba el relojero, que siempre me regalaba cigarrillos de chocolate. Y el dueño de la papelería, que mascaba tabaco y que miraba a mi madre de una manera que me daban ganas de darle una patada en la cara. Y muchos hombres a los que no reconocía, que parecían recién llegados de la ciudad, como si acabaran de bajarse del tren, y otros a los que sí reconocía y que llevaban las sudaderas naranjas del equipo de sóftbol del Dickens. Muchos de aquellos hombres estaban sentados en taburetes altos frente a la barra, una pared de ladrillo rematada por un tablón de roble claro, dorado, pero no todos ellos se limitaban a la zona de la barra. Había hombres en las esquinas, hombres en la penumbra, hombres junto a la cabina del teléfono y en sus inmediaciones, hombres en la sala de atrás... Un rebaño inmenso de ese animal tan difícil de encontrar que yo llevaba tiempo persiguiendo.

En el Dickens también había mujeres, unas mujeres asombrosas. La que me quedaba más cerca tenía el pelo largo, amarillo, y unos labios rosas, como azucarados. Vi que le pasó una uña pintada por el cuello a un hombre y que se apoyó en el pilar de su brazo. Me estremecí: era la primera vez que presenciaba una muestra de afecto físico entre un hombre y una mujer. Como si hubiera notado mi escalofrío, ella se volvió hacia mí.

–Oh, oh.

–¿Qué ocurre? –preguntó el hombre que estaba a su lado.

–Un niño.

–¿Dónde?

–Ahí, junto a la puerta.

–¡Eh! ¿De quién es ese niño?

–A mí no me mires.

De entre las sombras, Steve dio un paso al frente.

–¿Puedo ayudarte en algo, hijo?

Lo reconocí del partido de sóftbol. Era, seguramente, el hombre más corpulento del local. Tenía el pelo muy rizado, la cara de un rojo oscuro, casi caoba, y los ojos era dos ranuras azules. Me sonrió, y al hacerlo me mostró unos dientes grandes, torcidos, y el bar pareció iluminarse. Al fin conocía la fuente secreta de su luminosidad.

–¡Eh, Steve! –dijo un hombre desde el otro extremo de la barra–. Invita al niño a beber algo. Pago yo. ¡Ja ja ja!

–Está bien. Niño, te invita Bobo.

Labios Rosas dijo:

–¡A callar todos, gilipollas! ¿No veis lo asustado que está?

–¿Qué necesitas, hijo?

–Un paquete de Marlboro.

–Joder.

–El niño fuma lo que hay que fumar.

–¿Cuántos años tienes?

–Nueve. Cumplo diez el...

–Dejarás de crecer.

–Es para mi tío.

–¿Quién es tu tío?

–El tío Charlie.

Risotadas.

–¡Ésta sí que es buena! –exclamó un hombre–. ¡El tío Charlie! ¡Mira tú por dónde!

Más carcajadas. Muchas carcajadas. Si ponías juntas todas las carcajadas del mundo, te salía un ruido así, pensé yo.

–¡Claro! –dijo Steve–. ¡Éste es el sobrino de Chas!

–¿El hijo de Ruth?

–No, de la otra hermana –dijo Steve–. Tu madre es Dorothy, ¿verdad? Yo asentí.

–¿Cómo te llamas, hijo?

Tenía una voz fantástica. Cálida, rugosa.

–JR –le respondí.

–¿JR? –Entornó los ojos–. ¿Y de dónde viene?

–De nada. Me llamo así.

–¿Es verdad eso? –Arqueó una ceja mirando al camarero de la barra–. Todos los nombres vienen de algo.

Abrí mucho los ojos. Nunca me lo había planteado así.

–Si piensas venir al Dickens has de tener un apodo –dijo Steve–. La próxima vez que vengas, o tienes apodo o te pondremos uno.

–¿Qué estás leyendo? –me preguntó Labios Rosas.

Le alargué mi libro.

–«Biografías ralámpago»–leyó ella, pronunciando mal el nombre.

–Va de hombres famosos –le dije.

–Creía que la experta en hombres eras tú –le dijo Steve a la mujer, que lo mandó callar.

El camarero sacó un paquete de Marlboro de debajo de la barra. Me lo alcanzó, y yo avancé unos pasos en su dirección. Todo el mundo me miraba cuando deposité el billete de dólar sobre la barra y cogí los cigarrillos, antes de retroceder despacio.

–Vuelve otro día, niño –dijo Bobo.

Carcajadas, más carcajadas. Unas risas tan estridentes que nadie oyó mi respuesta.

–Lo haré.

Diez
Corredor emergente

La tía Ruth levantó su embargo más o menos por las mismas fechas por las que los árabes levantaron el suyo. Pude visitar otra vez a McGraw y a Sheryl y las primas. Después de clase subía por Plandome Rodad para ir a buscar a McGraw, y nos íbamos corriendo al Memorial Field a lanzar unas pelotas, o al estanque a pescar, entusiasmados de volver a estar juntos. Pero semanas después nos cayó encima algo peor que un embargo: una combinación de embargo-emboscada-secuestro. La tía Ruth y los primos se trasladaban a vivir a Arizona. La tía Ruth soltó la noticia como quien no quiere la cosa, mientras se tomaba un café con la abuela en la cocina.

«Un poco de Oeste», dijo, era lo que necesitaban los primos. Montañas. Cielo azul. Allí el aire era como el vino, y los inviernos, como primaveras.

Yo nunca entendía por qué los adultos hacían las cosas que hacían, pero hasta yo sabía que el verdadero motivo del traslado de la tía Ruth a Arizona debía de ser el tío Harry. Mis sospechas se vieron confirmadas días después, cuando la abuela me contó que la tía Ruth y el tío Harry iban a intentar una reconciliación, y que la tía Ruth esperaba que el cambio de escenario hiciera que el tío Harry se reformara y fuera un padre para los primos.

Todo aquello era una broma pesada. Cuando hacía poquísimo que Mc-Graw y yo habíamos vuelto a encontrarnos, lo montaron en la parte de atrás del Ford familiar de la tía Ruth, con las maletas, y se lo llevaron a un lugar tan lejano y desconocido que yo no podía ni imaginarlo. Cuando la tía Ruth arrancó y empezó a circular por Plandome Road, lo último que vi fue a McGraw con su gorra de los Mets despidiéndose de mí, agitando la mano a través del vidrio trasero.

Mi respuesta a la pérdida de McGraw fue meterme más de lleno en mis pasatiempos –el béisbol, el sótano y el bar– y combinarlos en una sola obsesión tricéfala. Después de pasarme una hora lanzando la pelota contra el garaje, fingiendo ser Tom Seaver, bajaba al sótano y leía sobre Mowgli o algún gran hombre. («Dante: ¡Glorificó el infierno!») A continuación, con *El libro de la selva* y *Biografías relámpago* en la cesta, el guante de béisbol puesto sobre el manillar, me iba al Dickens en bicicleta y con ella me dedicaba a hacer ochos en la otra acera, sin dejar de observar a quién entraba y salía, sobre todo a los hombres. Ricos y pobres, arreglados y decrépitos, en el Dickens entraba toda clase de hombres, y todos entraban por la puerta con paso cansado, como si cargaran con un peso invisible. Caminaban como caminaba yo cuando llevaba la mochila llena de libros de texto. Pero cuando salían, lo hacían flotando.

Al cabo de un rato me iba pedaleando de la puerta del bar al campo que había al final de la calle, donde los niños jugaban al béisbol todas las tardes. Si el partido se alargaba, alguien venía siempre a visitarnos. El atardecer era aquella hora bruja en que los bebedores del Dickens consultaban la hora, apuraban sus cócteles y se iban corriendo a casa. Al salir del bar muchas veces nos descubrían jugando y regresaban a ellos poderosos recuerdos de su infancia. Vendedores, abogados, soltaban entonces sus maletines y nos suplicaban que les dejáramos batear una bola. Yo estaba lanzando cuando apareció uno de aquellos hombres, sonriendo de oreja a oreja, estirándose los puños de la camisa. Avanzaba hacia mí como un entrenador que pretendiera sustituirme. Se detuvo a un paso de donde me encontraba.

–¿Y quién coño se supone que eres tú? –me preguntó.

–Tom Seaver.

–¿Y entonces por qué pone «P I» en tu camiseta?

Me miré la camiseta blanca, interior, en la que había dibujado el número 41 con rotulador.

–Pone 41 –le dije–. El número de Tom Seaver.

–Ahí poner PI. ¿Qué es eso? ¿Pi? ¿Eres un loco de las mates o qué?

–Esto es un cuatro. Y esto un uno. ¿Lo ves? Tom el Terrible.

–Encantado de conocerte, Tom Terrible. Yo. Borracho Perdido.

Me explicó que tenía que «sudar el alcohol» antes de volver a casa «con su señora», así que sería nuestro corredor emergente. Todos los niños nos miramos.

–Pero qué tontos sois –dijo–. ¿No habéis oído hablar nunca de un corredor emergente? El corredor emergente se queda al lado del plato y corre las bases cada vez que el bateador batea.

–¿Y si nadie batea?

–¡Eh! Mira al chulo este! Me gusta. Tú lanza la bola y ya está.

Esperé a que el corredor emergente se situara. Le lancé un cañonazo al bateador, que conectó un lanzamiento lento y bajo hacia la tercera base. El corredor emergente esprintó hacia la primera, agitando brazos y piernas con movimientos espasmódicos, la corbata volando tras él como una cinta atada a una antena. Hizo un *out* de largo. Siguió corriendo. Se dirigió a la segunda. Otro *out*. Corrió hacia la tercera. *Out*. Por más veces que lo eliminábamos, él no dejaba de correr. Hacia el *home*. Bajando la cabeza, se lanzó al aire y tocó el plato con la barriga. Allí quedó inmóvil, mientras todos nos congregábamos a su alrededor. Éramos liliputienses rodeando a Gulliver. Sopesamos si estaba vivo o muerto. Finalmente, se dio la vuelta, se puso boca arriba y empezó a reírse como un loco.

–Casa –dijo.

Todos los niños nos reímos también, yo más que ninguno. Yo era un niño serio –mi madre era seria, nuestra situación era seria–, pero aquel hombre, a mis pies, era lo contrario a lo serio, y no me pasaba por alto que acababa de salir del Dickens. Estaba impaciente por unirme a él. Estaba impaciente por convertirme en él.

Pero no. Me volví aún más serio. Todo se volvió más serio.

Di por sentado que sexto estaría chupado, como todos los cursos hasta entonces, pero, no sé por qué, resultó que había el doble de deberes, y todo se hacía mucho más difícil. Además, de repente, mis compañeros de clase parecían mucho más listos que yo, y mucho más conscientes de cómo funcionaba el mundo. Mi amigo Peter me contó que cuando solicitabas el ingreso en la universidad tenías que presentar una lista de todos los libros que habías leído. Él ya llevaba cincuenta, me dijo, jactándose. Yo no recuerdo todos los libros que he leído, le dije, presa del pánico. Pues entonces lo más probable es que no te dejen entrar en la universidad, dijo Peter.

–¿Ni en la facultad de Derecho?

Peter negó despacio con la cabeza.

En la clase de ciencias de la señora Williams tuvimos que firmar un contrato por el que nos comprometíamos a esforzarnos al máximo. Lo que ella había ideado como agudo mecanismo de motivación, yo lo veía como una sentencia de muerte. Estudiaba con detalle aquel contrato, y habría querido ser ya abogado para encontrarle algún defecto de forma que me permitiera impugnarlo. Cada mañana, con el contrato en la mochila, me montaba en autobús escolar como quien se dirige a un campo de trabajo. Al poco, pasábamos frente a una residencia de ancianos. Yo pegaba la cara al cristal y envidiaba a aquellos viejos sentados en sus balancines, libres para pasarse el día viendo la tele o leyendo. Cuando se lo comenté a mi madre ella me dijo en voz muy baja:

–Móntate en el coche.

Conduciendo por Manhasset, mi madre me dijo que dejara de preocuparme.

–Tú hazlo lo mejor que puedas y ya está –me dijo.

–Eso es exactamente lo que pone en el contrato de la señora Williams –protesté yo–. ¿Cómo puedo saber qué es lo mejor?

–Lo mejor es todo lo que puedas hacer con cierta comodidad sin necesidad de que te dé un ataque.

Mi madre no lo entendía. Según mi visión del mundo, en la que todo era o blanco o negro, hacerlo lo mejor que podía no era suficiente: tenía que ser perfecto. Para cuidar de mi madre, para pagarle la universidad, debía eliminar todos mis fallos. Los fallos nos habían llevado a la situación en la que nos encontrábamos –que la abuela se hubiera casado con el abuelo, que el abuelo le negara a mi madre su deseo de estudiar una carrera, que mi madre se hubiera casado con mi padre–, y seguían pasándonos factura. Yo debía corregir aquellos errores evitando cometer otros nuevos, sacando unas notas perfectas, entrando en una universidad perfecta, y después en una facultad de Derecho perfecta, y después denunciando a mi padre imperfecto. Pero si la escuela me resultaba cada vez más difícil, no veía cómo iba a poder ser perfecto, y si era imperfecto, entonces mi madre y la abuela se sentirían decepcionadas de mí, y yo no sería mejor que mi padre, y mi madre cantaría y lloraría y aporrearía la calculadora... A esa velocidad me funcionaba a mí la cabeza cuando estaba en el patio, mientras veía a los demás niños jugar al *tetherball*.

Una noche, mi madre me sentó en el comedor, con la abuela a su lado.

–La señora Williams me ha telefoneado al trabajo hoy –me dijo–. La señora Williams me cuenta que a la hora del recreo te has quedado sentado en el patio, mirando al vacío, y que cuando te ha preguntado qué hacías, tú le has dicho: «Preocuparme».

La abuela chasqueó la lengua.

–Escúchame –dijo mi madre–. Yo, cuando noto que empiezo a preocuparme, me digo a mí misma: «No pienso preocuparme por algo que no pasará», y eso siempre me tranquiliza, porque la mayoría de las cosas por las que nos preocupamos nunca ocurrirán. ¿Por qué no lo intentas tú?

Como la señora Williams y su contrato, mi madre creía que su afirmación me motivaría; pero lo que consiguió fue hipnotizarme. La convertí en un encantamiento, en un mantra, y lo entonaba en el patio hasta que me hacía entrar en una especie de trance. Usaba mi mantra como un hechizo –para protegerme de los desastres–, y también como un palo: para ahuyentar el ataque de ideas preocupantes sobre aquellos desastres. No voy a seguir el ritmo de clase y voy a tener que repetir sexto. «No pienso preocuparme por algo que no pasará.» Tendré que dejar los estudios, y no podré cuidar de mi madre. «No pienso preocuparme por algo que no pasará.» Soy igual que mi padre. «No pienso preocuparme...»

Y funcionó. Después de repetir mi mantra miles y miles de veces, la señora Williams anunció que íbamos a tomarnos un respiro de nuestras muchas tareas. Todos los niños gritamos de alegría, y yo el que más.

–Lo que vamos a hacer –prosiguió la señora Williams– va a ser preparar el Almuerzo anual Padre-Hijo de sexto.

Dejé de gritar.

–Hoy –dijo, sosteniendo en las manos cartulina y pegamento– diseñaremos y confeccionaremos nuestras propias invitaciones, que después de clase vosotros os llevaréis a casa y entregaréis a vuestros padres. El domingo por la mañana les prepararemos un desayuno a los padres, y les leeremos parte de nuestros trabajos de clase, y así todos tendréis la ocasión de conoceros un poco mejor.

Cuando terminó la clase, la señora Williams me llamó a su mesa.

–¿Qué te pasa? –me preguntó.

–Nada.

–Te he visto la cara.

–Yo no tengo padre.

–Ah. ¿Está... ha... fallecido?

–No. Bueno, puede ser. No lo sé. No tengo padre.

Ella miró por la ventana que tenía al lado, y al cabo de un momento se volvió hacia mí.

–¿Hay algún tío?

Fruncí el ceño.

–¿Algún hermano?

Pensé en McGraw.

–¿Alguien que pudiera ocupar su lugar?

Ahora fui yo el que miró por la ventana.

–¿Puedo saltarme el desayuno y ya está?

La señora Williams llamó a mi madre, que organizó otra cumbre en el comedor.

–¿Cómo pueden ser tan burros? –dijo mi abuela–. ¿Es que no saben cómo es el mundo de hoy?

Mi madre vertió un poco de leche en una taza de café, mientras yo seguía sentado a su lado.

–Yo debería haber informado a la escuela sobre el padre de JR –dijo–. Pero no quería que lo trataran..., no sé...

–Voy a deciros algo a los dos –dijo la abuela–. Y os pido por favor que no me saltéis a la yugular pero, bueno, no sé... ¿Y el abuelo?

–Eso no, por favor –dije yo–. ¿No podemos embargar el desayuno?

El abuelo entró en el comedor. Llevaba unos pantalones manchados, una camisa de franela con goterones resecos de gachas, y unos zapatos negros con unos agujeros tan grandes en las puntas que le asomaban los calcetines, y los dedos gordos, porque también los calcetines los tenía agujereados. Como siempre, tenía la bragueta abierta.

–¿Dónde está ese bizcocho del que tanto presumes? –le preguntó a la abuela.

–Tenemos que preguntarte una cosa –dijo ella.

–Habla, Mujer Tonta, habla.

Lo intentó mi madre.

–¿Podrías ocupar tú el puesto del padre de JR en su desayuno Padre-Hijo del colegio? –le preguntó–. ¿Este sábado?

–Tendrías que ponerte unos pantalones limpios –intervino mi abuela–. Y peinarte. No puedes ir con ese aspecto.

–¡Cierra el pico! –Cerró los ojos y se rascó una oreja–. Lo haré –dijo–. Y ahora ve a por el maldito bizcocho. Mujer Tonta.

La abuela se metió en la cocina seguida por el abuelo. Mi madre me miró con su cara inexpresiva. Yo sabía que se estaba imaginando qué ocurriría si el abuelo llamaba «Mujer Tonta» a la señora Williams.

El sábado por la mañana mi madre y yo salimos de nuestro apartamento de Great Neck al amanecer. En casa del abuelo, mi madre y la abuela se pelearon con mi corbata, que era marrón y más ancha que el camino de mesa del comedor. Ninguna de las dos sabía cómo se hacía el nudo Windsor.

–Podría ir sin corbata –sugirió la abuela.

–¡No! –dije yo.

Oímos pasos en la escalera. Los tres nos volvimos y vimos al abuelo, que bajaba despacio. Se había peinado hacia atrás, y se había rasurado tanto que se le veían las mejillas azuladas. Tampoco había ni rastro de los pelos de la nariz, y los de las cejas los tenía bien recortados. Llevaba un traje gris perla, corbata negra y un pañuelo de hilo irlandés en el bolsillo. Iba más elegante que para cualquiera de aquellas citas suyas de los sábados.

–¿Qué diablos pa... pa... pasa? –preguntó.

–Nada –respondieron la abuela y mi madre.

–No sabemos hacer el nudo de la corbata –dije yo.

Se sentó en el sofá del bicentenario y me hizo una seña para que me acercara. Obedecí y me quedé de pie entre sus rodillas.

–Mujeres tontas –susurré.

Él me guiñó un ojo, y me arrancó la corbata.

–Esta corbata es una mierda –dijo.

Subió y escogió una de su armario. Me la pasó por el cuello y me hizo el nudo enseguida, con manos expertas. Cuando me lo ajustaba sobre la nuez me llegó el olor a lilas de su *aftershave*, y sentí ganas de darle un abrazo. Pero ya salíamos a toda prisa por la puerta, y la abuela y mi madre se despedían de nosotros como si estuviéramos a punto de embarcarnos, de emprender una larga travesía por mar.

Mientras el Ford Pinto traqueteaba por Plandome Road, yo observaba al abuelo. Él no decía ni una palabra. Cuando llegamos a Shelter Rock aún no había dicho nada, y yo me daba cuenta de que todo aquello había sido un inmenso error. O bien estaba tenso ante la idea de conocer a gente nueva, o bien le molestaba haber tenido que sacrificar su sábado. Fuera cual fuese el motivo, estaba inquieto, y cuando estaba inquieto el abuelo era proclive a decir o hacer algo de lo que la gente de Manhasset hablaría durante los próximos cincuenta años. Habría querido bajarme del coche en ese momento y salir corriendo. Esconderme debajo de Shelter Rock.

Sin embargo, en cuanto metimos el coche en el aparcamiento del colegio, el abuelo cambió. No es que se portara bien, es que se portaba como si fuera otra persona. Se bajó del coche como si lo hiciera de una limusina el día de la entrega de los Oscars, y entró en el edificio como si lo hubiera financiado él. Yo caminaba a su lado, y cuando nos encontramos con la primera oleada de maestros y padres, el abuelo apoyó ligeramente la mano en uno de mis hombros y se convirtió en Clark Gable. Le desapareció el tartamudeo y suavizó las formas. Alternaba lo cortés con lo divertido, se quitaba importancia y, sobre todo, se mostraba cuerdo. Le presenté a la señora Williams, y minutos después no descartaba que mi profesora se estuviera enamorando de aquel caballero.

–Esperamos grandes cosas de JR –soltó la señora Williams.

–Tiene la inteligencia de su madre –comentó el abuelo agarrándose las manos detrás de la espalda, derecho como un palo, como si estuvieran a punto de condecorarlo con una medalla–. Yo personalmente preferiría que se concentrara en el béisbol. No sé si lo sabe, pero el chico tiene un brazo que es un rifle. Algún día podría jugar de tercer base con los Mets. Ésa era mi posición. La esquina crítica.

–Tiene suerte de contar con un abuelo que se interesa tanto por él.

Los alumnos servían a sus padres huevos revueltos y zumo de naranja, y a continuación se sentaban con ellos a unas mesas montadas en el centro del aula. Los modales del abuelo eran impecables. No se le caían las migas en la pechera, no emitía los ruidos explosivos que normalmente indicaban que ya se había hartado y que la digestión estaba en marcha. Mientras se bebía a sorbos el café, ilustró a los demás padres sobre diversos temas –historia de América, etimología, mercado de valores–, y relató magistralmente el día en que vio a Ty Cobb anotar cinco de cinco. Los padres lo miraban, como niños escuchando un cuento de fantasmas alrededor de un fuego de campamento, mientras el abuelo describía a Cobb deslizándose hasta la segunda base «chillando como una aparición», los tacos afilados de sus botas apuntando a las pantorrillas de su contrincante.

Cuando llevé al abuelo su sombrero y lo ayudé a ponerse el abrigo, todos lamentaron que tuviera que irse. Ya en el coche, apoyé la cabeza en el respaldo y dije:

–Abuelo, has estado increíble.

–Éste es un país libre.

–Muchas gracias.

–No lo vayas contando. Todos querrán uno igual.

Al llegar a casa, el abuelo subió directamente arriba mientras la abuela y mi madre me sentaban en el comedor y me interrogaban. Querían enterarse de todo, con detalle, pero yo no quería que se rompiera el hechizo. Y, además, suponía que no me creerían. Así que les dije que todo había ido bien y lo dejé ahí.

El abuelo no volvió a aparecer hasta la tarde, cuando empezó el partido de los Jets. Se sentó delante de la tele con sus pantalones manchados, la camisa con las costras de gachas resecas. Yo me senté a su lado. Cada vez que ocurría algo interesante en el partido, lo miraba fijamente, pero él ni parpadeaba. Dije algo sobre Joe Namath. Él gruñó. Salí a buscar a la abuela, para hablar con ella de aquel abuelo Jekyll-Hyde que tenía, pero estaba ocupada preparando la cena. Me fui a buscar a mi madre, pero estaba durmiendo una siesta. La desperté, pero me dijo que estaba cansada y me pidió que la dejara dormir un poco más.

Mi madre tenía motivos para estar cansada. Trabajaba como una esclava para poder pagar nuestro apartamento de Great Neck. Pero, además, a principios de 1975 descubrimos otra causa de su cansancio: le detectaron un tumor en la tiroides.

En las semanas anteriores a la operación, la casa del abuelo se mantuvo, de hecho, silenciosa. Todos teníamos miedo. Sólo yo mantenía la calma gracias a mi mantra. Cuando oí a la abuela y al tío Charlie susurrar sobre mi madre y sobre los riesgos de la intervención, y sobre la posibilidad de que el tumor fuera maligno, cerré los ojos y aspiré hondo: «No pienso preocuparme por algo que no pasará».

El día de la operación, me senté bajo el pino que había en el patio trasero de la casa del abuelo, recitándole el mantra a las piñas, que, según Sheryl me había dicho un día, eran «los bebés de los pinos». Yo no sabía si el pino era la madre o el padre. Me dediqué a acercar las piñas al árbol, reuniéndolas con su padre-madre. Apareció la abuela. Un milagro, dijo.

Mi madre había salido de la operación y todo había ido bien. Lo que no dijo, lo que ella no sabía, era que había sido gracias a mí: había usado mi mantra para salvar a mi madre.

Con el cuello vendado, mi madre salió del hospital una semana después, y apenas llegó a Great Neck se metió en la cama. Yo cené un cuenco de fideos mientras la veía dormir, repitiendo entre dientes mi mantra, cubriéndola con él como si fuera una sábana.

Los abuelos felicitaron a mi madre por la rapidez con que se había recuperado tras la operación. Estás como nueva, le decían. Pero yo notaba algo distinto. Mi madre era ahora más dada a aquel gesto inexpresivo suyo. Se tocaba el vendaje y me miraba fijamente, y aunque finalmente se lo retiraron, aquellas caras inexpresivas no desaparecieron. Cuando yo, sentado a su lado, haciendo los deberes, alzaba la vista, la pillaba mirándome, y tenía que repetir su nombre tres veces para sacarla de aquella especie de sopor. Sabía bien en qué pensaba. Mientras había estado enferma no había podido trabajar, y las facturas se habían acumulado. Íbamos a tener que dejar el apartamento de Great Neck. Íbamos a tener que volver a casa del abuelo. Cualquier día me levantaría y vería a mi madre aporreando la calculadora, hablando con la calculadora. Cualquier noche se cubriría la cara con las manos y se echaría a llorar.

Cuando el momento inevitable llegó, mi madre me pilló por sorpresa:

–Tú y yo somos una familia –dijo, sentándome a la mesa de la cocina–. Pero también somos una democracia. Y me gustaría someter una cosa a votación. ¿Echas de menos a los primos?

–Sí.

–Lo sé. Y he estado pensando mucho en eso. He estado pensando en muchas cosas, así que ahí te lo suelto, cielo. ¿Qué te parecería que nos fuéramos a vivir a Arizona?

Mi mente se inundó de imágenes. Montar a caballo con McGraw. Escalar montañas con McGraw. Halloween con Sheryl.

–¿Cuándo podemos irnos? –le pregunté.

–¿No quieres pensarlo un poco?

–No. ¿Cuándo podemos irnos?

–Cuando queramos. –Sonrió. Una sonrisa frágil pero aguerrida–. Éste es un país libre.

Once
Extraños en el paraíso

Apenas dieciocho meses en el desierto habían convertido a los primos en metales preciosos. Se les había puesto el pelo dorado, la piel cobriza, la cara de un bronceado asombroso. Mientras corrían hacia nosotros en el aeropuerto de Sky Harbor, mi madre y yo dimos medio paso atrás. Cubiertos con nuestro abrigos oscuros y nuestras orejeras de lana, parecíamos –y así nos sentíamos– refugiados de otro país.

–¡Pero qué blancos estáis! –exclamó Sheryl levantando el antebrazo y pegándolo al mío–. ¡Mira! Es café... con leche. Café... con leche.

Sólo las tres hermanas mayores vinieron a esperarnos al aeropuerto. Era de noche, tarde. Mientras nos dirigíamos en coche a casa de la tía Ruth, donde nos quedaríamos hasta que encontráramos casa propia, Sheryl nos prometió que nos iba a encantar Arizona.

–Vivimos en el paraíso –dijo–. Literalmente. Eso pone en todos los carteles: «Bienvenidos al Valle... Paraíso». Es una zona residencial lujosa de Scottsdale. Algo así como la Manhasset de Arizona.

Miré por la ventanilla y vi la oscuridad, que era el doble de oscura que la noche de Nueva York. Lo único que distinguía eran perfiles vagos y montañas amenazadoras, más oscuras aún que la propia noche. Yo había leído que en Arizona había montañas, pero esperaba otra cosa, algo así como las montañas que salían en *Heidi* y en *Sonrisas y lágrimas,* frondosas y verdes, con prados moteados de sol donde mujeres con mandil y angelicales niños se dedicaban a recoger narcisos. Aquellas montañas, en cambio, eran triángulos áridos y puntiagudos que se elevaban abruptamente desde la llanura desértica, como las pirámides. Me fijé en la más alta, que según Sheryl se llamaba Espalda de Camello.

–¿Y eso por qué? –le pregunté.

–Porque se parece a una espalda de camello –respondió ella como si yo fuera tonto.

Me volví para fijarme en la montaña. Yo allí no veía ningún camello. A mí me recordaba al corredor emergente del Dickens tumbado boca arriba, y las dos jorobas eran las rodillas y la panza.

Mi madre encontró trabajo enseguida como secretaria en un hospital local. Encontrar apartamento resultó algo más difícil. Como en Arizona residían muchos ancianos, en la mayoría de los complejos residenciales, sobre todo en los más asequibles, no estaban permitidos los niños. Finalmente le mintió a un casero y le dijo que era una mujer divorciada que vivía sola. Cuando nos instalamos, le contó que su exmarido tenía mi custodia, pero que se había mudado a otro estado y que ella se ocupaba de mí hasta que terminara de instalarse. Al casero no le gustó, pero no quiso meterse en el lío de tener que echarnos.

Con el dinero que habíamos sacado de la venta de nuestros muebles de sala de espera y de nuestro coche, mi madre y yo alquilamos dos camas, una cómoda, una mesa y dos sillas de cocina. Para el salón compramos dos tumbonas plegables de playa en una droguería. Tras adquirir un destartalado Volkswagen Escarabajo de 1968, nos quedaron setecientos cincuenta dólares, que mi madre guardaba en el congelador.

Poco después de nuestra llegada la tía Ruth y los primos nos llevaron a Rawhide, una ciudad-decorado en medio del desierto, que tenía incluso una mina de oro falsa, una cárcel de mentira y hasta gente de mentira. Junto a la verja de entrada, rodeados por un círculo de carromatos auténticos, había un grupo de muñecos mecánicos, vaqueros reunidos alrededor de una hoguera. Sus voces amortiguadas salían, crepitantes, de unos altavoces instalados entre los cactus. Expresaban su preocupación por los apaches. Y por las serpientes. Y por el mal tiempo. Y por lo desconocido, que se extendía más allá del Río Grande. «Si no hemos cruzado el Río Grande en agosto –decía el muñeco que era el jefe–, somos hombres muertos.» Los demás asentían, muy serios. McGraw y yo también asentimos. Lejos de casa, rodeados de desierto, la diferencia entre aquellos carromatos y el coche familiar de la tía Ruth parecía mínima.

Nos paseábamos por aquella ciudad-decorado, por su calle principal, que empezaba en el *saloon*. El humo de la hoguera de los muñecos nos seguía calle abajo. A mí, en Manhasset, siempre me había parecido que el humo de la leña era embriagador, pero el de Arizona era aún más intenso, más mágico, con aromas que no era capaz de identificar pero que según Sheryl eran de nogal, de salvia, de piñón, de mezquite. Las estrellas, en el desierto, también eran mejores. Estaban más cerca. Todas eran luces de linterna apuntándome directamente a la cara. Alcé la vista, aspiré hondo, me llené los pulmones del aire puro del desierto y decidí que sí, que Sheryl tenía razón. Aquello era el paraíso. Las montañas y los cactus, los correcaminos, todo lo que me había resultado tan extraño al principio, ahora me daba esperanza. Mi madre y yo necesitábamos algo nuevo, y más nuevo que aquello no íbamos a encontrar. Ya empezaba a notar las diferencias: sentía la mente más despejada, el corazón más ligero. Mis preocupaciones habituales menguaban. Y lo mejor de todo era que notaba la diferencia en mi madre. Llevaba semanas sin mirarme con su gesto inexpresivo, y parecía tener el doble de energía.

Poco después de la excursión a Rawhide mi madre telefoneó a la tía Ruth para preguntarle si McGraw quería venir a jugar conmigo.

–No contesta nadie –dijo mi madre, colgando–. Y ya es la segunda vez que llamo. ¿Cómo es posible que no conteste nadie en una casa en la que viven ocho personas?

Nos acercamos en coche hasta su casa y llamamos a la puerta. Acercamos la cara a las ventanas y miramos dentro. Allí no había ni rastro de nadie. Cuando regresamos a nuestro apartamento, mi madre telefoneó a Manhasset, toda una extravagancia sin precedentes. Bien pudo ser ésa la primera llamada de larga distancia de la historia de nuestra familia. Tras hablar brevemente con la abuela, mi madre colgó. Estaba lívida.

–Se han ido –me dijo.

–¿Qué?

–La tía Ruth y los primos van camino de Manhasset.

–¿Para siempre?

–Creo que sí.

–¿Cuándo se han ido?

–No lo sé.

–¿Y por qué se han ido?

Gesto inexpresivo.

No lo supimos nunca. Supusimos que la tía Ruth y el tío Harry habrían discutido, que él habría vuelto a Nueva York y que ella habría ido tras él. Pero no lo sabíamos seguro, y la tía Ruth no era muy dada a las explicaciones.

Sin los primos, Arizona pasó, de la noche a la mañana, de paraíso a purgatorio. Empezaba a hacer calor, un calor que daba miedo, y todavía faltaba mucho para el verano. El Volkswagen no tenía aire acondicionado, y cuando mi madre y yo lo usábamos para ir a la tienda a comprar bebidas frías, el calor lo ondulaba todo, y nada se movía en el horizonte reseco, salvo los remolinos de arena y las plantas rodadoras. En una foto de esa época en la que salgo yo, esperando el autobús, parezco el primer niño puesto sobre la superficie de Marte.

Para no pensar en otras cosas, mi madre y yo dábamos largos paseos en coche al atardecer. Con todo, en Arizona no había casas delante del mar con las que distraernos, ni Shelter Rocks. Sólo llanuras desérticas y más llanuras desérticas.

–Volvamos a Manhasset –dije yo.

–No podemos –dijo ella–. Lo hemos vendido todo. Yo dejé mi trabajo. Estamos aquí.

Miró a su alrededor y meneó la cabeza.

–Ésta es nuestra... casa.

Un sábado, mientras ayudaba a mi madre a sacar de las cajas las últimas cosas que nos había enviado la abuela, encontré un dispositivo azul de medio metro de largo, parecido a un pistón, con un asa a cada lado. Resultó ser un aparato para desarrollar los pectorales, concretamente un Miracle Chest Enhancer, según rezaba la caja en la que venía. Lo probé.

–¿Se puede saber qué haces? –me preguntó mi madre cuando me vio, sin camisa, tirando de aquella cosa frente a un espejo.

–Desarrollar mis pectorales.

–Pero si es para mujeres –dijo ella. Con eso no se te van a desarrollar los pectorales como tú quieres. Dámelo.

Cogió el aparato y frunció el ceño. Por su gesto supe que yo podía ser para ella tan misterioso a veces como ella lo era para mí.

–Estás aburrido, ¿verdad? –me preguntó.

Yo aparté la mirada.

–Vámonos a ese pueblo-decorado –dijo.

A la entrada de Rawhide saludamos a aquellos muñecos vaqueros. «Si no hemos cruzado el Río Grande en agosto...» Entramos en el *saloon* y mi madre pidió dos zarzaparrillas y palomitas de maíz. El olor del bar, a cerveza y cigarrillos, me hizo acordarme del Dickens. Me preguntaba si habría habido más peleas de tartas. Nos sentamos en un banco en el sombrajo, frente al *saloon*, y nos íbamos pasando la bolsa de palomitas. Delante de nosotros, en medio de la calle, estalló un duelo con pistolas. Cuatro hombres informaron al sheriff de que iban a hacerse con el control del pueblo. Sacaron las pistolas de sus cartucheras. El sheriff también. Bang. El sheriff cayó al suelo.

–Son más –dijo mi madre–. Y tienen más pistolas.

Mientras el sheriff se levantaba y se sacudía el polvo, mi madre se volvió a mirarme. Había tenido una idea, dijo. Yo debía volver a Manhasset a pasar el verano.

–Es nuestra única opción –dijo–. No puedo dejarte en el apartamento, solo, todo el verano. Una cosa es unas horas, después de clase, pero no puedes pasarte tres meses sin nadie, todos los días. Además, si te vas a Manhasset, yo podré trabajar más horas, podré aceptar otro trabajo y tal vez consiga ahorrar para comprar muebles.

–¿Y cómo te las apañarás sin mí? –le pregunté.

Ella se echó a reír, hasta que se dio cuenta de que no lo decía en broma.

–Me las apañaré –dijo–. El tiempo pasará volando, porque tú lo estarás pasando bien, y yo sabré que lo estás pasando bien, y que estás con gente que quieres.

–¿Y de dónde sacaremos el dinero para el billete de avión?

–Lo compraré con tarjeta de crédito y ya lo pensaré luego.

Nunca habíamos estado separados más de tres días, y ahora mi madre proponía una separación de tres meses. Quise oponerme, pero el asunto no estaba abierto a debate. Nuestra democracia de dos personas se había convertido en una dictadura benevolente. Y mejor así, porque no habría podido convencer a mi madre de que la idea de ver a McGraw y a las primas no me emocionaba. Todavía no había aprendido a mentir tan bien.

La noche antes del viaje, mientras dormía, mi madre me escribió una carta, que me pidió que leyera durante el vuelo. En ella me decía que cuidara de la abuela, que fuera amable con los primos, y que me echaría muchísimo de menos, pero que sabía que mi sitio estaba en Manhasset. «No puedo permitirme pagarte unos campamentos de verano –me escribía–. Así que Manhasset será tu campamento de verano.»

Ninguno de los dos soñaba siquiera que me estaba enviando al Campamento Dickens.

Doce
Colt, Bobo y Joey D

Llevaba dos semanas en Manhasset cuando ocurrió. Estaba lanzando la pelota contra la pared del garaje, era Tom Seaver que lanzaba otro *slider* a la esquina externa para ganar el Séptimo Juego, cuando por encima del rugido del público –el viento, que silbaba en las ramas de los árboles–, oí mi nombre. Alcé la vista.

–¿No me oyes cuando te llamo? –me dijo el tío Charlie–. Por Dios.

–Lo siento.

–Gilgamesh.

–¿Qué?

Suspiró y me habló con una lentitud exagerada, pronunciando las sílabas con más claridad que de costumbre.

–Gilgo-Beach. Que si quieres ir a Gilgo Beach, a la playa.

–¿Quién?

–Tú.

–¿Con quién?

–Con tu tío. ¿A ti qué te pasa?

–Nada.

–¿En cuánto tiempo puedes estar listo?

–En cinco minutos.

–Falso.

–¿En dos?

El tío Charlie asintió.

En casa no había nadie. La abuela había ido a comprar, el abuelo estaba dando un paseo, y los primos, aunque vivían cerca, no se pasaban nunca por allí, porque la tía Ruth y la abuela habían vuelto a pelearse.

¿Podía irme a la playa sin decírselo a nadie? Mi madre me lo había advertido varias veces antes de salir de Arizona: no vayas a ningún sitio sin permiso. Seguía dándole miedo que pudieran secuestrarme, y la abuela, a menudo, subrayaba sus advertencias. Yo no sabía que mi madre y la abuela le habían pedido expresamente al tío Charlie que «hiciera algo» conmigo, porque pasaba demasiado tiempo solo, y porque había manifestado que echaba de menos a mi madre. De modo que habían recurrido al tío Charlie en busca de ayuda, dando por supuesto que él me lo explicaría todo. Ellas no entendían que el tío Charlie, como la tía Ruth, nunca explicaba nada.

Me puse el bañador debajo de los pantalones con peto, y en una bolsa de plástico metí una toalla y un plátano. Bajé, me senté en el escalón y me puse a pensar. Pero no tuve mucho tiempo para pensar. El tío Charlie cruzaba por el césped, ataviado con lo que para él era un atuendo de playa: un sombrero de golf de los que usaba Bing Crosby, unas gafas de sol Foster Grants y unos vaqueros. Se puso al volante de su viejo Cadillac negro, un coche inmenso que acababa de comprarle a un amigo de Steve. Adoraba ese coche. Le vi ajustar el retrovisor, con gran delicadeza, como si apartara un mechón de pelo del rostro de su amada. Después se colocó bien la gorra, encendió un Marlboro y puso en marcha el motor. El coche dio un respingo cuando le metió la marcha. Ya no había tiempo. Contuve el aliento y salí corriendo. Al abrir la puerta del copiloto y meterme dentro, vi que el tío Charlie se sobresaltaba un poco al verme allí.

–Ah –dijo–. Sí, claro. –Nos miramos–. Será mejor que te montes detrás.

–¿Y eso por qué?

–Habrá más pasajeros.

Yo iba sentado en el centro del asiento trasero, como un príncipe al que transportaran en *rickshaw*, mientras circulábamos por Plandome Road, dejábamos atrás el Dickens, el Memorial Field. Al llegar al sur de la ciudad nos detuvimos junto a una casa que tenía todas las cortinas corridas, y las persianas bajadas. El tío Charlie hizo sonar la bocina. De una puerta lateral salió un hombre unos diez años menor que él, de pelo negro, brillante, y ojos cansados. De complexión sólida, ancho de hombros y de pecho, se parecía a Dean Martin en joven. Pensé que tal vez fuera uno de los jugadores de sóftbol a los que había visto años atrás, aunque ahora actuaba de un modo distinto. No se reía, ni hacía el tonto. No estaba a gusto, y se cubría los ojos como un prisionero recién liberado tras un encierro en una celda de aislamiento. Agachándose un poco frente a la ventanilla del tío Charlie, dijo con voz ronca:

–Eh, Chas, ¿qué dices?

Tenía poca voz, como yo después de que me extirparan las amígdalas, pero ése no era, ni de lejos, el rasgo más característico de su forma de hablar. Su voz era idéntica a la del Oso Yogui.

–Buenas –dijo el tío Charlie.

El hombre asintió, como si no le apeteciera decir nada más. Rodeó el coche y ocupó el asiento del copiloto.

–Madre de Dios –dijo, apoyando la cabeza en el respaldo–. ¿Qué coño bebí yo ayer?

–Lo de siempre –dijo el tío Charlie.

El tío Charlie miró por el retrovisor. Una vez más, se sobresaltó al verme allí.

–Ah –dijo–. Colt, te presento a mi sobrino. Hoy viene con nosotros.

Colt se volvió y me miró.

Minutos después el Cadillac estaba lleno hasta los topes de media tonelada de hombres. Yo creía que íbamos a la playa, pero allí había músculo suficiente para atracar un banco. El tío Charlie me los iba presentando con gran formalidad. Se le notaba incómodo. Encantado de conocerte, niño, me dijo Joey D, un gigante con una mata pelirroja en lo alto de una cabeza anaranjada, y con unos rasgos que parecían pegados con cola a la cara en ángulos raros. Parecía hecho con las partes sobrantes de distintos teleñecos, una especie de Frankenstein de Barrio Sésamo: la cabeza de Coco, la cara de Óscar el Gruñón, el tórax de Paco Pico. Como Colt, también era diez años más joven que el tío Charlie, y trataba a mi tío con sumo respeto, como a un hermano mayor irreprochable. Aunque corpulento y de hombros caídos, Joey D exhibía la energía frenética de una persona menuda. Caminaba muy deprisa, movía las manos sin parar, hablaba en espasmos de palabras que lo dejaban sin aliento. Como estornudos alérgicos, frases enteras estallaban en su boca de un solo fogonazo. «¡Hoyelmarvaaestarpicado!» La mayoría de las veces Joey D se dirigía aquellos espasmos de palabras a sí mismo, más concretamente al bolsillo de la pechera de su polo. Estaba tan absorbido, tan interesado en aquel bolsillo que yo pensaba que debía de tener una mascota ahí metida, un ratoncito.

Después conocí a Bobo, que tenía una edad imposible de adivinar, aunque yo la acercaba más a la de mi tío, treinta y tantos. Bobo era el más guapo del grupo, con su mata de pelo rubio y aquellos brazos que asomaban de las mangas de la camisa, aunque daba la impresión de que podría serlo mucho más si no fuera por tanto sueño atrasado. De su cuerpo emanaba el olor del whisky que había bebido la noche anterior, un olor que a mí me gustaba, aunque él intentaba disimularlo con litros de *after-shave* barato. Si Colt y Joey D trataban con deferencia a mi tío, Bobo sólo respetaba a su compañero, *Wilbur*, un chucho negro de ojos desdeñosos.

Yo escuchaba las conversaciones de aquellos hombres, moviendo la cabeza de un lado a otro como si estuviera viendo cuatro partidos de tenis a la vez. Leyendo entre líneas me enteré de que todos trabajaban en el Dickens, de camareros, cocineros y porteros, y de que, por tanto, Steve era El Jefe. Todos adoraban a Steve. Cuando hablaban de él no parecían tanto sus empleados como sus apóstoles. Aunque no siempre estaba claro que hablaran de Steve, porque éste tenía varios apodos, entre ellos Jefe, Río y Feinblatt. Ellos también respondían a un apodo que Steve les había puesto, menos el tío Charlie, que tenía dos: Chas y Goose. Al cabo de diez minutos yo manejaba tantos apodos que me parecía que al coche se habían montado doce hombres, y no los cuatro que había contado. Y me confundían aún más porque no dejaban de soltar otros, de gente que había pasado por el Dickens la noche anterior, como Sooty, Sledge, Riffleman, Skeezix, Tank y Fuckembabe.*

–¿Quién es Fuckembabe? –pregunté. Sabía que en teoría no debía hablar, pero la pregunta se me escapó de la boca.

Los hombres se miraron.

–Fuckembabe es el mozo –dijo el tío Charlie–. Barre el local y se ocupa de otros trabajos.

–¿Y por qué lo llamáis Fuckembabe?

–Porque no dice otra cosa –me explicó Colt–. O, mejor dicho, porque de las cosas que dice eso es lo único que se le entiende. ¿Cómo les ha ido a los Yankees hoy? Ah, *fuck'em, babe.* ¿Qué tal te trata el mundo? Ah, *fuck'em, babe, fuck'em.*

Pero yo ya no oí nada más de lo que me contaba Colt: estaba dema-

---

* Unión de las palabras «Fuck them, babe», expresión equivalente a «que les den». (*Nota del traductor.*)

siado hipnotizado por lo mucho que se parecía su voz a la del Oso Yogui. Con aquella entonación, todas las frases que pronunciaba me sonaban a «Eh, Bubú, vámonos a buscar unas cestas de picnic».

Joey D les recordó a todos que, al principio, Fuckembabe vivía detrás del Dickens, en un coche. Steve puso fin a aquella situación, dijo Joey D, cuando Fuckembabe empezó a lavar la ropa en la lavadora del Dickens. A Steve no le importaba tanto lo de la colada –intervino Colt–, como que Fuckembabe colgara la ropa en los árboles de atrás. Los hombres ahogaron unas risas al recordarlo, y Bobo contó entonces otra anécdota relacionada con Steve. Todo les llevaba a otra anécdota que tenía que ver con Steve: aquella vez que Steve robó un coche de policía y se puso a pasear con él por todo Manhasset con las luces y las sirenas conectadas, abalanzándose sobre sus amigos y provocándoles casi infartos. O aquella vez que Steve se paseó por el pasillo de un avión con una maleta llena de botellas de champán, con el que consiguió que todos los pasajeros acabaran borrachos como cubas. O la vez en que Steve se llevó a unos cuantos clientes habituales de excursión a Montauk con su barca, *Dipsomanía*, pero bebieron tanto que se perdieron en la niebla y acabaron en «Nueva Escocia, joder».

El tío Charlie contó que conoció a Steve cuando estudiaban el último año de instituto, en Manhasset. A Steve acababan de echarlo de la Cheshire Academy, en Connecticut, una escuela en la que todos los chicos llevaban puestas americanas azules y sonrisas burlonas. Lo que Cheshire se perdió lo ganó Manhasset, dijo el tío Charlie. Yo habría querido preguntar si fue en la Cheshire Academy donde Steve aprendió a sonreír como lo hacía. En mi recuerdo, Steve se parecía precisamente al gato de Cheshire de *Alicia en el País de las Maravillas*.

Los hombres empezaron a debatir acaloradamente sobre la reforma que Steve amenazaba con emprender en el Dickens, una obra complicada y cara. Además de remodelar el salón de la barra y de mejorar el menú, Steve se estaba planteando prescindir de los grupos de rock que tocaban los fines de semana. Y, lo más increíble de todo era que hablaba de la posibilidad de cambiarle el nombre al bar y llamarlo Publicans. Los hombres no estaban de acuerdo. En absoluto. No les gustaban los cambios en ningún caso, y mucho menos cuando tenían que ver con el bar.

–Además, ¿qué coño es publicano?

–Es un pájaro con una bolsa en el pico.

–Eso es un pelícano, gilipollas.

–Publicano es el que se ocupa de un pub, de un bar.

–¿Y entonces por qué el Jefe no lo llama simplemente Camareros?

–¿Y quién coño va a ir a beber a un sitio que se llame Camareros?

–Pues yo, sin ir más lejos.

–En Inglaterra, los *publicans* son camareros y propietarios –explicó el tío Charlie–. Y en la antigua Roma un «publicano» era un recaudador de impuestos.

–Tiene lógica. En esta vida sólo hay tres cosas seguras: la muerte, los impuestos y los camareros.

–Eh, Bobo –dijo el tío Charlie–. ¿Cómo llegaste a tu casa desde el Dickens-barra-Publicans anoche?

–Ni idea –dijo Bobo.

El tío Charlie sonrió y Bobo se abrazó al cuello de su perro.

–*Wilbur*, chico, ¿Me llevaste a casa en coche otra vez? ¿Eh?

Enterró la cara en el pelo del animal, y el perro apartó la cabeza, como si le avergonzaran aquellas demostraciones de afecto en público.

Entonces intervino Joey D y me explicó –aunque en realidad se lo explicaba a aquel ratón que tenía en el bolsillo del polo– que *Wilbur* era un ser humano atrapado en el cuerpo de un perro. «¡Unserhumanoatrapadoenelcuerpodeunperro!» Yo miré a *Wilbur* para ver si era cierto, y el perro me miró con una cara que decía: «¿Y qué?». La demostración de la inteligencia supracanina de *Wilbur* –dijo Joey D– era que se negaba rotundamente a montarse en el coche de Bobo si éste había bebido.

–Y además se sube al tren –añadió Bobo, orgulloso–. Nombradme a otro perro que se vaya a la estación todas las mañanas y se monte en el mismo tren, joder.

–¿En serio?

–Totalmente. Este perro toma el tren, niño. Concretamente el de las ocho dieciséis, todas las mañanas. Una noche vino al Dickens un conductor y me dijo: «Este perro debe de tener una novia en Great Neck».

Bobo seguía acariciando el pelaje de *Wilbur*. Yo los miraba a los dos. Sabía que mirar así era de mala educación, pero no podía evitarlo. Además de guapo, Bobo era osuno. No sólo tenía un nombre que sonaba como el de Baloo, sino que se parecía al oso de *El libro de la selva*: desgreñado, con voz ronca y un gran hocico húmedo; con un oso en el coche ya había de sobras: Colt, alias Yogui. Dos osos hacían que el Cadillac pareciera un carromato de circo. Además, por si la conexión de Bobo con *El libro de la selva* no bastara, *Wilbur* era negro y esbelto, una pantera en miniatura. Bobo se parecía a Baloo, pero *Wilbur* era Bagheera. La cabeza me daba vueltas.

Al llegar a la autopista, el tío Charlie aceleró, y de pronto todos sacaron sus Zippos. Se encendieron cigarrillos y puros, y volaban las anécdotas. Yo escuchaba atentamente, y me enteré de que aquellos hombres libraban una guerra de nervios con la policía local, a la que el tío Charlie llamaba «los gendarmes». Al menos uno de ellos había sido «arrestado» formalmente. Me enteré de que, en una buena noche, los camareros del Dickens podían sacarse mil dólares, y que el bar ganaba tanto que Steve se estaba convirtiendo en uno de los hombres más ricos de Manhasset. Me enteré de que el bar contaba con cinco equipos distintos de sóftbol masculino, más uno femenino, el de las Dickens Chickens, compuesto por las que no sólo eran las mejores jugadoras de la liga, sino también «las tías más impresionantes». Me enteré de que la mitad de los camareros tonteaban con la mitad de las camareras del restaurante; de que una de las del bar era una «Cher en pobre», y que otra, que tenía bigote, era un «Sonny en pobre»; de que a trabajar detrás de la barra del bar también lo llamaban estar «detrás del palo»; de que Steve contrataba sólo a camareros para la barra, no a camareras, por si había peleas o atracos, y por esa misma razón exigía que hubiera siempre dos camareros a la vez en la sala, a cualquier hora; de que los camareros que trabajaban juntos desarrollaban un vínculo parecido al de bateador y pitcher; de que durante una pelea de bar, el camarero que decidía entrar en el fregado debía hacerlo saltando desde la barra con los pies por delante, para evitar que lo noquearan de un golpe en la cara; de que el mayor peligro en el Dickens, más que las peleas, las tías y los atracos, era la resaca, que era como un resfriado que pillabas por el alcohol; de que existía un número interminable de palabras para las bebidas, más aún de las que había para el sexo, incluidas «chupitos», «tragos», «refrescos», «dobles», «cubatas».

Cerré los ojos, apoyé la cabeza en el respaldo. Notaba las voces y el humo a mi alrededor. ¿Alguien vio a Mahoney el viernes? La pregunta es: ¿Mahoney vio a alguien? Ese hombre iba ciego, como una cuba. Algo de resaca tuvo que tener al día siguiente. Debería desintoxicarse. Me han dicho que su señora ya se ha hartado. ¿Dónde has oído eso? Su señora, je, je. Qué puta eres. ¿Me estás llamando puta? Si leo una sola palabra más sobre el maldito bicentenario de Estados Unidos voy a vomitar. Eso es patriotismo, di que sí. Su novia cree que es un patriota porque es un *minuteman*,* ja, ja, ja. Sí soy patriota, lo que pasa es que no quiero oír nada más sobre Benjamin Franklin, Bunker Hill ni Paul Revere. Una si es por tierra, dos si es por mar. Por cierto, Chas, tengo que hacer menores en el mar. ¿Este trasto no puede ir más rápido?

Gradualmente todas aquellas voces convergían en una sola voz de hombre, hasta que me pareció que estaba escuchando a La Voz. Pero aquello era mejor, porque cuando abría los ojos, la fuente de aquella voz estaba ahí, ahí mismo.

Bobo, que había dejado de participar en la conversación y se dedicaba a hojear un periódico deportivo, alzó la vista y se dirigió al tío Charlie.

–Goose –le dijo–, ¿qué vas a hacer con los Mets esta noche? Koosman está a punto de ganar, y siempre se me da mal ese cabrón. No puedo permitirme perder otra vez. ¿Cómo lo ves tú?

El tío Charlie sacó el encendedor del salpicadero y se lo acercó con delicadeza al Marlboro. Mientras respondía, el humo escapaba de su boca en volutas.

–Es regla de Chas –dijo–. Quien por Koosman apuesta, pierde la apuesta.

Bobo asintió con reconocimiento.

La de Gilgo no era la playa más bonita de Long Island, ni la más retirada, pero supuse que aquellos hombres no se planteaban siquiera ir a ninguna otra –ni siquiera a una cercana en la que las mujeres hacían *topless*–, porque Gilgo era la única playa de Long Island con licencia para vender bebidas alcohólicas. Licores fuertes ahí mismo, a pie de arena. El bar Gilgo no era más que un chamizo infecto de suelo grasiento, con una hilera interminable de botellas polvorientas, pero los hombres franquearon la puerta como quien entra en el Waldorf. Sentían un respeto profundo, sólido, por los bares, por todos los bares, y por el decoro de los bares. Lo

---

* *Minuteman:* en tiempos de la guerra de la Independencia de Estados Unidos, miliciano que debía estar disponible en cuanto se le pidiera (al minuto). Literalmente significa «hombre-minuto», y en este caso el nombre alude a la precocidad del aludido en sus relaciones sexuales. (*Nota del traductor.*)

primero que hicieron fue invitar a una ronda a la casa: tres pescadores viejos y una mujer de piel curtida y labio leporino. A continuación pidieron una ronda para ellos. Con los primeros sorbos de cerveza fría y bloody mary, los hombres empezaron a comportarse de otra manera. Sus extremidades parecían más sueltas, y su risa más alegre. El chiringuito se tambaleaba con sus risotadas, y yo veía que sus resacas se alzaban de sus cuerpos como la niebla de la mañana se levanta del mar. Yo también me reía, aunque no entendiera el chiste. No importaba. Ellos tampoco lo entendían. El chiste era la vida.

–¡Ha llegado la hora! –dijo Bobo mientras soltaba un eructo volcánico–. Ya me he mojado el pico. Ahora me toca mojarme los pantalones. ¡Al agua!

Yo iba varios pasos por detrás de los hombres, y me fijé en que desfilaban por la arena en una formación preestablecida. El tío Charlie, el más bajo, iba el primero, un flamenco guiando a dos osos, un teleñeco y una pantera jadeante. No podía evitar verlos a todos como animales exóticos, eso cuando no los veía como distintos arquetipos de hombres peligrosos. Cuando cargaban con sus sillas de playa bajo el brazo, yo veía a gánsteres llevando fundas de violín. Cuando unos destellos de luz se reflejaban alrededor de sus cabezas, destellos de sol que rebotaban en el mar, yo veía a un pelotón de soldados que avanzaban entre ráfagas de artillería. Aquella mañana supe que habría seguido a aquellos hombres a cualquier parte. A la batalla. A las fauces del infierno.

Pero al mar no. Me detuve al llegar cerca del agua fría, verdosa, mientras ellos seguían andando y llegaban a la orilla misma. Apenas cambiaron el paso para soltar las sillas plegables y quitarse la ropa. Una vez en el agua, siguieron andando, sosteniendo las cervezas y las copas en lo alto, como Estatuas de la Libertad, hasta que el agua les cubrió las barrigas, las tetillas, el cuello. Bobo fue el que se metió más adentro: llegó hasta un banco de arena alejado de la costa, mientras *Wilbur*, a su lado, agitaba las patas con furia.

Yo no era buen nadador, y no conseguía olvidar las historias de la abuela, con las que pretendía infundirme temor, en las que las mareas, las corrientes, se llevaban a familias enteras, pero los hombres no me dejaron quedarme en la arena. Me ordenaron que los siguiera hasta el agua, y cuando lo hice me lanzaron contra las olas. Recordando lo que me había contado mi madre del día en que el abuelo se la llevó a lo hondo y la abandonó allí, me puse muy tenso. Joey D me ordenó que me «destensara». Relájate, niño, tú relájate, joder. «Relajateniñoturelajatejoder.» Aunque en tierra firme Joey D parecía siempre a punto de tener un ataque de nervios, en el mar era un experto relajante. Era capaz de liberar a voluntad toda la tensión de los múscudos, y flotar como una medusa, una medusa irlandesa de ciento veinte kilos. Yo observaba su rostro mientras flotaba, una máscara de pura serenidad que jamás había visto en ningún otro hombre. Al poco, su gesto se volvió aún más sereno, y yo comprendí que debía estar meando.

Si Joey D divisaba una ola que le parecía prometedora, se colocaba en ángulo para que la ola lo levantara y lo llevara hasta la orilla. Eso se llama surfear con el cuerpo, me dijo. Después de mucho insistir, de mucho convencerme, dejé que me enseñara cómo se hacía. Me destensé, me dejé ir (sentí que era la primera vez en la vida que lo hacía), y me quedé flotando boca arriba. Aunque las orejas me quedaban por debajo del agua, oía a Joey D diciéndome: «¡Bien hecho, niño, bien hecho!». Me colocó en la trayectoria de una ola. Sentí que mi cuerpo se elevaba de pronto, muy arriba, que se mecía un instante, y después me impulsaba hacia delante. Fui lanzado por los aires como un bumerán, y experimenté una sensación emocionante de pérdida de control que ya asociaría para siempre con Joey D y los hombres. Aterricé en la arena, me puse de pie como pude, cubierto de algas y rasguños, me volví y los vi a todos silbando y aplaudiendo, Joey D más fuerte que los demás.

Regresamos a las sillas con la lengua fuera, como *Wilbur*. Ninguno de ellos llevaba toalla, y yo me sentí como una nenaza envuelto en la mía. Los hombres se desplomaron sobre las hamacas y dejaron que el sol les secara sus enormes cuerpos. Con los dedos mojados, encendían cigarrillos y puros, y boqueaban de placer mientras el humo les llenaba el pecho. Yo también fumaba, usando la pata de un cangrejo a modo de White Owl.

Refrescados por el baño, los hombres dispusieron las sillas en círculo, desplegaron los periódicos y dieron inicio a un animado coloquio sobre las noticias del día. La conversación giraba y giraba como un tiovivo. ¿Y qué me decís de la Patty Hearst esa? Esa tía sí que es rara. Puede ser, pero aun así yo me la tiraría. ¿Te la tirarías si tuviera una metralleta en la mano? Hombre, si tuviera una metralleta en la mano más aún, ja, ja, ja. Estás enfermo. Cambiando de tema, puede que esta noche gane diez a uno con los Mets. Koos tendrá que ganar tarde o temprano, ¿no? Menudo vago. Si por Koos apuestas, pierdes la apuesta. Apúntame en tu librito, cinco a uno a los Mets, ese equipo sin *punch*. Que alguien me cuente, por favor, cómo hizo Foreman para parar a Frazier. El mejor boxeador que he visto en mi vida ha sido Benny Bass. Sí, mi padre lo vio perder el título contra Kid Chocolate. Mierda, Beirut está fatal. Reagan dice que él es la respuesta. Me cago en la... En ese caso, ¿cuál es la pregunta? Qué gancho de derecha tiene ese Foreman. Podría parar un tren. ¿Habéis leído dónde se ha casado esta semana el bisnieto de Nathan Gale? Dadme la libertad o dadme la muerte Eso es lo que el novio dirá en menos de un mes. Mirad esto: dos hombres hallados en el maletero de un coche en el Aeropuerto Kennedy... La policía sospecha que se trata de un ajuste de cuentas. Hay que madrugar mucho para dar esquinazo a los mejores de Nueva York. Crítica entusiasta de esta nueva novela sobre Irlanda de Leon Uris: *Los comedores de patatas se encuentran con los lotófagos*. Ni puta idea de qué significa eso. Tal vez sea mi lectura de verano. No sé lo suficiente sobre la tierra de mis antepasados. La tierra de tus antepasados es Queens, caraculo. Eh, esta noche pasan *Tiburón* en el Roslyn, vayamos todos juntos. Yo no puedo volver a ver *Tiburón*, tardé un mes en meterme en el mar después de verla el verano pasado. Tú no tienes que preocuparte por los tiburones, gilipollas, porque en vez de sangre tienes alcohol en las venas. Y tus pelotas son dos aceitunas de cóctel. Si el tiburón te muerde, se emborracha al momento. A mí lo que me gustaría saber es cómo sabes tú tantas cosas de mis pelotas. Ya te digo yo quién es el borracho aquí: tú, si estás dispuesto a tirarte a Patty Hearst.

–¿Quién es Patty Hearst? –le pregunté al tío Charlie.

–Una tía. La secuestraron –me contó él–. Se enamoró de sus secuestradores.

Lo miré. Miré a los hombres. Y me pareció que sabía cómo se había sentido Patty Hearst.

Los hombres dibujaron un reloj de sol en el centro de su círculo y me pidieron que los despertara cuando la sombra llegara al palo de madera que habían recogido de la orilla y habían clavado en la arena. Yo observaba la sombra que avanzaba. Oía roncar a los hombres y veía las gaviotas pescar en las aguas poco profundas, y pensé en quitar aquel palo de allí. «Si quito el palo del reloj de sol, el tiempo se parará y este día no terminará nunca.» Cuando la sombra cubrió el palo los fui despertando a todos lo más suavemente que pude.

Nadie hablaba en el camino de vuelta a casa. Los hombres estaban atontados de tanta cerveza y tanto sol. Y aun así seguían comunicándose, a través de un elaborado código de gestos y expresiones faciales. Mantenían conversaciones enteras encogiendo los hombros y frunciendo el ceño. Joey D era aún mejor encogiéndose de hombros que relajándose.

Nuestra primera parada en Manhasset fue el Dickens. Los hombres se detuvieron al llegar frente a la puerta trasera, me miraron, se dedicaron varios encogimientos de hombros los unos a los otros, hasta que el tío Charlie asintió y me dejaron entrar con ellos. Accedimos por la zona del restaurante. A la izquierda vi una larga hilera de mesas con bancos corridos, a la que alguien se refirió llamándola «El salón». Más allá quedaba el bar, donde había un grupo de hombres apostados en la barra. Tenían las caras más coloradas que las nuestras, aunque no parecía que les hubiera dado el sol, y sus narices eran una ristra de productos frescos como ciruelas, tomates, manzanas y zanahorias sin lavar. El tío Charlie me los presentó uno por uno, y finalmente me señaló al más pequeño y más duro, el temible Fuckembabe, que se separó de la barra y vino hacia mí. Tenía la cabeza pequeña, la piel marrón oscuro, muy tirante, y aparentemente iluminada desde dentro con una combinación de alegría infantil y vasos de vodka. Su rostro parecía una bolsa de papel marrón en cuyo interior hubieran metido una vela parpadeante.

–Éste tiene que ser el piez gorzo del chuchito que menea el nabo –dijo, estrechándome la mano y sonriendo, una sonrisa de bienvenida a pesar de sus labios resecos y sus dientes de cartón–. Chas –añadió–, no pienso dejar que le cepille la pierna a mi hijoputa de camello negrata, te lo digo desde ya, jajaja, que les den, nene, que les den.

Miré al tío Charlie en busca de ayuda, pero él se estaba riendo, diciéndole a Fuckembabe que era cierto, muy cierto. Entonces Fuckembabe se volvió hacia mí y me hizo una pregunta:

–¿Qué es lo más gordo que habéis hecho tu zío y tú con apodo del chumino de la caca guarra?

El corazón me latía más deprisa.

–No estoy seguro –dije.

Fuckembabe se echó a reír y me dio unas palmaditas en la cabeza.

–Deshazte del fiejo.

El tío Charlie le sirvió una copa, me puso a mí una Coca-Cola con granadina y me dijo que me entretuviera solo mientras los hombres y él hacían unas llamadas telefónicas. Me subí a un taburete y empecé a dar vueltas, montado en él, describiendo círculos lentos y fijándome en todos los detalles del bar. Colgadas boca abajo de unas planchas de madera, sobre la barra, había cientos de copas de cóctel, que atrapaban y reflejaban la luz del bar como una inmensa lámpara de araña. A lo largo de un estante de unos diez metros que quedaba tras la barra había gran cantidad de botellas de licor, en un arcoíris de colores, que también reflejaban la luz y se reflejaban en los vasos que tenían encima. El efecto general era el de encontrarse dentro de un caleidoscopio. Pasé la mano por la superficie de la barra. Roble macizo. De medio palmo de grosor. Oí a uno de los hombres comentar que a la madera le habían dado hacía poco varias capas de barniz, y se notaba. El tono era de un amarillo-anaranjado intenso, como la piel de un león. La acaricié tentativamente. Me dediqué a admirar los suelos de tarima machihembrada, que un millón de pasos habían lamido hasta dejar lisos. Observé mi reflejo en la anticuada caja registradora, plateada, que parecía salida de un colmado perdido en las llanuras. Con el mismo arrobo y éxtasis que normalmente experimentaba cuando fingía ser Tom Seaver, fingí que era La Persona Más Popular del Dickens. El sitio estaba atestado de gente. Era tarde por la noche, y yo contaba algo y todos me escuchaban. «Que se calle todo el mundo. El niño está contando una historia.» Yo captaba su atención sólo con mi voz, con mi relato. Ojalá conociera una anécdota lo bastante buena para mantener la atención de alguien. Me preguntaba cómo se las apañaría la abuela para conseguirlo en el Dickens.

Al fondo del bar había dos grandes paneles con vidrieras. Bobo apareció a mi lado y me dijo que no debía mirarlas demasiado.

–¿Por qué? –le pregunté yo.

–¿No notas nada raro en ellas? –me preguntó, metiéndose en la boca una cereza al marrasquino.

Adelanté un poco la cabeza y entorné los ojos. No vi nada.

–Los diseñó Jane la Loca –me explicó–. Es una amiga de Steve. ¿No ves nada en esa forma de ahí?

Me concentré en el panel de a izquierda.

–¿Podría ser... podría ser eso un...?

–¿Un pene? –dijo él–. Pues claro. Y eso significa que lo del otro panel es...

Yo no sabía qué aspecto tenía pero, basándome en la lógica, sólo podía ser una cosa.

–¿Es el... de una mujer?

–Pues sí.

Avergonzado, pregunté qué había en el cuarto del fondo.

–Ahí es donde celebramos actos especiales –me dijo–. Fiestas de solteros, reuniones familiares, celebraciones de secundaria, cenas de empresa por Navidad, noches de pizza después de los partidos de la Liga Menor. Y peleas de peces.

–¿Peleas de peces? –pregunté yo.

–Peleas de peces –dijo Colt, que en ese momento apareció y se puso a mi otro lado.

Los camareros, me explicó, metían muchas veces a dos peces luchadores de Siam en una pecera y apostaban sobre el resultado.

–Pero los peces –se lamentó Colt– se cansan, y casi siempre consideramos que ha habido empate.

El tío Charlie emergió del sótano y puso en marcha el equipo de música.

–Ah –dijo Bobo–. *Summer Wind.*

–Una gran canción –dijo el tío Charlie subiendo el volumen.

–A mí me gusta Frank Sinatra –le dije al tío Charlie.

–Sinatra gusta a todo el mundo –dijo él–. Es «La Voz».

No se fijó en mi cara de asombro.

Pronto fue hora de que el tío Charlie y yo volviéramos a casa. Tuve que reprimir las lágrimas, porque sabía que él se daría una ducha y volvería al bar, y en cambio yo tendría que quedarme allí a cenar algo incomestible en un ambiente de gran tensión con el abuelo y la abuela. Las corrientes de la casa del abuelo me arrastraban y me alejaba de los hombres y del bar.

–Ha sido un gran placer pasar el día en la playa contigo hoy, dijo Joey D–. Tendrás que venir otro día, niño.

«Tendrasquevenirotrodía.»

–Lo haré –dije, mientras el tío Charlie me sacaba de allí por la puerta de atrás–. Lo haré.

* * *

Ese verano fui todos los días a la playa, cuando el tiempo y las resacas lo permitían. Nada más abrir los ojos, por la mañana, miraba si hacía buen día, y le preguntaba a la abuela a qué hora había vuelto el tío Charlie del Dickens. Si estaba despejado y el tío Charlie se había retirado temprano la noche anterior, a mediodía yo estaría haciendo surf de cuerpo con Joey D. Si estaba nublado, o si el tío Charlie se había acostado muy tarde, yo acabaría en el sofá del bicentenario, leyendo *Biografías relámpago*.

Cuanto más tiempo pasaba con el tío Charlie, más hablaba como él, más imitaba sus maneras. Me acercaba un dedo a la sien cuando estaba pensativo. Me apoyaba en los codos cuando masticaba. También lo buscaba, intentaba entablar conversaciones con él. Creía que me sería fácil. «Pasar tiempo juntos en Gilgo nos convierte en amigos, ¿no?» Pero el tío Charlie era digno heredero de su padre.

Una noche lo encontré solo sentado a la mesa del comedor, leyendo el periódico y comiéndose un chuletón. Me senté a su lado.

–Qué lástima que haya llovido –le dije.

Él dio un respingo y se llevó la mano al corazón.

–¡Dios! –dijo–. ¿De dónde has salido?

–De Arizona. Jaja.

Nada.

Meneó la cabeza y regresó al periódico.

–Qué lástima que haya llovido –repetí.

–A mí me gusta la lluvia –dijo él sin apartar la vista de la página–. Encaja bien con mi humor.

Yo me froté las manos, nervioso.

–¿Bobo va a ir al Dickens esta noche? –le pregunté.

–Falso. –Seguía con la vista fija en el periódico–. Bobo está en la lista de lesionados.

–¿Qué hace Bobo en el bar?

–Cocinero.

–¿Y *Wilbur* estará?

–*Wilbur* está en el coche.

–Me cae bien *Wilbur*.

No hubo respuesta.

–¿Y Colt estará?

–Falso. Colt va al partido de los Yankees.

Silencio.

–Colt es gracioso –dije.

–Sí –dijo el tío Charlie con solemnidad–. Colt es gracioso.

–Tío Charlie, ¿podré ver la siguiente carrera de demolición en Plandome Road?

–Cada noche es una carrera de demolición en Plandome Road –dijo él–. La ciudad entera está embriagada. No te molesta que diga «embriagada», ¿verdad?

Me quedé pensando. Intentaba decidir la mejor manera de responder. Transcurrido un minuto entero, dije:

–No.

Él levantó la vista del periódico y me miró.

–¿Qué? –me preguntó.

–Que no me molesta que digas «embriagada».

–Ah.

Regresó al periódico.

–Tío Charlie –dije–. ¿Cómo es que Steve le puso Dickens de nombre al bar?

–Porque Dickens fue un gran escritor. A Steve le gustarán los escritores, supongo.

–¿Y por qué era tan bueno?

–Escribía sobre la gente.

–¿No escriben todos sobre la gente?

–Dickens escribía sobre gente excéntrica.

–¿Qué es excéntrico?

–Único. Que sólo hay uno.

–¿Y no somos todos únicos?

–¡Para nada, niño! ¡Ahí está el maldito problema!

Volvió a mirarme. Me clavó la mirada.

–¿Cuántos años tienes?

–Once.

–Pues preguntas mucho para tener once años.

–Mi profesora dice que soy como Joey Friday. Jaja.

–Mmm.

–Tío Charlie...

–¿Sí?

–¿Quién es Joey Friday?

–Un poli.

Largo silencio.

–Once –dijo el tío Charlie–. Ésa es una edad genial. –Se echó kétchup en el chuletón–. No cumplas más. Hagas lo que hagas, no pases de los once. No crezcas. ¿Me sigues?

–Te sigo.

Si el tío Charlie me hubiera pedido que saliera corriendo y fuera a buscarle algo a la luna, lo habría hecho, sin preguntarle nada, ¿pero cómo iba a quedarme en los once años? Volví a frotarme las manos, esta vez con más fuerza.

–¿Los Mets van a ganar esta noche? –me preguntó, concentrado en su hoja de apuestas.

–Koosman es el pitcher –le dije.

–¿Y?

–Si por Koos apuestas, pierdes la apuesta.

Dejó de masticar el chuletón y me miró.

–Tú no pierdes detalle, ¿verdad?

Tragó, dobló el periódico por la mitad y se levantó de la mesa sin dejar de mirarme. A continuación se alejó por el pasillo camino de su dormitorio. Yo me bebí la cerveza de su vaso justo antes de que la abuela entrara en el comedor.

–¿Te apetece un trozo de tarta buenísima? –me preguntó.

–Falso. Galletas. ¿Me sigues?

Ella me miró, boquiabierta.

Si el tío Charlie tenía demasiada resaca para ir a Gilgo, la abuela no decía que tenía resaca. Decía que había comido demasiadas patatas fritas en el bar y que tenía indisposición. Una mañana no se molestó siquiera con lo de las patatas fritas, porque el tío Charlie estaba fatal, y los vapores del whisky que salían de su dormitorio lo impregnaban todo. Me fui al patio trasero, me monté en la hamaca y empecé a mecerme, serio y pensativo.

–¿Qué pasa, niño?

Me incorporé. Bobo estaba en el camino techado, y *Wilbur* a su lado. Habían venido «a rescatarme», anunció.

−¿Por qué iba el tío Goose a fastidiarnos la diversión a todos los demás? dijo−. Que le den a Goose. Hoy seremos tú, yo y *Wilbur. Los tres amigos.**

A mí no me entraba en la cabeza por qué Bobo me ofrecía algo así, a menos que no supiera ir a Gilgo y necesitara mi ayuda para orientarse. ¿O a lo mejor le gustaba tenerme cerca? ¿O era a *Wilbur*? La abuela parecía más extrañada aún que yo. Salió, vio a Bobo y puso cara de estar a punto de llamar a la policía. Pero como Bobo era amigo de Charlie, y como *Wilbur* la miraba con aquellos ojos implorantes, sólo por eso, dijo que sí.

Al salir a Plandome Road pensé que Bobo debía de tener mucho sueño. No entendía que estaba borracho y colocado. Se terminó la Heineken en tres tragos y me mandó al asiento trasero a sacar otra de la neverita de porexpán. Vi a *Wilbur* escondido atrás de todo, y recordé lo que había dicho Joey D; que el perro sabía cuándo Bobo se había pasado de la raya.

Unos tres kilómetros antes de llegar a Gilgo, cuando yo trepaba hasta el asiento delantero con otra Heineken, el coche de Bobo dio un tumbo. Nos fuimos de lado, nos saltamos tres carriles y *Wilbur* y yo nos estampamos contra una de las puertas traseras. La cerveza salió disparada por todas partes. Los cubitos de hielo rebotaban como semillas en una maraca. Oí chirrido de ruedas, cristales rotos. A *Wilbur* gimoteando. Cuando el coche se detuvo, abrí los ojos. *Wilbur* y yo estábamos magullados, y empapados en cerveza, pero agradecidos porque los dos sabíamos que deberíamos estar muertos. Nos había salvado una gran duna que absorbió el impacto del choque.

Aquella noche tuve un sueño (o una pesadilla: no estaba seguro). Estaba en la playa. Oscurecía y yo debía regresar a casa. Pero Bobo no estaba en condiciones de conducir. Tendrá que llevarnos *Wilbur*, me decía. Mientras Bobo dormía en el asiento trasero, íbamos a toda velocidad, y yo observaba a *Wilbur* al volante, llevándonos por la autopista. De vez en cuando el perro cambiaba de emisora de radio, y se volvía hacia mí mostrándome los dientes, su sonrisa demoníaca que me decía: «¿Qué tiene de raro?».

*   *   *

* En español en el original. (*Nota del traductor.*)

La tía Ruth se enteró de mis excursiones a Gilgo y decidió que McGraw también debía acompañarnos. Lo dejó en casa del abuelo un día, y yo no lo había visto nunca tan emocionado. A medida que pasaba la mañana, como el tío Charlie no daba señales de vida, iba perdiendo la fe.

–Supongo que ya no iremos –dijo, mientras iba a por un bate de béisbol y salía al patio.

Lo seguí.

Justo entonces oímos al tío Charlie dando portazos, tosiendo y exigiendo Coca-Cola y una aspirina. La abuela llegó corriendo por el pasillo y le preguntó si iba a ir a la playa.

–No –respondió él–. Puede ser. No lo sé. ¿Por qué?

Ella bajó la voz. McGraw y yo oíamos sólo algunas palabras amortiguadas:

–Ruth... saber... llevarías a McGraw... bueno para los chicos...

Tras varias réplicas que no oímos, el tío Charlie salió al patio, nos encontró a McGraw y a mí en el escalón, los dos con los bañadores ya puestos debajo del peto, cada uno con su bolsa del supermercado llena de lo que, para nosotros, eran provisiones de viaje: una revista de deportes, un plátano y una toalla. El tío Charlie, en calzoncillos, se plantó en medio del patio.

–Eh, vosotros, vagos, ¿queréis ir a Gilgo?

–¿Por qué no? –respondí yo como quitándole importancia.

McGraw asintió.

El tío Charlie posó la mirada en las copas de los árboles, como hacía muchas veces cuando estaba irritado. A veces yo pensaba que soñaba con irse a vivir ahí arriba, en una cabaña construida en lo alto del pino más alto de casa del abuelo, en una fortaleza más apartada y segura que su dormitorio.

–Dos minutos –dijo.

McGraw y yo íbamos sentados detrás, y el tío Charlie conducía por el pueblo. Primero paramos a recoger a Bobo. Cuando Bobo y *Wilbur* se instalaron en el asiento delantero, miraron primero a McGraw y después se volvieron a mirar al tío Charlie.

–Goose –dijo Bobo–, nuestra pequeña familia está creciendo.

–Sí –dijo el tío Charlie carraspeando–. Éste es mi otro sobrino. McGraw, saluda a Bobo y a *Wilbur*.

–¿Cuántos sobrinos tienes exactamente, Goose? –preguntó Bobo.

No hubo respuesta.

–Goose –dijo Bobo–. Creo que un día de éstos vas a venir a buscarme en un autobús escolar, jo...bar.

Cuando llegamos a casa de Joey D, Bobo seguía dándole la paliza al tío Charlie.

–Goose –le dijo–, creo que voy a empezar a llamarte mamá gansa. Vivía en un zapato, tenía tantos sobrinos que no sabía qué hacer.*

–Mamá gansa –dijo McGraw, riéndose. Yo le di un codazo. Nada de reírse del tío Charlie.

–¿Y éste quién es? –preguntó Joey D al sentarse en el asiento trasero, señalando a McGraw.

–Mi sobrino –dijo el tío Charlie.

–¿El hijo de Ruth?

–Mmm.

Sólo Colt pareció alegrarse de vernos.

–¿Qué? –dijo, encajándose en el asiento, obligando a McGraw a subirse a medias sobre mis piernas–. ¿Otro niño? Cuantos más mejor, ¿no, amigos?

McGraw abrió mucho la boca, y yo entendí por qué. El Oso Yogui.

El tío Charlie conducía muy deprisa, tal vez porque el coche iba muy lleno y creía que todos estábamos impacientes por bajarnos. Al llegar a Gilgo, nos compró unas hamburguesas a McGraw y a mí. A mí no me había comprado nunca una hamburguesa las veces que había estado en Gilgo, pero McGraw parecía estar siempre hambriento. Devoró la suya en tres bocados, y me preguntó si detrás de aquella barra tendrían leche. Yo negué con la cabeza. Entonces Bobo eructó, y yo le dije a McGraw que aquélla era la señal. Al agua.

McGraw y yo seguimos a los hombres por la arena, y como ellos fuimos quitándonos la ropa y soltando nuestras cosas sin dejar de caminar. Entramos en el agua con paso firme, pero McGraw empezó a nadar enseguida. Me dejó atrás a mí, dejó atrás a los hombres, dejó atrás incluso a Bobo en su banco de arena. Sólo Joey D se daba cuenta. Mientras la ca-

* *Goose* es ganso en inglés. La frase es una adaptación de una canción tradicional que dice: «There was an old woman who lived in a shoe./She had so many children, she didn't know what to do. (Había una vez una vieja que vivía en un zapato/Tenía tantos hijos que no sabía qué hacer.) (*Nota del traductor*.)

beza de McGraw se hacía cada vez más pequeña, se perdía en la distancia, Joey D gritaba: «¡Vuelve McGraw!».

McGraw no le hacía caso.

–¿Te puedes creer a este niño? –decía Joey D mientras yo chapoteaba en el agua. Hablaba conmigo, no había duda, pero yo no respondía porque sabía que hablaba con su ratoncito. Me preguntaba dónde lo llevaría escondido ahora que iba con el pecho desnudo–. Ese niño se cree que es Johnny Weismuller. Está a una milla de la costa. Tú sigue, niño. Siguiente parada, Madrid. Si te da un calambre ahora, serás comida para los peces.

Joey D se volvió y vio al tío Charlie en la playa, recostado en su silla, leyendo tranquilamente el periódico.

–Genial –le dijo a su ratón–. A Goose le importa una mierda. –«AGooseleimportaunamierda»–. Tengo yo que vigilar a su jodido sobrino mientras él lee el periódico. Genial, joder. Hoy no voy a poder relajarme ni un momento, joder.

Yo estaba indignado con McGraw por estar irritando a Joey D. Si alguno de los hombres se quejaba de que fuéramos con ellos a Gilgo, si se quejaba de verdad –no como Bobo, metiéndose en broma con el tío Charlie–, no volverían a llevarnos con ellos. Con los hombres había normas de conducta, y como McGraw no quería seguir esas reglas al pie de la letra, yo quería darle un puñetazo en la cara. Y, a la vez, notaba que le tenía envidia. Se iba nadando hasta Madrid, mientras yo seguía haciendo caso de las advertencias de la abuela y no me movía de la orilla. No era sólo que McGraw no tuviera miedo; parecía desear aquellas corrientes, buscarlas como si quisiera que se lo llevaran. Tenía un punto de locura que lo hacía más parecido a los hombres.

Cuando McGraw salió del agua le dediqué una mirada asesina y él fingió no darse cuenta. Se colocó junto a mí en el centro del círculo de hombres, y empezó a construir un castillo de arena.

A su lado, McGraw y yo construimos un reloj de sol, que él me ayudó a controlar cuando los hombres se quedaron dormidos. El rumor de los ronquidos, que era como el zumbido de un motor a reacción –y la visión de Joey D hablando en sueños con su ratón– hizo que McGraw se echara boca arriba y empezara a reírse con una risita contagiosa que me hizo reír a mí, y los dos tuvimos que cubrirnos la boca con las manos para no despertarlos.

Era más tarde que de costumbre cuando regresamos a Manhasset. No había tiempo para parar en el bar. Todos debían volver a casa. McGraw iba cabizbajo hacia la del abuelo. Yo, en silencio, me alegraba. «¡Ja! Te está bien. Tú has llegado hasta el banco de arena, pero yo he estado en el bar, que es lo que cuenta.» Pero entonces me acordé de todos los bares que McGraw había visto, todos los bares a los que lo habían enviado a tender emboscadas a su padre, y comprendí que no se sentía estafado por no poder ver uno más. Estaba triste, simplemente, por tener que despedirse de los hombres.

Aquella noche McGraw y yo nos sentamos en el sofá del bicentenario y jugamos a las cartas mientras veíamos *La extraña pareja*, y él no podía dejar de hablar de Gilgo. Quería ir cada día. Quería vivir en Gilgo. Dijo que Jack Klugman se parecía a Bobo. Yo le advertí que no era bueno mantener tantas esperanzas. Había variables, le expliqué. El mal tiempo y la resaca. Era imposible saber el día antes cuál de las dos podía presentarse. En el caso de McGraw existía una tercera variable: algunos días, la tía Ruth no le dejaba ir. O porque tenía que practicar béisbol, o porque estaba castigado. A veces la tía Ruth ni siquiera le explicaba por qué.

Cuando McGraw no podía ir a Gilgo yo me veía solo en medio del círculo de hombres y lo echaba de menos, y pensaba que habría sido mejor que no hubiera venido nunca, porque ahora la experiencia, en su conjunto, parecía coja sin él. Todo era más divertido con McGraw. Era alguien con quien podía compartir a los hombres, reírme con él de las cosas increíbles que decían y que hacían. Una abeja picó a Bobo en el muslo y salió volando en círculos, embriagada, camino de su muerte, y a mí me habría gustado que McGraw estuviera allí para verlo.

Aunque los hombres se mostraban siempre amables conmigo, tendían a ignorarme, y en ausencia de McGraw me pasaba horas sin oír mi propia voz. Cuando los hombres sí me hablaban a mí directamente, podía resultar algo incómodo. Una conversación típica podía desarrollarse así: Joey D me miraba. Yo lo miraba. Él me sostenía la mirada, muy serio. Yo se la sostenía a él. Finalmente él me decía: «¿Con quién juegan los White Sox esta noche?». «Con los Rangers», decía yo. Él asentía. Yo asentía. Fin del debate.

Echar de menos a McGraw me llevaba a pensar en mi madre, a la que también echaba de menos, más, siempre. Un día, mirando al mar, me pre-

COLT, BOBO Y JOEY D

gunté qué estaría haciendo. Como no podía permitirse llamadas de larga distancia, nos enviábamos audiocartas, que grabábamos en cintas de casete. Yo me las ponía una y otra vez, analizaba su voz en busca de indicios de estrés o fatiga. En la última que me había enviado sonaba contenta. Demasiado. Decía que había alquilado un sofá con un tapizado bonito, marrón y dorado, sin caras de los Padres Fundadores. «¡Hasta ahora nunca habíamos tenido sofá!», decía ella, orgullosa. Pero a mí me preocupaba. ¿Y si no podíamos permitirnos el sofá? ¿Y si no conseguía hacer frente a los pagos? ¿Y si empezaba a aporrear la calculadora y a llorar? ¿Y si yo no estaba ahí para distraerla con algún chiste mío? «No pienso preocuparme por algo que no pasará.» Parecía que mi mantra no funcionaba en Gilgo. Las ideas preocupantes se sucedían con demasiada rapidez. «¿Por qué estoy aquí? Debería estar en Arizona, ayudando a mi madre. Seguramente en este instante estará conduciendo por el desierto, sola, cantando.» Por cada ola que se estrellaba contra la orilla, una idea desgraciada se estrellaba contra mi mente.

Para distraerme me concentraba en los hombres. El tío Charlie estaba serio.

—Hoy no tengo la cabeza clara —dijo, acercándose la mano a la sien—. Este maldito Wordy Gurdy me tiene hecho un lío.

—¿Qué coño es el Wordy Gurdy? —preguntó Bobo.

—El enigma del periódico —le respondió el tío Charlie—. Te dan una pista tonta, jodidísima, y la respuesta son dos palabras que riman. Como por ejemplo «plato barato», o «campana de Toscana». Es un juego de niños. La primera la he sabido a la primera: «Jane y vehículo.» Respuesta: «El Honda de Fonda». Pero los demás no los sé. Seguramente padezco de Grave Lesión Cerebral por Sambuca.

—Con algo de vodkaítis.

—Ésa es ya una enfermedad crónica.

—A ver, dinos una pista.

—Está bien —dijo el tío Charlie—. Vamos a ver que listos lo son estos burros. «Richard y Bocina.»

Bobo cerró los ojos. Joey D revolvió la arena con un palo. Colt se rascó la barbilla.

—Me cago en los enigmas, joder —dijo Bobo—. La vida ya es confusa tal como es.

–«El claxon de Nixon» –dije yo.

El silencio cayó sobre mí como una losa. Alcé la vista de la arena y vi que los hombres me miraban, inmóviles. Si hubiera sido *Wilbur* el que hubiera hablado no se habrían mostrado más sorprendidos. Incluso el perro parecía asombrado.

–Hay que ver con el niño –dijo Colt.

–Me cago en la puta –dijo Bob.

–Dile otra –le dijo Joey D a su ratón–. «¡Dileotra!»

El tío Charlie me miró y volvió a clavar la vista en el periódico. Leyó:

–«Gary y Terrorífico».

Pensé.

–«¿Super Cooper?»

Los hombres levantaron las manos y aplaudieron.

Ése fue el día en que todo cambió. Yo siempre había creído que tenía que haber una contraseña secreta para entrar en el círculo de aquellos hombres. Y la contraseña eran las palabras. La lengua me legitimaba a sus ojos. Después de resolver el enigma del periódico, dejé de ser la mascota del grupo. No, no me incluían en todas sus conversaciones, pero ya no me trataban como a una gaviota que se hubiera plantado ahí en medio. Pasé de ser una presencia vaga a convertirme en una persona real. El tío Charlie ya no daba respingos cada vez que me encontraba de pie a su lado, y los demás hombres se fijaban más en mí, hablaban conmigo, me enseñaban cosas. Me enseñaron a atrapar una bola lanzada con efecto, a sujetar un hierro del nueve, a lanzar la pelota de fútbol americano en espiral, a jugar al Stud de siete cartas. Me enseñaron a encogerme de hombros, a fruncir el ceño, a aguantar como un hombre. Me enseñaron a estar, y me juraban que la postura de un hombre es su filosofía. Me enseñaron a decir «joder», a decir «coño», a decir «puta», me hicieron entrega de aquellas palabras como si fueran una navaja de bolsillo o un buen traje, algo que todo niño debía tener. Me enseñaron sus muchas utilidades, porque aquellas palabras servían para liberar la ira, para ahuyentar a los enemigos, para convocar a aliados, para lograr que la gente se riera aunque no quisiera. Me enseñaron a pronunciarlas con violencia, guturalmente, incluso con elegancia, para sacarle todo el jugo. ¿Por qué preguntar mansamente qué pasa, decían, cuando podías preguntar qué coño pasa? Me demostraban las muchas recetas en las que aquellas palabras eran los ingredientes principales. Una hamburguesa en Gilgo, por ejemplo, resultaba el doble de sabrosa cuando era una «puta hamburguesa de Gilgo».

Todo lo que los hombres me enseñaron ese verano pertenecía al cajón de sastre de la confianza. Ellos me enseñaron la importancia de la confianza. No había más. Pero era bastante. Y aquello, más tarde lo supe, lo era todo.

Además de aquellas lecciones sobre la marcha, los hombres también me encomendaban tareas específicas. Me enviaban al bar de Gilgo a por bebidas y cigarrillos, o me pedían que les leyera la columna de Jimmy Breslin, o me mandaban como emisario hasta un grupito de chicas guapas tumbadas en fila. Yo disfrutaba de aquellas tareas porque para mí eran una demostración de la confianza que me tenían, y ponía todo mi empeño en cumplirlas. Cuando los hombres jugaban al póquer en Gilgo, por ejemplo, la brisa que subía desde la orilla era siempre un problema, y era responsabilidad mía conseguir que las cartas de la baraja se mantuvieran boca abajo en la manta, y el bote en su sitio. Era una misión sólo apta para pulpos, pero yo lo conseguía, y cuando alguna carta salía volando, yo corría tras ella. Aún recuerdo con un profundo orgullo la vez que rescaté la jota de rombos, que había salido volando casi cincuenta metros, justo antes de que cayera al mar.

Trece

Pat

Desperté y estaba muy nublado. Hacía un fresco que no era normal, para ser julio. Nada de playa. Me senté en el sofá del bicentenario y abrí mis *Biografías relámpago*. Pero cuando se levantó el tío Charlie, me dijo que me vistiera.

–¿Gilgo? –le pregunté.

–Falso. Mets. Partido doble.

Me habían ascendido.

Como si poder ir al Shea Stadium no fuera ya bastante, el tío Charlie me dijo que me dejaría llevar uno de sus sombreros. Escogí uno verde lima, con una cinta a cuadros, y me planté frente al espejo, admirándome, ladeándome el ala a la izquierda, a la derecha, hasta que el tío Charlie me dijo que me pusiera en marcha.

Primero pasamos a buscar a Joey D. Me felicitó por mi nuevo *chapeau*. Después fuimos a recoger a un matón que se llamaba Tommy. Era corpulento, como Joey D, y aunque no me recordaba tanto a un teleñeco, sus rasgos también parecían pegados temporalmente y de cualquier manera al rostro. Se trataba de una cara más carnosa que la de Joey D, más elástica, y cuando fruncía el ceño, es decir, cada dos minutos, bajaba los labios, y con ellos el resto –la nariz, la boca, los ojos, los pómulos, todo– descendía hacia la barbilla, como si lo arrastrara un desagüe. A Tommy también le gustó mi sombrero y, frunciendo el ceño, dijo que él también estrenaba algo. Había conseguido un nuevo empleo, dijo.

–A Tommy acaban de contratarlo en el Shea –me explicó el tío Charlie, mirándome por el retrovisor–. Jefe de seguridad. Es el que manda. De ahí la salida de hoy. Tommy nos cuela gratis.

Paramos en un supermercado a comprar té helado y cigarrillos. Después, en vez de dirigirnos a la autopista, retrocedimos y nos fuimos al Dickens.

–¿Quién más viene? –pregunté cuando ya nos instalábamos en los taburetes.

El tío Charlie apartó la mirada.

–Pat –dijo.

–¿Quién es el tal Pat? –pregunté.

–La tal Pat –dijo el tío Charlie.

–Pat es la novia de tu tío –me susurró Tommy.

Nos quedamos allí sentados un rato, esperando a aquella tal Pat. No me gustaba la ida de que una mujer se sumara a nuestro grupo, y me gustaba menos aún que llegara tarde. Finalmente entró como un torbellino, como si una ráfaga de aire hubiera abierto la puerta y la hubiera arrastrado a ella hasta allí dentro. Tenía el pelo del color del whisky, los ojos verdes, brillantes, y unas pecas que parecían hojas diminutas y húmedas pegadas al puente de la nariz. Era desgarbada como el tío Charlie, otro flamenco de la misma especie, aunque con más sangre en las venas.

–¡Hola, señores! –exclamó, dejando ruidosamente el bolso contra la barra.

–¡Hola, Pat!

–Siento llegar tarde. El tráfico estaba insoportable.

Encendió un cigarrillo y me miró de arriba abajo.

–Tú tienes que ser JR.

–Sí, señora.

Me bajé del taburete, me quité el sombrero y le estreché la mano.

–Vaya, vaya, vaya. Todo un caballero. ¿Qué haces tú con estos vagabundos? –Dijo que le encantaría que su hijo, que tenía mi edad, tuviera los mismos modales que yo–. Seguro que eres la niña de los ojos de tu madre.

No había tardado ni diez segundos en llegarme al corazón.

Nuestros asientos en el Shea Stadium estaban tres filas por detrás del plato. El tío Charlie y los hombres se dispersaron, estiraron las piernas, empezaron a socializar y a hacerse amigos de todos los que estaban a nuestro alrededor. El tío Charlie me dijo que si tenía que ir al baño, que fuera, «pero fíjate bien dónde estamos sentados, y no tardes mucho en volver». Vio al vendedor de cervezas y le hizo una seña. «Fíjate bien dónde estamos sentados, y no tardes mucho en volver», le dijo también a él.

–¿Con quién vas hoy? –le preguntó Joey D al tío Charlie.

–Estoy dividido. Mi cabeza dice que con los Mets, pero mi cuenta corriente dice que con Filadelfia, la del Amor Fraterno. ¿Y tú, JR? ¿Quién crees que ganará?

–Umm. Los Mets.

El tío Charlie apretó los labios y me miró con los ojos entornados, como si acabara de decir algo muy sensato. Se fue a apostar por teléfono, y Pat se volvió hacia mí y me miró.

–¿Cómo está tu madre? –me preguntó.

–Bien.

–¿Está en Nuevo México?

–Arizona.

–Ah, pues debe de sentirse muy sola sin ti.

–Espero que no.

–Lo que yo te diga. Yo también soy madre soltera. Estará muy triste.

–¿De verdad?

–No tienes hermanos, ¿verdad?

Negué con la cabeza.

–¡Oh! ¡Está allí sola! Pero se sacrifica, porque entiende lo mucho que tus primos, tu abuela y el tío Charlie significan para ti. ¿Habláis por teléfono?

–No. –Clavé la vista en el centro del campo y noté un nudo en la garganta–. Es demasiado caro. Lo que hacemos es grabar casetes y nos los enviamos.

–¡Oh, qué sola debe de sentirse!

«No pienso preocuparme por algo que no pasará.»

El tío Charlie regresó.

–¿Qué has hecho? –le preguntó Joey D.

–Apostar por los Mets diez contra uno –respondió–. Me ha parecido que el niño tenía una premonición.

Joey D me miró con los ojos como platos.

–¿Qué significa diez contra uno? –pregunté yo.

–Depende de cada corredor de apuestas –me explicó el tío Charlie–. A veces uno son diez dólares, y a veces uno son cien. ¿Me sigues?

–Te sigo.

El tío Charlie miró a Tommy y le preguntó si estaba todo «en orden».

–Todo en orden –dijo Tommy, que seguía de pie y se subía los pantalones–. Levántate, niño.

Yo obedecí al momento.

–No te olvides –le dijo el tío Charlie a Tommy–. Su ídolo es Seaver.

–Chas, como te comenté, Seaver puede ser un poco frío a veces.

–Tommy –dijo el tío Charlie.

–Chas.

–Tommy.

–¡Chas!

–Es su ídolo, Tommy.

–Es mi culo, Chas.

–Tú inténtalo.

Tommy frunció el ceño más que nunca, y me pidió que le siguiera. Bajamos por una rampa, nos montamos en un ascensor, franqueamos una verja, descendimos un tramo de escaleras. Un policía nos saludó cuando pasamos por una puerta metálica y entramos en un túnel oscuro que era como una cloaca. Al fondo veía un punto de luz, que iba haciéndose más grande a medida que avanzábamos. La voz de Tommy resonaba, me recordaba que no debía alejarme de su lado en ningún momento, pasara lo que pasara. Al dejar atrás una puerta nos deslumbró la luz del sol, y allí, a nuestro alrededor, estaban los Mets de Nueva York, la plantilla de 1976. El azul del uniforme era cegador. El naranja de sus gorras, como el fuego. No eran de verdad. No podían serlo. Eran como aquellos vaqueros mecánicos de Rawhide.

–Willie Mays –dijo Tommy, dándome un codazo–. Saluda a «Say Hey Kid».

Recogió una pelota que había sobre el césped y me la entregó. Yo di un paso hacia Mays y se la ofrecí. Él me la firmó.

–Tendrías que ver su Cadillac –me dijo Tommy mientras nos alejábamos–. Es fucsia. Una pasada.

–¿Cómo el del tío Charlie?

Tommy soltó una carcajada.

–Sí. Igualito.

Me llevó entonces a conocer a Bud Harrelson y a Jon Matlack y a Kerry Koosman, que estaban juntos, apoyados en los bates como si fueran bastones irlandeses. Estuve a punto de decirle a Koosman cuál era la regla del tío Charlie, pero Tommy se me llevó justo a tiempo y me presentó al locutor que anunciaba los nombres de los Mets, Bob Murphy, que llevaba un abrigo idéntico a las mantas de ganchillo de mi abuela. Murphy y Tommy se rieron comentando algo sobre un antro en el que habían estado juntos. Su voz, que me resultaba familiar, salía de la misma caja que la de mi padre, lo que me creaba una curiosa sensación de intimidad con él.

Tommy me llevó al banquillo y me pidió que me sentara; me dijo que él volvía enseguida. Yo me instalé en uno de sus extremos, con las piernas colgando, junto a varios jugadores. Los saludé. Ellos no me devolvieron el saludo. Les dije que tenía permiso para estar allí, porque el amigo de mi tío estaba a cargo de la seguridad. Los jugadores no me dijeron nada. Tommy regresó y se sentó a mi lado. Le conté que aquellos jugadores estaban enfadados conmigo.

–¿Éstos? –dijo él–. Son de Puerto Rico. No hablan inglés, niño. Y ahora, escúchame bien. He buscado por todas partes. Por aquí y por allá. Alguien dice que hace un rato ha visto a Seaver entrenando un poco. Pero ahora no está, así que vamos a tener que dejarlo para otro momento, ¿de acuerdo? Te enseñaré el vestuario de los Jets, y después volvemos.

Me llevó por una puerta que había en una de las esquinas del banquillo. Bajamos hasta un pasillo, y llegamos a un vestuario que olía un poco como el Dickens: a mentol, a tónico capilar y a colonia. Mientras buscaba con la mirada la taquilla de Namath, noté que Tommy tiraba de mi antebrazo. Alcé la mirada.

–Aquí tengo a alguien a quien me gustaría que conocieras –dijo, apuntando con la cabeza en dirección a la puerta.

Seaver.

–¿Qué llevas ahí? –dijo Seaver.

–Una pelota.

Me la quitó. Tommy me empujó un poco para que me acercara más a él. Yo me fijaba en los músculos de su antebrazo inmenso que se contraían y se hinchaban, su antebrazo, que quedaba a la altura de mis ojos, mientras escribía con el bolígrafo sobre la pelota. Me fijaba en el número 41 que llevaba al pecho, justo por encima de mi cabeza. Cuando me devolvió la pelota, intenté levantar la vista, pero no pude.

–Gracias –murmuré, mirando al suelo.

Él se alejó por el túnel.

–Soy un idiota –le dije a Tommy–. Ni siquiera lo he mirado.

–Pero ¿qué dices? Has sido muy educado. Todo un caballero. Me he sentido muy orgulloso presentándotelo.

Regresé a nuestros asientos llevando la pelota como si fuera un frágil huevo de pájaro.

–¿Y? – preguntó el tío Charlie.

–Misión cumplida –dijo Tommy.

Los dos hombres se miraron con enorme afecto.

Joey D observó mi pelota de béisbol con atención, sosteniéndola con cuidado, por las costuras. Habría querido abrazarlo por ser tan delicado, no como Pat, que la hizo girar y le dio palmaditas como si fuera una bola de nieve.

–¿Y quién es Jason Gorey? –preguntó, entornando los ojos para ver mejor las firmas.

–No, es Jerry Grote. Es el catcher favorito de Tom Seaver.

–¿Y quién es Wanda Mars?

–No, es Willie Mays.

–¿Todavía juega? Creía que se había retirado.

–Se retiró. Ahora es *coach*. Conduce un Cadillac de color rosa.

–¿A ver si en vez de Willie Mays va a ser Mary Kay?

Empezó el partido. Los Mets estaban fatal ese día, y cada vez que hacían algo mal, el tío Charlie le hacía señas al vendedor de cerveza para que se acercara. Además, no perdía punto de los resultados que aparecían en la pantalla, controlaba los demás partidos que se jugaban por todo el país. Ninguno de ellos se desarrollaba a su conveniencia. Pat se cansó de aquel estado de tensión permanente, y los Mets la aburrían. Dijo que iba a ver si encontraba algún recuerdo para su hijo en la tienda. Cuando, después de tres innings, el tío Charlie vio que no había vuelto, fue a buscarla. Regresó sin ella.

–Se ha esfumado –dijo, abatido.

–Ya volverá a casa cuando tenga hambre –dijo Tommy.

–O sed –dijo Joey D.

El tío Charlie tenía un mal día, y yo me sentía culpable, porque aquél era ya uno de los mejores de mi vida, y porque era yo quien lo había convencido para que apostara por los Mets. Para distraerlo de sus pérdidas, y de la desaparición de Pat, empecé a acribillarlo a preguntas. Y, al pare-

EL BAR DE LAS GRANDES ESPERANZAS

cer, funcionó. Me explicó de buena gana los matices del béisbol: los hit and run, los cambios dobles, los sacrificios, cómo calcular las medias de bateo y los ERA También empezó a familiarizarme con el lenguaje indirecto del béisbol. En lugar de decir que las bases están cargadas, me enseñó a decir «los sacos están borrachos». En lugar de un inning extra, él decía un «bonus cantos». Los pitchers eran «majorettes», y los corredores, «patos en el lago», y los catchers llevaban «los instrumentos de la ignorancia». En determinado momento opinó sobre mi elección de ídolo.

—Seaver es Rembrandt, joder —dijo, y yo me sentí muy orgulloso de entender la referencia gracias a las *Biografías relámpago*–. Grote le pide una pelota en la esquina exterior, y Seaver se la pone allí. Como una pincelada de pintura blanca. Y Seaver tiene un pincel de casi veinte metros. ¿Me sigues?

—Te sigo.

Ni siquiera Rembrandt pudo salvar al tío Charlie del rincón en el que se había pintado a sí mismo ese día. Cuando los Mets remontaron un poco, al tío Charlie le cambió el humor brevemente, pero luego los Phillies también remontaron y cargaron las bases. «Los sacos están borrachos», dije yo, intentando animarlo, sin éxito. El *slugger* de los Phillies, Greg «The Bull» Luzinski, se paseó hasta el plato, como Steve durante un partido de sóftbol, un hombre entre niños.

—Goose —dijo Joey D–, no sé cómo decirte esto, pero se nos viene encima un batazo.

—Muérdete la lengua, joder.

Luzinski lanzó una bola rápida, alta, hacia el jardín izquierdo. Nos pusimos de pie y vimos que la pelota golpeaba las gradas más lejanas emitiendo un ruido sordo.

—Algo falla.

—Tenía el presentimiento —dijo Joey D, encogiéndose de hombros.

—Hijo de puta —le dijo el tío Charlie a Joey D–. Si no estuviera perdiendo tanta pasta, celebraría tus poderes paranormales. Tú tienes el don de la clarividencia. No te molesta que use «clarividencia», ¿verdad?

Los Mets estuvieron mejor en el segundo partido. Se pusieron por delante enseguida, y el tío Charlie volvió a animarse. Pero los Phillies, una vez más, remontaron y se avanzaron definitivamente gracias a un *home-run* de Mike Schmidt. El tío Charlie encadenaba un cigarrillo tras otro y llamaba al vendedor de cervezas, y yo imaginaba los montones de billetes de cincuenta y de cien en su cómoda haciéndose más pequeños. Cuando terminó el segundo partido fuimos a buscar a Pat, a la que no habíamos visto desde hacía tres horas. La encontramos en la entreplanta, bebiendo cerveza y riéndose con unos policías. Cuando volvíamos al coche se apoyaba en mí, elogiaba mis buenos modales, me decía que mi madre debía sentirse muy orgullosa de mí. Yo sabía que ella no se había comportado bien. Al principio de aquel día a mí me había parecido que me ascendían, pero era a Pat a la que habían ascendido, y ella no había sabido aprovechar la oportunidad. Aun así, a mí me caía bien, y me habría gustado ser capaz de sujetarla mejor. El problema era que pesaba más de lo que parecía, y yo, mientras cargaba con ella, llevaba con sumo cuidado mi pelota firmada. El tío Charlie vino y se la llevó. Le agarró el brazo y lo pasó por su cuello, y la condujo hacia el coche como un soldado que cargara con un camarada herido hasta un centro de primeros auxilios.

Cuando, poco tiempo después, nos enteramos de que Pat tenía cáncer, lo primero que pensé fue en lo tierno y paciente que había sido el tío Charlie con ella en aquel momento. Yo no me di cuenta de lo importante que era Pat para el tío Charlie –ninguno de los hombres se dio cuenta– hasta que enfermó. Se fue a vivir con ella a su casa, le daba de comer, la bañaba, le leía cosas, le inyectaba la morfina, y cuando murió, se sentó en la cocina de casa del abuelo y empezó a sollozar, convulsionándose, mientras la abuela lo abrazaba y lo mecía.

Asistí al funeral con la abuela. Me acerqué al ataúd abierto de Pat, le miré la cara, las mejillas hundidas por el cáncer. Aunque no había ni rastro de su sonrisa graciosa, me pareció como si pudiera oír su voz que me exhortaba a cuidar de mi tío. Me aparté del ataúd y vi a los hombres del Dickens congregados alrededor del tío Charlie, como jinetes y mozos de cuadra alrededor de un caballo de carreras que llega cojo a la meta. Le dije a Pat que podíamos estar tranquilos. El tío Charlie recurrirá al bar, dije. Allí se esconderá, como cuando perdió el pelo. Le dije que los hombres del Dickens lo cuidarían bien. Le prometí que yo lo vería todo. Que yo era clarividente.

Catorce
Jedd y Winston

Al bajarme del avión en Sky Harbor vi a mi madre apoyada en un poste, con gesto expectante. Al verme se le llenaron los ojos de lágrimas.

–¡Cómo has crecido! –exclamó–. ¡Te has ensanchado de hombros!

Ella también había cambiado un poco. Tenía el pelo distinto. Más cardado. Desprendía energía, como si hubiera tomado demasiado café. Y se reía. Mucho. Hacerla reír siempre requería de cierto esfuerzo, pero, camino de casa, en el coche, se le escapaba la risita por cualquier cosa que le dijera, como a McGraw.

–Estás cambiada –le dije.

–Bueno... –Le temblaba la voz–. Tengo un nuevo amigo.

Se llamaba Winston, dijo en un tono que auguraba problemas. Era alto, era guapo, era tierno. ¿Y divertido? Oh, era divertidísimo. Parecía humorista, dijo. Pero era tímido, añadió enseguida.

–¿Cómo lo conociste? –le pregunté.

–En un Howard Johnson. Yo estaba comiendo sola, en la barra, y...

–¿Qué habías pedido?

–Una copa de helado y un té.

–¿Cómo puedes tomar té con este calor?

–Ésa es la cosa. El té estaba frío. Me quejé a la camarera, y ella fue muy maleducada conmigo, y Winston, que también estaba comiendo en la barra, me miró, comprensivo. Después se me acercó y empezamos a hablar, y me acompañó hasta el coche y me pidió el teléfono para llamarme algún día.

–Pues no me parece que sea tímido.

Permanecimos en silencio varios kilómetros.

–¿Estás enamorada? –le pregunté.

–¡No! No lo sé. Tal vez.

–¿A qué se dedica Winston?

–A las ventas. Vende cinta. Cinta industrial. Cinta de embalar. Toda clase de cintas.

–¿Cinta americana?

–No lo sé. Supongo.

–A la abuela le encantará. Le podrá reformar todo el salón.

Tenía sentimientos encontrados con respecto a Winston. Me gustaba ver a mi madre contenta, pero no podía evitar sentir que le había fallado. Se suponía que yo tenía que hacerla feliz. Se suponía que yo tenía que hacerla reír. Pero yo me había ido a Manhasset y me había dedicado a salir con los hombres del bar. Y, aunque apenas lo admitía ante mí mismo, había disfrutado estando con un grupo de hombres de los que no debía preocuparme y a los que no tenía que cuidar. Ahora, como castigo por eludir mi responsabilidad, por relajarme, un vendedor de cinta aislante salido de un restaurante Howard Johnson me había quitado el trabajo.

Me preocupaba más aún el hecho de que mi madre hubiera encontrado algo que le gustara en Arizona, porque eso quería decir que nos quedaríamos. Yo creía que había llegado el momento de aceptar que lo de Arizona no había salido bien. Seguíamos luchando, preocupándonos por el dinero, y además sin la compensación de la abuela ni los primos. Y también estaba el calor.

–¿Cómo puede hacer tanto calor en septiembre? –le pregunté, abanicándome con el billete de avión–. ¿Qué le ha pasado al otoño? ¿Qué ha pasado con las estaciones?

–Aquí sólo hay una –dijo ella–. Piensa en todo el dinero que nos ahorraremos en calendarios.

«Sí, no hay duda. Está enamorada.»

En vez de estudiar en un instituto cubierto de hiedra construido al borde de un acantilado con vista al Valle de Manhasset, me matriculé en una escuela de enseñanza media que quedaba cerca de casa y que estaba en medio del desierto. Tal vez por eso la llamaban «escuela media», pensaba yo, porque estaba en medio de ninguna parte. Gran parte del colegio, como gran parte de Arizona, estaba aún a medio construir, y las clases se impartían en barracones temporales que eran contenedores montados sobre pilones. Bajo el sol del desierto, a mediodía aquellos barracones se convertían en hornos, y si ya nos costaba respirar, aprender resultaba imposible.

Pero los barracones eran el menor de mis problemas. Después de pasar un verano con los hombres, se me había marcado aún más el acento de Long Island. A mi lado, Sylvester Stallone parecía el príncipe Carlos de Inglaterra, es decir, que sonaba a tipo duro, y todos los gamberros del colegio, a la hora del patio, querían medirse conmigo peleándose a puñetazos. Cuando entraba en clase oía: «Vaya, vaya, por ahí viene el sustituto de Rocky Balboa», y la pelea estaba en marcha. Yo me defendía, protegiendo los dientes y la nariz, porque no peleaba enfadado, sino confuso. No alcanzaba a comprender por qué para los niños de Arizona era tan importante mi manera de pronunciar ciertas palabras. Las palabras, que me habían ayudado a penetrar en el círculo de los hombres en la playa de Gilgo, me impedían integrarme en mi nuevo colegio. Yo pronunciaba «agua» de una manera y ellos de otra. ¿Tan importante era eso, si, además, en Arizona no había agua?

No ayudaba que ni mi madre ni yo tuviéramos dinero para comprar ropa. Y yo empezaba a crecer. Las camisas me iban pequeñas, los pantalones me quedaban de pronto como piratas. Los niños me preguntaban si iba a cruzar algún río, y los señalaban, burlones. Eh, tú, Noé, ¿cuándo llega el Diluvio? Una vez más su preocupación por el agua.

Lo que hacía que el colegio me resultara más difícil todavía era mi nombre. JR Moehringer pedía a gritos ridiculizarlo. «¿Qué te pasa, JR? ¿Tu madre no puede permitirse más de dos letras?» Y a continuación tocaba meterse con el Moehringer. Conjugaban mi apellido como si fuera un verbo español de la segunda conjugación. Y lo deformaban: Homo-ringer. Geronimo-ringer. Lawn-mower-ringer. Remember the Alamo-ringer.* Todos aquellos apodos desembocaban en otra pelea de recreo, aunque la más sangrienta la libré cuando un niño me llamó, simplemente, Junior.

---

* En inglés, *ringer* significa «doble», «quien suplanta el lugar de otro». Todos estos nombres incluyen una pronunciación idéntica o muy similar del apellido Moehringer. (*Nota del traductor.*)

Después del colegio me iba enseguida a casa, a nuestro último apartamento, que mi madre había encontrado mientras yo estaba en Manhasset. Era barato –ciento veinticinco dólares al mes–, porque se encontraba junto a un canal elevado por el que el agua desviada del río Salt circulaba deprisa, y muy audiblemente. Yo me tumbaba en nuestro sofá alquilado, aplicándome hielo a los moratones, y esperaba a que mi madre regresara a casa. Nunca hacía los deberes. Si me sentía con ánimos, trabajaba en un cuento breve, interminable, sobre un niño secuestrado por unos correcaminos mutantes que lo mantenían cautivo en el interior de un cactus gigante. Pero lo que hacía casi siempre era ver reposiciones de *Área 12*. Notaba que me estaba convirtiendo en alguien a quien no reconocía, alguien en quien no imaginaba que me convertiría. Sabía que me acercaba rodando a un precipicio, y algunos días lo único que me separaba del abismo era Jedd.

Jedd había sido novio de Sheryl cuando ella vivió en Arizona, y se quedó destrozado cuando ella y los primos regresaron a Manhasset apresuradamente. Seguía escribiéndole cartas, hablaban por teléfono, y él planeaba trasladarse a la Costa Este y casarse con ella en cuanto se graduara en la Universidad Estatal de Arizona. Entretanto, me consideraba a mí, su pariente más cercano, la segunda mejor opción, y pasaba por el apartamento cada pocos días para hablar de ella.

A mí me parecía que Jedd era, seguramente, el hombre más total del mundo. Conducía un MG descapotable, naranja intenso, con asientos de piel color tostado y un cambio de marchas de nogal que mostraba las muescas que le hacía con el sello de oro que llevaba al dedo. El MG tenía forma de tabla de surf, y no era mucho mayor, y así, cuando Jedd llegaba a toda velocidad por la calle parecía que estuviera surfeando sobre una duna del desierto. Era delgado, sarcástico, duro, y fumaba Marlboro, como el tío Charlie. Sosteniendo con rigidez el cigarrillo entre los dedos índice y corazón, hacía la señal de la victoria cada vez que daba una calada. Exhibía una calma de reptil, que mantenía con dosis intravenosas de cerveza Coors y un régimen de extraños estiramientos. Mientras veía la tele, se tiraba de los dedos hasta que los nudillos chasqueaban. A continuación giraba la cabeza a un lado y a otro hasta que le crujía el cuello. Después de aquellos ajustes su cuerpo se volvía blando, como si acabara de quitarle el sostén interior.

De niño Jedd había hecho las cosas típicas que los niños hacen con sus padres –acampar, cazar, pescar–, y supongo que no le pasaba por alto mi expresión cuando me contaba sus aventuras, porque un día me propuso que fuéramos juntos a disfrutar de la naturaleza.

–¿Quién? –le pregunté.

–Tú y yo. Siempre estás quejándote de que echas de menos las estaciones, la caída de la hoja y todas esas chorradas. Pues vámonos al norte este fin de semana, a ver la nieve.

Cuando Jedd se lo planteó a mi madre, ella le preguntó tantas cosas que yo, de haber podido, me habría escondido debajo de nuestro sofá alquilado. ¿Haría mucho frío? ¿Tenía JR que llevar mitones?

–¿Mitones?

Ella se calló, con gesto algo compungido.

–Suena divertido –dijo al fin–. Tráeme una bola de nieve.

Salimos al amanecer, en la *pickup* de su padre, porque en el MG no cabía todo lo que llevábamos, ni la nevera llena de comida. Al cabo de una hora, la llanura desértica dio paso a unos montes abruptos. El aire refrescó, y junto a la carretera aparecieron manchas de nieve, que al poco se convirtieron en campos enteros de un blanco puro. Jedd puso un casete de Billy Joel, que le recordaba a Nueva York, que le recordaba a Cheryl, que le hacía poner ojos de cordero degollado.

–Vaya, vaya –dije yo–. Toda la gente que conozco está enamoraaaada.

Jedd me pegó en el hombro.

–Tú también la echas de menos. Y a McGraw. Y a todos. ¿No es cierto?

Me preguntó cosas sobre Manhasset, su segundo tema favorito después de Sheryl. Yo le conté una historia que había oído en la playa de Gilgo, según la cual, un día, Bobo había trabajado en la barra del bar llevando sólo el bañador. Cuando un cliente le llamó la atención se inició una pelea, y a Fuckembabe lo arrojaron por la ventana de la gasolinera Mobil. Supongo que, mientras recreaba la escena, debía poner cara de nostalgia, porque Jedd dijo:

–No te darás cuenta y ya estarás de vuelta. Pronto todos estaremos en Manhasset, y daremos una gran fiesta para celebrarlo. En el Dickens.

–Para entonces ya se llamará Publicans –le dije–. Steve piensa hacer reformas. Te va a encantar. Es el mejor bar del mundo.

–¿Cómo lo sabes?

–Porque paso mucho tiempo allí.

–¿Un mocoso como tú? ¿En un bar?

–El tío Charlie y los hombres me llevan a la playa, y a los partidos de los Mets, y después me quedo con ellos en el bar. Me dejan beber cerveza y fumar cigarrillos, y apostar a las peleas de peces que organizan en la sala de atrás. Una noche mi pez ganó.

Jedd sonrió. Le divertía la creatividad que ponía en mis mentiras.

Estábamos al sur del Gran Cañón, muy cerca ya, cuando Jedd dio un volantazo a la derecha y metió la camioneta en el arcén. Tiró del freno de mano, que crujió como su cuello.

–Éste parece un buen sitio –dijo.

–¿Para qué?

–Para hacer un muñeco de nieve.

–¿Cómo?

–¿Cómo? Cómo y quién es lo único que dices. Es como estar con Gerónimo y su búho. Formas una bola y la haces rodar por el suelo hasta que se hace grande. No es tan complicado.

En poco rato ya teníamos, cara a cara, a un muñeco de nieve de nuestra altura. Jedd le puso monedas de veinticinco centavos en los ojos, y una salchicha que sacó de la nevera en la nariz. Se parecía a Joey D, le dije. Jedd le puso un Marlboro entre los labios.

–¿Lo encendemos? –me preguntó.

–No. Frenará su crecimiento.

Miré al muñeco de nieve. El sol se reflejaba en las monedas, y parecía que tenía los ojos centelleantes. A mí me parecía que Jedd era un genio. No..., un dios. ¿Acaso no era la primera condición de un dios ser capaz de crear a un hombre de la nada?

–Montemos el campamento aquí, al lado de Escarcha –dijo Jedd, que acababa de bautizar al muñeco con ese nombre.

Metió la *pickup* en el bosque. A su lado extendió una manta, y sobre ella dejó una bolsa con clavos, estacas y palos, y en cuestión de minutos una tienda se elevó desde el nivel del suelo. Dentro extendió los sacos de dormir y metió las almohadas y una radio.

–Hora de comer –dijo, mirando hacia el sol, que se ponía.

Me enseñó a recoger leña, a encender una hoguera, a cocinar salchichas acercándolas al fuego con un palo. Comimos sobre un tronco caído mientras, a nuestro alrededor, el bosque se sumía en la oscuridad. Acompañé mi cena de varias botellas de Dr. Pepper, mientras Jedd daba cuenta de seis Coors.

–La cerveza es asombrosa –dijo acercándome su botella a los ojos–. Nutritiva. Medicinal. Es una bebida, sí, pero también un alimento.

–Bobo dice que una cerveza fría en un día caluroso es razón suficiente para no suicidarse.

–Bobo parece un hombre sensato.

Después del postre, a base de nubes de azúcar asadas en la hoguera, Jedd me enseñó a apagar el fuego, a colgar sobras de comida para que no se acercaran los osos. Me subió la cremallera del saco de dormir, cerró la tienda y puso la radio. «Aquí, en medio de la nada, se pillan emisoras y retransmisiones de todo el país.» El corazón me latía con fuerza mientras él movía la rueda y nos llegaban voces de Los Ángeles, Salt Lake City y Denver. Estuve a punto de hablarle de La Voz, pero me lo pensé mejor y, en lugar de hacerlo, le conté más cosas sobre Manhasset. Le conté que Steve había robado un coche de policía y que había intentado detener a todo el pueblo, y le conté que *Wilbur* se subía solo a los trenes. Evitaba ciertos temas, como el de la casa del abuelo. No quería decir nada que disuadiera a Jedd de unirse a mi familia. En pleno monólogo mío, él empezó a roncar. Yo me metí la radio en el saco de dormir. No podía desaprovechar la ocasión de buscar a La Voz, pero había demasiadas voces, demasiadas ciudades. Daba miedo y resultaba emocionante a la vez. El cielo estaba lleno de voces, más que estrellas y, como ellas, siempre estaban suspendidas en lo alto, aunque no las oyéramos.

Jedd me despertó al amanecer con una taza de café, el primero que me tomaba en mi vida. Aunque lo mezclé con mucha leche y azúcar, me sentí como un verdadero hombre de los bosques, allí, junto a los rescoldos de nuestra hoguera, tomándome un café de *cowboy*. Jedd preparó unos huevos fritos con beicon, y después del desayuno dijo que era hora de volver. Cuando entramos en la carretera volví la vista atrás. El muñeco de nieve parecía abatido, como si le diera pena nuestra partida.

Me pareció que el viaje de vuelta duraba sólo diez minutos. Al descender al tórrido desierto sentí que se me formaba un nudo en la garganta.

–Odio los cactus –murmuré.

–A mí me gustan –dijo Jedd–. ¿Sabes por qué tienen esos brazos tan grandes?

–No.

Encendió un Marlboro.

–Cuando un cactus empieza a inclinarse hacia un lado –me explicó–, le crece un brazo en el otro lado, para equilibrarse. Entonces, cuando empieza a decantarse hacia ese otro lado, le crece otro en el lado contrario. Y así sucesivamente. Por eso vemos algunos con dieciocho brazos. Los cactus siempre intentan mantenerse derechos. Y cualquier cosa que se esfuerza tanto por mantener el equilibrio es digna de admiración.

Habría querido hablarle a Jedd de mis peleas en el colegio, decirle que estaba enamorado de una niña que se llamaba Helen, que odiaba mi nombre y que nadie me dirigía la palabra a la hora de comer, ni comía conmigo porque era nuevo y hablaba como un miembro del clan de los Gambino. No sabía por qué no le había contado todas aquellas cosas cuando íbamos hacia las montañas, o cuando estábamos sentados junto a la hoguera. Tal vez no había querido acordarme de ellas. Tal vez no había querido ser un pesado. Ahora era demasiado tarde. Ya estaba aparcando frente al canal.

Le invité a entrar en casa y a tomarse una Coors. Otro día, dijo. Tenía que estudiar. De hecho, dijo, con los exámenes finales tan cerca, no podría pasar por allí en un tiempo. Le di las gracias por todo, y nos estrechamos la mano. Puso la cinta de Billy Joel, se despidió y se alejó dando gas. De pie en la calle, viendo la *pickup* doblar la esquina, me sentí anclado al suelo.

Mientras cenábamos, mi madre me preguntó por la excursión. Yo no podía hablar, y no entendía por qué sentía una tristeza tan insoportable después de haberlo pasado tan bien, y seguía sin librarme de aquel nudo en la garganta. Siempre había sido propenso a aquel nudo en la garganta cuando estaba triste, pero nunca lo había sentido con tanta intensidad. Era como si tuviera una piña encajada en la tráquea. Mientras intentaba tragármela, mientras convertía el puré de patatas en un muñeco de nieve, mi madre se levantó y vino a sentarse a mi lado.

–¿Dónde está mi bola de nieve? –me preguntó.

Se me saltaron las lágrimas. Mi madre me abrazó mientras yo lloraba y lloraba, algo que más tarde lamenté, porque ya no me quedaban más lágrimas cuando Sheryl rompió con Jedd, poco después, y él dejó de pasar por casa.

* * *

Mi madre y yo pasábamos varias noches a la semana en casa de Winston, en un ensayo general de lo que ocurriría cuando nos convirtiéramos en una familia. La idea de Winston convertido en mi padrastro era preocupante. Él no era Jedd. Era lo contrario de Jedd. No era simpático, sino frío como el hielo. No es que yo le cayera mal. Aquello podría haberse solucionado. El problema parecía ser que Winston se aburría conmigo.

A instancias de mi madre, lo intentaba. Me buscaba, me daba conversación, buscaba puntos en los que nuestros intereses y personalidades pudieran encontrarse. Pero siempre resultaba obvio que habría preferido estar en otra parte e, inevitablemente, su aburrimiento se iba transformando en resentimiento primero, y después en rivalidad. Un día, mientras íbamos en coche por el desierto, le comenté a Winston lo mucho que me desagradaban los cactus. No estaba convencido de que la defensa que Jedd había hecho de ellos fuera cierta, y me pareció interesante conocer la opinión de Winston sobre la misma cuestión.

–En realidad es «cactos» –dijo él–. En singular, cacto, y en plural, cactos.

–Bueno, como sea –dije–. No los soporto. Incluso el instituto en el que estaba a punto de matricularme tenía nombre de cactus: Saguaro.

–Seguro que no sabes cómo se escribe Saguaro.

Se lo deletreé.

–Está mal. Es con hache, no con ge.

Yo me mostré en desacuerdo. Winston insistió. Nos apostamos un dólar. Cuando llegamos a su casa buscamos el nombre de mi futuro instituto en el listín telefónico, y después estuvimos una hora entera sin hablarnos.

Las cosas empeoraron rápidamente a partir del día en que Winston trajo a casa la hoja de apuestas de fútbol americano de su empresa.

–Nunca gano nada –dijo.

–Déjame probar a mí.

–¡Vaya, pero si aquí tenemos a Jimmy El Griego!* ¿Crees que puedes hacerlo mejor que yo?

Me alargó la quiniela de malas maneras. Yo le eché un vistazo y me acordé de las muchas reglas del tío Charlie. Green Bay no pierde nunca

* En referencia a Jimmy Snyder, comentarista deportivo de origen griego que tenía un programa de apuestas de fútbol americano. (*Nota del traductor.*)

en casa en diciembre. No apuestes nunca al Kansas City de más de dos dígitos. Al quarterback de Washington le gusta beber, y normalmente no lo da todo si el partido se juega temprano. Así fui rellenando la apuesta, y cuando gané, Winston me arrojó el premio, un billete de cincuenta dólares.

–Es la suerte del principiante –dijo, y oí que añadía algo más desagradable entre dientes en el momento en que yo le entregaba el dinero a mi madre.

Al final, la tensión entre Winston y yo crecía hasta tal punto que yo me largaba de su casa, buscaba refugio en un patio que quedaba al fondo de la calle, y allí me pasaba horas jugando solo a baloncesto. Winston siempre venía a buscarme, con cara de mártir, enviado, sin duda, por mi madre. El baloncesto le aburría casi tanto como yo. Lo suyo era el fútbol, decía, aunque estaba dispuesto a intentarlo. Mientras jugábamos a H-O-R-S-E, me contaba con todo lujo de detalles anécdotas de sus días como kicker en la universidad, en los que «ganaba los partidos él solo, bueno, con la ayuda de su pie». Aquella frase, para él, era el colmo del ingenio.

No recuerdo qué fue lo que hizo que Winston, al final, se hartara. Tal vez me viera reprimiendo otro bostezo mientras me hablaba de otro chute de pelota. Tal vez se sintiera humillado después de fallar otra canasta y perder al H-O-R-S-E, una vez más.

–Ahora tú y yo vamos a jugar a un juego nuevo –dijo, haciendo botar la pelota con tal fuerza que me asustó con una especie de reverberación aguda–. Se llama «balonchute».

Me hizo sostener en equilibrio la pelota sobre el pie mientras él se alejaba diez pasos, se chupaba el dedo y lo levantaba para comprobar la dirección del viento. Entonces vino corriendo hacia mí y chutó la pelota muy alta y la lanzó por encima de la verja, hasta el desierto.

–¡Ha pasado! –exclamó–. ¡Y es buena!

Vimos mi pelota de baloncesto rebotando entre los cactus, como una bola de pinball moviéndose frenéticamente entre los rebotadores. Al alcanzar de lleno uno de los cactus, la pelota se pinchó.

Poco después de ese día, mi madre me dijo que Winston y ella se iban «a dar un tiempo». Tenía la voz ronca, como los hombres del Dickens cuando el tío Charlie pasaba a recogerlos para llevarlos a Gilgo. Me fijé en que ya no llevaba el pelo cardado. Y se veía agotada. Aquella mañana no dije nada más. Mientras mi madre vagaba por el apartamento, escuchando canciones de Burt Bacharach, yo fui a sentarme a la orilla del canal, intentando entender lo que sentía. Estaba encantado de no tener que volver a tratar más con él, pero también triste, porque mi madre tenía el corazón destrozado. Sabía que mi madre estaba buscando el amor romántico, y aunque yo no sabía bien qué era aquello, sospechaba que era parecido a lo que buscaba yo, cierta conexión, y me preocupaba que, por más que nos cuidáramos mutuamente, la soledad fuera nuestro verdadero nexo de unión. En el sótano de la casa del abuelo, un día había encontrado un diario que mi madre había llevado a los catorce años. En la primera página había escrito: «A todo el que se atreva a ir más allá de esta página, que su conciencia, si es que tiene alguna, le persiga el resto de su vida». En el interior se encontraba una lista con las cuarenta y dos cualidades que esperaba encontrar en un hombre. Mi padre no poseía más de dos y media, y yo entendía que ella había hecho concesiones en su primera búsqueda del amor, y que, en la segunda, intentaba ser algo más cuidadosa, tanto por su bien como por el mío. También entendía que yo era un obstáculo en su búsqueda. Me acordé del vendedor de bombillas de Nueva York, que a ella tanto le gustaba. Después de conocerme, sugirió que me enviara a algún internado en Europa. Al momento me vino a la mente el mecánico que se puso hecho una furia cuando yo le presenté a McGraw diciéndole que era mi hermano. «¡Creía que sólo tenías un hijo!», le dijo a mi madre, enfadadísimo, y no le creyó cuando ella le explicó que yo lo consideraba mi hermano, pero que no lo era. Eran pocos los hombres dispuestos a ayudarla a criar al hijo de mi padre, lo que reducía las posibilidades de mi madre de encontrar el amor, y aquella realidad, que ese día en el canal se me mostró con claridad, me llenaba de culpa. «Tendría que haberme esforzado más para llevarme bien con Winston. Debería haber conseguido que me quisiera.» De alguna manera, en mi guerra fría contra Winston, había perdido de vista mi meta principal: cuidar de mi madre. Ahora yo era ya, simplemente, otro hombre que le hacía la vida más difícil.

Cuando volví al apartamento, mi madre propuso que fuéramos al cine a ver una película.

–Algo que nos distraiga un poco –dijo. Propuso *Ha nacido una estrella*, y yo no me opuse. Quería que se sintiera mejor, y si para ello tenía que sentarme a ver un musical romántico, estaba más que dispuesto a hacer el sacrificio.

Y menudo sacrificio. Durante dos horas, Barbra Streisand y Kris Kristofferson rompían y hacían las paces, volvían a romper y a hacer las paces, sin motivo aparente, hasta que Kristofferson, considerado, se moría. Al final, Barbra Streisand, muy digna, con la permanente de punta, como un cactus, cantaba a voz en grito el tema principal de la película, *Evergreen*, como si de *Amazing Grace* se tratara.

Las luces del cine se encendieron. Me volví hacia mi madre poniendo los ojos en blanco, pero ella se cubría los suyos, y lloraba. La gente se volvía a mirarla. Yo intentaba consolarla, pero ella no páraba. Seguía llorando mientras salíamos de la sala, y lloró aún más cuando yo le abrí la puerta del Volkswagen. Rodee el coche y me monté. Ella no ponía el motor en marcha. Nos quedamos allí sentados, esperando a que el llanto pasara, como quien espera a que pase el monzón. Alargándole un Kleenex tras otro, recordaba lo que Jedd me había contado de los cactus, que siempre se enderezan, que siempre intentan mantenerse erguidos. Llegué a la conclusión de que aquello era lo que estábamos haciendo mi madre y yo.

Ojalá dejaran de caérsenos los brazos.

Quince
Bill y Bud

Mi madre y yo no salíamos adelante con los ciento sesenta dólares que ella ganaba a la semana. Incluso con su otro empleo, vendiendo productos Avon, y con lo que yo ganaba repartiendo periódicos, no llegábamos a final de mes, y nuestras deudas aumentaban. Siempre llegaba una factura inesperada, un gasto del colegio, un problema con el coche.

–El T-Bird, en Nueva York, colaboraba con nosotros –decía mi madre, despotricando contra el Volkswagen–. Pero la cosa esta lo que quiere es estropearse.

Yo, de noche, en la cama, me preocupaba por el estado de nuestra economía, por la fatiga de mi madre. Exceptuando el breve estallido que le había traído Winston, su energía no había vuelto a ser la misma después de la operación, y yo temía que, con el tiempo, el cansancio le impidiera seguir trabajando. ¿Acabaríamos viviendo en un refugio? ¿Tendría que dejar el instituto y ponerme a trabajar para llegar a fin de mes? Cuando me levantaba de noche de la cama a beber un vaso de agua, me encontraba a mi madre en la cocina, aporreando la calculadora. Poco antes de que yo empezara a ir al instituto, en 1978, la calculadora ganó. Nos declaramos en quiebra.

La abuela me escribía unas cartas muy largas, insistiendo en lo obvio. «Cuida de tu madre –me decía–. Haz todo lo que puedas, lo que ella necesite en estos momentos difíciles. Tu madre lo intenta con todas sus fuerzas, JR, y depende de ti que coma bien y que tenga tiempo para descansar. Asegúrate de que descansa.» Los hombres de verdad cuidan de sus madres.

Después de clase, me sentaba junto al canal, tan tenso, tan preocupado por mi madre que me daba miedo morirme. Me habría gustado poder relajarme a mi antojo, como Joey D en el mar, y poder instruir a mi madre en relajación. Si me sentía más tenso que de costumbre, me acercaba a un centro comercial desolado que quedaba al otro lado del canal, a los pies de la montaña Espalda de Camello. Pese a que parecía condenado al cierre y a que la mitad de las tiendas estaban cerradas, a mí aquel ambiente deprimente me tranquilizaba. Oscuro, tranquilo, con aspecto de cueva, el centro comercial me recordaba al sótano del abuelo. Y, como el sótano, contenía un secreto tesoro de libros.

En el corazón del centro comercial se encontraba una librería con una colección de libros de lo más ecléctica. Había una amplia variedad de clásicos, pero pocos *bestsellers*. Había muchas obras sobre religiones orientales, pero pocas Biblias. Había un rincón de prensa con periódicos y revistas que llegaban de Europa, pero ni un solo diario local. Como yo no tenía dinero para comprar libros, desarrollé una destreza prodigiosa para hojearlos. Aprendí a leer una novela entera en cinco visitas, a repasar una revista entera en media hora. Nadie me riñó nunca por estar ahí sin hacer nada, ni intentó echarme, porque allí no había nunca nadie. En la caja no había nunca nadie.

Un día, estaba comiéndome con los ojos a las modelos de una revista francesa cuando alcé la vista y descubrí una cola de clientes que serpenteaba desde la caja hasta la sección de libros infantiles. Los clientes buscaban con la mirada a alguien que les cobrara. Como no aparecía nadie, iban desistiendo y se marchaban. En el rincón más alejado de la librería me fijé en unos ojos de pájaro que miraban desde detrás de una puerta disimulada, apenas entreabierta. Los miré y la puerta se cerró de golpe. Me acerqué y llamé flojito. Oí ruidos, pasos, y la puerta se abrió de par en par. Ante mí apareció un hombre con pantalones de pana, camisa a cuadros y una corbata negra de punto con el nudo aflojado. Sus gafas estaban cubiertas de la misma capa fina de polvo que lo cubría todo en el local, y sostenía un cigarrillo apagado en la mano.

–¿En qué puedo ayudarte? –dijo.

–Me ha parecido que debía saber que había unos clientes que querían pagar.

–¿En serio? –Se volvió a mirar la caja registradora–. Yo no veo a nadie.

–Ya se han ido.

–De acuerdo. Gracias por hacérnoslo saber.

Apenas hubo usado la forma del plural, un segundo hombre apareció tras él. Era más alto que el primero, más delgado, y sus gafas estaban mucho más limpias. Eran negras, anchas, de pasta, como las que llevaba Buddy Holly, y los lentes centelleaban bajo los fluorescentes. Llevaba un polo con una corbata más ancha y más pasada de moda que la del primer hombre. Yo no había visto nunca a nadie llevar corbata con un polo.

–¿Quién es? –dijo, mirándome.

Yo, balbuceando un poco, le respondí que no era nadie. Nos miramos los tres, en una especie de concurso de sostenerse la mirada, y entonces tuve una idea. Les pregunté si no podrían ofrecer un empleo de cajero a alguien, para que cobrara por las tardes.

–¿Cuántos años tienes? –me preguntó el primer hombre.

–Trece. Cumplo catorce en...

–¿Has trabajado alguna vez en una librería? –me preguntó el segundo hombre.

–Eso no importa –intervino el primero–. Espera.

Cerró la puerta, y oí que hablaban con vehemencia, en susurros. Cuando la puerta volvió a abrirse, los dos hombres sonreían.

–¿Puedes estar aquí a las dos? –me preguntó el primero.

–Salgo del colegio a las tres.

–Bien, ya hablaremos del horario más tarde.

Nos dimos la mano, y el primer hombre se presentó. Dijo que era Bill, el gerente, y que el segundo era Bud, su asistente. Bill me dijo que podía ofrecerme veinte horas a la semana, a 2,65 dólares la hora..., toda una fortuna. Le di las gracias muchas veces, volví a darle la mano, y cuando iba a estrechársela a Bud vi que había desaparecido detrás de la puerta.

Me fui corriendo a casa a contárselo a mi madre.

–¡Dios mío! –exclamó ella, abrazándome–. Qué cambio vamos a notar.

Intenté moderar su emoción, advirtiéndole que los hombres de la librería eran «atípicos». No se me ocurrió otra palabra para describirlos.

–Te van a adorar –me dijo–. A ti se te dan muy bien los hombres atípicos.

No estaba seguro de qué había querido decir con aquello.

Me ponía nervioso pensar si iba a llevarme bien con Bill y Bud, pero durante las primeras semanas de trabajo apenas los vi. Llamaba a la puerta del almacén cuando llegaba, para saludar, y ya no tenía más contacto con ellos hasta que llamaba para despedirme. La librería formaba parte de una cadena con establecimientos repartidos por todo el país, pero yo di por sentado que o bien Bill y Bud se habían separado de la cadena, o bien la central se había olvidado de ellos. Dirigían la tienda como si se tratara de su biblioteca privada, pedían los libros y las revistas que reflejaban su visión del mundo, y casi nunca salían del almacén, que hacía las veces de dormitorio de Bill. Algunas noches se quedaba dormido leyendo, sentado en una tumbona detrás del dispensador de agua.

Tímidos, reservados, Bill y Bud no podían ser más distintos a los hombres del bar, y aquellas primeras semanas en la librería todo era tan silencioso, y yo me sentía tan solo, que estaba desorientado y habría querido dejarlo. Pero entonces, de pronto, Bill y Bud empezaron a sentir curiosidad por mí, y cuando no había clientes, que era casi siempre, me invitaban a quedarme de pie junto a la puerta del almacén y a charlar.

Al principio me costaba seguir sus conversaciones, intrigado como estaba por las muchas rarezas de aquellos dos hombres. Bill, por ejemplo, fumaba sin parar, pero no tenía ni un solo cenicero. Colocaba las colillas humeantes de pie en las esquinas de los escritorios y las mesas, por todo el almacén, y dejaba que se apagaran solas, hasta crear un diorama de un bosque en llamas. Tenía la vista cansada de tanto leer, y los vidrios de sus gafas eran más gruesos que sus amadas novelas rusas. Adoraba a los rusos, y hablaba de Tolstói con una familiaridad que desarmaba, como si no le hubiera devuelto una llamada telefónica al gran escritor. Poseía solamente dos corbatas, ni una más ni una menos, una negra y la otra verde, las dos de punto, y cuando se quitaba una al final de la jornada lo hacía sin deshacerse el nudo, y la colgaba de un gancho en la pared, como si fuera un cinturón de herramientas.

Cuando se emocionaba por algo, Bud se olía el puño. También tenía la costumbre de alisarse el pelo, cubierto de caspa, pasándose la mano izquierda hasta el lado derecho de la cabeza, como un orangután, maniobra que lo llevaba a mostrar la mancha de sudor, de considerable tamaño, que siempre tenía en la axila. Se cortaba las uñas de manera compulsiva, y había restos de uñas esparcidas por todas partes. En una ocasión me encontré entregándole a un cliente dos monedas de veinticinco centavos y una media luna correspondiente al dedo pulgar de Bud.

Los dos parecían temer a la gente, a toda la gente menos el uno al otro, y por eso se ocultaban en el almacén. También lo hacían porque leían. Constantemente. Habían leído todo lo que se había escrito, y estaban absolutamente decididos a leer todo lo que se publicaba cada mes, lo que les exigía recluirse como monjes medievales. Aunque tenían poco más de treinta años, los dos vivían con sus madres, no se habían casado nunca, y no parecían tener la aspiración de independizarse ni la de casarse. En realidad, no tenían aspiraciones más allá de la lectura, ni intereses más allá de la librería, aunque el interés que yo les suscitaba crecía día a día. Me preguntaban cosas de mi madre, de mi padre, del tío Charlie y los hombres, y les fascinaba mi relación con el Dickens. Me preguntaban por Steve y por la motivación que le había llevado a bautizar su bar con un nombre tan literario, lo que nos llevaba a iniciar una conversación sobre libros en general. Bill y Bud no tardaron en deducir que a mí me encantaban los libros, pero que no sabía nada de ellos. Mediante una serie de preguntas rápidas y certeras se convencieron de que sólo estaba familiarizado de verdad con *El libro de la selva* y las *Biografías relámpago*. Quedaron escandalizados, e indignados con mis profesores.

–¿Qué estáis leyendo en el colegio ahora? –me preguntó Bill.

–*La letra de Escarlata* –respondí yo.

Se cubrió los ojos con las manos. Bud se olió el puño.

–Es *La letra escarlata* –me corrigió Bud–. No «de Escarlata». No se trata de la secuela de *Lo que el viento se llevó*.

–¿Y te gusta? –quiso saber Bill.

–Es un poco aburrido –dije.

–Claro –dijo Bud–. Te falta el marco de referencia. Tienes trece años.

–En realidad cumplí los catorce el pasado...

–De ganas lo sabes todo, pero de vergüenza, nada –comentó Bud.

–Le hace falta una buena dosis de Jack London –le dijo Bill a Bud.

–¿De Twain, tal vez? –apuntó Bud.

–Puede ser –dijo Bill–. Pero el chico es de la Costa Este. Debería leer a escritores de Nueva York: Dos Passos, Wharton, Dreiser.

–¿Dreiser? ¿Quieres convertirlo en un cínico como tú? Y nadie lee ya a Dos Passos. Dos Passos está pasado. Si quiere leer a alguien de la Costa Este, que lea a Cheever.

–¿Quién es Cheever? –pregunté.

Los dos hombres se volvieron muy despacio hacia mí.

–Ya está decidido –dijo Bud.

–Ven conmigo –dijo Bill.

Me llevó a la sección de ficción y sacó todos los títulos de John Chee-ver, entre ellos un grueso volumen con sus relatos breves que se acababa de publicar. Se llevó los libros al almacén y, rápidamente les arrancó la cubierta a todos. Parecía como si hacerlo le causara un dolor físico, como si se estuviera arrancando un vendaje. Le pregunté qué estaba haciendo. Me dijo que las librerías no podían devolver todos los ejemplares no ven-didos de las ediciones en rústica a las editoriales –las editoriales no tenían sitio para tanto libro–, por lo que les enviaban sólo las cubiertas. Cuando Bill y Bud querían quedarse con algún libro, simplemente arrancaban la cubierta, se la enviaban a la editorial, que les reembolsaba el gasto reali-zado, «y todos contentos». Me aseguró que aquello no era robar. A mí, la verdad, no me importaba lo más mínimo.

Me pasé aquel fin de semana leyendo a Cheever, nadando en Chee-ver, enamorándome de Cheever. Yo no sabía que las frases podían cons-truirse así. Cheever hacía con las palabras lo que Seaver con los lanza-mientos rápidos. Describía un jardín lleno de rosas diciendo que olía a mermelada de fresas. Escribía que anhelaba un «mundo más pacífico». Cheever escribía sobre mi mundo, las afueras de Manhattan, que olían a leña (su palabra favorita) y estaban habitadas por hombres que se aleja-ban a toda prisa de estaciones de tren para entrar en bares, antes de re-gresar a ellas. Todos los cuentos giraban en torno a cócteles y al mar, y, por tanto, todos ellos parecían ambientados en Manhasset. Uno de ellos, de hecho, lo estaba. En el primer relato de la antología se mencionaba Manhasset por su nombre.

Los viernes por la tarde Bill y Bud me hacían preguntas sobre lo que había leído en clase aquella semana. Chasqueaban la lengua, horroriza-dos, y me llevaban a dar una vuelta por la librería, e iban llenando una cesta con ejemplares sin cubierta.

–Cada libro es un milagro –decía Bill–. Cada libro representa un mo-mento en el que alguien se sentó en silencio (y ese silencio forma parte del milagro, no te engañes), e intentó contarnos a los demás una historia.

Bud podía hablar sin fin de la esperanza de los libros, de la promesa de los libros. Decía que no era casualidad que un libro se abriera igual que una puerta. Además, decía, intuyendo una de mis neurosis, los libros podían usarse para poner orden al caos. A mis catorce años, era más vulnerable que nunca al caos. Mi cuerpo estaba creciendo, le salía pelo por todas partes, se agitaba con unos deseos que yo no comprendía. Y el mundo, más allá de mi cuerpo, parecía igualmente volátil y caprichoso. Mis días estaban controlados por profesores, mi futuro estaba en manos de la herencia de mi sangre y la suerte. Sin embargo, Bill y Bud me prometían que mi cerebro era mío y que siempre lo sería. Decían que al optar por los libros, por los libros adecuados, y al leerlos despacio, cuidadosamente, siempre podría mantener, al menos, el control de aquello.

Los libros eran la parte más importante del plan de estudios de Bill y Bud, pero no la única. Se fijaban en mi manera de hablar, me enseñaban a modificar mi acento de Long Island. Si les decía que me iba a tomar un café, me hacían repetir la palabra, pronunciarla de otra manera. También intentaban que mejorara mi manera de vestir. Aunque no podía decirse que ellos mismos fueran a la última moda, habían aprendido algo hojeando las revistas italianas y francesas que encargaban para la librería, y muchas veces pedían a las dependientas de las boutiques del centro comercial que me asesoraran para que yo ampliara un poco «mi fondo de armario». Me quitaron la costumbre de ir siempre con vaqueros y camisetas blancas, y Bud me regaló algunas camisas Izod que, según decían, se le habían quedado pequeñas, aunque yo sospechaba que eran regalos de su madre y que, en realidad, le iban demasiado grandes. Ellos me proporcionaban información básica sobre arte, arquitectura y, sobre todo, sobre música. Sinatra estaba bien, decía Bud, pero había otros «inmortales». Oliéndose el puño, me entregó una lista de discos que «todo joven culto debe poseer». Dvořák. Schubert. Debussy. Mozart. Sobre todo Mozart. Bud era devoto de Mozart. Doblé la lista, me la guardé en el bolsillo y la conservé durante años, porque era una receta conmovedora y honesta para llegar a ser mejor. Con todo, le dije a Bud que no podía permitirme comprar discos. Al día siguiente, me trajo todos los discos de la lista de su propia colección. Considéralo un préstamo, me dijo. Nos sentamos en el almacén. Bud ponía los discos en un tocadiscos portátil, dirigía la orquesta con un lápiz, y me explicaba por qué la Sonata en Do mayor para piano de Mozart era la perfección, por qué los tríos de Beethoven eran sublimes, por qué la Suite de los Planetas de Holst resultaba aterradora. Mientras Bud me instruía en música, Bill se sometía al sacrificio mayor:

ocuparse de la caja toda la tarde. Por mí, decía, y sólo por mí, se enfrentaría «al mundanal ruido».

Poco antes de terminar mi primer año de instituto, Bill y Bud me preguntaron en qué universidades me planteaba estudiar. El tema de la universidad siempre me deprimía, porque mi madre y yo no teníamos dinero. En ese caso, me dijeron Bill y Bud, debía entrar en una de las mejores universidades, porque sólo en las mejores me pagarían la formación. Yo le hablé, en broma, de la nana que me cantaba mi madre cuando era niño: «Harvard o Yale, cielo, Harvard o Yale».

–Harvard no –dijo Bud–. ¿Qué quieres ser? ¿Contable? Jaja.

–No. Abogado.

–Dios santo.

Se sentó en su taburete y se olió el puño con furia. Bill encendió un cigarrillo y se estiró en su tumbona.

–¿Qué tal Yale? –dijo.

–Sí –admitió Bud–. Yale.

Yo les dije, en tono dolido, que era cruel burlarse de mí como se burlaban ellos.

–Yale es para niños ricos –dije–. Para niños listos. Para otros niños.

–No –dijo Bud–. Yale es para toda clase de niños. Eso es lo bueno de Yale.

En un momento ya estaban atropellándose al hablar, cantando las excelencias de Yale, repasando su historia, su elenco de graduados célebres, desde Noah Webster hasta Nathan Hale, pasando por Cole Porter. Cantaron algunos acordes de la canción de guerra de Yale, ensalzaron a los profesores de su departamento de Lengua Inglesa, que, me aseguraron, era el mejor del mundo. Me asombraba lo mucho que sabían. Más tarde comprendí que, en algún momento, ellos mismos debieron de soñar con estudiar en Yale.

–Los de Yale son listos –dijo Bill–. Pero no sabelotodos.

–Los de Yale no lo saben todo de una cosa –observó Bud levantando un dedo–. Los de Yale saben algo de todo.

–Los de Yale son cosmopolitas –dijo Bill–. Sabes qué es cosmopolita, ¿verdad?

–Sí –dije yo, riéndome.

Ellos aguardaron mi explicación.

–Significa que viven en el cosmos.

Bud me alargó un diccionario.

–Los de Yale son hombres de mundo –dijo Bill–. Hombres del Renacimiento. Eso es lo que tienes que ser tú. Los de Yale saben disparar un arma, bailar un foxtrot, preparar un martini, llevar pajarita, conjugar un verbo en francés, aunque no llegan al punto de hablar bien la lengua, y decirte qué sinfonías de Mozart se compusieron en Praga y cuáles en Viena.

–Los de Yale son tan Scott Fitzgerald... –dijo Bud–. Te acordarás de que todos los personajes de Fitzgerald han estudiado en Yale. Nick Carraway, por citar uno.

Yo aparté la vista. Bill se levantó de su tumbona soltando un gruñido, y salió a la librería a arrancarle la cubierta a un ejemplar de *El gran Gatsby*.

Como no quería explicarles que mi madre y yo éramos la clase de personas que no «entrábamos ahí dentro», me limité a decir:

–Asusta demasiado pensar en... Yale.

Era un comentario desacertado, y a la vez acertado.

–Pues en ese caso ya está decidido –dijo Bud. Se levantó del taburete y vino hacia mí, oliéndose el puño, recolocándose sus gafas de Buddy Holly–. Tienes que hacer todo lo que te asuste, JR. Todo. No digo que pongas en peligro tu vida, pero todo lo demás, sí. Piensa en el miedo, decide ahora mismo cómo vas a enfrentarte al miedo, porque el miedo va a ser la gran cuestión de tu vida, eso te lo aseguro. El miedo será el combustible de todos tus éxitos, y la raíz de todos tus fracasos, y el dilema subyacente de todas las historias que te cuentes a ti mismo sobre ti mismo. ¿Y cuál es la única posibilidad que tienes de vencer el miedo? Ir con él. Pilotar a su lado. No pienses en el miedo como en el malo de la película. Piensa en el miedo como en tu guía, en tu explorador de caminos... En tu Natty Bumppo.

Me pareció un discurso raro viniendo de un hombre que se ocultaba en el almacén de una librería, en un centro comercial semiabandonado. Pero se me ocurrió que, tal vez, se mostraba tan vehemente porque me estaba dando a mí el consejo que nadie le había dado a él. Comprendí que ése era un momento fundamental entre nosotros, que debía decir algo profundo, pero no se me ocurrió nada, así que sonreí, inseguro, y pregunté:

–¿Quién es Natty Bumppo?

Él soltó el aire con fuerza por la nariz.

–¿Qué te enseñan en el colegio?

Aquella noche, mientras cenábamos, le conté a mi madre dos cosas. Que quería ahorrar y comprarle a Bill una tumbona nueva por Navidad. Y que había decidido solicitar plaza en Yale. Intenté que pareciera que era decisión mía, pero ella me pidió que le contara la conversación que había mantenido con Bill y Bud.

–Los has hechizado –dijo con media sonrisa.

–¿Qué quieres decir?

–Sabía que lo harías.

Pero había sido al revés. Eran ellos los que me habían arrancado a mí la cubierta.

No sé cómo, pero meses después de declararnos en quiebra, a mi madre le concedieron otra tarjeta de crédito. La usó para pagarme un billete de avión a Nueva York ese mes de mayo –estaba decidida a que pasara todos los veranos en Manhasset, porque disfrutaba mucho con los hombres– y para pagarse otro para ella en agosto. Así podríamos ir juntos a Yale y echarle un vistazo antes de que yo empezara mi segundo año de instituto. Le tomamos prestado el Cadillac al tío Charlie, y la abuela y Sheryl vinieron con nosotros.

Mi madre conducía, y yo iba a su lado, horrorizado con la conversación que iba y venía por el Cadillac. En lugar de Colt y Bobo hablando de quién se «tiraba» a quién en el Dickens, las mujeres cotorreaban sobre moda, cocina y peinados. Sacrilegio. Para introducir un correctivo en la conversación, yo me dedicaba a intercalar cuestiones al azar que sacaba del folleto de Yale que sostenía sobre las piernas.

–¿Sabíais que Yale se fundó en 1701? Eso significa que es casi tan antigua como Manhasset. ¿Sabíais que el lema de Yale es «Lux et Veritas»? Que significa «Luz y Verdad» en latín. ¿Sabíais que el primer doctorado en filosofía se concedió en Yale?

–¿Y en tu librito pone cuánto cuesta todo el tinglado? –preguntó Sheryl desde el asiento de atrás.

Leí en voz alta.

–Una estimación razonable del coste total de un curso académico en Yale es de once mil trescientos noventa dólares.

Silencio.

–¿Por qué no ponemos música agradable? –sugirió la abuela.

Oímos Yale antes de verla. Cuando entramos en New Haven, sonaban las campanas de la Torre Harkness. Su sonido era tan hermoso que casi me resultaba insoportable. Saqué la cabeza del coche y pensé: «Yale tiene voz, y me está hablando a mí». Algo en mi interior respondió a aquellas campanas, una mezcla explosiva de pobreza e ingenuidad. Yo era bastante dado a ver como sagrado todo lo que admiraba, y las campanas potenciaban aquella ilusión, proyectando un aura de santidad sobre el campus. También tendía a convertir en castillos todos los lugares que me excluían, y ahí estaba Yale, decorado deliberadamente con sus torreones, sus almenas y sus gárgolas. Pero es que había incluso un foso: el canal que pasaba por delante de nuestro apartamento en Arizona. Cuando aparcamos el Cadillac y empezamos a pasear por allí, el pánico se apoderó de mí.

Nuestra primera parada fue la Biblioteca Sterling. Con su nave en penumbra, su techo abovedado y sus arcos medievales, la biblioteca pretendía evocar una iglesia, una casa de culto para los lectores, y nosotros nos mostramos adecuadamente piadosos. Nuestros pasos sobre los suelos de piedra resonaban como disparos mientras cruzábamos el vestíbulo y nos dirigíamos a la sala de lectura, donde unos alumnos de la escuela de verano se encontraban enfrascados en sus respectivos volúmenes sentados en unas sillas antiguas, aparatosas, tapizadas de verde cazador. Salimos de Sterling y atravesamos un campo de césped para llegar a la Biblioteca Beinecke de Libros Únicos y Manuscritos, donde se conservaban los tesoros de Yale, de un valor incalculable. Se trataba de un edificio bajo, con la fachada construida a base de pequeños rectángulos de piedra que cambiaban de color a medida que el sol recorría el cielo. Dejamos atrás el Commons, comedor de los alumnos de primero, con sus inmensas columnas de mármol y los nombres de batallas de la primera guerra mundial grabados en la fachada. A aquellas alturas a mí ya me había invadido la desesperación, y mi madre se dio cuenta. Sugirió que descansáramos un rato. En una tienda de bocadillos que quedaba en un extremo del campus me senté, con las mejillas apoyadas en los puños. Cómete la hamburguesa, me dijo la abuela. Necesita una cerveza, comentó Sheryl. Mi madre me pidió que hablara, que expresara con palabras lo que me entristecía. Yo no quería decir en voz alta que lo daría todo por estudiar en Yale, que la vida no sería digna de ser vivida si no conseguía entrar, pero que sin duda no entraría, porque nosotros no éramos de los que «entrábamos ahí dentro». No tuve que decirlo. Mi madre me apretó la mano.

–Entraremos –dijo.

Me disculpé y salí del bar de bocadillos. Como un loco fugado del manicomio daba tumbos por el campus, observando a los estudiantes, mirando por las ventanas. Todas sin excepción enmarcaban escenas idílicas: profesores exponiendo ideas; alumnos tomando café, rumiando agudos pensamientos. Entré en la librería de Yale y estuve a punto de desmayarme al ver todas aquellas paredes llenas de libros. Me senté en un rincón y escuché el silencio. Bill y Bud no me habían advertido sobre él. Me habían hablado de la historia de Yale, de su aura fascinante, pero no me habían preparado para su tranquilidad. No me habían dicho que Yale era ese mundo más pacífico que yo tanto anhelaba. Las campanas repicaron de nuevo. Habría querido echarme al suelo y ponerme a llorar.

En el Green de New Haven me senté bajo un olmo y contemplé los muros altísimos que bordeaban el Campus Viejo, intentando imaginarme a mí mismo del otro lado. No lo conseguía. De todas las elegantes mansiones que había admirado desde fuera, Yale era la más inexpugnable. Al cabo de una hora, me puse de pie y regresé despacio al bar de bocadillos. Sheryl y la abuela estaban enfadadas, porque había tardado mucho. Mi madre se mostró preocupada por mi estado mental. Me entregó un regalo que me había comprado en una tienda de recuerdos, un abrecartas con la insignia de Yale.

–Para que abras la carta de aceptación con él –me dijo.

De nuevo en Manhasset, mi madre y yo fuimos a cenar al bar. Las reformas que había hecho Steve ya estaban terminadas, y ahora, oficialmente, se llamaba Publicans, y era un lugar distinto, más sofisticado, con langosta en el menú. El tío Charlie servía en la barra, y llevaba unos pantalones sport y un jersey de cuello de pico. A él también lo habían reformado. Se acercó a nuestra mesa a saludar.

–¿Y a éste qué le pasa? –le preguntó a mi madre, señalándome con la cabeza.

–Esta mañana se ha enamorado de Yale –respondió ella–. Y da por hecho que es un amor no correspondido.

–¿Está Bobo? –le pregunté. Bobo y *Wilbur* podrían animarme.

–Desaparecidos en combate –dijo el tío Charlie.

Bajé la cabeza.

El tío Charlie se encogió de hombros y volvió al bar, internándose en una cortina de humo. Los hombres celebraron su regreso y exigieron a gritos que les sirviera otra ronda.

–Tranquilo todo el mundo –dijo él–. Tengo que hacer unas llamadas.

Todos se rieron. Yo también me reí, a pesar de mí mismo, y empecé a revisar mis sueños a la baja. Decidí que cuando en Yale me rechazaran, me matricularía en alguna universidad diminuta y anónima, me graduaría con buenas notas, buscaría la manera de entrar en alguna facultad de Derecho, y engañaría a algún bufete de abogados de medio pelo para que me contratara. Ganaría menos de lo que esperaba –sería menos de lo que esperaba–, pero si vivía frugalmente tal vez fuera capaz de cuidar de mi madre y de pagarle a la universidad y de demandar a mi padre. Y, como consuelo a mis decepciones, cuando regresara a casa cada noche, me pasaría por el Publicans y me tomaría unos tragos. Conversaría con los hombres, me reiría de los problemas del día y de las renuncias de mi vida. Al observar el bar, al ver allí al tío Charlie sirviendo copas, me sentí de pronto muy cómodo, consciente de que, así como era seguro que Yale iba a rechazarme, también lo era que el Publicans me aceptaría. Si no podía adquirir la luz y la verdad de Yale, siempre podría contar con la oscura verdad del bar. Y sólo alguna vez, cuando hubiera bebido demasiado, o no lo suficiente, me permitiría preguntarme en qué habría cambiado mi vida si Yale me hubiera dejado entrar ahí dentro.

Dieciséis
JR

Dos disparos a bocajarro en el pecho, y el malhechor sin rostro se dio a la fuga. Mi madre y yo lo vimos todo, como millones de personas más. El intento de asesinato de J.R. Ewing fue el final que dejó en vilo, aquella temporada, a los espectadores de *Dallas*, la serie de televisión más vista del planeta, y cuando J.R. Ewing se desplomó en el suelo, cubriéndose las heridas con las manos, JR Moehringer supo que tenía por delante un largo y cálido verano.

La identidad del atacante se convirtió en una obsesión nacional, y mi crisis de identidad adolescente se convirtió en una prueba diaria. Mi nombre de pila, que yo odiaba un poco más aún que mi apellido, pasó a estar de pronto en todas partes, impreso en camisetas, pegatinas de coche y portadas de revista. Los tanques rusos entraban en Afganistán, cincuenta y dos estadounidenses seguían siendo rehenes en Irán, pero J.R. Ewing era el tema principal aquel verano de 1980. La gente con la que me encontraba, sin excepción, tartamudeada nada más verme, impaciente por soltar La Pregunta: «¿Quién te disparó?». Yo sonreía, como si a nadie se le hubiera ocurrido preguntármelo antes, y respondía con alguna chorrada. «Lo siento, me he comprometido por contrato a no revelar nada.» A veces ponía mi mejor cara de herido de bala. A la gente le encantaba.

En Manhasset, J.R. era una fiebre, una enfermedad cuando llegué a pasar las vacaciones de verano. Yo tenía ganas de charlas intrascendentes y pasatiempos de periódicos, pero el tío Charlie y los hombres no salían de las vidas de los Ewing.

–Ha tenido que ser Bobby –comentaba el tío Charlie estirándose en su silla; el sol y la crema solar de cacao hacían que la cabeza le brillara como una caracola–. Por aquello de Caín y Abel. Es la historia más vieja del Libro.

–Eso es imposible –dijo Colt–. Bobby es una nenaza.

–Se lo ha cargado Sue Ellen.

–He leído que en Las Vegas se aceptan apuestas sobre los sospechosos –dijo Joey D.

–No sé cómo se puede fijar la apuesta de algo así –dijo el tío Charlie.

–Si hay alguna manera, seguro que a ti se te ocurre.

Llamarme JR siempre había sido complicado. Mucho antes de que dispararan contra J.R., mi nombre había sido un reflejo de Pavlov infalible, algo que desencadenaba la misma respuesta cada vez que conocía a alguien. «¿A qué corresponden las siglas JR?» Avergonzado por llamarme como un padre que había desaparecido, yo llevaba años respondiendo con evasivas. Entonces, gradualmente, desarrollé razones más cosméticas para no llamarme Junior. Junior era el típico tonto grandullón que llevaba pantalones de peto y jugaba a las damas sobre un tonel delante de un colmado. Junior era lo contrario de aquello en lo que yo esperaba convertirme. Para distanciarme de aquella imagen, para protegerme de quienes querían ponerme motes, para oscurecer el espectro de mi padre ausente, pasé de las evasivas a una mentira descarada. «JR no corresponde a nada. Es mi nombre de pila legal.»

Aunque, de hecho, aquello era verdad en parte. JR, sin puntos, era como firmaba en todos mis documentos legales. En mi partida de nacimiento figuraba la J junto a la R. Sencillamente, pasaba por alto que aquellas letras eran una abreviatura al final de mi nombre, o que implicaban un gran vacío en mi vida.

Durante años la mentira había funcionado perfectamente bien, con gran eficacia, y había disuadido a quienes pretendían seguir preguntando. Hasta que llegó *Dallas*. Ahora ya no era tan fácil convencer a la gente: conocer a alguien que se llamara JR era demasiado suculento –como conocer a alguien que se llamara FDR–, y cuando me interrogaban, cuando me acosaban, yo me veía obligado a inventar una mentira aún mayor. «A mí me concibieron poco después del asesinato de John F. Kennedy –decía–. Y mis padres no sabían como qué Kennedy llamarme, como John o como Robert. Estaban atrapados en todo aquel mito de Camelot. Así que inventaron un nombre que pudiera servir para los dos nombres. JR. Sin puntos.»

A medida que la moda de *Dallas* se convertía en histeria colectiva, yo puse el piloto automático, y contaba aquella gran mentira mía en un tono monocorde, de zombi, de alumno aplicado recitando todos los días el Juramento de Lealtad. Una vez más volvía a hallar refugio en mi mentira..., hasta que Yale me planteó un nuevo reto. Después de pedir que me enviaran la solicitud, le escribí a mi madre y le manifesté que pensaba escribir JR Moehringer, sin puntos, en la primera página. Ella contraatacó con otra carta: «Será mejor que no solicites plaza en Yale con un nombre adoptado». Fuiste tú la que me forzó a adoptarlo, pensé. Pero tenía razón. No quería hacer nada que pudiera ir en contra de mis posibilidades. Por Yale, sólo por Yale, acepté ser John Joseph Moehringer Jr., nombre que sentía tan poco mío como Engelbert Humperdinck.

Cada vez que se mencionaba mi nombre ese verano, cada vez que se abordaba «de dónde viene JR», el recuerdo de mi padre volvía a aflorar. Me preguntaba dónde estaría. Me preguntaba si seguía vivo, y cómo podría averiguar si no lo estaba. Muchas noches, bastante después de que el abuelo y la abuela se hubieran acostado, me instalaba en la mesa de la cocina y pegaba la oreja a la radio. Cuando ya creía que había controlado aquella antigua adicción, sufría una recaída, y la recaída me hacía sentir débil y avergonzado. Habría querido hablar con alguien de todo aquello, pero no había nadie con quien hacerlo. No me atrevía a sacar el tema con mi abuela, porque me reñiría y se lo contaría a mi madre por carta. Intenté hablar con McGraw, pero cuanto mayor se hacía, menos dispuesto parecía a hablar de padres.

–Me temo que, si empiezo –me dijo–, ya no pararé nunca.

Me habría gustado hablarlo con el tío Charlie, pero a él, ese verano, le perseguían sus propias voces. Sentado en la cocina, una noche, muy tarde, mientras escuchaba la radio y leía, oí que la puerta del porche se abría, y después unos pasos fuertes, como si alguien estuviera aplastando cucarachas en el comedor. La puerta de la cocina se abrió de golpe y el tío Charlie apareció en el quicio. Desde allí ya apestaba a whisky.

–Pero mira quién está aquí –dijo–. Mira quién está aquí. Mira quién está aquí. ¿Qué dices ahora, chico? No esperaba a nadie despierto. –Retiró una silla de la mesa y la arrastró con gran estrépito por el suelo.

Apagué la radio.

–¿Cómo te va? –le pregunté.

Se sentó y se llevó un cigarrillo a la boca. Pensativo. Encendió una cerilla. Seguía pensando.

—JR —dijo, deteniéndose para acercar la llama a la punta del cigarrillo–. La gente es escoria.

Me eché a reír. Él levantó la cabeza y me miró.

—Te crees que estoy de broma.

—No, no.

—¿Hay alguien *quien* sea más preceptivo que yo?

—Nadie.

—Perdón por el error gramatical. ¿Hay alguien *que* sea más perceptivo que yo?

—Nadie.

—Eso ni lo dudes. Yo estudié psicología, amiguito. Lo he leído todo, no lo olvides nunca. A mí nadie me la da con queso.

Tenía los ojos como dos gotas de sangre seca. A continuación se lanzó a contarme una historia larga e ininteligible sobre alguien –no quería dar nombres–, que no había mostrado la comprensión necesaria ante lo mucho que Pat había sufrido al final. El tío Charlie odiaba a aquella persona, odiaba a todo el mundo, odiaba al mundo entero, maldita sea, y un día de éstos iba a decirle a la gente lo que pensaba. Aporreó la mesa, señaló la ventana, el mundo insensible que se extendía más allá de ella, mientras describía a «ese pedazo de escoria, ese cabrón», que había deshonrado el recuerdo de Pat. Yo estaba asustado, pero también fascinado. No sabía que el tío Charlie fuera capaz de sentir rabia, y no sabía que el Publicans fuera un sitio al que pudiera llevarse la rabia. Yo creía que la gente iba al bar cuando estaba triste y que allí se ponía contenta. Punto y final. Una transacción sencilla. Aunque creía que la rabia del tío Charlie podía llevarlo a estamparme contra la pared en cualquier momento, también notaba que aquella rabia era algo que teníamos en común. Yo siempre sentía rabia –por la salud de mi madre, por el nombre que me habían puesto–, y justo antes de que el tío Charlie entrara por aquella puerta, sentía rabia por mi padre. No poder contarle a nadie que sentía rabia por mi padre hacía que mi rabia se triplicara, y había días en los que sentía que estaba a punto de arder de tanta rabia. Sí, habría querido decirle: «¡Demos rienda suelta a nuestra rabia los dos! ¡Destrocemos esta maldita cocina de arriba abajo!».

—¿JR, me oyes?

Me sobresalté. El tío Charlie me miraba fijamente.

–Sí –mentí–. Te oigo. Te sigo.

La ceniza de su cigarrillo estaba a punto de caerse. Él no se daba cuenta. Dio una calada y la ceniza se le cayó sobre el pecho.

–Bah, a nadie le importa –dijo.

Y empezó a llorar. Las lágrimas le resbalaban tras las gafas oscuras, le caían por las mejillas. Yo me sentí despreciable, egoísta, por pensar en mi propia rabia y por no prestar toda mi atención a la del tío Charlie.

–A mí me importa –dije.

Alzó la vista. Sonrisa fugaz. Secándose las lágrimas, me habló de la primera vez que vio a Pat, en un bar de Plandome Road. Ella se le acercó y le recriminó que llevara sombrero y gafas oscuras. «Hijo de puta –le dijo–. ¿Te permites el lujo de preocuparte por no tener pelo cuando hay chicos que vuelven de Vietnam sin piernas?»

«Métete en tus cosas», le dijo él, aunque le gustó su estilo. De armas tomar. Una chica dura, salida directamente de Raymond Chandler. Empezaron a hablar y descubrieron que tenían muchas cosas en común, sobre todo un respeto casi religioso por los bares. Pat, además, era profesora de inglés, y el tío Charlie adoraba las palabras, así que conversaron sobre libros y escritores. Días después ella le envió un telegrama. NO DEJO DE PENSAR EN TI – TENGO QUE VERTE. Le pidió que se reuniera con ella en un bar de carretera, a las afueras de la ciudad. «Llegué pronto – me dijo–. Me senté a la barra. Me tomé un cóctel. Pensé en irme. Me levanté para irme.

Me representó la escena.

–Me dirigí hacia la puerta –dijo, acercándose a la cocina, tropezando con la silla y volcándola–. ¿Te lo imaginas? Todo habría sido muy distinto. JR, por el amor de Dios. ¿No lo ves? ¿No ves que todo habría sido distinto... si me hubiera ido de allí? ¿Me sigues? ¿Cómo cambian las cosas por un pelo? ¿Me sigues?

–Te sigo –le dije, recogiendo la silla.

–Y ella entra por la puerta. Ella misma. Guapa. Un diez. No, coño, un once y medio. Vestido de verano. Labios pintados. ¡Qué belleza!

Volvió a sentarse. Apagó el cigarrillo, que ya estaba apagado. Cerró los ojos, riéndose para sus adentros. Volvía a estar allí, en aquel bar de carretera, con Pat. Yo me sentía como un intruso.

–Justo detrás de ella –susurró–, entra su marido. Está... casada. El marido lleva semanas siguiéndola. Semanas, JR. Cree que lo engaña con otro. Y no. Aunque está a punto de hacerlo. Conmigo.

–¿Tú lo conocías?

–¿A quién?

–Al marido.

–JR, no me estás escuchando. Era el hijo de puta más temido que ha existido jamás sobre la tierra. Por su culpa ya no puedes beber alcohol en Jones Beach. Pero ésa es otra historia. El marido se sienta junto a Pat y le dice al camarero: «Invítales a una ronda, pago yo», y después dice: «Chas, si fuera con cualquier otro, ya estarían muertos». –Hizo una pausa–. Pat se divorció seis meses después. Desde entonces hemos estado juntos. Perdón. De nuevo me falla la gramática. Desde entonces estuvimos juntos. Hasta que...

El reloj que había sobre la cocina sonaba como si alguien golpeara una cacerola con una cuchara. El tío Charlie encendió otro cigarrillo. Fumaba con los ojos cerrados, y ninguno de los dos dijo nada hasta que yo ya no pude soportar el silencio.

–Nos lo pasamos bien en el Shea –dije.

Él abrió los ojos y me miró. No tenía ni idea de qué le estaba hablando.

–No la encontrábamos –dije–. ¿Te acuerdas?

–Ah, sí, claro. –Suspiró, y el humo le salió por la nariz, y a mí me vino a la mente un dragón–. Bueno, ahora ya no la encontraremos nunca.

Había conseguido decir justo lo que no debía.

–A ella le encantaba el Publicans –dijo–. Le encantaba reír, siempre se reía, y cuando yo creía que ella ya no podría reírse más, entraba en el Publicans y se reía el doble. Y a Steve lo quería con locura.

–¿Y Steve qué...?

–Es hora de acostarse –dijo.

Se puso de pie, volcó la silla una vez más. Yo volví a recogerla.

–¿Cuántos años tienes? –me preguntó.

–Quince. Cumplo los...

–Ésa es una edad fantástica. ¡Dios, qué edad más fantástica! Plántate ahí. No crezcas más.

Lo acompañé por el pasillo. Él me pasaba el brazo por el hombro. Junto a la puerta de su dormitorio lo vi meterse en la cama, bajo las sábanas, con la ropa puesta. Se tumbó boca arriba y se quedó mirando el techo.

–JR, JR, JR –decía. Repetía mi nombre una y otra vez, como si el aire estuviera lleno de jotaerres y él los estuviera contando.

–Buenas noches, tío Charlie.

Sin embargo, mientras yo cerraba la puerta, él quiso añadir una última cosa.

–¿Quién disparó a J.R.? –dijo–. Tuvo que ser su cuñado. Nadie lo odiaba más que Cliff.

Diecisiete
Sheryl

–Alguien tiene que hacer de ti un hombre –dijo Sheryl con voz cansada–. Y supongo que ese alguien tendré que ser yo.

Era 1981, el verano anterior a mi último año de instituto, y nos dirigíamos en tren hacia Manhattan, donde Sheryl me había encontrado trabajo como archivero en el bufete de abogados donde ella era secretaria. La miré, confundido. Había empezado a enviarle a mi madre dinero, dinero de verdad, y ella volvía a albergar esperanzas de que pronto me convirtiera en abogado. ¿Se podía ser más hombre? Además, a mis dieciséis años, me definía por las compañías que frecuentaba, y desplazarme en tren hasta Manhattan implicaba que viajaba en compañía de cientos de hombres. Ergo, forzosamente –como decían en el bufete–, yo era un hombre.

En absoluto, dijo Sheryl. La masculinidad no era sensación, según ella, sino actuación. Tras graduarse recientemente en una pequeña universidad y obtener un título elemental de decoración de interiores, estaba obsesionada con la superficie. La manera de vestir, la ropa que llevabas, lo que fumabas y bebías, aquellos signos externos determinaban el yo interior de una persona. No importaba que yo me sintiera como un hombre. El caso era que no actuaba como un hombre, ni lo parecía.

–Y ahí es donde entro yo –dijo Sheryl.

Sheryl se había mudado a casa del abuelo justo antes de que yo llegara aquel verano. (Estaba ahorrando para alquilar un apartamento ella sola, y entretanto intentaba alejarse del nomadismo de su madre.) Al vivir con Sheryl, al viajar con ella en tren, al trabajar con ella, me veía recibiendo lecciones de masculinidad las veinticuatro horas del día. Por si fuera poco, cuando Sheryl no se dedicaba a hablar de masculinidad lo que hacía era atraer a enjambres de hombres más que dispuestos a sentarse con nosotros en el tren. Se parecía a Ingrid Bergman de joven, con su pelo castaño claro y su nariz pequeña y recta.

Otro tal vez se hubiera hartado de las continuas observaciones de Sheryl. Ponte derecho. Métete la camisa por dentro del pantalón. ¿Qué piensas hacer para desarrollar los músculos? Pero yo hacía todo lo que me decía, sin cuestionármelo, porque Sheryl parecía entender cómo funcionaba el mundo. Ella era la única persona, por ejemplo, que señalaba que el tercer riel chasqueaba tres segundos antes de que apareciera el tren, y fue la primera en advertirme de que no debía tocarlo nunca.

–Como yo –me dijo–, siempre está «electrificado». Sheryl fue la única persona capaz de explicarme cómo se leía un periódico en un tren abarrotado, doblando todo el diario por la mitad, verticalmente, y pasando luego sólo media página, para evitar molestar a los pasajeros de los lados. Y, más importante aún, Sheryl me explicó que el periódico que leías era un anuncio a los cuatro vientos que proclamaba tu estatus social, tus ingresos, tus orígenes y tu cociente intelectual. Los trabajadores vulgares y corrientes leían el *Daily Mail*; las amas de casa, el *Newsday*; los locos, el *Post*.

–El abuelo lee el *Post* –protesté yo.

Ella me miró, parpadeando, como diciendo: «¿Alguna otra pregunta tonta?».

Estábamos de pie en el andén atestado cuando Sheryl me señaló a un hombre que se encontraba a unos cinco metros de nosotros.

–¿Ves a ese hombre? –dijo.

Apoyado en una farola había un hombre de negocios vestido con traje gris marengo que se parecía al hermano mayor, más guapo, de Cary Grant. Yo lo había visto en el Publicans muchas veces, y siempre me había maravillado su cortesía.

–¿Te fijas en lo que lee?

Era el *New York Times*, doblado verticalmente.

–Los peces gordos y la aristocracia leen el *Times* –dijo–. Por muy aburrido que sea.

Yo no le conté a Sheryl que a mí me gustaba leer el *New York Times*, que una de las mejores cosas de trabajar en el bufete era contar con aquella media hora de tren para leerlo. A mí me parecía que el *Times* era un milagro, un mosaico de biografías relámpago, una obra de arte diaria. Yo estaba hambriento de información sobre el mundo; no había estado en ninguna parte, y no conocía a nadie que hubiera viajado, y el *New York Times*, como Yale, parecían expresamente diseñados para mi tipo concreto de ignorancia. Además, también me encantaba porque hacía que el mundo pareciera un lugar asumible, controlable. Satisfacía mi manía de orden, de un mundo clasificado en tonos blancos y negros, sin matices. Incluía toda la locura en setenta páginas de seis delgadas columnas cada una. Yo hacía todo lo posible por ocultarle a Sheryl mi amor por el *Times*, porque ella creía que un hombre de verdad leía el *Times*, pero que sólo un pringado, un empollón, lo disfrutaba. Pero Sheryl era muy lista. Se daba cuenta de que me concentraba mucho en el *Times*, y empezó a llamarme JR El Periodista de Investigación.

Las dos pruebas básicas de la resistencia de un hombre, según Sheryl, eran las mujeres y el alcohol. La manera de reaccionar a aquellas dos cosas, la manera de resistir aquellas dos cosas, determinaba en gran medida tu cociente de hombría. Yo le hablé de Lana, una niña de Arizona que se encontraba varios niveles por encima de mí en la jerarquía del instituto. Tenía el pelo de un rubio sucio, tanto por color como por higiene. No se lo lavaba todos los días, lo que le daba un atractivo sexual alborotado, grasiento. Los mechones le rozaban los hombros cuando caminaba por los pasillos, sacando pecho, como un cadete. Sus pechos, le aseguraba a Sheryl, nunca se movían, y llevaba unos *shorts* muy cortos que dejaban ver la parte más alta y tirante de sus largos muslos color caramelo. «Si sus piernas fueran Estados Unidos, se le veía hasta Michigan.»

–Hasta Battle Creek –dijo ella, y yo me reí, aunque no estaba seguro de qué quería decir. No creo que ni ella lo supiera bien.

En general, Sheryl no se mostró impresionada con Lana. Sin conocerla, dijo, era imposible saber si la chica justificaba mis calentones. En cambio, sobre el tema del whisky, Sheryl tenía mucho que decir. Le gustaba beber, y para ella era un placer instruirme. Cada tarde, al salir del trabajo, parábamos en un bar mugriento instalado en las entrañas de Penn Station, donde el humo y la oscuridad hacían que todo el mundo se pareciera a Charles Bronson, y donde, por eso mismo, los camareros nunca me preguntaban la edad. Sheryl me invitaba a un par de jarras de cerveza fría, y después yo pagaba por gintonics dobles que nos servían en vasos de plástico para poder llevárnoslos al tren. Cuando llegábamos a Plandome Road, caminábamos casi sin tocar el suelo con los pies.

Un viernes bochornoso de agosto, ya de noche, Sheryl propuso que paráramos en el Publicans a tomar una última copa antes de volver a casa del abuelo. Yo le dije que no creía que al tío Charlie le pareciera bien.

–Pero si tú te pasas el día en el Publicans –me dijo ella.

–De día. Por la noche el bar es otra cosa.

–¿Y eso quién lo dice?

–Se sobrentiende. La noche es distinta.

–Al tío Charlie no le importará. Él quiere que seas un hombre. Pues sé un hombre.

A regañadientes, entré tras ella.

Y, en efecto, tenía aún más razón de lo que imaginaba. El Publicans se convertía en un sitio totalmente distinto cuando oscurecía. Más procaz. Todo el mundo se reía, hablaba a la vez, y todo parecía girar en torno al sexo. La gente decía cosas que lamentaría haber dicho al día siguiente, eso se notaba. Y había tantos «tipos» de personas. Tantas categorías. Yo observaba tal desfile de personajes, en una variedad tal de disfraces, que me sentí como si Sheryl y yo acabáramos de colarnos en una gran ópera, entre bastidores. Allí había curas, jugadores de sóftbol, ejecutivos. Había hombres de esmoquin y mujeres con vestidos largos, camino de veladas benéficas. Había golfistas recién salidos del campo, marineros recién salidos del agua, trabajadores recién salidos de sus puestos de trabajo. El bar estaba tan lleno como el tren de hora punta que Sheryl y yo acabábamos de tomar en Manhattan y, de hecho, podría haber sido una prolongación del tren, un vagón más unido al vagón de cola, porque era largo, estrecho y lleno de muchas de las mismas caras, que además parecía mecerse de un lado a otro. Nos adentramos más entre la multitud, y Sheryl le pidió un cigarrillo a un joven, tocándole el brazo, apoyándole la mano en el hombro, echándose el pelo hacia atrás. Recordé que tenía un paquete entero de Virginia Slim en el monedero, y de pronto lo entendí todo. Todo aquello de hacer de mí un hombre era una tapadera para su plan maestro: buscarse un hombre. Ella sólo quería convertirme a mí en un hombre para tener alguien que la acompañara al Publicans, que era donde estaban todos los hombres disponibles. Sola no podía ir, claro está. No quería parecer desesperada.

Me sentí utilizado, y la dejé sola. Me abrí paso entre la gente, intentando llegar al restaurante. Sin embargo, cuatro pasos más allá mi avance se vio detenido. Como no podía seguir hacia delante ni retroceder, me apoyé en una columna. A mi lado había una chica de veintipocos años. Tenía una cara bonita, y llevaba un vestido a cuadros, fruncido a los lados, que realzaba su figura.

–¿Te importa que me apoye aquí? –le pregunté.

–Éste es un país libre.

–¡Eh! Eso lo dice siempre mi abuelo. ¿Has estado saliendo con él o qué?

Cuando ya había empezado a responderme se dio cuenta de que se lo había dicho en broma.

–¿Cómo te llamas?

–JR.

–¿Ewing?

–Exacto.

–Supongo que te lo dicen mucho.

–Eres la primera.

–¿De dónde viene JR?

–Ése es, legalmente, mi nombre de pila.

–¿En serio? ¿Y a qué te dedicas, JR Ewing, cuando no estás en Southfolk?

–Trabajo en un bufete de abogados. En Manhattan.

–¿Abogado?

Me puse muy tieso. Era la primera vez que alguien me tomaba por abogado. Deseé escribirle a mi madre en ese mismo instante para contárselo. Vestido a Cuadros se sacó un cigarrillo del bolsillo y forcejeó con una caja de cerillas para encenderlo. Yo se la quité y le encendí el cigarrillo tal como había visto hacer en *Casablanca*.

–¿Y tú? –le pregunté, imitando la voz del tío Charlie–. ¿Cuál es tu historia?

Sheryl me había enseñado a preguntarles eso a las mujeres. A las mujeres les gustaba que les preguntaran sobre ellas, más que las joyas, me había dicho Sheryl. Así que encadené mi pregunta con otra, y luego con otra, bombardeé a preguntas a Vestido a Cuadros, y así supe que trabajaba de vendedora, que no lo soportaba y que quería ser bailarina, y que vivía con una compañera de piso en Douglaston. Y que su compañera de piso no estaba, que estaba en Barbados.

—Tardará una semana en volver —dijo Vestido a Cuadros—. Mi apartamento está taaaan vacío.

Yo apreté mucho las mandíbulas, y vi que ya casi no le quedaba cerveza en el vaso.

—Hablando de cosas vacías —le dije—. Déjame que te invite a otra.

Me dirigí a la barra. Sheryl me interceptó.

—Nos largamos de aquí —me dijo, agarrándome de la corbata.

—¿Por qué?

—El tío Charlie te ha visto y está enfadadísimo.

El tío Charlie nunca se había enfadado conmigo. Yo dije algo así como que quería huir a Alaska.

—Por Dios —dijo Sheryl—. Sé un hombre.

Cuando regresábamos a casa a pie, Sheryl tuvo una idea. Como ya nos habíamos metido en un lío con el tío Charlie, por qué no ir hasta el final. Me sugirió que fuéramos a tomar una última copa a Roslyn. Allí los bares eran menos estrictos. Cogió las llaves del Cadillac del tío Charlie y nos fuimos a un garito infame, donde un niño de ocho años podría haber pedido un tequila sunrise sin que nadie se inmutara.

—Ve a buscar unos cócteles —dijo, empujándome hacia la barra.

Me abrí paso entre la multitud, y cuando volví con dos gintonics Sheryl ya estaba rodeada de cinco marines. Parecía como si estuvieran deteniéndola en algún control militar.

—¡Ahí está! —exclamó al verme llegar.

—¿Y tú eres su niñera? —le preguntó un marine.

—Es mi primo —respondió Sheryl—. Estoy intentando hacer de él un hombre.

—Pues me parece que vas a tener mucho trabajo —dijo otro que, al verme torcer el gesto, me extendió la mano—. Es broma. ¿Cómo te llamas?

—JR.

—¿Qué? No puede ser. ¡Eh, atención todos! ¡Éste se llama JR!

Sus colegas dejaron a Sheryl y me miraron a mí.

—¿Quién se lo cargó?

—Pregúntale quién se lo cargó.

—¿Quién se te cargó?

Sheryl no estaba dispuesta a dejar de ser el centro de atención sin presentar batalla.

–¿Nadie va a invitarme a un chupito?

–¡Aaah! –rugieron los marines–. ¡Vamos a cargarnos a JR... a chupitos!

Un marine me entregó un vaso de chupito y me ordenó que bebiera. Lo hice. Me quemó la garganta. Otro me alargó otro vaso. Me lo bebí más deprisa. Me quemó más. Los marines perdieron interés en mí y volvieron a rodear a Sheryl. Ella encendió un cigarrillo. Vi que se metía el humo de la primera calada en la boca como si fuera una bola de algodón, antes de soltarlo, y pensé... claro. Fumar. Despreocupadamente, encendí uno de los cigarrillos de Sheryl, como si ese día ya me hubiera fumado otros veinte, como si no fuera ése el primero que me fumaba en toda mi vida. Di una calada. Observé el cigarrillo y sonreí. ¿Eso era todo? Di otra calada. Más profunda. El humo me dio en el esternón como un derechazo corto, duro. Tras un estallido inicial de euforia llegó la histeria, y después la náusea, y después los síntomas clásicos de la malaria. Sudor. Temblores. Delirios. Levitaba sobre los marines. Mirando desde arriba sus cabezas rapadas pensaba: aire puro. Ahora. «Airepuroahora.»

Caminé como Frankenstein hasta una puerta trasera. Empujé. La puerta se abrió y me desplomé en un callejón. Un muro de ladrillo. Apoyé la espalda en el muro. Oh, muro. Muro fiable. Sostenme, muro. Fui bajando poco a poco. Sentado con la espalda apoyada en él, eché la cabeza hacia atrás e intenté respirar. El aire me refrescaba. Como una cascada. Mantuve la cabeza levantada mucho rato antes de darme cuenta de que, en realidad, tenía la cabeza justo debajo de una tubería que soltaba un líquido verdoso. Me aparté un poco. Las farolas creaban molinillos tornasolados en las superficies grasientas de los charcos de aquel callejón. No sé cuánto tiempo pasé mirando aquellos molinillos. ¿Una hora? ¿Cinco minutos? Pero cuando hice acopio de la fuerza necesaria para ponerme de pie y entrar, Sheryl no estaba precisamente contenta.

–Te he buscado por todas partes –dijo.

–Callejón.

–No tienes buen aspecto.

–No me encuentro bien. ¿Dónde está la Compañía Bravo?

–Se han retirado al ver que yo no era Iwo Jima.

Cuando volvíamos a Manhasset constaté por primera vez que Sheryl era una conductora pésima. Aceleraba, frenaba, cambiaba de carril, se detenía en seco en los semáforos en rojo. Al llegar a casa del abuelo, yo estaba mareado como una sopa. No esperé a que Sheryl parara del todo el coche. Me bajé aún en marcha, entré corriendo y vomité en el baño. Me arrastré hasta la cama y me aferré al colchón, que se elevaba lentamente, como un suflé. Entró Sheryl y, no sé cómo, consiguió sentarse en el borde, a pesar de estar ya a tres metros del suelo. Me dijo que iba a despertar a toda la casa. Deja de gimotear, me dijo. Yo no sabía que estuviera gimoteando.

–¡Muy bien! ¡Felicidades! –dijo, o intentó decirlo, porque lo que le salió fue algo así como «¡Feri-ci-ci-daudes! Te has colado en el Publicans. Te han echado del Publicans. Has bebido con unos marines. Te has fumado tu primer cigarrillo. Estoy orgullosa de ti. Muy orgullosa».

–¿Eres el demonio?

Ella salió de la habitación.

–Eh –le grité–. ¿Por qué rompiste con Jedd?

Si me respondió, yo no la oí.

En algún lugar de la casa sonaba una radio. «One O'Clock Jump», de Count Basie. Una canción preciosa, pensé. Pero entonces el ritmo sincopado empezó a darme más náuseas. ¿Volvería a encontrarme bien alguna vez, lo suficiente para volver a disfrutar de la música? Intenté dormir, pero en mi mente se agolpaban palabras e ideas. Pensé que estaba experimentando penetrantes destellos de ideas, y hubiera querido anotarlas. Pero no podía levantarme de la cama porque el colchón seguía elevándose. ¿Durante cuánto tiempo más podía seguir subiendo antes de quedar aplastado contra el techo? Me sentía como un coche montado en una plataforma hidráulica. Tumbado boca abajo, con la cabeza colgando a un lado de la cama, confiaba mis destellos de ideas a la memoria. Pensaba: mi madre es la palabra impresa, mi padre es la palabra hablada, Sheryl es la palabra ronroneada. Y entonces todo fue negrura.

A la mañana siguiente desperté de una pesadilla en la que unos marines irrumpían en casa del abuelo y usaban los galones de sus mangas para arreglar el sofá del bicentenario. Me di una larga ducha con agua caliente y me senté en el escalón a tomarme un café muy cargado. El tío Charlie salió y me miró mal. Yo me preparé para lo peor, pero él me vio los ojos enrojecidos y supongo que llegó a la conclusión de que ya había sufrido bastante. Meneó la cabeza y clavó la vista en las copas de los árboles.

* * *

—Ahora ya puedo llevar yo el coche cuando volvamos de los bares de Roslyn —le dije a Sheryl mientras le mostraba mi permiso de conducir, que me había enviado mi madre. Íbamos en el tren de la mañana, a finales de agosto, y Sheryl levantó el permiso y lo acercó a la luz que entraba por la ventanilla, para verlo mejor. Leyó:

—Altura, un metro cincuenta y cinco. Peso, sesenta y tres kilos y medio. Color del pelo, cobrizo. Color de ojos, castaño. —Se echó a reír—. Parece que tengas doce años. No. Peor aún. Once. ¿Qué te cuenta tu madre en su carta?

Se la leí:

—«Te adjunto el resguardo del seguro, cielo, porque, si alguna vez tienes un accidente, tienes que demostrar que estás asegurado». —Bajé la vista, avergonzado—. Mi madre es una angustias —murmuré.

En aquella misma carta mi madre me contaba que había encontrado trabajo en una compañía de seguros, y que le gustaba. «Aquí no hay tanta presión, y como no tengo tanta carga de trabajo, no llego tan agotada a casa —me escribía—. Creo que notarás un gran cambio en mí cuando vengas, y es que aunque al final de la jornada estoy cansada, todavía queda algo de mí.»

Doblé la carta, me la guardé en el bolsillo y le conté a Sheryl que mi madre me había comprado un cacharro, un AMC Hornet de 1974 con una franja color butano, como de coche de carreras, que le había costado cuatrocientos dólares. No le dije que aquella carta me había hecho añorar mucho a mi madre, ni que tenía muchas ganas de que pasaran las dos semanas que faltaban para volver a verla, ni que vivía constantemente preocupado por ella. No le confesé que, algunas mañanas, cuando iba en el tren, no podía dejar de imaginar que le ocurría algo malo a mi madre, ni que intentaba sustituir aquellos temores por mi viejo mantra, ni que luego me abroncaba a mí mismo por aferrarme a mis supersticiones infantiles, ni que después me decía que era mejor prevenir que curar, porque, quién sabía, tal vez aquel mantra aún conservara parte de su efecto mágico, y si yo dejaba de pronunciarlo algún mal recaería sobre mi madre. Yo sabía que Sheryl me diría que los hombres de verdad no piensan así. Los hombres de verdad no pronuncian mantras, y los hombres de verdad, claro está, no echan de menos a sus madres.

Sheryl vino a buscarme a la sala de archivos aquella mañana. Estaba muy seria. Yo supuse que era porque sabía que yo no tenía dinero y estaba a punto de pedírselo prestado a ella para comer.

–Es tu madre –me dijo–. Ha tenido un accidente. Nos están esperando en casa.

Nos fuimos corriendo a Penn Station. Sheryl compró un paquete de seis cervezas, y antes de llegar a Bayside ya nos las habíamos bebido todas.

–Estoy segura de que todo irá bien.

Pero no iba bien. Mi mantra había fallado, y yo le había fallado a mi madre.

Al pasar, a pie, por delante del Publicans, miré por la ventana, oí risas, vi las caras alegres de los clientes. Estuve a punto de sugerirle a Sheryl que entráramos a tomarnos un trago rápido. El tío Charlie lo entendería. Me odié a mí mismo por tener aquel impulso, por dejar que mis pensamientos se apartaran un instante de mi madre, pero estaba asustado, y veía el Publicans como el mejor antídoto a mi disposición contra el miedo. Ahora necesitaba el bar de una manera nueva, desesperada, portentosa.

Al llegar a casa del abuelo metí cuatro cosas en una bolsa y Sheryl me dio un beso y se despidió de mí.

–Sé un hombre –me dijo, aunque no como me lo decía siempre, sino con dulzura, animándome, como si estuviera convencida de que iba a serlo.

El abuelo me pagó el billete de avión, y el tío Charlie me llevó al aeropuerto. Por el camino fue contándome lo que sabía. Mi madre regresaba a casa del trabajo cuando un conductor borracho que circulaba en sentido contrario, con los faros apagados, la embistió de cara. Tenía un brazo roto y conmoción cerebral. A los médicos les preocupaba que pudiera haber lesiones cerebrales.

–Tiene amnesia –dijo el tío Charlie.

Le pregunté qué ocurriría si mi madre no era capaz de recordarme a mí. Me dijo que no sabía bien a qué me refería. Yo tampoco. Creo que le preguntaba quién sería yo si mi madre no me conociera.

Dieciocho
Lana

Tenía cortes irregulares en la cara, y costras de sangre reseca en el pelo. Y los ojos entreabiertos, en una nueva y espantosa modalidad de gesto inexpresivo. Me incliné sobre ella.

–¿Mamá? –dije. Desde atrás, una enfermera me informó de que a mi madre le habían administrado una medicación muy fuerte contra el dolor, y que se pasaría un tiempo en el «limbo».

–Estás bastante crecido para tener diez años –comentó el médico.

–¿Cómo dice?

–Tu madre me dijo que tenía un hijo de diez años.

–Ah.

–Y cuando le pregunté si sabía dónde estábamos, me respondió que en Nueva York.

–Nos trasladamos hasta aquí desde Nueva York.

–Sí, eso me había parecido. Incluso la acerqué a la ventana y le mostré las palmeras y los cactus. Pero ella insistía: Nueva York.

Cuando terminó la hora de visita salí del hospital y regresé a nuestro apartamento. Intenté calmarme leyendo un libro. Pero nada. Encendí todas las luces, y después las apagué todas. Me quedé allí a oscuras, sentado, pensando. Me fui a la orilla del canal y me senté a observar el agua. Estaba agotado, pero no podía acostarme, porque cada vez que cerraba los ojos me venía a la mente el momento del impacto. Asustado, solo, pensaba en lo que mi madre le había dicho al médico. En cierto sentido no se había equivocado: tenía diez años.

Sin planificarlo, sin premeditación, sin haberlo pensado antes en absoluto: la mano se acercaba al teléfono y el dedo marcaba el número de

Lana, la chica glamurosa del instituto que le había descrito a Sheryl. Antes de que yo me fuera a pasar el verano a Manhasset, Lana y yo habíamos hablado brevemente durante una fiesta, e incluso habíamos expresado promesas vagas de vernos. Yo no pensé en ningún momento que lo dijera en serio, ni esperaba armarme del valor suficiente para llamarla. Pero ahora, con mi madre en el limbo y mi psique en caída libre, sentía una necesidad que trascendía el deseo adolescente, si es que puede decirse que algo trascienda el deseo adolescente. Mi anhelo de Lana era como el que había sentido por el Publicans, y sentía vagamente que tenía algo que ver con la necesidad de protección y de distracción.

Nos encontramos en un restaurante mexicano que quedaba cerca de su casa. Lana llevaba sus *shorts* más cortos, y una blusa estampada de flores, con los picos anudados a la cintura. Todo un verano al sol le había dado a su piel un brillo asombroso, y le había aclarado el pelo, veteado de miel y caramelo. Le conté lo de mi madre. Ella se mostró muy dulce conmigo, muy comprensiva. Pedí una botella de vino medio en broma, y los dos sonreímos al ver que el camarero no comprobaba mi edad. Después de cenar, Lana parecía achispada mientras nos dirigíamos al aparcamiento.

–¿Éste es tu coche nuevo? –me preguntó.

–Sí. Es un Hornet.

–Ya lo veo. Me encanta la franja.

–Es naranja.

–Sí. Naranja.

Le pregunté si debía volver pronto a casa.

–En realidad no –me respondió ella–. ¿Qué me propones?

–Tenemos dos opciones. Podemos ir al cine. O podemos comprarnos unas Löwenbräu y subir a la cima de la Espalda de Camello.

–Espalda de Camello. Sin duda.

Una vez, un colega me había enseñado los muchos escondites que los amantes frecuentaban en la primera joroba de aquella montaña. A él le gustaba subir y espiar a las parejas cuando estaba aburrido y cachondo. Pero de aquello hacía meses, y había sido a la luz del día, y aquélla era una noche oscura, sin luna. Nada me resultaba familiar mientras conducía por la joroba del camello, arriba y abajo, rodeándola, buscando, esperando que a Lana no se le pasara la borrachera ni se inquietara. Ella buscaba emisoras de radio mientras yo le contaba que estaba decidido a encontrar un lugar especial, que nos ofreciera una vista sobrecogedora y una intimidad total, sin mencionar que lo que yo buscaba se encontraba en lo alto de un precipicio, al final de una pendiente pronunciada llena de piedras. Finalmente, tras cuarenta y cinco minutos, llegamos a un camino de tierra que me sonaba, que recorría un lateral de la joroba y que moría abruptamente en la pendiente que llevaba a mi lugar especial.

–¿Lista para el ascenso? –le dije, apagando el motor del Hornet.

–¿Ascenso?

Llevaba la bolsa con las cervezas en una mano, y con la otra agarraba a Lana de la suya. La pendiente era cada vez más pronunciada. Lana, sin aliento, me preguntó si faltaba mucho.

–No mucho –le dije, aunque no tenía ni idea. Con mi colega no habíamos llegado a subir. Yo, simplemente, había dado por cierto lo que me contaba. Finalmente la pendiente se convirtió en una pared casi vertical.

–¡Aaau! –se quejó Lana, que se había hecho un rasguño en el muslo con un cactus. Estaba sangrando. Arriba del todo, la pared vertical se curvaba hacia nosotros. Yo lancé hacia arriba la bolsa de las cervezas, trepé, levantando mucho la barbilla, y me di la vuelta para ayudar a Lana. Cuando los dos llegamos a la cima, nos tumbamos boca arriba, jadeando, riéndonos, inspeccionando su herida. Después gateamos hasta el borde del precipicio, y allí estaba la vista que mi colega me había descrito, un millón de luces parpadeando a nuestros pies, como si el valle fuera un lago de aguas mansas en el que se reflejaran las estrellas.

–Joder –dijo Lana.

Abrí dos cervezas y le alargué una a ella. La brisa le metía el pelo rubio, sucio, en los ojos, y yo se lo retiraba. Ella se echó hacia delante para besarme. Cerré los ojos. Su labio inferior era carnoso, como una nube de azúcar. Ella me metió la lengua en la boca. Abrí los ojos. Ella abrió los suyos. Le veía el contorno de las lentillas, los grumos de rímel en las puntas de las pestañas. Ella volvió a cerrar los ojos y me besó con más fuerza, obligándome a abrir más la boca. Le desabroché el primer botón de la blusa. No llevaba sujetador. El nudo estaba apretadísimo. Tiré e intenté ver sin mirar. No quería resultar poco caballeroso. Ella se separó un poco y se desató el nudo de la camisa, invitándome a mirar. Me metió la mano en los pantalones. Yo le quité los *shorts*.

–¿Vamos a hacerlo? –me preguntó ella.

–Espero que sí.

–Tienes que ponerte algo.

–Me dejaré la camisa puesta.

–No, un condón.

–No tengo condón.

–Entonces no podemos.

–Claro, claro que no. –Pausa–. ¿Por qué no?

–¿Quieres que haya un pequeño JR correteando por ahí?

Me puse de pie. Le di un buen trago a la Löwenbräu y miré las estrellas, regañándome a mí mismo. «¿Por qué no habré pensado en los métodos anticonceptivos?» Muy sencillo. Porque yo no sabía nada de métodos anticonceptivos.

Lana estaba a mis pies, sin *shorts*, tendida a la luz de las estrellas, como quien toma el sol. Tenía las piernas separadas, y había un brillo entre ellas. Ninguna estrella del cielo brillaba tanto y, de pronto, ninguna estrella me parecía tan lejana. Si dejaba pasar aquel momento, pensaba, si dejaba que Lana se vistiera, si la acompañaba hasta abajo, hasta el coche, aquella noche me perseguiría siempre y, tal vez, determinaría el curso de toda mi vida. Como poco, tendría que irme de la ciudad. No podría soportar encontrármela, ni a mis compañeros de clase, ni pasar por delante de aquella montaña. A partir de ahí, para mí, Espalda de Camello sería mi calvario, se burlaría de mí y de mi incapacidad para llegar a la cima. Debía hacer algo, y deprisa, porque Lana parecía a punto de levantarse y ponerse los *shorts*.

–Espera ahí –le dije.

–Espera... ¿dónde?

Sin decir nada, me descolgué por el precipicio y me eché a correr camino abajo. Quería llegar abajo antes de que ella tuviera tiempo de protestar, o de seguirme. Pero calculé mal la inclinación de la pendiente. Tropecé y seguí rodando. Me detuvo un cactus, y sus pinchos, como agujas, se me clavaron en la rodilla. Grité.

–¿Qué ha pasado? –preguntó Lana.

–¡Nada!

Supongo que ella pensó que tenía condones en el coche. Sin duda no podía imaginar lo que estaba a punto de hacer. De haber sabido que iba a poner en marcha el Hornet y a largarme a toda velocidad, dejándola en aquella cumbre azotada por el viento, se habría puesto a chillar.

En Scottsdale, en 1981, no había nada abierto pasadas las doce de la noche. El desierto estaba oscuro, desolado, cerrado hasta la mañana siguiente. Mi única esperanza era uno de aquellos colmados abiertos las veinticuatro horas del día. Conduje pendiente abajo y giré bruscamente al llegar a Scottsdale Road. Cada tienda cerrada, cada centro comercial oscuro me incitaba a abandonar. Pero a unos veinticuatro kilómetros de Espalda de Camello divisé una luz de neón. Un Circle K.

Yo no tenía ni la menor idea de qué aspecto tenían los condones. No había tenido nunca uno en la mano, no había visto ninguno ni había hablado de condones con nadie. Recorría los pasillos de un lado a otro en busca de la sección de condones. Busqué en el pasillo de los productos de higiene. Busqué en el del material de oficina. Busqué en la nevera. «Tal vez los condones son perecederos y tienen que guardarse en un sitio frío.» Helados. Refrescos. Leche. Pero nada de condones.

Finalmente caí en la cuenta de que los condones, como las revistas porno y los cigarrillos, eran cosas feas, y que, por lo tanto, seguro que las tenían detrás del mostrador. Miré y, en efecto, ahí estaban, colgados de unos ganchos, encima del dependiente, unas cajas pequeñas con imágenes de parejas de perfil a punto de implicarse en el acto físico del amor. Bajé los hombros, aliviado, pero al momento volví a ponerme tenso. «Si los condones son instrumentos del vicio, seguro que hay una edad mínima para adquirirlos. Será mejor que haga algo para parecer mayor.» Escogí un ejemplar del *New York Times*.

–¿Algo más? –me preguntó el dependiente.

–No. Eh... Sí, de hecho. Ponme también una caja de esos condones, ¿vale?

–¿De cuáles?

–Tamaño medio, supongo.

–¿De qué marca, chico?

Señalé. Él depositó una caja de Trojans sobre el periódico. Y dejé un billete de veinte dólares sobre el mostrador.

–Quédate con el cambio.

Él gruñó algo y me dio la vuelta.

Habían pasado cincuenta minutos desde que había dejado sola a Lana. Seguro que estaría aterrorizada, o furiosa. Mientras volvía a la montaña, la imaginaba allí arriba, y al hacerlo pensé en el sitio concreto al que la había llevado, y recordé que a aquel sitio concreto había llegado a través de la prueba y el error, y que había tardado cuarenta y cinco minutos en llegar, tras muchas subidas y bajadas y rodeos, a oscuras. No tenía ni idea de cómo lo iba a hacer para encontrarlo de nuevo. Derrapando hacia el camino largo que llevaba a la base de la montaña, me fijé en el cuentakilómetros: iba a ciento veinte por hora, y tanto el Hornet como yo temblábamos. Pensé que en cualquier momento al coche se le saltaría un pistón. Pensé que en cualquier momento a mí se me saltaría otro. Nada de lo que veía me sonaba de nada. ¿Cómo iba a reconocer algo si la oscuridad era total? Me decía a mí mismo que no corriera tanto, que me lo tomara con calma, que iba a matarme en un accidente el mismo día que mi madre había estado a punto de matarse en un accidente. La imaginaba saliendo de su limbo, recibiendo la mala noticia que le darían los médicos. Su hijo está muerto. «¿Qué estaba haciendo en Espalda de Camello?», preguntaría ella con voz débil.

Llegué a una bifurcación que me resultaba familiar, en la carretera, pero no recordaba si Lana y yo habíamos tomado el desvío de la derecha o el de la izquierda. Giré a la izquierda, pisé a fondo el acelerador y me di cuenta de que se me había dormido el pie. Los pinchos del cactus me habían inyectado su veneno en la sangre, lo que implicaba que tendrían que amputarme la pierna. Intenté quitármelos sin dejar de conducir, al tiempo que ensayaba lo que le diría al padre de Lana. Él me mataría –recordé que había jugado de defensa para los Bulls de Chicago–, y si no me mataba pediría que me detuvieran.

En mi mente empezó a formarse una escena aún más truculenta: era posible que Lana, tras llegar a la conclusión de que estaba loco y de que la había abandonado, se hubiera largado de allí, se hubiera perdido, hubiera tropezado en la oscuridad y hubiera caído por un barranco infestado de serpientes, lagartos y gatos monteses. ¿Había gatos monteses en Scottsdale? Seguramente sí. Y, como a los tiburones, seguramente les atraía el olor a sangre. Recordé el corte que Lana tenía en el muslo. Cuando la policía encontrara el cuerpo desfigurado de Lana, no se creería que había aceptado por voluntad propia esperarme en lo alto de la montaña a que yo volviera de comprar condones. Todos pensarían que yo le había propuesto mantener relaciones sexuales, que ella se había negado y que yo la había matado. Aceleré, notando que el entumecimiento de la rodilla se extendía a la cadera. No sólo iría a la cárcel por asesinato, no sólo perdería la pierna, sino que, en el patio de la cárcel, todos los días, los otros presos me preguntarían: «¿Cómo perdiste la pierna?». Sería un acto de justicia poética, de retribución divina por quejarme tanto de que la gente me preguntara de dónde venía el nombre de JR, igual que aquella noche era un acto de venganza divina por haber intentado acostarme con una chica mientras mi madre estaba postrada en una cama de hospital, vendada, rota, a la deriva, en un limbo inducido por la medicación.

Pasaba por delante de las mismas casas, de los mismos cactus, una y otra vez. Conducía en círculos, rodeaba la joroba del camello y la volvía a rodear. ¿Era en la primera joroba o en la segunda? Puse la radio para tranquilizarme un poco y pensé en mi padre. Lo maldije. Le di un puñetazo a la radio. «Si mi padre hubiera estado en casa cuando yo era pequeño, cuando crecía, yo habría sabido lo de los condones y nada de todo eso estaría pasando. Si él mismo se hubiera puesto un condón, nada de todo esto estaría pasando.» Detuve el coche en el arcén, apoyé la cabeza en el volante y lloré. No sé de dónde, de qué lugar recóndito de mi interior, saqué grandes sollozos, grandes sacudidas, por mi madre, por mí y por Lana, a la que en aquel preciso instante se estaban comiendo los gatos monteses.

Me acordé del relato de Hemingway que me habían hecho leer Bill y Bud, «Las nieves del Kilimanjaro», y en la frase inicial sobre la cima de la montaña, a la que llamaban «la Casa de Dios», donde se hallaba el esqueleto seco y congelado de un leopardo. «Nadie ha sabido explicar qué buscaba el leopardo a esa altura», había escrito Hemingway. ¿Cuál era el sentido de aquella maldita historia? ¿Acaso que la curiosidad había matado al gato? ¿Pretendía acostarse con alguien el leopardo? ¿Se parecían en algo los leopardos a los gatos monteses? ¿De qué servía leer cuentos si no te ayudaban con los aspectos prácticos de emergencias como aquélla? Me planteé la posibilidad de llamar por teléfono a Bill y a Bud, pero no tenía el número de sus casas. Entonces se me ocurrió llamar al Publicans. ¡Claro! ¡El Publicans! Seguro que el tío Charlie o Steve sabrían qué hacer. Pero al momento oí sus voces preguntándome por qué estaba en la cima de Espalda de Camello mientras a mi madre la tenían ingresada en un hospital, y también los oí riéndose. «El niño ha intentado perder su virginidad... ¡Y ha perdido a la chica!» No, prefería enfrentarme al padre de Lana y a los agentes de homicidios.

Delante tenía un buzón rojo con forma de granero. «Lana ha comentado algo de ese buzón rojo cuando hemos pasado por aquí.» Qué monada, había dicho, señalándolo, y yo recordé haber girado a la izquierda. Volví a girar a la izquierda, y me encontré con una casa que me sonaba haber visto, una casa que tenía una rueda de carromato en el jardín delantero. Después un cactus con más brazos de lo habitual, que me llevó a pensar en Jedd, y ahí estaba el camino de tierra que moría en el inicio de la pendiente que llevaba al escondite especial.

Salí del coche y, mirando a las estrellas, grité:

–¡Lana! –No obtuve respuesta–. ¡Lana!

Intentaba gritar como Tarzán. Intentaba gritar como Marlon Brando cuando gritaba «¡Stellaaa!». Pero me parecía más a Costello gritando: «¡Eh, Abbott!». Tal vez no quisiera responderme. Era mi única esperanza. «Por favor, Dios, que esté enfadada pero viva.» Antes de empezar a escalar me vino otra idea a la mente, una idea que recordaría siempre con una combinación de asombro y vergüenza a partes iguales: «Si Lana sigue ahí, si aún está viva, cabe la posibilidad de que me deje explicarme, de que pueda disculparme y de que, tal vez, todavía podamos... hacerlo. Por si se da el caso, será mejor que me ponga el condón ahora». Como yo no había visto nunca un condón, iba a necesitar luz para enfundármelo, y la única luz que había allí, en lo alto de aquella montaña, estaba en el Hornet. Así que volví al coche, encendí la luz del techo y abrí la caja de condones. No había instrucciones. Lo sostuve en el dedo. ¿Cómo iba a mantenerse en su sitio durante el sexo una tapita tan delgada? No tenía ni idea, ni tenía tiempo de averiguarlo. Me coloqué el condón enrollado en el pene flácido, como una gorra, y emprendí el ascenso.

–¡Lana!

El eco de mi voz reverberaba en la montaña.

–¡Lana!

Habían pasado casi dos horas desde que la había dejado sola.

–¡Laaaana!

El dolor de la pierna me cegaba, y la rodilla se resistía a doblarse, lo que hizo que tardara más tiempo en llegar. Finalmente, ya en la cima, asomé la cabeza y miré a mi alrededor. Vi a Lana al borde del precipicio, acurrucada en posición fetal, dormida. Me acerqué a ella a rastras. Ella se despertó y se apretujó contra mí. El aliento le olía a Juicy Fruit y a Löwenbräu.

–¿Has llorado? –me preguntó, besándome. Tiró de mí para que me pusiera encima de ella. Con la pierna adormecida, apenas podía apoyarme, pero ella me ayudó, me guio–. Así, aquí –me susurró. Dentro. Y más adentro. Me mecía hacia delante y hacia atrás, me mostraba cómo se hacía, hasta que comprendí. Miré hacia delante, el valle allí abajo, todas aquellas luces, todas aquellas casas, todas aquellas ventanas que yo miraba de niño. Finalmente alguien me dejaba entrar ahí dentro.

Después, Lana y yo nos tumbamos boca arriba, hombro con hombro.

–¿Es tu primera vez? –me preguntó.

Nos echamos a reír los dos.

–Lo siento –le dije.

–No lo sientas. Es excitante cuando es la primera vez del otro.

Le conté mi búsqueda de condones.

–Nadie había llegado tan lejos... por mí –dijo.

Se quedó dormida con la cabeza apoyada en mi pecho mientras yo contaba estrellas. Al volver la cabeza vi ahí cerca, sobre la tierra, brillando a la luz como una almeja, el condón enrollado, sin usar. ¿Me había convertido en hombre y en padre en el mismo momento de inconsciencia? No me importaba. Fuera como fuese, ya no era un niño.

A mí me parecía que, en el mejor de los casos, no era ni un niño ni un hombre, sino algo que estaba a medio camino. En el limbo. Incluso Sheryl tendría que admitirlo. Me preguntaba si desprenderse de la niñez era algo así como la amnesia, si te olvidabas de ti mismo y de tu antigua vida, si olvidabas todas las cosas que te eran familiares y que creías que nunca olvidarías, y empezabas de cero. Esperaba que así fuera. Le pedí ese deseo a la estrella más brillante que encontré. Y deseé que hubiera alguien a quien pudiera preguntárselo.

Diecinueve
Mi futuro yo

Mi madre volvió a casa una semana después de ingresar en el hospital, con el brazo escayolado. Cada mañana, al despertarse, se iba de la cama al sofá, y allí seguía dando cabezadas todo el día, por culpa de los analgésicos. La buena noticia era que los médicos habían determinado que no había sufrido lesiones cerebrales. Además, había recuperado la memoria. Pero no hablaba mucho, y cuando lo hacía era con voz débil, distante, ronca, sin inflexiones. Al parecer, su voz, como su cara, se había vuelto inexpresiva. Al salir del colegio y después de mis horas de trabajo en la librería, me sentaba frente a ella, en el otro sofá, y a ratos me dedicaba a verla dormir, y a ratos a rellenar mi solicitud de ingreso en Yale.

La primera página era un campo minado, llena de preguntas capciosas como «Nombre completo del padre». Me planteé poner «Jonnhy Michaels», pero escribí «John Joseph Moehringer». Siguiente pregunta: «Dirección del padre». Barajé distintas posibilidades: «No estoy seguro», «Desconocida», «Desaparecido». Finalmente opté por «Irrelevante», y me quedé un rato observando aquella palabra.

Bill y Bud me habían insistido hasta la saciedad para que solicitara plaza en Yale. La mejor universidad del país no iba a dejar que a sus alumnos los contaminara alguien como yo, un perdedor de escasos ingresos, un vagabundo que desconocía el paradero de su padre. Sin duda, los del comité de admisiones arrojaban las solicitudes como la mía a una cesta especial en la que, en letras pequeñas, habían escrito: «Basura blanca».

—A Yale no le importa si sabes o no sabes dónde está tu padre —me dijeron Bill y Bud cuando se lo conté.

Yo ahogué una risotada.

–Pero, si tanto te preocupa –comentó Bill–, búscalo.

Como si fuera tan fácil. Pero al momento pensé: tal vez lo sea.

Había pasado el tiempo. Yo ya tenía casi diecisiete años, era una persona distinta, y probablemente mi padre también lo fuera. Tal vez sintiera curiosidad por mí. Tal vez hubiera llamado alguna vez a casa del abuelo preguntando por mí y le habían colgado el teléfono. ¿Y si mi padre se alegraba de oír mi voz? Era posible, sobre todo porque yo ya no quería nada de él. Aunque me avergonzaba admitirlo. Ya no esperaba demandar a mi padre. El plan había quedado en el olvido y, en su lugar, se había instalado un intenso deseo de conocerlo, de saber quién era, para poder empezar a decidir quién podría ser yo.

Quería creer que encontrarlo sería fácil. Después de todo, había empezado a recibir clases de periodismo en el instituto, colaboraba en el periódico del centro –mi primer trabajo había sido el perfil claramente benévolo de un locutor de radio que ponía música–, y me había encantado saber que una de las cosas más importantes que hacían los periodistas era localizar a personas. La búsqueda de mi padre sería mi primer intento en el campo del periodismo de investigación. Y si averiguaba que estaba muerto, pues no pasaba nada. Saberlo me aportaría paz, y podría escribir «Fallecido» en la casilla de «Dirección del padre», todo un avance respecto a «Irrelevante».

A mi madre no le podía contar que estaba buscando a mi padre. Se sentiría traicionada al saber que estaba buscando al hombre que había estado a punto de matarla. Así que llevaba a cabo mi búsqueda en secreto, después de clase, usando el teléfono del periódico del instituto para llamar a emisoras de radio y clubes de comedia de todo el país. Nadie sabía dónde vivía mi padre, ni si estaba vivo. Me fui a la biblioteca y repasé los listines telefónicos de muchísimas ciudades, pero había siempre demasiados Johnnys Michaels, y ningún John Moehringer. Al cabo de un mes, aún no había conseguido ni una pista.

Un día, mientras mi madre estaba en el mercado, marqué muy deprisa el teléfono de un hombre que había sido colega de mi padre en la WNBC, en Nueva York. Llevaba semanas intentando convencer al colega para que se pusiera al teléfono, y aquélla fue la única vez que su secretaria me dijo que podía pasármelo. Mientras le consultaba si tenía algún número de mi padre, mi madre volvió a casa. Se había olvidado la lista de la compra.

–¿Con quién hablas? –me preguntó.

Yo me encogí de hombros.

El hombre volvió a ponerse y me dijo que mi padre había dejado instrucciones claras de que no se revelara su paradero. Yo intenté convencerlo, pero colgó. Mi madre se sentó a mi lado, y los dos nos quedamos mirando el teléfono. Me preguntó si quería su ayuda.

–No –le dije.

Ella se tocó el brazo, el que se había roto en el accidente de coche. Hacía poco que le habían retirado la escayola, y lo tenía algo atrofiado. Le dolía con frecuencia, y ahora era yo quien le causaba más dolor. Además, mientras se recuperaba, mi madre no había podido trabajar, y las facturas se iban acumulando. El dinero la estresaba más de lo habitual, y yo me dedicaba a estresarla más.

–Lo siento –le dije.

–No te disculpes. A un chico le hace falta un padre. –Sonrió, triste–. A todos nos hace falta un padre.

Mi madre rebuscó entre sus papeles y encontró una agenda vieja. Le parecía que tal vez conservara un número de la hermana de mi padre, que vivía en Florida. Se puso las gafas y descolgó el teléfono con el brazo atrofiado. Como no quería oír aquella conversación, me metí en el dormitorio y me puse a redactar el trabajo que debía presentar en Yale.

Mi madre consiguió ponerse en contacto con la hermana de mi padre, aunque quizá hubiera sido mejor que no lo hubiera hecho. La hermana le informó de que mi padre no quería que lo encontraran. Y eso fue todo.

–De todos modos –dijo mi madre, de pie junto a la cocina, mientras preparaba la cena–, le he dejado un mensaje para que se lo transmita. Ya veremos.

El teléfono sonó temprano a la mañana siguiente. Reconocí a La Voz al instante.

–¿Papá?

–¿Cómo estás? –me preguntó. Parecía preocupado.

–Bien –le dije.

–¿Bien?

–Sí.

–Pero entonces, ¿cómo...?

Mi madre me quitó el teléfono. Cubriendo el micrófono con la mano, y dándome la espalda, le susurró algo a mi padre. Después me confesó que el mensaje que le había dejado a su hermana decía así: «JR está muy enfermo y le gustaría ver a su padre... antes de que sea demasiado tarde». Una de sus mentiras más conseguidas.

Cuando mi madre me devolvió el teléfono, mi padre parecía divertido. Me preguntó qué había de nuevo, y pareció interesarse al saber que iba a solicitar plaza en Yale. Yo, que era un ingenuo, me sentí halagado. Pero en realidad no estaba interesado, sino que desconfiaba. Sabía que Yale era cara, y creía que me ponía en contacto con él para que me financiara los estudios. Cuando le hablé de las distintas formas de ayuda económica que tenía esparcidas por toda la cocina, le cambió el tono de voz, e incluso me dijo que se planteaba venir a verme a Arizona, siempre y cuando mi madre prometiera no enviarlo a la cárcel. Ella tuvo que prometérselo varias veces, y yo que avalar cada promesa, antes de que la creyera. Bien, bien, dijo al fin. Vivía en Los Ángeles, trabajaba en una emisora de música rock, y tomaría un avión a Phoenix el fin de semana siguiente.

Le pregunté a mi madre cómo reconocería a mi padre en el aeropuerto. No me acordaba de él.

–Hace mucho tiempo –dijo ella–. Antes se parecía un poco a... No sé.

–¿A quién?

–A ti.

–Ah...

Mi madre se estaba tomando un café. Clavó la vista en la taza y se quedó pensativa.

–Le gustaba comer –dijo–. En otro tiempo fue chef.

–¿Ah, sí?

–O sea que estará más gordo. También le gustaba beber, y eso puede afectar al aspecto de una persona. Además, empezaba a perder pelo. Supongo que habrá perdido más.

–O sea, que lo que me dices es que busque a una versión gorda, borracha y calva de mí mismo.

Ella se tapó la boca con la mano y soltó una carcajada.

–Oh, JR, eres la única persona que consigue hacerme reír. –Pero dejó de hacerlo abruptamente–: Sí –dijo–. Seguramente será algo así.

*   *   *

Esperaba junto a la puerta, observando las caras de todos los hombres como si fueran bolas de cristal. ¿Yo en el futuro? Todos me devolvían la mirada, aunque ninguno daba muestras de reconocerme. Al ver a las azafatas salir del avión, pateé el suelo con fuerza: lo había vuelto a hacer. Creía que mi padre había cambiado, pero nadie cambia.

Apareció entonces un último pasajero, un señor rechoncho y como enfadado, algo más bajo que yo, pero con mi misma nariz y mi misma barbilla. Se parecía a mí con treinta años y treinta y cinco kilos más, y con más capas de músculo. Nos miramos a los ojos. Noté que su mirada se trababa con la mía como si acabara de lanzarme una pelota de béisbol desde el otro lado de la terminal y me hubiera dado en plena frente. Vino hacia mí y yo di un paso atrás, pensando que tal vez fuera a golpearme, pero me abrazó con mucho cuidado, como si fuera rompible, que lo era.

El tacto de mi padre, su anchura, tan emocionante para mí, su olor a laca, cigarrillos y el whisky que se había tomado en el avión, me marearon un poco. Pero más que su tacto y su olor, lo que me aturdía era él mismo. Estaba abrazando a La Voz. Había olvidado que mi padre era de carne y hueso. Con el tiempo había ido sumándolo al resto de mis padres imaginarios, y ahora, mientras me esforzaba por rodearle los hombros con mis brazos, me sentía como si estuviera abrazando a Baloo o a Bagheera.

En una cafetería que quedaba cerca del aeropuerto nos sentamos a una mesa endeble, el uno frente al otro, mirándonos, constatando el parecido. Él me habló de su vida, de la vida que quería que yo creyera que había llevado, llena de aventuras, peligros y glamur. Intentaba que su pasado sonara romántico, para apartarnos a los dos del presente, que era deprimente. Había malgastado su talento, se había pulido el dinero, y se encontraba al principio de un largo declive. Me contaba anécdotas y más anécdotas, una Sherezade vestida de oscuro y con chaqueta de cuero, y yo no decía nada. Lo escuchaba atentamente y me creía todas sus palabras, todas sus mentiras, aunque sabía que lo eran, y creía que él era consciente y valoraba aún más mi atención, mi credulidad, y que por eso me contaba todas aquellas historias. Sólo después comprendí que no se daba cuenta de nada. Mi padre también estaba nervioso, más que yo, y contar aquellas anécdotas era su manera de tranquilizarse. Yo creía que, al fin, lo tenía delante pero, como siempre, se ocultaba tras aquella voz.

Recuerdo pocos detalles de la autobiografía oral de mi padre. Recuerdo que me habló de guapas conocidas y mujeres famosas con las que se había acostado, aunque no recuerdo cuáles. Lo que mejor recuerdo es lo que no dijo ninguno de los dos. Mi padre no me ofreció la menor explicación o disculpa por haber desaparecido, ni yo se la pedí. Tal vez a los dos nos pareció que no era el momento adecuado. Tal vez no sabíamos por dónde empezar. Lo más probable es que ninguno de los dos tuviéramos agallas. Fuera cual fuese el motivo, sucumbimos a una conspiración de silencio, y ambos fingimos que el hecho de que mi padre me hubiera abandonado y hubiera maltratado a mi madre no se interponía entre nosotros, en aquella mesa, como una rata muerta.

A mí me resultaba más fácil fingir. Mi padre –en cuanto que adulto, en cuanto que padre– entendía mejor que yo lo que había hecho. Yo me daba cuenta de ello en su cara, lo oía en su voz, aunque no reconocía lo que era. Lo reconocería años después, cuando supiera mucho más sobre la culpa, sobre el desprecio por uno mismo, y sobre qué aspecto nos hacen adoptar esas dos cosas, y sobre cómo nos hacen sonar.

De las muchas anécdotas que mi padre me contó aquella noche, una sí llegó a hacerse un hueco en mi memoria. Cuando le pregunté de dónde había sacado su alias radiofónico, y por qué usaba un alias, me dijo que Moehringer no era nuestro apellido verdadero. Su difunto padre era un inmigrante italiano que se llamaba Hugh Anastasio y que no encontraba trabajo porque las fábricas del Lower East Side las llevaban unos «alemanes cabeza-cuadradas que odiaban a los italianos». Para engañarlos, Hugh adoptó el apellido de un vecino suyo que había muerto hacía poco, Franz Moehringer. A mi padre nunca le gustó aquel apellido, ni le caía bien su padre, así que cuando entró en el mundo del espectáculo se convirtió en Johnny Michaels.

–Un momento –dije yo, señalándome el pecho–. ¿O sea que yo llevo el apellido del vecino alemán muerto de tu padre?

Él se echó a reír y me respondió impostando un acento alemán.

–Sí... *buenoo*... dicho así suena *graciozzo*...

Volvimos a vernos a la mañana siguiente, en el hotel de mi padre, y nos tomamos otro café. Tenía la piel cenicienta, y los ojos enrojecidos. Al parecer se había metido un rato en el bar del hotel después de que nos despidiéramos la noche anterior. Su resaca lo incapacitaba para reanudar el monólogo donde lo había dejado y, por tanto, yo no pude seguir ahí sentado sin decir nada, escuchándolo: alguno de los dos tenía que hablar. Le fui contando a trompicones cosas de Bill y Bud, del tío Charlie, del Publicans, de Lana, de Sheryl, de mis ambiciones en la vida.

–¿Aún sigues con lo de ser abogado? –me preguntó mi padre encendiéndose otro cigarrillo con la colilla del anterior.

–¿Por qué no?

Frunció el ceño.

–¿Qué posibilidades crees que tienes de entrar en Yale? –me preguntó.

–Casi ninguna –le dije.

–Creo que vas a entrar.

–¿En serio?

–No creo que reciban muchas solicitudes de este erial –comentó–. Tú les aportarás diversidad geográfica.

Su vuelo de vuelta a Los Ángeles salía a mediodía. Mientras lo llevaba en coche al aeropuerto, pensaba en algo profundo que decir. Me parecía que, antes de que se fuera, debíamos abordar el tema que habíamos estado evitando. ¿Pero cómo? Mi padre subió el volumen del radiocasete, y se puso a cantar la canción de Sinatra que sonaba en ese momento mientras yo elaboraba mentalmente varios discursos. Me parecía que tal vez debía encararme a él. ¿Por qué nos dejaste a mi madre y a mí sin un centavo? También podía adoptar un tono de perdón, sugerirle que empezáramos de nuevo. Mira, lo pasado pasado está, y espero que podamos dejarlo atrás. Dijera lo que dijese, tenía que ser algo ingenioso pero a la vez serio y, mientras me esforzaba por encontrar las palabras adecuadas, para dar con el tono exacto, no prestaba atención a la carretera. Me saltaba semáforos en ámbar, cambiaba de carril de cualquier manera, y estuve a punto de chocar contra un camión que se incorporó de pronto. Al llegar al aeropuerto, di un frenazo, puse el Hornet en punto muerto y me volví para mirar a mi padre. Lo miré fijamente a los ojos y le dije... nada. Él alargó la mano para recoger la bolsa que había dejado en el asiento trasero, me dio un abrazo, se bajó del coche y cerró dando un portazo. Asqueado conmigo mismo, avergonzado de mi cobardía, agarré con fuerza el volante y me quedé mirando fijamente al frente. Pensé en lo decepcionado que se sentiría Bud cuando le contara que había permitido que el miedo pudiera conmigo.

Aquella noche comprendería exactamente qué era lo que había querido decirle a mi padre, y lo pondría por escrito. Habría querido decirle que entendía que no estaba hecho para la paternidad, que para empezar nunca había solicitado aquel empleo, por lo que no tenía sentido que yo lamentara no haberlo tenido cerca cuando era niño. Lo que lamentaba era mi propia oportunidad perdida. Sentía que yo sí habría disfrutado siendo el hijo de un padre.

Oí que alguien golpeaba el cristal con los nudillos. Mi padre me miraba y me hacía un gesto para que bajara la ventanilla. Claro. A él también le parecía que debía decir algo profundo. Agarré la manivela y le di unas cuantas vueltas.

–JR –me dijo–. Tengo que decirte algo.

–¿Sí?

–Conduces mal de cojones.

Veinte
Mi madre

Debía ser sencilla pero compleja, breve pero lírica, hemingwayana y joyceana a la vez. Debía ser cauta y conservadora, pero también fresca y descarada, que diera fe de una mente juvenil rebosante de ideas. Determinaría el curso de mi vida, y de la vida de mi madre y, o bien compensaría los errores que habían cometido todos los hombres de mi familia, o bien perpetuaría su tradición de fracaso. Y no podía superar los tres cuartos de página.

Antes de empezar a redactar mi carta para Yale, confeccioné una lista de grandes palabras. Sólo con las palabras más imponentes podría obligar al Comité de Admisiones a pasar por alto mis muchas deficiencias. A mis diecisiete años, había desarrollado una filosofía de las grandes palabras que no difería mucho de mi filosofía de la colonia: cuantas más mejor.

Mi lista:

Provisional
Estridente
Bucólico
Fulcro
Adverso
Mastodóntico
Jesuítico
Subalterno
Ecléctico
Marqués de Sod
Estético

A mí me encantaban las palabras –su sonido, su poder– sin entender ni valorar su precisión, lo que me llevaba a escribir frases insólitas, una tras otra. «Por más que lo intento –decía, dirigiéndome directamente al Comité de Admisiones–, me siento incapaz de exponer con precisión los zarpazos enfáticos de la hambrienta ignorancia que asalta este mi decimoséptimo año, pues mucho me temo que mi público está bien alimentado.»

A medida que mis dedos volaban sobre las teclas de la máquina de escribir de segunda mano que me había comprado mi madre, me parecía oír al decano de Admisiones llamando a todo el mundo a su despacho: «¡Creo que aquí tenemos a alguien!», diría, antes de leer algún que otro párrafo escogido en voz alta.

En cambio, mi madre, después de leer la carta, escogió tres palabras normales y corrientes para expresar su opinión: «Pareces un loco».

Yo le arranqué el papel de las manos y me metí en el dormitorio para intentarlo de nuevo.

Redacté otra carta, una carta más extensa sobre mi «ambición» de matricularme en Yale. Me dejé llevar bastante por aquella palabra. «Tengo ambición –proclamaba– en el sentido en que es ambicioso un hombre que desea adelantar, corriendo, a un tren rápido. ¿Y cuál es el peso mastodóntico que recae sobre mí? ¡La ignorancia!» A mí me parecía que todo aquello sonaba brillante, pero mi madre rechazó de plano mi empeño.

En el transcurso de las semanas siguientes, entre Acción de Gracias y Navidad, mi madre y yo nos pasamos los días gritándonos y dando portazos, pasándonos mi cuaderno una y otra vez el uno a la otra, discutiendo sobre el uso de ciertas palabras. Ella me miraba fijamente y a mí casi me parecía oírla pensar que ojalá no me hubiera enseñado nunca a amar las palabras, que ojalá no me hubiera mostrado nunca aquellas tarjetas tan bonitas cuando era niño. Yo le sostenía la mirada y me preguntaba si el accidente de coche le habría causado alguna lesión cerebral que los médicos no habían diagnosticado. ¿O era simplemente incapaz de apreciar la escritura de altos vuelos? Les llevé mis muchos borradores a Bill y Bud, que me dijeron que mi madre había sido demasiado benévola al evaluarme.

Cuando faltaban pocos días para la fecha límite de entrega de la solicitud, que era el 31 de diciembre, salí de mi cuarto blandiendo otra carta.

–Peor que la última –sentenció mi madre, devolviéndomela.

–¡Con esta carta de presentación me aceptarán!

–Con esa carta te condenarán.

Para mortificarla, me metí en la habitación y escribí otra deprisa y corriendo, sin una sola palabra rimbombante, en la que me limitaba a describir de manera muy simple mi trabajo en la librería con Bill y Bud, y en la que contaba que ellos me habían enseñado a leer regalándome montones de libros y conversando conmigo con mucha paciencia sobre lengua y literatura. Exponía que ellos me habían transmitido su entusiasmo por los libros, y que consideraba Yale una ampliación de aquella experiencia. Era una carta aburrida hasta decir basta. Se la enseñé a mi madre.

–Perfecta –dijo ella.

Nunca en mi vida me había sentido tan confuso.

El día de Nochebuena mi madre y yo nos acercamos hasta la oficina de correos. Era un día ventoso, de sol radiante. Ella se besó las puntas de los dedos y rozó con ellas el sobre antes de que yo lo echara al buzón. De vuelta en casa, cenamos pizza, y cuando mi madre se acostó yo me acerqué a la orilla del canal y miré el agua, y oí a unos borrachos de Arizona que, al otro lado, cantaban *Auld Lang Syne*.

A partir de ese momento, todos los días comprobaba si había llegado alguna carta, aunque sabía perfectamente que el Comité de Admisiones tardaría meses en tomar su decisión. La única carta que llegó fue una de Sheryl. A mí me llegó al alma, porque me pareció que había decorado la hoja con el logotipo de Yale, aquella majestuosa y griega, aunque, al fijarme mejor constaté que eran dibujos de copas de martini, pictogramas que remataban cada línea y explicaban a qué había dedicado su tiempo. Estaba saliendo con Fulano, al que le gustaba (copa de martini), y se había encontrado con Zutano, y se habían quedado hasta muy tarde (copa de martini), y los del Publicans (copa de martini) me enviaban recuerdos. Antes de firmar, se despedía con un «Tómate un cóctel. Yo voy a hacerlo. Besos y amor. Sheryl».

Llegó la primavera. Pasaba las noches cálidas en el canal, preguntándome si el Comité de Admisiones habría tomado una decisión sobre mí ese día, o si la tomaría a la mañana siguiente, o tal vez por la tarde. Contemplaba las estrellas que se reflejaban en la superficie del agua y les pedía deseos a todas. Por favor. Por favor. No sabía qué haría si no me aceptaban. Como segunda opción había solicitado el ingreso en la Universidad Estatal de Arizona, pero no sentía el menor entusiasmo ante la idea de estudiar allí. Pensaba que si Yale me rechazaba, seguramente me iría a Alaska. A veces me recreaba en aquella fantasía e imaginaba que aquel canal era un río de aguas bravas en el Yukón, donde vivía en una cabaña de troncos, dedicado a la pesca y a la lectura, y donde subsistía gracias a la carne de oso. Allí no pensaba casi nunca en Yale, salvo en las noches de ventisca, sentado junto a la chimenea, mientras me quitaba los piojos de la barba y acariciaba a mi perro... *Eli*.

Siempre que bajaba de la orilla del canal y volvía al apartamento encontraba a mi madre despierta, trabajando en la mesa de la cocina. Charlábamos un rato, de cualquier cosa menos de Yale, y después yo me iba a la cama y escuchaba a Frank Sinatra hasta que me quedaba dormido.

El 15 de abril llegó una carta. Mi madre la dejó en el centro de la mesa de la cocina. Podríamos habernos pasado el día entero mirándola si ella no me hubiera suplicado que la abriera. Levanté el abrecartas que ella me había comprado cuando fuimos a conocer Yale y rasgué el sobre. Extraje la única hoja que contenía, de papel biblia, la desdoblé y la leí en silencio.

«Querido señor Moehringer: Con gran placer le informamos de que el Comité de Admisiones ha decidido ofrecerle plaza en Yale para el curso académico de 1986-1987.»

–¿Qué dice? –me preguntó mi madre.

Yo seguí leyendo en silencio.

«También nos complace notificarle que estamos en condiciones de satisfacer su necesidad de ayuda económica.»

–Cuéntame –dijo mi madre.

Le entregué la carta. Dios mío, dijo mientras leía, con lágrimas en los ojos. Se acercó la carta al corazón. La abracé y nos pusimos a bailar por todo el salón, entrando y saliendo de la cocina, y después nos sentamos a la mesa y leímos la carta una y otra vez. Yo la leí gritando las palabras, y ella la leyó cantándolas, hasta que al final nos quedamos en silencio. Ya no podíamos decir nada más. No nos atrevíamos, y no lo necesitábamos. Los dos creíamos en las palabras, pero para ese día, para ese sentimiento, sólo cabía decir: nos han dejado entrar ahí dentro.

Telefoneé a casa del abuelo y se lo conté. Después hice la llamada que importaba: la del Publicans. Nunca había llamado al tío Charlie al bar, y él se temió lo peor.

–¿Quién ha muerto? –dijo.

–Me ha parecido que te interesaría saber que a tu sobrino lo han aceptado en Yale.

Pausa. Oí cincuenta voces de fondo, un partido de béisbol en la tele, entrechocar de vasos.

–¡No me jodas! –dijo–. Escuchad todos. Mi sobrino ha entrado en Yale. –Levantó el auricular y oí los gritos de alegría, seguidos de un coro indisciplinado y ebrio que cantaba el himno de guerra de Yale, el Boola Boola.

Al llegar a la librería, me dirigí con calma al almacén, como si entrara a cobrar el cheque semanal. Bill y Bud estaban leyendo. Recuerdo –lo recordaré siempre– que Bill estaba sentado en su taburete, escuchando la Sinfonía n.º 1 de Mahler.

–¿Alguna noticia? –me preguntó.

–¿Sobre qué? –dije yo.

–Ya lo sabes.

–¿Qué? ¡Ah! ¿Yale? Me han aceptado.

Aquellos dos hombres se emocionaron más que mi madre.

–Va a tener que ponerse en marcha ya mismo –le dijo Bill a Bud, que se secaba las lágrimas, se sonaba y se olía el puño, todo a la vez–. Vaya, vaya, va a tener que leer mucho este verano.

–A Platón –dijo Bud–. De entrada debería leer *La República*.

–Sí, sí –coincidió Bill–. Empezarán con los griegos, eso seguro. Pero tal vez también tendría que leer algo de teatro. ¿Esquilo? ¿Antígona? ¿*Las aves*?

–¿Y qué me dices de Thoreau y Emerson? Emerson es un valor seguro.

Me dieron una vuelta por la librería, y fuimos llenando dos bolsas de libros con las cubiertas arrancadas.

En mi último día de trabajo en la librería, Bill, Bud y yo estábamos en el almacén, comiéndonos unos bagels y bebiendo champán. Era una fiesta de despedida, aunque parecía más un funeral.

–Escúchame –me dijo Bill–. Bud y yo hemos estado hablando.

Se miraron como si fuera un pájaro enjaulado al que estuvieran a punto de dejar en libertad en medio de un bosque.

–Tal vez sea sensato –prosiguió Bud– que rebajes un poco tus expectativas.

–Parecéis asustados por mí –dije yo.

Bill carraspeó.

–Es que creemos que hay ciertas cosas para las que no estás...

–Preparado –dijo Bud.

–¿Como cuáles?

–La decepción –respondió Bud sin dudar.

Bill asintió.

Casi se me sale el champán por la nariz.

–Creía que ibais a decir «el alcohol y las drogas» –dije yo–. O las chicas. O los niños ricos. O los profesores malvados. Pero... ¿la decepción?

–La decepción es mucho más peligrosa que todas esas cosas juntas –dijo Bud.

Siguió explicándose, pero yo ya no escuchaba. Me reía a carcajadas.

–Está bien –dije–. Os aseguro que estaré atento a... ¡la decepción! ¡Jajaja!

Bud se olió el puño con vehemencia. Bill se alisó la corbata de punto. Pobres tontos, pensé yo. Llevaban tanto tiempo escondidos en aquella trastienda que se les había deformado la mente. Decepción. «¿Cómo voy a desilusionarme cuando, a partir de ahora, todo va a ser perfecto?»

Apagamos las luces y salimos de la librería. Les estreché la mano y me fui por un lado, y ellos se fueron por el otro, y ésa fue la última vez que vi a Bill y a Bud. Cuando regresé a Arizona por Navidad y fui a visitarlos, un hombre que encontré en la caja me contó que los habían despedido. No quiso decirme por qué. Esperaba que no tuviera que ver con todos aquellos ejemplares sin cubierta.

–¿Cómo te las vas a apañar sin mí? –le pregunté a mi madre en el aeropuerto.

Ella se echó a reír, hasta que se dio cuenta de que hablaba en serio.

–Tú preocúpate de ti mismo –dijo–. Y ten siempre en cuenta que a mí me alegra mucho pensar en las experiencias maravillosas que estás viviendo.

Habría querido quedarme en Arizona ese verano, pasar tiempo con mi madre. No, de ninguna manera, dijo mi madre. Sheryl había vuelto a encontrarme trabajo en el bufete de abogados, con la idea de que ahorrara algo para mis gastos cuando empezara la universidad, y mi madre quería que pasara el máximo tiempo posible en la playa de Gilgo con el tío Charlie y los hombres.

Estábamos sentados esperando a que anunciaran mi vuelo, consultando la pantalla de llegadas y salidas. Yo dije algo sobre todas las llegadas y las salidas de nuestra vida. Mi madre enlazó su brazo en el mío.

–Tendrás muchas vacaciones –dijo–. No te darás cuenta y ya estarás de vuelta en... casa.

Seguía encallándose con la palabra.

Mi vuelo empezó a embarcar.

–Será mejor que te vayas –dijo mi madre.

Nos levantamos.

–No. Me quedo un poco más.

–Vete.

–Pero...

–Vete, JR –me dijo–. Vete.

Nos miramos, pero no como si no fuéramos a vernos en mucho tiempo, sino como si hubiéramos estado mucho tiempo sin vernos. Nos habíamos concentrado tanto en salir adelante, en que nos dejaran entrar ahí dentro, que llevábamos años sin vernos bien. En ese momento sí la miré bien, los ojos verde-castaños húmedos, los labios temblorosos. La estreché entre mis brazos, y noté que ella me apretaba con más fuerza que nunca.

–Vete –me dijo–. Por favor, vete ya.

Sentado en el avión, esperando a que se alejara de la puerta de embarque, miré por la ventanilla y me reñí a mí mismo por decepcionar a mi madre. En el momento álgido de nuestra despedida yo no le había dicho nada profundo. Si algún momento reclamaba a gritos profundidad, era ése, y yo no había estado a la altura. Más vergüenza me causaba aún el motivo: no me sentía lo suficientemente traumatizado. Me entusiasmaba iniciar una nueva vida, lo que significaba que era un hijo ingrato, un mal hijo. Estaba abandonando a mi madre sin el menor sentimiento de culpa, acababa de despedirme de ella fríamente, sin volverme siquiera a mirarla.

Poco después de que el avión despegara me di cuenta de por qué no estaba traumatizado ante aquella despedida: llevaba desde los once años despidiéndome de mi madre. Al enviarme a Manhasset, al insistir en que crease un vínculo con el tío Charlie y los hombres, mi madre había estado destetándome, y se había destetado ella de mí, de manera gradual, imperceptible. Tal vez fueran las nubes esponjosas que pasaban junto a la ventanilla las que me lo hicieran comprender: mi madre, secreta, sutilmente, se había desprendido de un gajo de sí misma todos los veranos.

A partir de entonces tendría que pelearme yo solo con todas mis mantas favoritas. Y ninguna de ellas me resultaría tan segura, ninguna de ellos me arroparía tanto como el bar de Steve.

Segunda parte

Dicen que los mejores hombres están amasados de defectos y, en su mayor parte, se hacen mucho mejores al ser un poco malos.

William Shakespeare, *Medida por medida*

Veintiuno
El Diablo y Merriam Webster

El taxista depositó mis maletas en la acera, frente a Phelps Gate. Había familias por todas partes, y él miró a izquierda y derecha en busca de la mía, como si yo hubiera estado con ella cuando me recogió en Union Station y, camino del campus, sus miembros hubieran ido cayéndose del taxi.

–¿Estás solo? –me preguntó.

–Sí.

–¿Necesitas ayuda con tus cosas?

Asentí.

Recogió una de las maletas y franqueamos juntos aquel arco tan alto, pasamos a través de aquel túnel tan largo, tan oscuro, y salimos al espacioso rectángulo verde del Campus Viejo. Pensé que incluso el acceso a Yale estaba diseñado para representar y simbolizar todo aquello que prometía el lugar: una oscuridad que desembocaba teatralmente en luz.

Preguntamos cómo llegar al Wright Hall, que resultó ser una residencia de un siglo de antigüedad no mucho más sólida que la casa del abuelo. Para llegar a mi habitación tuve que subir cinco tramos de escaleras, y ya había gente en ella cuando llegué. Uno de mis tres compañeros de cuarto ya estaba deshaciendo el equipaje, colocando en su sitio la ropa interior con la ayuda de sus padres y hermanas. Nos dimos la mano mientras su madre se dirigía al taxista:

–¡Debe de estar muy orgulloso! –le gritó–. ¿Verdad que hoy es un día fabuloso para ser padre?

Confundido, el taxista se quitó la gorra y estrechó la mano de aquella señora. Ella se presentó, le presentó a su marido y, sin darle tiempo a preguntarle si prefería pasar los veranos en Martha's Vineyard o en Cape Cod, yo me adelanté, le pagué la carrera y le di las gracias.

–Ah –dijo la madre–. Yo no...

–Buena suerte –me dijo el taxista, quitándose de nuevo la gorra al salir por la puerta.

Todos me miraron.

–Hoy vuelo en solitario –dije.

La madre me dedicó una sonrisa poco convencida. ¿Mi hijo va a vivir con este vagabundo? Las hermanas volvieron a doblar calzoncillos.

–Dime –dijo mi nuevo compañero de habitación, intentando suavizar la tensión–, ¿a qué corresponden las iniciales JR?

En ese momento entró un segundo compañero de habitación, también acompañado por sus padres y seguido del chófer de su limusina, que cargaba con un conjunto de maletas de diseño a juego. Se hicieron las presentaciones. El padre del segundo compañero de habitación, un hombre elegante de mirada torva, me acorraló y empezó a bombardearme a preguntas: ¿de dónde era? ¿En qué instituto había estudiado? Entonces me preguntó a qué había dedicado el verano.

–He estado trabajando en un bufete de abogados de Manhattan –le dije, orgulloso.

–¿En qué bufete?

Le dije el nombre. Él no reaccionó.

–Es un bufete pequeño –le dije. Frunció el ceño. Lo había perdido. Intenté recuperarlo–. Aunque los socios se separaron hace unos años de un bufete mucho mayor y mucho más prestigioso.

Era cierto. Sin embargo, cuando el padre me preguntó de qué bufete se trataba, me quedé en blanco. Solté los tres primeros apellidos que me vinieron a la mente y que me sonaban a estirpe de procuradores: Hart, Schaffner y Marx. Por desgracia, el padre se dedicaba al sector textil. Conocía Hart Schaffner Marx, la empresa que se dedicaba a confeccionar trajes de caballero. La conocía bien. Vi que el padre llegaba a la conclusión de que yo era un mentiroso y un necio y, asqueado, me dio la espalda.

Era el momento de salir a tomar el aire.

Me largué de allí corriendo y me acerqué al mismo olmo bajo el que me había refugiado durante mi primera visita a Yale con mi madre. Con la espalda apoyada en el tronco, observaba la llegada de mis compañeros de universidad, toda una flota de familias que navegaba con el viento a favor College Street arriba, en coches que costaban el triple de lo que mi madre ganaba en todo un año. Hasta ese momento no se me había ocurrido pensar lo raro que me vería yo, presentándome en Yale solo, y no había previsto lo distintos a mí que serían mis compañeros. Además de los elementos tangibles –ropa, zapatos, padres–, en lo que me fijé ese primer día fue en la seguridad en sí mismos que demostraban. Casi podía ver aquella seguridad ascendiendo sobre el campus en oleadas radiantes, como el calor de agosto. Y, como el calor, aquella seguridad me chupaba la fuerza. Me preguntaba si aquella seguridad en sí mismos era algo que podía adquirirse o si, como los padres y la piel perfecta, era algo con lo que nacías.

Un chico muy seguro de sí mismo destacaba del resto. Me recordaba a una foto que en una ocasión me había mostrado Bud, de un busto de la antigüedad: César, pensé. Los ojos le brillaban con la misma confianza imperial. Eran los mismos ojos de su padre, o de su tío, o de quien fuera que en ese momento le ayudaba a meter el equipo de música en su dormitorio, y deslumbraban a todo el que pasaba por su lado. Aquél era el primer día del curso académico y, aun así, todo en aquel chico indicaba que estaba a punto de graduarse. Estaba conectado con Yale. Conocía a todo el mundo, y a los que no conocía los interceptaba y se mostraba interesado en conocerlos. Levantaba ligeramente la barbilla, como si todas las personas a las que se dirigía estuvieran subidas a una escalera de mano, pose que acentuaba su porte regio, como lo acentuaba su nariz aguileña y su barbilla puntiaguda. Sonreía como si llevara en el bolsillo un número premiado de lotería, y yo suponía que, en efecto, lo llevaba. Hasta ese punto tenía el éxito asegurado. Parecía una persona a la que no podía ocurrirle nada malo.

¿Cómo iba yo a estudiar en la misma universidad que ese chico? ¿Cómo podíamos ocupar el mismo planeta? De hecho no era un chico, era un hombre hecho y derecho. Si alguna vez llegaba a verme a su lado –algo improbable–, me sentiría como si llevara pantalones cortos de terciopelo y lamiera una piruleta gigante. Existía en un plano de realidad distinto, a muchos mundos de distancia de mí, aunque, a la vez, en él había algo mortificante de tan familiar. Seguí observándolo, y lo observé hasta que identifiqué de qué se trataba. Se parecía a Jedd.

Jedd. Habría querido llamarlo y pedirle consejo. Jedd sabría qué hacer.

Pero no hablábamos desde hacía años. Pensé en telefonear a mi madre, pero lo descarté al momento. Ella detectaría el miedo en mi voz, y no podía transmitirle que me estaba desanimando ya el primer día.

Aquella noche puse un disco de Frank Sinatra en el tocadiscos de mi compañero de habitación, me tumbé en el banco que quedaba bajo la ventana del cuarto común, y me puse a hojear el directorio de asignaturas, que tenía cuatrocientas páginas. Para esto he venido a Yale, pensaba, animándome. Ésa sería mi salvación. Me abstraería de todo lo demás y me concentraría en Antropología 370b, «Estudio de la Cultura Americana», o en Inglés 433b, «Las artes del escritor», o en Psicología 242ª, «Aprendizaje y memoria humanos». ¡Aprendería chino! ¡O griego! ¡Leería a Dante en su original italiano! ¡Me apuntaría a esgrima!

Entonces vi algo que llevaba por título «Estudios Dirigidos». Se trataba de un programa limitado a un número «escogido» de alumnos de primer año que planteaba una introducción exhaustiva a la civilización occidental de un curso de duración y suponía una inmersión intensiva en el canon. Pasé el dedo por la lista de autores y pensadores incluidos: Esquilo, Sófocles, Heródoto, Platón, Aristóteles, Tucídides, Virgilio, Dante, Shakespeare, Milton, Tomás de Aquino, Goethe, Wordsworth, san Agustín, Maquiavelo, Hobbes, Locke, Rousseau, Tocqueville... Y eso sólo durante el primer semestre. Miré por la ventana, pensativo. Un grupo de alumnos se reunía en el patio, abajo. Volví a ver al chico supremamente seguro de sí mismo, Jedd Reencarnado, que avanzaba hacia ellos: el emperador de Yale. Aquellos Estudios Dirigidos eran la única manera de competir con un chico como él, la única manera de enfrentarme a su confianza y tal vez, de paso, adquirir yo algo de la mía.

Telefoneé a mi madre y le pregunté qué le parecía. A ella le preocupaba que quisiera abarcar demasiado, demasiado pronto, pero al oír en mi voz que necesitaba demostrarme a mí mismo mi valía, enseguida, me animó a solicitar plaza. Y si, por algún motivo, me aceptaban –me dijo–, siempre podría renunciar al trabajo de media jornada del que habíamos hablado. Debía aprovechar todo mi tiempo libre para estudiar, estudiar, estudiar, me dijo. Y si a ella le hacía falta dinero, recurriría a la pequeña indemnización que le había correspondido después del accidente.

* * *

Con mi nuevo cuaderno de Yale bajo el brazo y dos bolígrafos sin estrenar en el bolsillo, corría por Elm Street mientras sonaban las campanas de Harkness. Algunas hojas ya empezaban a cambiar de color. Me habían aceptado en el curso de Estudios Dirigidos, todo un honor para mí, aunque más tarde descubrí que allí se aceptaba prácticamente a cualquier masoquista dispuesto a trabajar cuatro veces más que cualquier otro alumno de primero. Mientras me dirigía a paso ligero a mi primera clase, un seminario de literatura, pensaba en todas las veces en que el tío Charlie me había dicho que parase el reloj, que me quedara donde estaba, congelado, precisamente en aquellos momentos en los que yo habría querido que la vida avanzara más deprisa. Ahora, al fin, había llegado un momento hecho para saborearlo.

Mi seminario de literatura lo impartía un hombre alto y huesudo de unos cuarenta años, con bigote y perilla y unas cejas castañas que no paraban de agitarse, como polillas. Nos dio la bienvenida oficialmente y nos habló de las glorias con las que nos encontraríamos muy pronto, las mentes prodigiosas y los relatos atemporales, las frases inmemoriales tan bien construidas que habían sobrevivido más que muchos imperios, que muchas épocas, y que perdurarían en los milenios venideros. Pasaba de un poema a una obra de teatro, y de ésta a una novela, citando de memoria los mejores versos y párrafos *de La Divina Comedia,* de *El preludio* y de *El ruido y la furia*, además de otros de su obra favorita *El paraíso perdido*, gracias a la que pronto entraríamos en contacto con Satán. Hablaba con una acusada tristeza de la pérdida del paraíso, y con una admiración particular por Satán en cuanto que personaje literario, y me llamó la atención que ese profesor, con aquella barbita en punta y aquellas cejas pobladas, pudiera haberse construido, en parte, tomando como modelo al Príncipe de las Tinieblas. Dibujé en mi cuaderno un boceto de su rostro al estilo de los que aparecían en mis *Biografías relámpago*, y debajo anoté: «Profesor Lucifer».

Como cabría esperar de Lucifer, se sentaba con aire profesoral en el pico de la mesa, y con su discurso nos convencía para que le vendiéramos el alma. Todo lo que leeríamos –dijo con cautivadora autoridad–, descendía de dos poemas épicos, la *Ilíada* y la *Odisea*. En ellos estaban las semillas, añadía, de las que había brotado el gran roble de la literatura occidental, que seguía creciendo, extendiendo sus ramas generación tras generación. Nos envidiaba, decía, porque estábamos a punto de encontrarnos con aquellas dos obras maestras por primera vez. Aunque habían sido escritos hacía casi tres mil años, aquellos dos poemas seguían tan frescos y tan vigentes como las noticias publicadas aquella misma mañana en el *New York Times*. «¿Por qué? –se preguntaba–. Porque las dos abordan ese tema atemporal que es..., la añoranza del hogar.» En mi cuaderno anoté: «Abordar... buena palabra». Entonces, al constatar que mi caligrafía no era perfecta, borré la anotación y volví a escribirla más pulcramente.

Me encantaba la manera de pronunciar ciertas palabras que tenía el Profesor Lucifer, sobre todo «poema», alargando mucho la eme. Cada vez que la decía («Lo que conviene tener presente sobre este poemmma...») apoyaba su huesuda mano derecha en los ejemplares medio desencuadernados de sus libros de poesía, como un testigo que jurara sobre la Biblia. Aunque aquellos ejemplares me doblaban la edad, aunque sus páginas habían adquirido una tonalidad amarillenta, como de mostaza, no me pasaba por alto que habían sido conservados con gran cuidado, manipulados con delicadeza, subrayados con precisión geométrica.

Nuestra primera tarea consistió en leer la mitad de la *Ilíada* y escribir luego un trabajo de diez páginas. Me fui directamente a la Biblioteca Sterling y encontré una butaca de cuero libre en la sala de lectura. A mi lado, una ventana abierta daba a un jardín cerrado, donde borboteaba una fuente y cantaban los pájaros. En cuestión de minutos me fundí con la butaca de cuero, me hundí en los pliegues del tiempo y aterricé con un golpe seco en la playa de Ilión. Leí durante horas sin interrupción descubriendo, para maravilla mía, que además de la añoranza del hogar el poema también trataba de hombres, y de la armadura de hojalata de la virilidad. Contuve el aliento al llegar a la escena entre Héctor, el más grande guerrero troyano, y su hijo recién nacido. Héctor, vestido para la batalla, se despide del pequeño. No vayas, le suplica su esposa, pero Héctor debe hacerlo. No es su voluntad, sino el destino. El campo de batalla le llama. Sostiene al niño, «hermoso como una estrella brillante», le da un beso de despedida y pronuncia una oración: «Que digan de él, cuando vuelva de la batalla: "¡Es mucho más valiente que su padre!"».

A medianoche regresé a mi dormitorio, y en mi mente bullían las ideas para el trabajo que debía presentar. Me senté al escritorio y encendí el flexo. Mientras mi compañero dormía en la litera de arriba abrí mi diccionario nuevo y confeccioné una lista de palabras grandilocuentes.

El Profesor Lucifer nos devolvió los trabajos corregidos arrojándolos al otro extremo de la mesa. Nos dijo que había dedicado tanto esfuerzo a puntuarlos como nosotros a escribirlos. Estaba «escandalizado», dijo, con nuestros análisis del poemmma, tan bastos. Éramos indignos de los Estudios Dirigidos. Éramos indignos de Homero. Mientras hablaba, me miró a mí varias veces. Todos rebuscaron entre el montón de trabajos, y cuando yo encontré el mío se me encogió el estómago. Había una D+ garabateada sobre la primera página. El compañero que tenía a mi lado también parecía impactado. Me fijé en su nota: una B+.

Después de clase fui a refugiarme a mi frondoso olmo, y leí las notas que el Profesor Lucifer había escrito en los márgenes de mi trabajo, con una pluma roja que dejaba borrones, por lo que las páginas parecían salpicadas de sangre. Algunos comentarios me dolían, otros me desconcertaban. Me había señalado con círculos, repetidamente, la expresión «en cierto modo», y al margen había escrito «pereza intelectual». Yo desconocía que «en cierto modo» fuera pecado. ¿Por qué no me lo habían dicho Bill y Bud? ¿Existía alguna palabra grandilocuente que sustituyera a «en cierto modo»?

Antes de empezar a redactar mi siguiente trabajo, fui a la librería de Yale y me compré un diccionario más grande, del que recopilé una lista de palabras más grandilocuentes, de cinco sílabas al menos. Me prometí que asombraría al Profesor Lucifer, que conseguiría ponerle la perilla de punta. Puntuó mi segundo trabajo con una D. Volví a refugiarme en mi olmo.

Por más que estudiara aquel otoño, por más que me esforzara, el resultado era siempre una C o una D. En mi trabajo sobre la *Oda a una urna griega*, de John Keats, me pasé una semana leyendo el poema del derecho y del revés, memorizándolo, recitándolo en voz alta mientras me cepillaba los dientes. Sin duda el Profesor Lucifer notaría la diferencia. En sus notas al margen escribió que había escrito mi peor trabajo del semestre. Comentó, con estas palabras, que había convertido la urna de Keats en mi urinario particular.

Hacia el final del semestre ya había gastado el camino que iba del aula al olmo, y había llegado a una triste conclusión: entrar en Yale había sido un golpe de suerte, pero permanecer en Yale, obtener un título allí, iba a ser todo un milagro. Yo era un buen alumno de una mala escuela pública, es decir, que llegaba pésimamente preparado. Entretanto, mis compañeros de clase salían adelante sin esfuerzo. Nada les sorprendía, porque llevaban toda la vida formándose para Yale en escuelas preparatorias conocidas en todo el mundo de las que no había oído hablar hasta que llegué a New Haven. Yo, por mi parte, me había preparado en la trastienda de una librería regentada por dos eremitas locos. Había días en que sospechaba que mis compañeros y yo no hablábamos ni siquiera el mismo idioma. Vi a dos chicos paseando por el campus y oí que uno le decía al otro: «¡Eso es tan abstruso!». Su amigo se reía sonoramente. Aquella misma semana me encontré con los mismos alumnos. El abstruso le decía al otro: «Un momento: conmigo los argumentos teológicos no sirven».

La filosofía era la única asignatura que se me daba bien, porque en ella no había respuestas correctas. Pero incluso allí me asombraba la seguridad que demostraban mis compañeros... o su arrogancia. Mientras hablábamos de Platón en un seminario, miré a mi derecha y vi que el alumno que se sentaba a mi lado había anotado réplicas a Sócrates en los márgenes de su texto. «¡No! ¡Te equivocas de nuevo, Socra!» «Jajaja, eso es poco probable.» Yo no me hubiera atrevido jamás a discrepar de Sócrates y, de haberlo hecho, me lo habría guardado para mí.

Justo antes de los exámenes finales, sentado bajo mi olmo, observando las raíces que, como telarañas, se alejaban de mí en todas direcciones, llegué a la conclusión de que eso era precisamente lo que me faltaba a mí: raíces. Para salir adelante en Yale hacían falta cimientos, cierto conocimiento básico del cual beber, como el olmo bebía agua a través de sus raíces. Yo no las tenía. Para ser sincero, ni siquiera estaba seguro de si aquel árbol era un olmo.

Cuando el primer semestre tocaba a su fin, alcancé, al menos, una pequeña meta: cumplí dieciocho años. En diciembre de 1982, a esa edad ya se podía beber alcohol legalmente en el estado de Nueva York, lo que implicaba que por fin podría refugiarme en un sitio que no fuera mi frondoso olmo.

Veintidós

Cager

El tío Charlie estaba detrás de la barra, secando un vaso de tubo y viendo a los Knicks por la tele. Por su manera de sostener el vaso, como si estuviera a punto de rompérselo a alguien en la cabeza, y por su manera de mirar fijamente la tele, como si estuviera a punto de rompérsela a alguien en la cabeza, se notaba que había apostado bastante dinero al equipo que perdía.

Era viernes por la tarde, casi de noche. El local todavía no estaba lleno del todo. Había familias que cenaban en el restaurante, y un grupo de bebedores tempraneros que ya se había instalado a lo largo de la barra, todos ellos en posturas de un reposo extraordinario, como granjeros de Nueva Inglaterra en un prado, apoyados contra un muro de piedra. Yo, que entré por el restaurante, me detuve al llegar al bar, planté un pie en el peldaño de ladrillo que recorría toda la base de la barra y clavé la vista en la nuca del tío Charlie. Él la notó y se volvió despacio.

–Pero... mira... a quién... tenemos... aquí –dijo.

–Hola –dije.

–Hola a ti también.

–¿Qué hacen los Knicks?

–Quitarme años de vida. ¿Qué estás haciendo tú... aquí?

Como los miembros de un tribunal popular, los hombres acodados en la barra volvieron las cabezas hacia mí. Yo no sabía qué decir. Dejé la maleta en el suelo, y el tío Charlie dejó en la barra el vaso de tubo. Levantó el cigarrillo del cenicero y dio una calada larga mientras, con los ojos entornados, me miraba entre cirros de humo. Nunca se había parecido tanto a Bogart como ese día, y el Publicans nunca me había recordado tanto al Rick's Café, razón por la cual, tal vez, dejando mi permiso de conducir sobre la barra, dije algo sobre unos «salvoconductos». Sin levantar el permiso, el tío Charlie lo miró y fingió contar los años que habían pasado desde mi nacimiento. Y entonces soltó el aire despacio, sonoramente.

–Así que hoy es el día –dijo–. El Día D. Has venido a tomarte tu primera copa legalmente. –Los hombres del bar ahogaron una risa–. Mi sobrino –les anunció él–. ¿Verdad que es guapo? –El murmullo de aprobación masculina creció, una especie de relinchar de caballos–. De acuerdo a las leyes del estado de Nueva York –prosiguió en voz más alta– mi sobrino es hoy un hombre.

–Pues entonces esa ley es una cagada –se oyó una voz a mi derecha, que surgía de la penumbra.

Me volví y vi a Joey D acercarse a la barra a grandes zancadas. Hacía esfuerzos por mantener serio el rictus en su cara de teleñeco, aunque veía que, bajo el ceño fruncido asomaba una sonrisa, como el sol intentando abrirse paso entre las nubes. Levantó el permiso de conducir de la barra y lo estudió bajo aquellas luces tan tenues.

–Esto no puede ser –dijo Joey D–. Chas..., ¿el niño? ¿No es un niño?

El tío Charlie meneó la cabeza con ese gesto de «adónde vamos a ir a parar».

–Bueno, la ley es la ley –declaró Joey D–. «¡Laleyeslaley!» Supongo que no tenemos alternativa. Deja que invite al chico a su primera copa.

–Sobrino, ésta te la cubre Joey D –dijo el tío Charlie.

–¿Me la cubre? –Había oído la expresión alguna vez, pero no estaba seguro de qué significaba.

–La copa que te vas a tomar te la paga Joey D. ¿Qué va a ser?

Las palabras mágicas. Me crecí un palmo.

–¿Qué beber? –dije, repasando las botellas que se alineaban detrás del tío Charlie–. Gran decisión.

–La más importante de todas –dijo él.

Y no exageraba. El tío Charlie creía que somos lo que bebemos, clasificaba a la gente según su copa. Una vez eras «Jack Sea Breeze», o «Jill Dewars con Soda», aquello era definitivo, y era eso lo que el tío Charlie empezaba a prepararte cuando entrabas por la puerta del Publicans, y si querías «reinventarte» a ti mismo, con el tío Charlie lo tenías difícil.

Juntos, repasamos con la mirada la hilera de botellas.

–Yo creo que un hombre de Yale debe beber ginebra –dijo, retirando del estante una botella de Bombay y dándole unas palmaditas–. Un buen dry martini. Yo preparo el mejor de Nueva York, por cierto. Le añado unas gotas de whisky escocés, mi fórmula secreta. Me lo enseñó un mayordomo inglés que se pasó por el garito una noche. Trabajaba en una de las mansiones de Shelter Rock Road.

–¡Por el amor de Dios! –exclamó alguien–. ¿Un dry martini? ¿El zumo de la malvada baya del enebro? ¿Acabas de quitarle al chico las ruedecitas de atrás y piensas montarlo en una Kawasaki, joder?

–Bien visto –dijo el tío Charlie, apuntando con el índice al pecho del hombre.

–Abre una Budweiser –masculló alguien– y métesela en la boca, joder.

–¿Y un sidecar? –sugirió una mujer–. El sidecar es delicioso. Y Chas, tú preparas el mejor.

–Eso es cierto –dijo tío Charlie. Se volvió hacia mí y se cubrió un lado de la boca con la mano para que sólo yo lo oyera–. Uso coñac, no brandy –me explicó–. Y Cointreau en vez de triple seco. El mejor. Pero ya no nos lo piden mucho. En los años treinta era una bebida muy popular. –Se volvió hacia la mujer–. No me hagas exprimir un limón, guapa, que ni siquiera sé dónde tengo el exprimidor.

Se inició entonces una animada discusión sobre las bebidas más difíciles de mezclar, lo que llevó a un debate sobre lo que los pasajeros del *Titanic* estaban bebiendo cuando el barco chocó contra el iceberg. El tío Charlie insistía en que era pink squirrel, y apostó diez dólares con un hombre que insistía en que el más difícil era el old fashioned.

Yo pregunté si había venido Bobo. Bobo sí sabría decirme qué beber. El tío Charlie frunció el ceño. Bobo había tenido un pequeño accidente, me dijo. Se había caído por la escalera del sótano del bar. Se había golpeado la cabeza.

–Si tienes hambre –me dijo–, Smelly te preparará algo.

–¿Smelly? –le pregunté.

–El cocinero.

–No –dije–. Sólo quería ver a Bobo. ¿Está bien?

El tío Charlie torció el gesto. Joey D había sido el primero en llegar al final de la escalera, dijo. Joey D le había enderezado la cabeza y le había despejado las vías respiratorias, seguramente le había salvado la vida. Mucha sangre, dijo el tío Charlie. Yo miré a Joey D, que apartó la mirada, avergonzado. Recordé que se había autoproclamado salvavidas con Mc-Graw y conmigo en Gilgo, y sentí una oleada de amor por él y por su naturaleza heroica. Al darse cuenta de que lo contemplaba con amor, se puso colorado.

–Maldito Bobo –le susurró a su ratón-mascota.

–¿Estaba borracho cuando se cayó? –pregunté.

El tío Charlie y Joey D se miraron sin saber bien qué responder, y yo supe al momento que la mía había sido una pregunta tonta.

–Lo triste del caso –me explicó el tío Charlie– es que la caída le ha causado una especie de lesión nerviosa. Bobo tiene una parte de la cara paralizada.

La gente se cae mucho en el Publicans, dije yo. Joey D me recordó una caída reciente que había sufrido el tío Charlie. Mientras le demostraba a todos los presentes cómo se lanzaba contra la pared del estadio Fenway Park, conocida como el «Monstruo Verde», había pisado mal y se había caído sobre las botellas de licor, y se había roto tres costillas. Steve lo había llevado enseguida al hospital, donde el médico le había preguntado cómo diablos se había hecho aquello. El tío Charlie –borracho, con un traje de papel y gafas oscuras– le respondió entre gemidos de dolor: «Lanzando contra la pared de Fenway», frase que, al día siguiente, se propagó como la pólvora en el bar. Desde entonces se había convertido en un clásico que se citaba cada vez que alguien tenía delirios de grandeza. O delirios de cualquier otro tipo.

El tío Charlie, en ese momento, estaba ignorando a más de diez clientes sedientos e intentaba ayudarme a mí a decidir si yo iba a ser un JR Gintonic o un Moehringer whisky con soda.

–Tal vez me tome uno de esos sidecars –dije.

Se cubrió los ojos con las manos.

–Falso –dijo–. Mi sobrino no es un puto David Niven.

–Espero que no sea un puto David Niven –dijo el hombre que en ese momento se sentaba en el taburete de mi izquierda–. Si lo es, va a tener que darnos alguna explicación.

El tío Charlie ahogó una risa y le plantó una Budweiser delante. Le explicó que yo acababa de cumplir dieciocho años y que intentaba decidir cuál iba a ser mi primer cóctel legal. El hombre me estrechó la mano y me felicitó.

–Chas –dijo–, permíteme que invite a una copa a tu sobrino recién llegado a la legalidad.

–JR, ésta te la cubre Cager –dijo el tío Charlie.

Mientras Cager encendía un cigarrillo, me dediqué a observarlo atentamente. Tenía el pelo rizado, color panocha, que se le salía de la visera de golf como una planta que hubiera desbordado la maceta. Se parecía un poco a un autorretrato de Van Gogh –los ojos atormentados, los tonos anaranjados–, aunque su sonrisa era alegre, con espacios entre los dientes. A pesar del chándal ancho, tenía el físico de quien ha sido atleta. Defensa, suponía. Ala-pívot, tal vez. Tenía unos brazos enormes.

Desde mi lado derecho, un hombre con gorra irlandesa de tweed llegó a la barra abriéndose paso a codazos, y se metió en la conversación.

–Goose –dijo–, hablando de actores ingleses, creo que tu sobrino se parece un poco a... Anthony Newley.

Cager se echó a reír y me plantó una mano en el hombro. Yo no me parecía en nada a Anthony Newley, pero lo que quería Gorra de Tweed era picar al tío Charlie, que mordió el anzuelo al momento, echó la cabeza hacia atrás y empezó a cantar. Cager y Gorra de Tweed me explicaron que siempre que alguien pronunciaba el nombre de Anthony Newley, el tío Charlie, automáticamente, les soltaba una o dos frases de la canción *What Kind of Fool I Am?* Mi tío no podía resistirse. Un acto reflejo loco.

–Algo así como un cruce entre Pavlov y Pavarotti –comenté yo, en broma.

Los dos me miraron sin entender nada.

–¿Quién es Anthony Newley? –pregunté.

El tío Charlie dejó de cantar. Levantó la Budweiser de Cager y dio un golpe con ella en la barra, lo que me sobresaltó más que su canto.

–¿Que quién es Anthony Newley? –dijo–. Nadie, sólo es uno de los mejores cantautores de todos los tiempos.

–¿Como Sinatra?

–Cantautor, no cantante. Me cago en la madre... ¡Anthony Newley! ¡JR! *What Kind of Fool Am I?*, del espectáculo clásico de Broadway *Stop the World I Want to Get Off.*

Lo miré fijamente.

–¿Qué os enseñan en la universidad?

Yo seguía mirándolo, sin saber bien qué decir. Él extendió los brazos y reanudó el *show*.

> *What kind of fool I am,*
> *Who never fell in love?*
> *What kind of man is this?*
> *An empty shell,*
> *A lonely cell in which*
> *An empty heart must dwell.**

Los aplausos se propagaron por todo el bar.

–Esa canción tiene algo –le dijo Joey D a su ratón– que vuelve loco a Chas.

–Esa canción me parte el alma –dijo el tío Charlie–. *What Kind of Fool?*... tiene un sentimiento precioso, ¿no os parece? Pre-cio-so. Y Newley. ¡Qué voz! ¡Qué vida!

El tío Charlie empezó a prepararme un dry martini. Cansado de deliberar, había tomado una decisión expeditiva. Me dijo que yo era «de otoño», como él, y que una buena ginebra británica, helada, sabe a otoño. Así pues, bebería ginebra.

–Cada estación tiene su veneno –me dijo, explicándome que el vodka sabe a verano, que el whisky escocés sabe a invierno y que el bourbon sabe a primavera. Mientras medía y mezclaba y agitaba, se volvía y me contaba la vida de Newley. Había crecido en una familia pobre. No conoció a su padre. Se convirtió en estrella de Broadway. Se casó con Joan Collins. Padeció depresiones. Buscó a su padre. A mí aquella historia me interesaba, pero sobre todo estaba hipnotizado con quien me la contaba. Siempre había creído que el espectro emocional del tío Charlie era limitado, que iba de lo melancólico a lo taciturno, menos en aquellas noches en que llegaba a casa, desde el bar, lleno de rabia. Pero ahora, en el Publicans, a aquella hora temprana de la noche, rodeado de amigos, chispeante tras tomarse su primera copa, era un hombre totalmente distinto. Parlanchín, Encantador. Capaz de

---

* ¿Qué clase de tonto soy/que no se ha enamorado nunca?/¿Qué clase de hombre es ése?/ Un caparazón vacío/Una celda solitaria en la que ha de habitar un corazón hueco. (*Nota del traductor.*)

dedicarme esa clase de atención sostenida que yo llevaba años buscando de él. Conversamos mucho rato, más que nunca, y me asombraba que incluso su voz fuera distinta. Su habitual tono de Humphrey Bogart viraba de vez en cuando hacia otra cosa que era más densa, más compleja. Usaba combinaciones más fuertes de palabrotas y argot de gánster, y pronunciaba con más claridad, con mayores florituras y movimientos de lengua. Sonaba un poco como un William un F. Buckley barriobajero.

El único inconveniente de ese nuevo tío Charlie era que debía compartirlo. Ese día descubrí que aquel tío mío, patológicamente cohibido, que vivía en semirreclusión, era un actor entregado con un público fiel. Seguía, además, unas pautas bien afinadas, que se basaban sobre todo en un trato deliberadamente grosero. A sus clientes les pedía que cerraran el pico, que no gritaran tanto, que se quedaran tranquilitos, que no se desmadraran, joder. En una o dos ocasiones me pareció que estaba a punto de sacar un sifón y rociarle la cara a alguien con él. Cuando el bar se llenaba mucho, el tío Charlie le soltaba a algún cliente: «Lo más importante y más bonito que puede hacerse en una sociedad civilizada y ordenada es... esperar el turno pacientemente». Y acto seguido retomaba la conversación que estaba manteniendo con sus amigos, les explicaba por qué Steve McQueen era una verdadera estrella del cine, y les ilustraba sobre lo complejo e intrincado de la poesía de Andrew Marvell. Aunque la mitad de los clientes intentaba reclamar su atención, él estaba recitando «A su esquiva amada» a la otra mitad. Aquello era un número teatral, y el tío Charlie era un actor hasta la médula. Un actor de método. Antes de que te preparara una copa, lo veías preguntarse a sí mismo: «¿Por qué estoy haciendo esto? ¿Cuál es mi motivación?». Cuanto más metódico se volvía, más impacientes se ponían algunos clientes, lo que hacía que él se mostrara mucho más metódico, más maleducado, lo que hacía que su legión de fans del bar lo vitoreara y le pidiera más.

Paseándose de un lado a otro de la barra como si de un escenario se tratara, el tío Charlie se transformaba al instante, sin el menor esfuerzo, en predicador, monologuista, casamentero, corredor de apuestas, filósofo, provocador. Representaba muchos papeles, demasiados para enumerarlos, pero mi favorito era el de director de orquesta. La música que dirigía eran las vibraciones que recorrían el bar, y su batuta era su Marlboro. Como con todo lo demás que hacía en el Publicans, el tío Charlie fumaba con gran dominio escénico. Sostenía un cigarrillo sin encender durante mucho rato, hasta que éste quedaba fijado en la mente de su público, como una pistola. Entonces, teatralmente, encendía una cerilla y acercaba la llama a la punta del cigarrillo. La frase perfecta que salía entonces de su boca brotaba encapsulada en una bocanada de humo. Después, cuando tiraba la ceniza –tap, tap–, todo el mundo se echaba hacia delante y lo observaba con atención, como si Willie Mays estuviera bateando en el plato. Algo interesante estaba a punto de ocurrir. Finalmente, cuando soltaba la cerilla consumida en el cenicero de cristal (rebotaba con un ligero *clink*), mi tío pronunciaba la frase graciosa, o llegaba al punto crucial, y yo sentía tentaciones de gritar: «¡Bravo!».

El tío Charlie terminó de contarme la vida de Newley y de preparar el dry martini a la vez. Me acercó la copa empujándola hacia mí. Di un sorbo. Él esperó. Fantástico, le dije. Él sonrió, un sumiller dando su aprobación ante mi buen paladar, y acto seguido se retiró para atender a tres hombres trajeados que acababan de aparecer por la puerta.

Antes de que tuviera tiempo de dar otro sorbo oí una voz a mi espalda.

–¡Junior!

Me quedé helado. ¿Quién, además de mi padre y de mi madre, conocía mi nombre secreto? Me volví y vi a Steve, con los brazos cruzados sobre el pecho y el ceño fruncido, como en la famosa foto de Toro Sentado.

–¿Qué significa esto? ¿Bebiendo? ¿En mi bar?

–Ya tengo dieciocho años, jefe.

–¿Desde cuándo?

–Desde hace cinco días.

Le entregué mi permiso de conducir. Él lo estudió un rato y sonrió con una de aquellas sonrisas suyas de Cheshire, tan presentes en mis recuerdos de juventud.

–Dios mío, eso es que me estoy haciendo viejo –dijo–. Bienvenido al Publicans.

Su sonrisa se hizo más amplia. Yo también le sonreí, y mantuve la sonrisa hasta que me dolieron las mejillas. Ninguno de los dos dijo nada. Yo me froté las manos, sin saber bien si debía decir algo, algo ya establecido que se decía en esos casos, cuando uno se tomaba legalmente una copa por primera vez. Habría querido pronunciar la frase prefecta, estar a la altura de Steve. Y de su sonrisa.

El tío Charlie regresó.

–Junior ya es un hombre –le dijo Steve–. Recuerdo que vino cuando me llegaba aquí –se llevó la mano a la cintura.

–El tiempo es un carro alado, coño –dijo el tío Charlie.

–Ponle a Junior una copa a mi salud.

–Sobrino, la próxima te la cubre el Jefe –dijo tío Charlie.

Steve me palmeó con fuerza entre los hombros, como si yo acabara de atragantarme con un trozo de pan, y se alejó. Miré al tío Charlie, a Joey D, a Cager, a todos los hombres, rezando porque ninguno de ellos hubiera oído a Steve llamarme Junior. En el Publicans, lo único más permanente que tu cóctel era el mote que Steve te asignaba, y sus bautismos podían resultar brutales. No todo el mundo tenía tanta suerte como Joey D, al que había puesto el nombre de uno de sus grupos de música favoritos, Joey D and the Starliters. No-Drip detestaba su mote.* Sooty hubiera preferido que lo llamaran de otro modo. Mala suerte: cometió el error de entrar en el Publicans inmediatamente después de cerrar el taller en el que trabajaba como mecánico. Cuando Steve lo vio y le gritó: «¡Vaya montón de hollín!», ya nadie lo llamó de ninguna otra manera.** A Poli Eddie no le importaba que lo llamaran así hasta que se salió de la autopista con el coche y quedó paralizado de cintura para abajo. A partir de entonces fue Eddie Silla de Ruedas. En el Publicans eras quien Steve decía que eras, y que Dios se apiadara de aquellos que se atrevían a quejarse. Un pobre tipo exigió que los hombres de la barra dejaran de llamarlo Speed, porque no quería que la gente creyera que consumía drogas. Así que los hombres lo bautizaron Bob No me Llames Speed, y lo llamaban así siempre que tenían la ocasión.

Contento de que nadie hubiera oído a Steve –los hombres ya estaban charlando sobre otros temas–, me relajé y me acodé en la barra. El tío Charlie me sirvió más martini. Me lo bebí. Volvió a servirme más. Él elogió mi metabolismo. Tienes buen saque, me dijo. Debe de ser cosa de familia. Me terminaba lo que tenía en la copa, y antes de dejarla en la barra ya volvía a estar llena. En el Publicans, las copas se llenaban solas, por

---

* No-Drip puede significar «antigoteo» y «antimoqueo» en inglés. (*Nota del traductor.*)
** «Soot» significa «hollín» en inglés. «Sooty» se usa para definir algo muy negro, como el tizón. (*Nota del traductor.*)

arte de magia, igual que el bar. Siempre que se iban cinco personas, aparecían otras cinco.

Fuckembabe llegó y me dio la bienvenida a casa, o eso me pareció.

–¿Y cuando me bajaste los humos con una hidropesía tiempo adetrás? –dijo, dándome un puñetazo cariñoso–. ¿Te acuerdas de que te frugué la pichurra con un custro? Y tu tío dijo que creía que eras un niñitito traviesado con da unas ganas de comer...

–Si tú lo dices, Fuckembabe –dije yo.

Después de mi tercer martini dejé veinte dólares en la barra para pagar la siguiente copa. El tío Charlie me devolvió el billete.

–Paga la casa –dijo.

–Pero...

–Los sobrinos de los camareros beben gratis. Siempre. ¿Me sigues?

–Te sigo. Gracias.

–Hablando de pasta. –Se sacó un fajo de billetes del bolsillo y separó cinco de veinte dólares, que colocó sobre el mío–. Feliz cumpleaños. Invita a alguna universitaria translúcida a un batido. No te molesta que diga «translúcido», ¿verdad?

Hice ademán de recoger el dinero. El tío Charlie me detuvo. Falso, dijo. Recorrió la barra con la mirada. Yo hice lo mismo. Cuando entras en un garito, me instruyó el tío Charlie, deposita el dinero sobre la barra, todo tu dinero, y deja que el camarero vaya cogiendo lo que necesite a medida que la noche avanza. Aun cuando el camarero sea tu tío y nunca te cobre nada.

–Es tradición –dijo–. Protocolo.

Hacia las doce de la noche, más de cien personas atestaban el bar, tan juntas como ladrillos en un muro. Smelly salió de la cocina. Era un hombre fuerte, aunque bajo, de pelo rebelde color panocha, como el bigote, curvado en las puntas. Pensé que se parecía a un levantador de pesas en un carnaval de antaño. El tío Charlie dijo que era un *artiste* en la cocina, y que hacía con los filetes lo que Picasso con las piedras. Apareció un hombre que se llamaba Fast Eddie y yo le dije que llevaba años oyendo pronunciar su nombre. Era un paracaidista conocido en todo el país, y cuando era niño había prometido públicamente que aterrizaría en el jardín trasero de la casa de su abuelo como pago por una apuesta que había hecho con el tío Charlie. Durante semanas, en Manhasset no se habló de otra cosa, y yo, en aquella época, no le quitaba la vista de encima al patio trasero, esperando que Fast Eddie apareciera por encima de los árboles. Me di cuenta de que se sentaba en el taburete como si aterrizara sobre él desde una altura de novecientos metros. Pareció halagado al constatar que sabía tantas cosas de él, y le preguntó al tío Charlie si podía invitarme a una copa.

–JR –dijo tío el Charlie–. Ésta te la cubre Fast Eddie.

Fast Eddie se había sentado cerca de Cager, que parecía ser su mejor amigo, y a la vez su archienemigo. Me enteré de que los dos llevaban décadas intentando ganarse el uno al otro a los bolos, el bridge, el billar, el tenis, el golf y, sobre todo, al póquer del mentiroso que, según me explicaron, era como un Go Fish para adultos, que se jugaba con los números de serie de los billetes de dólar. Se decía que Cager partía con ventaja en sus torneos a dos, porque no se inmutaba por nada. Nervios de acero, dijo Fast Eddie en una especie de tono afectuoso. Cager no se ponía nunca nervioso cuando apuntaba a la bola nueve del billar, me contó Fast Eddie, porque cuando has mirado al enemigo a través del visor de tu M60, todo lo demás te parece fácil.

–¿Cager? –le pregunté yo–. ¿Ha ido a la guerra?

–Vietnam –dijo Fast Eddie.

Cager parecía demasiado alegre y encantador para haber estado en la guerra. Cuando la conversación se sosegó un poco, me acerqué más a él.

–¿Te importa si te pregunto cuánto tiempo estuviste en el ejército? –le pregunté.

–Un año, siete meses y cinco días.

–¿Y cuánto tiempo estuviste en Vietnam?

–Once meses y doce días.

Se bebió la cerveza y clavó los ojos en los genitales de las vidrieras creadas por Jane la Loca que había al fondo del bar. Parecía estar mirando a través de ellos, como si fueran ventanas que dieran al Sudeste Asiático. Lo que más había odiado había sido estar siempre empapado, moverse de un lado a otro a través de las ciénagas.

–Nunca, en ningún momento, estuvimos secos. Y después estaba aquella hierba de elefante, aquellos tallos altos que te cortaban la piel como cuchillas. De modo que estabas siempre mojado, y llevabas la piel llena de cortes.

Mientras Cager hablaba de Vietnam, todas las demás voces del bar se difuminaban. Me parecía como si todos los demás se hubieran ido a casa y las luces se hubieran apagado, excepto la que iluminaba directamente la cabeza de Cager. Me contó que su paso por Vietnam se había iniciado con semanas y más semanas de espera. Llevaba ya seis meses en el país, sobre todo en el delta del Mekong, y no había ocurrido nada, de modo que se permitió relajarse un poco. Tal vez no haya para tanto, pensó. Entonces, cerca de Cu Chi, su unidad entró en campo abierto, y fue como si el mundo explotara. Una emboscada, pensaron. Pero de hecho era el campo, que estaba minado. A Cager le alcanzaron impactos en el cuello y los dedos. Rasguños solamente, añadió enseguida, avergonzado por decirlo, porque nueve de los quince hombres que iban con él murieron.

—Ni los helicópteros se acercaron a ayudarnos —dijo—. Demasiado arriesgado.

Cuando el humo se disipó y los helicópteros, finalmente, llegaron, Cager ayudó a cargar en ellos a los heridos. Un soldado le pidió a Cager que regresara y le encontrara sus pies. Por favor, no paraba de repetir, mis pies, mis pies. Cager se metió entre las hierbas de elefante y encontró los pies del soldado, metidos aún en sus botas empapadas en sangre. Y se los entregó al soldado justo antes de que el helicóptero levantara el vuelo.

—A mí me sacó Nixon —dijo Cager—. Tu tío Charlie odia a Nixon por toda aquella mierda del Watergate, pero Nixon me prometió que estaría de vuelta en casa por Navidad, y cumplió su promesa.

Para Cager las promesas eran importantes, eso lo notaba. Me prometí a mí mismo que nunca incumpliría una promesa que le hiciera a Cager.

Horas antes de volver a casa, me contó Cager, pasó sobre un cable que activaba una mina. Oyó el *clic*, notó que la espinilla tiraba del cable y cerró los ojos, preparándose para ver el rostro de Dios. Pero no la habían instalado correctamente. Después del chasquido revelador, nada. Terror, seguido de alivio.

—Pero bueno —dijo—, cuando finalmente volví a casa lo que quería eran dos cosas: un bocadillo de atún y una cerveza fría en Plandome Road. Ya me parecía saborearla. Pero ¿sabes qué? Había huelga de taxis. Y ya me ves a mí, que acabo de bajarme del avión que me trae del infierno y no puedo volver a casa desde el puto aeropuerto de La Guardia.

Los dos nos echamos a reír.

Si Cager albergaba algún resentimiento sobre lo que había soportado, no lo demostraba, aunque sí confesaba que tenía una pesadilla recurrente. Sentado en el Publicans, tomándose una Budweiser fría, alza la vista y ve a unos militares que entran por la puerta. Es hora de alistarse, soldado. Os habéis equivocado de hombre, les dice él... Yo ya he servido. De pie, recluta. Te ha llegado la hora de cargar con el M60 por el Mekong. Te ha llegado la hora de salir de este bar.

–¿Te planteaste alguna vez irte a Canadá? –le pregunté.

Él frunció el ceño. Su padre había sido del ejército regular, era veterano de la segunda guerra mundial, y Cager lo adoraba. Asistían juntos a partidos de Tierra contra Marina cuando Cager era niño, y su padre lo había llevado a los vestuarios del Ejército de Tierra. Su padre le había presentado a Eisenhower y a MacArthur.

–Esas cosas no se olvidan –dijo Cager. Así que cuando su padre murió, al poco de empezar Vietnam, ¿qué otra cosa iba a hacer un hijo entregado a su padre sino irse a la guerra?

Le pregunté al tío Charlie si podía invitar a Cager a una copa.

–Cager –dijo él–. Ésta te la cubre el chico del cumpleaños.

El tío Charlie dio una palmada a la barra y me apuntó al pecho. Era la primera vez en mi vida que me dedicaba una muestra oficial de aprobación, y yo me sentí como si me posara dos Excaliburs, una en cada hombro. Retiró tres dólares de mi montón de dinero y me guiñó el ojo. Comprendí que las copas que yo me tomaba me salían gratis, pero que cuando invitaba a alguien tenía que pagar. Y me alegré: me apetecía pagar la copa de Cager. Me di cuenta de que aquella misma regla debía aplicarse cuando algún hombre quería invitarme a mí a una copa. El tío Charlie le cobraba un dólar simbólico. La cuestión no era el dinero. Se trataba del gesto, de ese gesto atemporal. Pagarle una copa a otro hombre. El bar entero era un sistema intrincado de esos gestos y rituales. Y de esos hábitos. Cager me lo explicó todo. Me contó, por ejemplo, que el tío Charlie siempre trabajaba en la zona oeste de la barra, bajo el pene de la vidriera, porque no le gustaba tener que tratar con las camareras que traían pedidos de bebidas desde el comedor, que estaba en la zona este. En cambio, a Joey D le gustaban las camareras, y por eso siempre trabajaba en esa zona, bajo la vagina de la vidriera. No se sabía bien por qué, le comentó Cager, pero el caso era que las conversaciones, en cada lado de la barra, eran un reflejo de las imágenes emplomadas: más subidas de tono, más agresivas, en el lado del tío Charlie, y más tranquilas y menos lineales en el de Joey D. Yo también me di cuenta de que, en el bar, todos tenían una manera única y exclusiva de pedir una copa. Joey D: ¿podrías aportar algo más a este concepto? Goose: ¿te importaría refrescarme el martini una vez más antes de que vuelva a casa a ejercer mi triste papel de marido? Un hombre pedía una copa simplemente parpadeando con la vista puesta en la copa vacía, como quien mira un instante el cuentakilómetros durante un trayecto de autopista. Otro alargaba la mano, extendía el índice y tocaba el del tío Charlie, reproduciendo la *Creación de Adán*, de Miguel Ángel. A mí me parecía que no podía haber muchos bares en el mundo en los que un hombre recreara una escena de la Capilla Sixtina cada vez que quería tomarse una Amstel Light.

Le robé un Merit Ultra a Cager, sin ganas de irme nunca de su lado. Me preguntaba si vendría al Publicans todas las noches. Me habría encantado que formara parte de nuestro equipo de la playa de Gilgo cuando yo era pequeño, aunque no era capaz de imaginar a un hombre como Cager tumbado en la arena, ni montando sobre las olas. No era capaz de imaginar a un hombre como Cager en otro sitio que no fuera el bar, avanzada la noche. Parecía demasiado grande, demasiado mítico para pasearse, simplemente, por la calle a plena luz del día. Me di cuenta de que, por primera vez en muchos meses, no tenía miedo, como si la valentía de Cager fuera contagiosa. Cager era contagioso. Había pasado entre las llamas del infierno y había regresado con la mente y el sentido del humor intactos, y me bastaba con estar a su lado para sentirme seguro de mí mismo ante mis pequeñas batallas. La euforia que sentía era la misma que había experimentado cuando leía la *Ilíada*. De hecho, el bar y el poema se complementaban mutuamente, como anexos. Los dos rezumaban verdades atemporales sobre los hombres. Cager era mi Héctor. El tío Charlie era mi Áyax. Smelly era mi Aquiles. Regresaban a mi mente frases de Homero y las oía pronunciadas de otra forma. «Existe una fuerza –había escrito Homero– incluso en la unión de hombres muy desgraciados.» ¿Cómo ibas a poder apreciar plenamente una frase así a menos que invitaras a Cager a una Budweiser y prestaras atención a sus historias de guerra? Lo mejor era que, cuando Cager dejaba de hablar, yo no tenía que demostrarle a ningún profesor satánico que había asimilado todas y cada una de sus palabras, que había aprendido lo que se suponía que debía aprender.

Y sin embargo, aquella noche era en gran medida un alumno que tomaba notas de lo que Cager y los demás decían, de sus historias y sus comentarios ingeniosos. Tomaba más notas que en clase del Profesor Lucifer, porque no quería olvidarme de nada. Lo curioso del caso es que a los hombres no les parecía raro que me dedicara a anotar lo que decían. Actuaban como si llevaran extrañados, desde hacía tiempo, de que nadie dejara constancia por escrito de sus conocimientos acumulados con tanto esfuerzo.

A las tres de la madrugada el bar «cerró», aunque nadie hizo el menor ademán de irse. El tío Charlie echó la llave a las puertas, se sirvió un Sambuca y se echó hacia delante. Parecía cansado. Me preguntó qué tal me iba en la universidad. Se dio cuenta de que algo iba mal. Suéltalo, dijo. A lo largo de la noche me había percatado de que, además de los muchos papeles cómicos que el tío Charlie representaba tras la barra, también había uno serio: era el Juez Supremo del Publicans. Era Goose, el administrador de justicia. La gente le planteaba problemas y preguntas, y se pasaba la noche emitiendo veredictos. Cabía presentar recurso de apelación, y entonces él dictaba su veredicto final, golpeando la barra con una botella como si fuera un mazo, apuntando con el dedo al pecho de quien lo había presentado. Caso cerrado. Así que yo le planteé mi caso, o empecé a hacerlo. Nos interrumpió un hombre que llevaba el pelo corto por delante y muy largo por detrás. Se estiró sobre la barra y le suplicó al tío Charlie:

–La última, para el camino, ¿vale, Goose?

–No cuelgues –masculló el tío Charlie–. Estoy hablando con mi sobrino, que tiene problemas en la universidad.

El Pelos se volvió hacia mí. Parecía preocupado por mi bienestar. A mí no me apetecía sincerarme delante del Pelos, pero veía que no tenía alternativa. No quería ser maleducado. Así que le conté a él y al tío Charlie que me sentía fuera de lugar cuando me comparaba con mis compañeros de clase, sobre todo con mis compañeros de habitación, uno de los cuales ya había publicado su primer libro. Otro había pasado el verano trabajando en el Memorial Sloan-Kettering Cancer Center.

–Le han puesto su nombre a un tipo de leucemia –dije–. Puedes morir de algo que se llama como mi compañero de habitación.

Y también estaba el chico que se sabía de memoria la mayoría de las tragedias de Shakespeare. Tenía una máxima de El Bardo para cada ocasión, mientras que para mí ya era toda una hazaña acordarme de que Hamlet era danés. Y, por último, estaba Jedd Reencarnado, que parecía ganar aún más confianza en sí mismo a medida que avanzaba el curso.

–Lo pillo –dijo el tío Charlie–. Te sientes intimidado porque en la vida empezaste con un siete y un dos, de distinto palo.

–¿Qué?

–Con un siete y un dos de distinto palo, el peor reparto posible en el póquer.

–Yo de eso no sé nada –dije–. Lo que sé es que me siento... como un pez fuera del agua.

–Yo también –dijo El Pelos. Los dos lo miramos–. Me siento como un hombre fuera de la cerveza. Goose..., por favor.

El tío Charlie hinchó las mejillas, soltó el aire y miró fijamente al Pelos. Despacio, rebuscó en el hielo y sacó una botella de cerveza.

–Paga la casa –dijo, plantándosela delante–. Y ahora, aire.

El Pelos desapareció entre la gente. Su cabeza me hizo pensar en la cola de una ballena al sumergirse.

El tío Charlie se acercó más a mí y me preguntó:

–¿Qué esperabas? Estás en la mejor universidad del país. ¿Crees que van a admitir a tontos en Yale?

–Sólo a uno.

–Bah. ¿Qué tienes que leer este fin de semana?

–A Tomás de Aquino.

–Filósofo medieval. ¿Cuál es el problema?

¿Cómo resumirlo en pocas palabras? Se trataba de algo más que de sentirse intimidado, de algo más que de sacar malas notas. Leía y leía, me esforzaba todo lo que podía, pero sin la ayuda de Bill y de Bud, me sentía perdido. ¿*Enrique IV*, Primera Parte? No tenía ni idea de qué coño me estaban hablando. Y lo que hacía que todo resultara más desesperante era que la acción transcurría con todos los personajes ahí de pie, alrededor de una barra de bar. ¿Cómo era posible que yo no fuera capaz de comprender una serie de charlas de bar? Y después estaba Tucídides. Por el amor de Dios. Me habría encantado meterme dentro del libro y abofetear al cabrón ese. Hubiera querido gritarle: «¡Tú, cuéntame el final, tío!». Había memorizado una frase de la historia que Tucídides había escrito sobre la guerra del Peloponeso, una frase que duraba más que la guerra misma. «Pues el verdadero autor de la subyugación de un pueblo no es tanto el agente inmediato cuanto el poder que le permite disponer de los medios para impedirla.» Por más veces que leyera aquella frase, no le veía el menor sentido, de manera que me pasaba el día repitiéndola para mis adentros, rumiando sobre ella, como Joey D. Y ahora me tocaba santo Tomás de Aquino. Aquel hombre había cambiado el mundo con su demostración lógica de la existencia de Dios, pero por más atención que prestaba a todos los pasos del argumento, no veía que se demostrara nada. ¿Dónde estaba la demostración? Yo creía en Dios, pero no veía la demostración por ningún lado, ni el sentido a intentar ofrecerla. A mí me parecía que algo así era un artículo de fe por antonomasia.

Y lo peor de todo, lo más injusto de todo, era que yo siempre tenía el doble de trabajo que hacer que mis compañeros, por haberme matriculado en aquellos putos Estudios Dirigidos.

Supongo que estuve un buen rato perdido en aquellos pensamientos, porque el tío Charlie chasqueó los dedos delante de mi cara. Parpadeé y recordé que me había hecho una pregunta. ¿Cuál es el problema? Quería contárselo, pero no podía, y no porque me diera vergüenza, sino porque estaba borracho. Borracho con razón, irremediablemente borracho, y aun así plenamente consciente de la maravillosa redundancia de ser joven y estar borracho. Aunque aquél sería uno de los momentos de mi vida en los que más borracho llegaría a estar, siempre recordaría con gran precisión aquella ausencia completa de temor y preocupación. Hablaba de mis problemas, pero no tenía problemas. Salvo uno. No era capaz de formar palabras. El tío Charlie seguía mirándome –¿Cuál es el problema?–, así que dije algo sobre santo Tomás de Aquino, que me quedó algo así como «San Toto más de aquí no es difícil». El tío Charlie gruñó algo, y los dos hicimos como si acabáramos de mantener una charla de hombre a hombre, o tal vez lo creyéramos sinceramente.

–Hora de cerrar.

Recogí mi dinero, recuperé mi maleta y me fui hacia la puerta. Me iba con los bolsillos llenos de notas sobre Cager y otros, además de con noventa y siete dólares más de los que tenía cuando había entrado. Además, los hombres del bar, incluido Steve, me habían declarado hombre a mí también. Un cumpleaños para recordar. Alguien hizo como que boxeaba conmigo, guiándome hacia la puerta. Tal vez fuera Cager. Tal vez fuera su sombra. Al salir a la aurora, *la de los dedos rosados*, todos me dijeron: «Vuelve pronto, niño». No oyeron mi respuesta, o no la comprendieron.

–Loaré. Loaré.

Veintitrés
Problemas

El segundo curso será más fácil, me prometió mi madre. Esfuérzate, me dijo. Sigue intentándolo. Inténtalo una y otra vez. Con los Estudios Dirigidos y el Profesor Lucifer detrás de mí, predijo, seguro que mis notas mejorarían.

No tuve el valor de decirle a mi madre que esforzarse era inútil porque tenía el cerebro estropeado. Esforzarse sólo servía para hacer hincapié en el problema, para exacerbarlo, como cuando pisas el acelerador si el motor está anegado. No podía decirle a mi madre que seguramente suspendería y tendría que irme de Yale, que estaba a punto de desperdiciar aquella oportunidad de oro por la que ella habría dado su brazo derecho atrofiado.

Había llegado a la conclusión de que las aulas no eran mi campo de batalla. El bar sí lo era. Cumplidos los dieciocho años, decidí que los bares eran los únicos lugares en los que yo era tan listo como mis compañeros, y en los que ellos opinaban lo mismo. Cuando salíamos a beber, notaba que la consideración que me tenían aumentaba. Aunque había sido admitido en Yale, la «aceptación» era un concepto más esquivo, y parecía tener lugar sólo cuando mis nuevos amigos y yo estábamos tomando copas.

Sin embargo, a diferencia del Publicans, los bares de New Haven cobraban. Me hacía falta una fuente de ingresos, y rápido, si no quería perder a mis nuevos amigos tan deprisa como los había hecho, una idea que me aterraba más que la de suspender. Me planteé conseguir empleo en uno de los comedores, pero el sueldo era poco, y no quería llevar lo que un amigo describió como el Gorro de Papel de la Pobreza. Solicité trabajo en bibliotecas, pero aquellos eran los puestos más solicitados, y los primeros en quedar cubiertos. Entonces tuve un arranque de inspiración. Montaría mi propio servicio de lavandería. (Todavía recordaba lo que mi abuela me había enseñado sobre el manejo de la plancha.) Haría correr la voz de que en el campus se estaba poniendo en marcha una iniciativa empresarial que ofrecía lavado y entrega de ropa el mismo día y por la que sólo se cobraban cincuenta centavos por camisa. Estuve a punto de bautizar a mi negocio Moehringer Cuellos Sucios, pero un amigo, sabiamente, me disuadió.

La respuesta fue abrumadora. Los chicos me dejaban sacos tipo Papá Noel llenos de camisas, y pronto empecé a pasarme varias horas al día planchando, mucho trabajo para tan poco dinero, pero la alternativa era perder a mis amigos, quedarme en casa mientras ellos se paseaban por las discotecas y los bares, algo a lo que no estaba dispuesto.

Mi mejor cliente era Bayard, un compañero de segundo cuya superioridad respecto a mí en todos los sentidos se manifestaba en su apellido tan melódico, tan de blanco anglosajón protestante. Yo sólo había conocido a otro Bayard, Bayard Swope, cuya finca había sido el modelo de la mansión Buchanan de *El gran Gatsby*. Alto, rubio, imperturbable, el Bayard de Yale jugaba al polo, poseía su propio esmoquin y se decía que su árbol genealógico se remontaba hasta los hugonotes. Había accedido a la universidad desde una de aquellas célebres escuelas preparatorias, y vestía como recién salido de un boceto de Ralph Lauren. Era propietario de una increíble colección de camisas –de cachemira, de paño, de rayas de colores, con botones en el cuello, de cuello ancho, de seda–, y parecía tener siempre dos de cada, como si se estuviera preparando para subirse a una especie de Arca de Noé de los Atuendos. También tenía varias camisas blancas de vestir hechas a medida, con cuello inglés y puños franceses finos como el papel, todas ellas obras de arte. Cuando entraba en mi dormitorio para dejármelas, las esparcía sobre mi cama y los dos nos quedábamos allí un rato de pie, admirándolas.

–Me entristece –le dije yo un día, emulando a Daisy Buchanan–, porque nunca había visto unas camisas tan... tan bonitas.

Supuse que había reconocido la cita de *El gran Gatsby*. Pero no.

Le prometí a Bayard que tendría sus camisas limpias y planchadas en dos días, pero no calculé bien el tiempo. Tenía trabajos que redactar, bares que frecuentar, y hacia el final de la semana Bayard estaba enfadado: no tenía nada que ponerse. Me dejó cuatro mensajes a través de mis compañeros de piso, más airados cada vez, y yo no me atreví a devolverle las llamadas. Me prometí levantarme al amanecer para tenerle la ropa lista. Pero era viernes por la noche. Mis amigos iban a encontrarse en un bar, cerca del campus. Puse un disco de Sinatra y me planté delante del armario. Había repetido incontables veces mi combinación de vaqueros y camisas Izod de Bud. «Ojalá tuviera algo nuevo que ponerme.» Alcé la vista y vi la bolsa de ropa de Bayard. Iba a plancharle las camisas por la mañana, de todos modos, o sea que daba igual, no iba a perjudicarlo más. Planché una camisa rosa pálido con cuello de botones, y me la puse.

Era otoño. Siempre era otoño en Yale, como si Yale fuera el lugar de nacimiento del otoño, como si el otoño lo hubieran inventado en uno de los laboratorios de Science Hill y se hubiera escapado de allí. El aire era denso, tonificante, como unas palmadas de *aftershave* en cada mejilla, y yo les dije a mis amigos que debíamos tomar ginebra, citando la teoría del tío Charlie según la cual cada estación tiene su veneno. Buena idea, dijeron mis amigos. Después de dos rondas ya estábamos borrachos. Y nos moríamos de hambre. Pedimos filetes, y más martinis, y cuando llegó la cuenta se me encogió el corazón. Me había fundido en tres horas los beneficios de dos semanas de lavandería.

Nos dirigimos a una casa que quedaba fuera del campus, donde se celebraba una fiesta. Cuando llegamos, había estudiantes bailando en el jardín y en el porche. Nos abrimos paso hasta la puerta principal y fuimos penetrando en la densa marea humana del interior. Vi a Jedd Reencarnado que apoyaba la espalda en una pared, fumando. Le pedí un cigarro. Del bolsillo de la pechera de su blazer supermoderno se sacó un paquete de Vantage. Me encantó la diana dibujada en el cartón, el filtro hueco. Aquellos cigarrillos parecían balas de rifle. Me presenté. Él se llamaba Dave. Me dijo que necesitaba otra copa. Yo lo seguí como un cachorro hasta la cocina, y mientras abríamos una brecha entre la gente, nos tropezamos de cara con Bayard.

–Por aquí apareces –dijo.

–¡Hooola! –dije yo.

–Necesito mis camisas, tío. –Llevaba una de franela arrugada, como las que normalmente llevaría yo.

–Lo siento mucho –le dije–. Tenía dos trabajos que entregar, me había retrasado. Mañana temprano me pongo con tus camisas. Te lo prometo. Palabra de honor de un *boy scout*.

Me llevé la mano al corazón. Bayard miró hacia abajo y se fijó en el monograma del puño. Su puño. Su monograma.

–¿Ésa es mi... camisa? –me preguntó.

–Os dejo –dijo Jedd Reencarnado, alejándose– para que lo solucionéis vosotros solos.

Empecé a darle explicaciones, pero Bayard no me dejó seguir. En su boca se dibujó una media sonrisa de lástima, dio un paso a un lado y, ofreciéndome una lección rápida y obligatoria de lo que es la clase, me dejó allí solo.

Volví a mi habitación y estuve toda la noche despierto, lavando y planchando las camisas de Bayard. Al amanecer, mientras almidonaba las últimas mangas, me hice una serie de promesas a mí mismo.

Nunca volveré a beber ginebra.

Aprenderé a fumar Vantage.

Le pediré perdón a Bayard y después lo evitaré el resto de mi estancia en Yale.

Lo intentaré, volveré a intentarlo.

Ella estaba con un amigo mío, con el que salía, y todos llegamos a la puerta de la sala de conferencias en el momento en que terminaba la clase. Tenía el pelo abundante, rubio, los ojos castaños, almendrados, y una nariz exquisita: un perfecto triángulo isósceles en el centro del óvalo de su rostro. Había tanta geometría en su cara, tanta simetría, que hice lo que el profesor de Historia del Arte nos recomendaba hacer en presencia de algún gran retrato: verla por segmentos. Primero los labios carnosos. Después los dientes blancos. Después los pómulos prominentes y la nariz exquisita. Finalmente aquellos ojos castaños, amorosos y burlones a la vez, como si pudiera amarte u odiarte dependiendo de lo que dijeras a continuación.

–Sidney –dijo, extendiendo la mano.

–JR –dije yo.

Ella no llevaba el típico uniforme andrógino de Yale –sudadera, vaqueros rotos y zapatillas deportivas–, sino unos pantalones negros de lana, un jersey de cuello alto gris de cachemira, y una chaqueta de cuero. Tenía el tipo de quien se ha pasado años participando en competiciones de patinaje sobre hielo, eso se notaba: ese culo duro, respingón, como el de Dorothy Hamill. Llevaba incluso un peinado parecido. Había que hacer esfuerzos para no mirarla.

−¿Verdad que a ti también te encanta esta clase? −me preguntó−. ¿Verdad que es fascinante?

−La verdad es que no −le respondí, riéndome.

−¿Y entonces por qué te has matriculado?

−Porque me vendrá bien cuando empiece Derecho.

−Puaj. Yo no sería abogada aunque me pagaran todo el dinero del mundo.

Eso es porque tú ya tienes todo el dinero del mundo, pensé yo.

Mi amigo le pasó un brazo por el hombro a Sidney para marcar de quién era, y se la llevó. Yo regresé a mi cuarto, puse canciones de Sinatra e intenté no recordar su cara en segmentos, flotando ante mí, mientras leía el veredicto del caso de Dred Scott.

Volvimos a encontrarnos unos días después. Un encuentro casual en la calle. Yo hice ademán de no detenerme, porque no quería malgastar mi tiempo con aquella diosa del campus, pero ella me obligó a parar, empezó a preguntarme cosas, a rozarme ligeramente el brazo, a retirarse el pelo de la cara. Yo no quise seguirle el juego, porque salía con mi amigo, y mi reticencia pareció desconcertarla y excitarla. Me tocó el brazo un poco más.

−¿Cómo llevas el examen final de Derecho Constitucional? −me preguntó.

−Estupendamente −respondí, sarcástico−. ¿Cuándo es? ¿Mañana?

−¿Te gustaría que estudiáramos juntos?

−¿Juntos? ¿Esta noche?

−Sí. −Sonrió. Dentadura perfecta−. Juntos. Esta noche.

Vivía en un apartamento fuera del campus. Cuando llegué, ya había abierto una botella de vino tinto, así que nos pasamos diez minutos estudiando el Tribunal Supremo antes de dejar de lado los libros y pasar a estudiarnos a nosotros mismos. Hubiera querido someterla al Tratamiento Sheryl, preguntarle muchas cosas, pero ella se me adelantó y me acosó a preguntas, y yo me descubrí a mí mismo hablándole de mi madre, de mi padre, del Publicans, de todo. Notaba que el vino tinto y sus ojos castaños me abrían la cáscara. Le dije la verdad. Hice que mi padre pareciera más un granuja que un villano, y convertí a los hombres del bar en dioses, pero aquellas exageraciones no eran falsas. Ellos eran lo que yo creía que eran, de la misma manera que yo me creía auténtico cuando imitaba a los hombres del bar, cuando usaba sus expresiones y sus gestos. Las impresiones me engañaban tanto como engañaban a Sidney.

Mientras descorchaba la segunda botella de vino, ella me habló de su vida. Era la más joven de cuatro hermanos, se había criado al sur de Connecticut, a la orilla del mar, justo al otro lado de la bahía de Manhasset. Tenía dos años más que yo, estaba ya en tercero, y esperaba convertirse en directora de cine, o en arquitecta. La siguiente Frank Capra, o la siguiente Frank Lloyd Wright, dije yo. A ella le gustó que lo dijera. Sus padres tenían poder, eran brillantes y estaban totalmente implicados en las vidas de sus hijos. Eran dueños de una empresa de construcción y vivían en una casa grande que su padre había construido él mismo, con sus manos. A su madre la admiraba, pero sentía idolatría por su padre, un verdadero Hemingway, dijo, incluida la barba blanca y el jersey de pescador. Su voz, ya de por sí grave, descendió una octava cuando me habló de un hermano que había muerto, y me dijo que sus padres nunca habían vuelto a ser los mismos desde entonces. Tenía una manera de contar intimidades que era como si corriera una cortina a nuestro alrededor.

Poco después de medianoche empezó a nevar.

–¡Mira! –dijo, señalando hacia la ventana–. Vamos a dar un paseo.

Abrigados con gorros y bufandas, paseamos por el campus, alzando las caras al cielo, cazando copos de nieve con la lengua.

–¿Te das cuenta de que llevamos horas hablando? –me preguntó ella.

–No hemos estudiado nada –dije yo.

–Sí, ya lo sé.

Nos miramos, dubitativos.

–¿De dónde salen las iniciales de tu nombre? –me preguntó.

–Te lo diré cuando nos conozcamos mejor.

Fue un acto reflejo. No quería contarle mi mentira de siempre, pero tampoco me apetecía divulgar la verdad. Con todo, mi respuesta sonó a estrategia de ligue. Sin tiempo para rectificar, o para matizar un poco, Sidney se acercó más a mí. Caminamos bajo la nieve, nuestras caderas muy juntas, contemplando las huellas que dejábamos, también muy juntas.

Al volver a su apartamento tomamos chocolate caliente, fumamos y hablamos de todo menos del caso de Brown contra el Consejo de Educación. Al amanecer ella preparó huevos fritos y café. Salí de su apartamento una hora antes del examen, sin haber estudiado nada, y sin que me importara lo más mínimo. Me pasé varias horas apoyando el lápiz sobre las páginas del cuadernillo azul del examen, escribiendo chorradas sobre la Constitución, consciente de que iba a suspender, y aun así sintiéndome en éxtasis, porque también era consciente de que vería a Sidney minutos después de que terminara el examen. Sabía que aparecería por la puerta sin llamar, y así fue.

–¿Cómo te ha ido? –me preguntó.

–No muy bien, ¿y a ti?

–Lo he clavado.

Le pregunté si quería venir conmigo a tomar un café, pero me dijo que tenía prisa. Ese día volvía a casa en coche, y quería salir antes de que las carreteras se llenaran.

–¿Qué vas a hacer tú? –me preguntó.

–Mañana salgo para Arizona, por la mañana.

–Muy bien, pues feliz Navidad. Gracias una vez más. Me lo he pasado muy bien esta noche.

Me dio un beso en la mejilla y, cuando salía por la puerta, sin volver la cabeza, levantó la mano para despedirse.

Me compré un paquete de seis cervezas y me senté junto a la ventana. Bebía y escuchaba canciones de Sinatra, veía a los alumnos en el patio, abajo. Se despedían, se abrazaban, se dirigían a toda prisa a Union Station. Notaba que el campus se vaciaba como un globo que perdiera aire. Sonó el teléfono. Sería mi madre que me llamaba para ver cómo me había ido el examen. Pero no. Era Sidney, que me llamaba desde el coche. ¿Un teléfono en el coche? En mi vida había oído nada igual.

–Eh, tú –me dijo–. Vente a cenar.

–¿Juntos? ¿Esta noche?

–Juntos. Esta noche. Vuelve a llamarme y dime qué tren vas a tomar. Te esperaré en la estación.

Colgué, le di un trago a la cerveza y me eché a llorar. Era la primera vez en mi vida que lloraba de alegría.

* * *

Ya en el andén cuando el tren entró en la estación, llevaba una gabardina blanca, y tenía el pelo y las pestañas salpicadas de copos de nieve. Había reservado mesa en un restaurante del paseo marítimo, pero ninguno de los dos probó la comida. Los platos llegaban y se iban sin que nos percatáramos, como el ir y venir de nuestro aliento. Después, ya en su deportivo, cruzábamos los bosques a toda velocidad. Llegamos a casa de sus padres y nos quedamos sentados en el coche, con la calefacción a tope y Phil Collins en la radio. Los dos esperábamos a que el otro dijera algo. Entre la nieve que caía, entre los árboles, vi la luna brillar en un río de plata. Me vino a la mente el canal de Arizona, y torcí el gesto.

Me hizo entrar en casa. Todas las luces estaban apagadas. Todos dormían. Me llevó arriba, a una habitación de invitados.

–¿Y tus padres? –le susurré cuando cerraba la puerta–. ¿No los despertaremos?

–Son bastante tolerantes –dijo ella en voz muy baja.

La lámpara de la mesilla de noche daba una luz descarnada, como la de casa del abuelo, pero no quería apagarla. Quería ver a Sidney. Cubrí la bombilla con uno de mis calcetines de rombos y me volví justo en el momento en que ella se desabrochaba el sujetador y lo dejaba caer al suelo. Se quitó los pantalones y las bragas y vino hacia mí, difusa bajo el resplandor de los rombos. Me desnudó, me acercó una mano al pecho y me empujó. Caí sobre la cama. Ella se me puso encima y enseguida se escurrió y se colocó debajo. Oh, susurró, primero bajito, después en voz más alta. Y después en voz mucho más alta. Tus padres, dije yo. Tranquilo, no pasa nada, me dijo ella. Oh, volvió a decir, y después sí, y después oh y sí sin respirar entre las dos palabras, en combinaciones. Yo no sabía que pudieran existir tantas combinaciones de aquellos dos sonidos. Me concentré en ellas, las contaba, las usaba para bloquear todos mis demás pensamientos, incluido cualquiera que implicara disfrutar, porque estaba decidido a seguir, a hacerlo bien, a durar. Notar a Sidney debajo, ver su cuerpo, era un sueño, y si obtenía algún placer de él, el sueño acabaría. Sí, decía Sidney apretando los dientes, sí, sí, hasta que la palabra perdió todo su significado y se convirtió en un sonido en el que nos concentrábamos los dos. Y entonces un suspiro leve de satisfacción, contrapunto del viento que soplaba fuera.

Tendidos juntos, estuvimos tanto rato sin decir nada que me pareció que se había quedado dormida. Finalmente dijo:

–¿No hueles a quemado?

Miré la lámpara. El calcetín de la bombilla echaba humo. Lo arranqué al momento, y al hacerlo volqué la lámpara con gran estrépito. Sidney se echó a reír. Después convertí el calcetín chamuscado en un títere de mano que pronunció un comentario sobre la chocante conducta de la que acababa de ser testigo.

–Me vas a traer problemas –dijo, riéndose y hundiendo la cabeza en la almohada.

–¿Por qué?

–Eres problemático. –Me abrazó–. Y no sé si me hacen falta tus problemas.

Al despertar la encontré de pie, frente a mí, con una taza de café.

–Buenos días, Problema –me dijo.

Llevaba una vaporosa bata de raso blanco que se le abría. Acepté el café que me ofreció, y cuando se volvía la agarré y la atraje hacia la cama.

–Mis padres –dijo ella.

–Son tolerantes.

–Sí, bueno, los tolerantes están despiertos, y han expresado cierto interés en conocer al hombre que está aquí arriba, en la habitación de invitados.

Como mi maleta seguía en el coche de Sidney, me puse la ropa del día anterior y la seguí hasta la planta baja. Sus padres, aunque canosos y bastante mayores que mi madre, eran, en efecto, tolerantes. No parecían en absoluto escandalizados. Me sirvieron un café y me invitaron a desayunar con ellos.

Los dos hablaban con la voz grave de Sidney y, como ella, me acribillaban a preguntas. Yo no creía que mis historias fueran a resultarles tan entretenidas como a Sidney, así que las esquivaba preguntándoles yo también a ellos. Les pregunté sobre sus intereses. Les apasionaba la ópera italiana, las orquídeas de invernadero y el esquí nórdico. Yo no sabía nada de ninguno de aquellos tres temas, y me sentí como si acabara de suspender mi segundo examen en veinticuatro horas. Les pregunté por su empresa de construcción.

–Hay empresas que construyen casas –dijo la madre de Sidney–. Nosotros construimos moradas.

Pronunció la palabra en el mismo tono arrebatado que el Profesor Lucifer usaba para pronunciar «poema». Su voz se elevaba, y se le enrojecían las mejillas cuando hablaba de la necesidad humana de guarecerse. Yo le hablé de las mansiones de Manhasset y Shelter Rock, y de lo que simbolizaban para mí cuando era niño. Noté que le gustaba mi historia.

El padre de Sidney se puso de pie, se metió las manos en los bolsillos del pantalón y, como quien no quiere la cosa, me preguntó por mi familia. Yo le canté las virtudes de mi madre. Él sonrió.

–¿Y tu padre? –me preguntó.

–Hasta hace poco tiempo no lo conocía, en realidad.

Frunció el ceño. No entendí bien si era un gesto de compasión o de disgusto. La madre de Sidney cambió de tema y me preguntó qué estudiaba en Yale. ¿Qué esperas ser? Le hablé de la facultad de Derecho, y los dos parecieron aliviados.

–Tenemos que irnos –dijo Sidney–. Tengo que llevar a JR al aeropuerto.

Sin embargo, por el camino, Sidney cambió de opinión. Me dijo que había decidido dejarme en Darien. Desde allí podía tomar un autobús.

–¿Por qué? –le pregunté–. ¿Qué pasa?

–Creo que es lo mejor.

–Dime por qué.

–Mira, estoy saliendo con otro.

–Ya lo sé.

Le hablé de mi amigo, del que nos había presentado en clase de Derecho Constitucional. No, dijo Sidney. Es que además estoy saliendo con otro. Me dio un vuelco el corazón y noté un nudo en la garganta.

Salió de la autopista en Darien y cuando llegamos a la parada de autobuses se bajó del coche enseguida. Yo me quedé sentado dentro, sin moverme, mientras ella sacaba la maleta y me pedía que bajara. Me negué a hacerlo. Ella dejó la maleta en la acera y esperó. Yo no me moví, y la escena duró cinco minutos. Ella, finalmente, metió de nuevo la maleta en el coche y entró. Ninguno de los dos dijo nada mientras ella conducía a toda velocidad por la I-95, cambiando de carril constantemente para esquivar el tráfico, como un piloto de carreras. Sin embargo, cuando llegamos al aeropuerto, ya no estaba enfadada. Me pareció notar en ella incluso, aunque a regañadientes, cierta admiración hacia mí cuando nos despedimos con un beso.

–Feliz Navidad –me dijo–, Problema.

De todos los apodos que me habían puesto, ése era el primero que me gustaba.

Sabía menos de amor que de Derecho Constitucional, pero en el vuelo a Arizona llegué a la conclusión de que estaba enamorado. O eso, o me estaba dando una embolia. Sudaba, temblaba, tenía dolores en el pecho. No ayudaba precisamente que siguiera notando el olor de Sidney en la mano, ni encontrar en el bolsillo una servilleta de papel arrugada con su boca dibujada con pintalabios. Me acerqué la mano a la nariz, apreté los labios contra la servilleta, y la azafata me preguntó si estaba enfermo.

Eso mismo me preguntó mi madre cuando me bajé del avión.

–Creo que estoy enamorado –le dije.

–¡Maravilloso! –dijo ella, pasándome un brazo por la cintura cuando salimos del aeropuerto de Sky Harbor–. ¿Y quién es la afortunada?

En el coche, mientras cenábamos, hasta bien entrada la noche, intenté hablarle a mi madre de Sidney, pero la conversación me resultaba inesperadamente complicada. Hubiera querido preguntarle cosas sobre el amor, pero me parecía necesario ser cuidadoso, porque no quería avivar recuerdos desagradables de sus desengaños amorosos. Hubiera querido preguntarle si nuestro apartamento del canal me privaba del acceso a una diosa que vivía junto a un río de plata, pero no quería despreciar el hogar que mi madre tanto se había esforzado en crear para los dos. Finalmente, me limité a decir:

–Sidney está muy arriba, ahí arriba. –Levanté la mano por encima de la cabeza–. Y yo estoy aquí abajo. –La bajé hasta la altura de las rodillas.

–No digas eso. Tú tienes mucho que ofrecer.

–Sí, claro. No tengo dinero, ni la menor idea de qué quiero hacer con mi vida...

–¿Ni idea?

–Bueno, además de que quiero ser abogado.

–Mira –dijo ella–. Que un hombre ponga a una mujer un poco en un pedestal no es lo peor que puede pasar. –Sonrió y me acarició el hombro para animarme, pero yo no logré esbozar una sonrisa–. JR, enamorarse es una bendición. Intenta disfrutarla.

–¿Y si se me rompe el corazón? –le pregunté.

Ella miró más allá de mi cabeza.

–¿Mamá?

Gesto inexpresivo.

–¿Mamá?

Mi madre bajó la vista y me miró.

–Sobrevivirás –me dijo.

Sidney vino a recogerme al aeropuerto con una botella de champán, que nos íbamos pasando mientras ella conducía por la I-95 a toda velocidad. Era domingo por la noche, y estábamos a bastantes grados bajo cero. No había ni un alma en la autopista. Teníamos el mundo para nosotros solos.

Llegamos a Yale sobre las doce de la noche. Los árboles, helados, crujían al viento. Las calles eran bloques macizos de hielo. Paramos en mi residencia, donde recogí mis discos de Sinatra, y nos fuimos a su apartamento y allí nos encerramos. Sidney se rio, traviesa, al ver que apoyaba una silla contra el pomo de la puerta.

Nos pasamos varios días sin salir. Nevaba, la nieve se derretía, volvía a nevar... Nosotros casi ni nos dábamos cuenta. No encendíamos la tele ni la radio. Lo único que se oía en el apartamento era la voz de Sinatra y las nuestras, y el viento. Cuando nos moríamos de hambre llamábamos para pedir que nos trajeran algo de comer del restaurante de la esquina. El teléfono sonaba y sonaba, pero Sidney nunca respondía, ni tenía contestador automático. Si sus novios la buscaban, a ella no parecía importarle, y a mí me parecía que su indiferencia significaba que los demás hombres habían dejado de interesarle.

El tiempo pasaba imperceptiblemente, hasta que dejó de pasar del todo, dejó de afectarnos. Nos quedábamos una hora tumbados de lado, mirándonos, sonriéndonos, rozándonos las yemas de los dedos, sin decir nada. Nos quedábamos dormidos. Despertábamos, hacíamos el amor, volvíamos a dormirnos con las manos entrelazadas. Yo no tenía ni idea de si era por la mañana, por la tarde o por la noche, de qué día de la semana era, ni me interesaba saberlo.

En un momento dado, mientras Sidney dormía, me senté en una silla a los pies de la cama, tomándome una cerveza e intentando organizar mis sentimientos. Al principio, si era sincero conmigo mismo, me había impresionado la belleza de Sidney, pero ahora la cosa era más profunda. Aquello era algo más que sexo, algo más que amor. Yo ya había experimentado el poder del sexo con Lana, y el amor adolescente con una o dos chicas desde entonces, pero aquéllos eran ensayos superficiales para lo de ahora. Lo de ahora era muy fuerte, iba a cambiarme para siempre, y si no iba con cuidado podía destrozarme, porque de hecho ya estaba desesperado. Ya notaba que habría dado cualquier cosa para aferrarme a ese sentimiento, a esa fuerza energizante y primitiva que me faltaba desde hacía diecinueve años. Siempre había creído que el sexo y el amor eran los grandes catalizadores, lo que hacía que un niño se convirtiera en hombre, y muchas de las personas en las que confiaba así me lo habían dado a entender, pero hasta ese momento todo había quedado en el reino de la teoría. Yo nunca me había creído del todo lo explosivos que podían resultar esos catalizadores, la magia que podía darse cuando sexo y amor se daban simultáneamente, en un momento, en una persona. Me daba cuenta de que hasta entonces yo había sido un cínico, pero ahora, ahora que Sidney abría los ojos, ahora que yo hundía la mirada en aquellos pozos castaños sin fondo, llegaba hasta las fuentes de su alma, creía que ella era capaz de provocar en mí una metamorfosis, y tal vez de obrar un milagro: ella podía convertirme en un hombre; y, algo más notable aún, tal vez me hiciera feliz.

Cuando finalmente nos levantábamos de la cama, yo preparaba una jarra de martini y nos echábamos en el sofá del salón y charlábamos. Mi infancia pasada escuchando a La Voz me estaba procurando al fin dividendos: era capaz de captar en la voz de Sidney matices: sus esperanzas, sus temores, los subtextos y las tramas principales de su vida. Para demostrarle lo atentamente que la escuchaba, le repetía la historia que ella acababa de contarme, se la contaba yo a ella con mis propias palabras, y le sugería lo que, en mi opinión, podía significar todo aquello. A ella le encantaba.

Cuando le hablaba de cosas mías, también detectaba aspectos en mi propia voz. Llevaba toda la vida censurándome a mí mismo. Ahora, en cambio, decía exactamente lo que sentía, se lo soltaba todo a aquella mujer hermosa que escuchaba tan apasionadamente como hacía el amor. Arrastrado por aquel espíritu sin censuras, le confesé a Sidney, en nuestro cuarto o quinto día juntos, que mi intención era casarme con ella. Estábamos comiéndonos unos bagels en la cocina. Ella dejó de masticar y me miró fijamente.

–¿Casarte? –dijo.

–Sí –dije–. Me gustaría regalarte un anillo de diamantes y casarme contigo. Algún día.

Ella abrió mucho los ojos y se fue de la cocina.

Poco rato después me dijo que ya era hora de que regresáramos al mundo. Esto me está dando agror.

–¿Agrura?

–Necesito aire puro, Problema. Tenemos que presentarnos a las clases. Esto es Yale. Tenemos una vida. ¿Te acuerdas?

–¿Esto es por lo que te he dicho? ¿Por lo de casar...?

–Te llamo luego.

Me monté en el siguiente tren de la Amtrak que salía hacia Nueva York, hice transbordo en Penn Station y tomé el cercanías de Long Island Railroad hasta Manhasset. El tío Charlie se sorprendió al verme entrar por la puerta del Publicans una semana después de haberme ido a Yale.

–¿Quién se ha muerto? –me preguntó.

–Nadie. Pero necesitaba ver caras amigas.

Me apuntó al pecho. Me sentí bien al momento. Sacó del estante una botella de ginebra. Torcí el gesto.

–No –le dije–. Ya no tomo ginebra. ¿Y un whisky escocés?

Él pareció escandalizado. ¿Cambiar de bebida? Una ruptura impensable del protocolo del Publicans. Pero vio que estaba afectado por algo, y no insistió.

–¿Qué te pasa?

–Problema con una chica.

–Cuéntamelo todo.

Me acercó un vaso como quien mueve un alfil sobre un tablero de ajedrez. Le puse al corriente de la situación general, aunque omitiendo el punto que había desencadenado el desenlace: mi error garrafal de hablarle de matrimonio.

–Y simplemente me ha echado –le dije–. Dice que le doy agror.

–¿Y eso qué coño es?

–Creo que es agobio en ladino.

–¿Es judía?

–No, pero le gustan las palabras.

Se sentó a mi lado un hombre con ropa de cazador, una chaqueta roja y negra y un gorro naranja.

–Eh, gente –dijo–. ¿Cómo va la guerra?

–Su novia tiene agror –dijo tío Charlie.

–Lamento oírlo.

Le conté mi historia al Cazador, desde mi encuentro con Sidney hasta que me había puesto de patitas en la calle. Cuando el tío Charlie estaba ocupado atendiendo a otros clientes, también le conté al Cazador mi torpe propuesta de matrimonio.

–Vaya –dijo–. Vaya, vaya, vaya. ¿Y tu amigo?

–¿Quién?

–El amigo que salía con la tipa esa. ¿Sabe que te la has follado?

El tío Charlie volvió y apoyó los codos en la barra, prestando atención.

–Ah –dije–. Mi amigo. Sí, bueno, a él ni siquiera le gustaba mucho. Sólo quedaban de vez en cuando. En plan informal.

–No –dijo El Cazador–. Ahí te equivocas. Las tías vienen y van, a todas les da la angina esa. Pero a tu colega lo has engañado. Has violado el código. Tienes que aclarar las cosas con él.

–Ceo que no lo estás entendiendo –dije.

Miré al tío Charlie en busca de apoyo moral, pero él señalaba con el dedo el pecho del Cazador.

Veinticuatro
Padre Amtrak

El «agror» de Sidney pasó, y yo aprendí la lección. Adopté la política de hablar menos y escuchar más. Seguí amándola descontrolada, desesperadamente, pero intentaba ser más discreto al respecto.

Intenté también enfrentarme a mis trabajos de clase, algo que me resultaba más difícil que nunca, a causa de Sidney. No conseguía concentrarme. En las clases magistrales y los seminarios, mientras el profesor peroraba sobre Berkeley y Hume, yo perdía la mirada en la distancia e imaginaba el rostro de Sidney. Cuando oía que aplaudían sabía que la conferencia había terminado y que era hora de volver a la habitación y de sentarme junto a la ventana para pensar en Sidney.

Ella creaba en mí una paradoja: si lograba ganarme su amor, me convertiría en el hombre que esperaba ser cuando me matriculé en Yale. Pero no podía esperar ganarme su amor si no me graduaba, y para lograrlo debía dejar de obsesionarme con ella y completar mis trabajos de las asignaturas, algo que no me parecía ni remotamente posible. Instalado en la biblioteca, intentando con todas mis fuerzas concentrarme en *Más allá del bien y del mal*, de Nietzsche, alcé la vista y me topé con Jedd Reencarnado. No había vuelto a verlo desde que había presenciado el momento en que Bayard me pillaba con su camisa puesta. Me ofreció un Vantage.

–¿Es posible que os viera a Sidney y a ti el otro día paseando por York Street? –me preguntó.

–Sí.

–¿Estáis saliendo jun...?

–Sí.

Echó la cabeza hacia atrás y abrió mucho la boca, como si estuviera a punto de gritar, pero no emitió ningún sonido.

–Eres un cabrón con suerte.

Me encendió el cigarrillo con un encendedor de plata que, por su aspecto, podría haber llevado su bisabuelo en las trincheras de la primera guerra mundial.

Fumamos.

–No, en serio –dijo–. Con suerte. –Pausa–. Suerte, suerte, suerte.

Contemplamos las paredes llenas de libros. Él soltó un anillo de humo que quedó suspendido sobre mi cabeza como un lazo corredizo.

–Qué suerte –dijo.

Al terminar el segundo curso, mi buena suerte todavía duraba. Aprobé todas las asignaturas, por los pelos, y Sidney y yo seguíamos juntos. Mejor que juntos. Me dijo que había roto sus relaciones con todos los hombres de su vida y que sólo estaba saliendo conmigo.

Me fui a Arizona a pasar el verano, y Sidney a Los Ángeles a asistir a un curso para aspirantes a director de cine. Le escribía largas cartas de amor. Sus respuestas no eran ni largas ni amorosas. Eran breves resúmenes de su vida social. Asistía a fiestas con estrellas de cine, hacía ejercicio con los miembros del equipo masculino de natación de la Universidad del Sur de California, se paseaba por Hollywood en un Mercedes descapotable. Vino a visitarme un fin de semana, eso sí, y consiguió hechizar a mi madre. En un momento en que Sidney salió del comedor, mi madre bajó la vista y la clavó en el plato.

–Es la chica más guapa que he visto en mi vida –dijo sonriendo, como si conociera un secreto.

–Lo sé –dije yo muy serio–. Lo sé.

Llevé a Sidney a mi otra casa cuando regresamos a Yale aquel otoño. Me aseguré de que fuera un sábado por la noche de mediados de noviembre, la época más animada en el Publicans. Apenas entramos, desde la puerta, ofrecí a Sidney un adelanto de cuáles eran los actores principales, señalando al tío Charlie, Joey D, Cager, Colt, Tommy, Fast Eddie, Smelly.

–¿A qué se dedica Smelly? –me preguntó.

–Cocina.

–El cocinero se llama Smelly, entiendo.*

El bar estaba lleno de caras conocidas, y de familiares míos. Una de las primas se había casado y se había ido a vivir a otra parte, pero McGraw y sus otras hermanas, incluida Sheryl, seguían viviendo cerca, con la tía Ruth, que aquella noche estaba sentada en el centro del bar, con un coñac en la mano. Le presenté a Sidney.

–¿Media o alta? –le preguntó la tía Ruth a Sidney, repasándola de arriba abajo.

–¿Perdón?

–¿Clase media o alta?

Yo me cubrí la cara con las manos.

–Alta –dijo Sidney–. Supongo.

–Bien. En esta familia nos hace falta gente de mejor clase.

Sheryl también estaba en el bar aquella noche, y vino corriendo a nuestro lado, y se llevó enseguida a Sidney del lado de la tía Ruth, como ese payaso de rodeo que salva al *cowboy* de un toro que está a punto de embestirle. Yo me abrí paso hasta la barra en busca de dos copas. El tío Charlie estaba trabajando, y ya se había fijado en Sidney.

–Vaya, vaya –dijo.

–Y es más inteligente que guapa.

Él agarró la botella de whisky por el cuello como si fuera un pollo al que estuviera a punto de estrangular.

–Entonces, ¿sabes lo que te digo? Que estás metido en la mierda hasta el cuello, amigo mío.

Cuando Sidney y yo volvíamos a Yale, ella no apartaba la vista de la carretera. Le pregunté en qué pensaba. Me dijo que entendía que aquel bar hubiera sido «especial» para mí. Se volvió y me mostró su sonrisa cegadora, la que hacía que los policías de tráfico sólo la amonestaran pero no le pusieran multas, pero yo noté que había algo más. Entendía que el bar hubiera sido especial para mí cuando era niño, pero no le veía el sentido a seguir adorando ese sitio ya de joven. Tal vez también imaginaba la cara que pondrían sus padres si conocieran a Joey D y al tío Charlie.

* *Smelly* significa «maloliente», en inglés. (*Nota del traductor.*)

Sidney había dejado su apartamento, y durante ese último año vivía en una residencia. Nos sentamos en su cama y conversamos un poco más sobre aquella noche.

–¿Y por qué ese tal Colt suena como si fuera el Oso Yogui?

–¿Colt? No lo sé. Es su voz.

–¿Y por qué se llama Colt?

–En el bar todos tenemos apodos, pero Steve nunca le puso ninguno a Colt, y él se sentía desplazado, y por eso una noche anunció que desde ese momento quería que lo llamaran Colt.

–Ajá. ¿Y por qué ese tío que se parece a un teleñeco...

–Joey D.

–... habla solo?

–Cuando era pequeño a mí me parecía que hablaba con una mascota, con un ratoncito que llevaba en el bolsillo.

–Mmm.

Poco después de nuestra excursión al bar, Sidney me dijo que necesitaba «tiempo». Tiempo para ponerse al día de los trabajos de clase, tiempo para planificar qué iba a hacer después de graduarse. No tenía «agror», me aseguró, sujetándome una mano entre las suyas.

–Tiempo –me dijo–. Tú dame un poco de tiempo para organizarme.

–Claro –le dije–. Tiempo.

Sin Sidney, lo único que yo tenía era tiempo. Podría haber hecho lo sensato y asistir a alguna clase, ponerme al día de los trabajos de clase. Pero lo que hacía era escribir para el *Yale Daily News,* y me instalaba en la Biblioteca Beinecke y repasaba las cartas editadas de Hemingway, Gertrude Stein y Abraham Lincoln. Muchas veces me pasaba todo un día en los museos de Yale, sobre todo en el Centro de Arte Británico, donde me sentaba y me dedicaba a contemplar los retratos que John Singleton Copley había hecho a la gente de la América colonial. Sus rostros, iluminados por cierta inocencia, cierta pureza, pero también llenos de malicia, me recordaban a las caras que poblaban el Publicans. No podía ser casualidad, pensaba yo, que Copley pintara a algunos de sus modelos en tabernas, o eso me parecía. Me quedaba sentado mucho rato frente a un cuadro de Hogarth del siglo XVIII, *Una conversación moderna de medianoche,* en la que aparecía la mesa de una cervecería y un grupo de bebedores que reían, hacían piruetas y se caían al suelo. A veces aquella pintura me hacía soltar carcajadas en voz alta, y siempre que la veía me daban ganas de volver a casa.

Una tarde salí del museo y me metí en un bar. Me tomé un whisky. Llevaba conmigo un ejemplar con poemas de Dylan Thomas. Leí algunos, me tomé otro whisky. Cuando volvía a mi cuarto, decidí pasarme por una fiesta de la que me habían hablado. Era en el sótano. Allí había cincuenta estudiantes alrededor de un barril, mientras un chico, en un rincón, tocaba un piano. Me apoyé en el piano y observé.

–Yo te conozco –dijo él–. JC, ¿verdad? Mo, Moo...

–Moehringer.

–Eso. Sidney y tú.

Asentí.

–Tiene que ser duro –dijo–. Que ella ahora esté con ese alumno de posgrado. Tiene que joder un montón. –Dejó de tocar cuando vio la cara que ponía–. Oh, oh –dijo.

Salí corriendo hacia la residencia de Sidney. Caía aguanieve y las aceras estaban resbaladizas, y yo estaba borracho, y me caí. Dos veces. Empapado, magullado, sin aliento, abrí la puerta de su dormitorio y encendí la luz. Ella se incorporó al momento, sobresaltada. Estaba sola.

–¿JR?

–¿Es cierto?

–JR.

–No lo hagas. Por favor. No me mientas. Sólo dime si es verdad.

Ella se llevó las rodillas al pecho y no dijo nada. Yo hubiera querido abofetearla, interrogarla, obligarla a contarme todos los detalles. ¿Desde cuándo? ¿Con qué frecuencia? ¿Por qué? Pero no tenía sentido. Veía lo absurdo que resultaba todo, la inutilidad de las preguntas. Salí de allí dejando la puerta abierta de par en par.

El tren que me llevaba a Nueva York estaba lleno y los únicos asientos libres eran los del vagón del bar. No es que me importara. Acurrucado junto a la ventanilla, le daba sorbos al whisky y veía pasar Connecticut. Delante de mí viajaba un cura. Era calvo, y sólo le quedaban cuatro pelos en la parte alta de la cabeza. Tenía los ojos azules muy juntos, coronados por unas cejas canosas y pobladas, fijos en mí. Yo rezaba para que no me dirigiera la palabra.

–¿Adónde vas? –me preguntó.

Me volví despacio, como si tuviera tortícolis.

–A Manhasset –dije, y volví a mirar por la ventanilla.

–¿Manhasset? ¿Dónde queda eso?

–En Long Island –masculló.

–Manhasset, Long Island. Suena bien. Man-hass-et. Suena como a nombre inventado.

–Lo es. –Mi respuesta sonó más grosera de lo que pretendía. Me volví hacia él una vez más–. Es la ciudad de esa pesada mentirosa que es Daisy Buchanan.

–Y del cretino de su marido, Tom. –Alzó la copa para brindar en silencio, no sabía bien si por mí o por los Buchanan–. ¿Vuelves a casa a pasar las vacaciones?

–Una pausa fuera de programa.

–Pareces preocupado, hijo.

–Acabo de descubrir que Daisy ha estado simultaneándome con otro.

–Oh.

–Lo siento. Es de mala educación, supongo, hablar de mujeres con un cura.

–Qué tontería. Nos pasamos el día oyendo hablar de eso. De amor y de muerte.

–Ah, claro. Los curas y los camareros.

–Y las peluqueras. –Se pasó la mano por la calva–. O eso me dicen. A ver si lo adivino. ¿Un primer amor?

–Sí.

–«Primer amor o último amor... ¿Cuál de esas dos pasiones es más omnipotente? ¿Cuál es más justa?» Longfellow.

Sonreí.

–Mi abuela me recitaba sus poemas.

El cura siguió recitando.

–«La estrella matutina o la vespertina estrella? El sol naciente o el ocaso del alma? La hora en la que observamos lo desconocido y el avance del día consume las sombras... o esa en que los paisajes todos de nuestra vida ya nos quedan atrás, y lejos quedan los sitios conocidos... y los dulces recuerdos... esto... los dulces recuerdos...» cómo era el verso... Me hago viejo. Pero bueno, entiendes la idea, ¿no?

El cura se echó hacia delante y me dio una palmadita afectuosa en la rodilla.

–Permíteme que te invite a una copa –me dijo–. ¿Qué estás tomando, chico?

Agitó los cubitos de hielo de su vaso vacío como un jugador de backgammon agitando los dados en el cubilete.

–Whisky escocés –le respondí.

–Claro, claro, ¿qué otra cosa se puede beber?

Cuando volvió, le di las gracias y le pregunté adónde iba. A una conferencia religiosa, me dijo. Representaba a su iglesia, que estaba en una localidad rural de Nueva Inglaterra de la que yo no había oído hablar en mi vida. Conversamos sobre religión, y se mostró encantado al descubrir que había leído las *Confesiones* de san Agustín no hacía mucho.

–Supongo que estudias en Yale –me dijo.

–De momento.

–No estarás pensando en dejarlo.

–Me temo más bien que Yale está pensando en dejarme a mí. No saco buenas notas.

–Las notas pueden mejorar. Un chico inteligente como tú...

–Es difícil, padre. Más de lo que esperaba.

–«La fascinación de lo difícil me ha secado la savia de mis venas, y se ha llevado las dichas espontáneas, todas las alegrías naturales de mi corazón.» Yeats.

–Pues Yeats debió de ir a Yale.

–Si hubiera ido, seguro que también le habría parecido difícil. Las mentes creativas, ya se sabe.

–Es usted muy amable. Pero yo soy un idiota. En el instituto me sentía como Einstein... y ahora entiendo por qué. La mitad de mis compañeros eran tontos, y la otra mitad estaban drogados. En Yale, en cambio, el tonto soy yo. Y cuanto más tonto me siento, menos voy a clase, lo que me hace sentirme más tonto aún. –Me eché hacia atrás en mi asiento–. Mi intención era matricularme en Derecho –le dije en voz baja–. Ya puedo ir olvidándome. Y no sé cómo voy a contárselo a mi madre.

–¿Tu madre está muy interesada en que estudies Derecho?

–Muy interesada.

–¿Y a ti qué te gustaría hacer?

–No lo sé.

–Alguna idea tendrás.

–Me gustaría... escribir, nada más.

Aquélla era la primera vez que lo decía en voz alta.

–¡Bravo! La vocación más noble. ¿Poesía?

–Periódicos.

–No. Tú pareces poeta. Pones boca de poeta. ¿Novelista, tal vez?

Negué con la cabeza.

–Me gustaría escribir reportajes en la prensa escrita.

–Ah, bien –dijo, hundiendo los hombros, decepcionado–. Eso también está bien.

–Prefiero contar las historias de los demás.

–¿Y por qué no las tuyas?

–No sabría por dónde empezar.

–Bueno, eso ya es algo. Y hay cierta magia en los periódicos, eso te lo aseguro. A mí me encanta hojear el *Times* todas las mañanas y ver toda esa vida que bulle.

–Dígaselo a mi madre.

–A ella le alegrará que hagas lo que te dicta el corazón. Y que te gradúes.

Aquella palabra hizo que se me revolviera el estómago. Me bebí medio whisky de un trago.

–Sé feliz tú. Ésa es la mejor manera de hacer feliz a una madre –dijo el cura.

–Supongo que no es usted el hijo único de una madre soltera.

–Soy el quinto de una familia de diez. Pero mi madre se empeñó en que yo fuera sacerdote, así que tus quejas no me son del todo ajenas.

–Le encantaría Manhasset. Está lleno de familias numerosas católicas.

–Suena al Paraíso.

–Hay una calle principal llena de bares. Arriba del todo está la iglesia más popular, Saint Mary, y abajo del todo el bar más sagrado.

–Una cosmología digna de Dante. ¿Otra?

Hizo sonar los cubitos de hielo en el vaso vacío una vez más. Yo me saqué la billetera del bolsillo. Él agitó la mano para disuadirme. Invito yo, dijo, levantándose para acercarse a la barra.

Empezaba a notar que el alcohol me calentaba las extremidades. Tenía los dedos de los pies llenos de whisky escocés. Las uñas, el pelo, las pestañas..., whisky. Me preguntaba si el Padre Amtrak le estaría echando algo a la bebida, pero aparté aquella idea de mi mente.

–¿Sabe? –le dije cuando regresó con la siguiente ronda–. Habla con mucha sensatez para ser cura.

Él se dio una palmada en el muslo y soltó una carcajada.

–¡Tengo que acordarme de esta frase! –dijo–. ¡Quiero compartirla con los demás sacerdotes de la conferencia!

Entrelazó los dedos y apoyó en ellos la nuca, mientras me miraba fijamente.

–Creo que esta noche hemos tomado algunas decisiones muy importantes aquí, JD.

–JR.

–Lo primero de todo, vas a sacar mejores notas.

–Supongo que sí.

–«La infatigable búsqueda de una perfección inalcanzable, así se trate sólo de aporrear un viejo piano, es lo que por sí mismo da sentido a nuestra vida en esta vana estrella.» Logan Pearsall Smith.

–¿Quién?

–Un hombre muy sabio. Ensayista. Amante de los libros. Nació eones antes que tú.

–Sabe usted mucho de libros, padre.

–De niño pasé mucho tiempo solo.

–Creía que venía de una familia numerosa.

–Estar solo no tiene nada que ver con la cantidad de gente que te rodea. Pero vaya, yo estaba hablando de otra cosa. Ah, sí. Lo segundo, vas a ser escritor. Me encantará encontrar tus crónicas en el periódico. Vas a escribir sobre personas reales y sobre las cosas que hacen en esta vana estrella.

–No sé. A veces intento decir lo que tengo en la mente y es como si me hubiera tragado un diccionario y estuviera cagando páginas. Perdón.

–¿Me dejas que te diga una cosa? –me preguntó el cura–. ¿Sabes por qué Dios inventó a los escritores? Porque le encantan las buenas historias. Y las palabras le traen sin cuidado. Las palabras son las cortinas que colgamos entre Él y nuestro verdadero yo. Tú intenta no pensar en las palabras. No te esfuerces en buscar la frase perfecta. Eso no existe. Escribir es cuestión de adivinar. Cada frase es un tanteo educado, tanto del lector como tuyo. Piénsalo así la próxima vez que metas una hoja de papel en la máquina de escribir.

Saqué mi cuaderno de notas de Yale de mi mochila.

−¿Le importaría que anotara eso, padre? Estoy intentando adquirir el hábito de escribir las cosas que me dicen las personas inteligentes.

Señaló el cuaderno, con anotaciones que ocupaban tres cuartas partes.

−Se ve que te has tropezado con un montón de gente lista.

−En su mayoría son cosas que he oído en el Publicans. Así se llama el bar de mi tío.

−Es cierto lo que dices sobre camareros y sacerdotes. −Miró por la ventanilla−. Dos vocaciones concordantes. Los dos oímos confesiones, y los dos servimos vino. En la Biblia no salen pocos publicanos, aunque la palabra significaba otra cosa en tiempos de Jesús. «Publicanos y pecadores», creo que dice la expresión. Son sinónimos.

−A mí prácticamente me criaron los publicanos. Mi tío y los hombres del bar me echaban un ojo cuando no estaba mi madre.

−¿Y tu padre?

Pasé las páginas del cuaderno y no respondí.

−Bueno −dijo el cura−. Bueno. Tuviste suerte de que tantos hombres te echaran una mano.

−Sí, padre. Es cierto.

−La gente no entiende que se necesitan muchos hombres para crear a un hombre bueno. La próxima vez que vayas a Manhattan y veas que construyen uno de esos poderosos rascacielos, fíjate en cuántos hombres hay implicados en la operación. Pues el mismo número se necesita para construir un hombre sólido que para construir una torre.

Veinticinco
Sinatra

La inspiración que extraje de mi charla con el Padre Amtrak se desvaneció tan deprisa como los efectos del whisky. Ese verano de 1984 entré en barrena. Dejé de estudiar, dejé de asistir a clase. Y, lo más peligroso de todo, dejé de preocuparme. Todas las mañanas me tumbaba en el banco de la ventana y leía novelas, fumaba y pensaba en Sidney, y cuando llegaba el fin de semana me levantaba, me ponía el abrigo y tomaba el tren a Nueva York, y después otro que me llevaba hasta el Publicans, donde me pasaba dos días seguidos con los hombres, antes de regresar a Yale el domingo. Los hombres casi nunca me preguntaban por qué volvía tantas veces a casa, por qué cursaba mis materias obligatorias y optativas en el Publicans. Cuando me preguntaban cómo me iba en general, yo balbuceaba algo sobre Sidney, pero nunca les informaba de que estaba coqueteando con el desastre, de que mi expulsión ya era algo más que una posibilidad; era una certeza. No sabía cuál sería su reacción, y no quería saberlo. Temía que pudieran alegrarse, lo que tal vez me obligara a replantearme mis sentimientos hacia ellos y hacia el bar. Además, temía que yo mismo pudiera alegrarme, que pudiera enorgullecerme al describir el desastre al que estaba llevando a mi vida. Por primera vez sospechaba que tenía un lado autodestructivo, sospecha que creció cuando leí una biografía de F. Scott Fitzgerald y subrayé con fruición párrafos en los que se describía que le habían llamado la atención en Princeton y había acabado abandonando la universidad. Me descubrí a mí mismo pensando que tal vez dejar los estudios era una condición imprescindible para convertirse en escritor.

El primer día tibio de marzo me senté en el alféizar de la ventana del dormitorio, en una segunda planta. El aire era suave, los alumnos pasaban por la calle en mangas de camisa. Se veían ágiles y alegres. Iban a sus clases, a sus prácticas, y yo hubiera querido unirme a ellos, pero no podía. Me había hundido demasiado en el pozo que había cavado para mí mismo. Me preguntaba qué ocurriría si, simplemente, me cayera del alféizar. ¿Moriría, o sólo me rompería la clavícula y montaría una escena? No se trataba de ningún impulso suicida, sino más bien de una fantasía desesperanzada, pero lo reconocí como un nuevo y alarmante giro en mis pensamientos.

Y entonces vi a Sidney. Bajaba por Elm Street, en dirección a mí, llevaba un jersey blanco y una falda corta de gamuza, y el pelo recogido con un pasador. En la acera, más abajo, un grupo de chicos también la vieron. Se daban codazos y sonreían. «Mira eso», dijo uno. «Joder», dijo otro. Uno de ellos tenía una manzana en la mano y se la limpiaba contra la camisa. Cuando Sidney se acercó más a ellos, interrumpió la operación de pulido. En su boca se formó una O de asombro. Alargó la mano con la manzana, y ella la recogió al vuelo, sin detenerse ni aminorar el paso. Me recordó a los hombres del Publicans, entrando en el mar a paso ligero. Le dio un mordisco a la manzana y siguió andando, sin volver la vista atrás en ningún momento, como si no tuviera nada de raro que unos desconocidos le obsequiaran cosas a su paso. En mi mente oí la voz del tío Charlie la noche en que conoció a Sidney: «Estás metido en la mierda hasta el cuello, amigo mío».

Días después, uno de los decanos de más peso, el decano de los decanos, me llamó a su despacho. El caso de John Joseph Moehringer había llegado a sus oídos a través de mis profesores, muchos de los cuales –añadió secamente– se sentían «ignorados». El decano se mostraba «alarmado» al saber de mi escasa asistencia, y «afectado» ante mis bajas calificaciones. Agitó una mano sobre su escritorio, sobre el que había dejado mi expediente. Si las «cosas» no mejoraban, me dijo, no tendría más remedio que telefonear a mis «padres» para informarles de que tendría que dejar la universidad.

–John –me dijo, fijándose en el nombre legal escrito en lo alto de mi expediente–. ¿Te pasa algo? ¿Algo que quieras compartir conmigo?

Yo hubiera querido compartirlo todo, todos y cada uno de los detalles, desde el Profesor Lucifer hasta Sidney. El decano parecía tan amable, con sus gafas redondas sin montura, sus patas de gallo y sus sienes plateadas. Se parecía a Franklin Delano Roosevelt, y yo necesitaba que un hombre me dijera que no tenía nada que temer salvo el mismo miedo. En lugar de sostener un cigarrillo con boquilla, el decano sujetaba entre los dientes una pipa negra que desprendía unos aromas deliciosos –a brandy, café, vainilla, leña–, la esencia destilada de la preocupación paternal. El hilo de humo que salía de su pipa me engañó por un momento, llevándome a pensar que Franklin «Decano» Roosevelt y yo estábamos disfrutando de una charla junto al fuego de una chimenea. Pero entonces recordé que no éramos padre e hijo, sino decano y alumno, que no estábamos hablando con el corazón en la mano, sino sentados el uno frente al otro en su despacho atestado de cosas, en la universidad que estaba a punto de darme la patada.

–Es complicado –musité.

No podía hablar con alguien tan pulcro y respetable de la locura y el deseo. No podía confesarle a Franklin Decano Roosevelt que me asediaban las imágenes de Sidney con otros hombres. Verá, decano, no puedo concentrarme en Kant porque no dejo de imaginar a cierto estudiante de posgrado acariciando a mi exnovia mientras ella lo cabalga, su pelo rubio esparcido sobre el de él. No. Para ese decano, Kant representaba la excitación máxima. Kant era el *Penthouse*. Me fijé en los estantes llenos que cubrían las paredes, del suelo al techo, y comprendí que no entendería que no encontrara en ellos toda la excitación que necesitaba. Ni yo mismo lo entendía. Si se lo contaba, perdería la poca comprensión que hubiera podido suscitarle mi caso, y si no podía contar con su respeto, debía al menos conseguir inspirarle lástima. Permanecí sentado, dejando que los segundos estallaran en el reloj que reposaba sobre la repisa de la chimenea, que quedaba detrás de mí, en alguna parte, saboreando el humo de su pipa y mirando donde fuera con tal de no mirarle a los ojos. Dejaría que fuera él quien rompiera el silencio.

Pero él no tenía nada que decir. ¿Qué podía decirse de un joven como yo? Le dio una calada a la pipa y me observó como si estuviera en un zoo y yo fuera una criatura interesante, aunque algo lenta.

–Bien –dije, echándome hacia delante en la silla, como haciendo ademán de ponerme en pie.

–¿Un tutor, tal vez? –sugirió él entonces.

Sí, claro, un tutor me ayudaría, pero yo casi no tenía dinero para libros, y lo poco que me quedaba era para el tren que me llevaba al Publicans, que mi compañero de piso había bautizado como el «Desorient Express».

Le dije a Franklin Decano Roosevelt que me plantearía la posibilidad de recurrir a un tutor, que me esforzaría más, pero al salir de la oficina pensé que lo mejor que podía hacer era volver a mi habitación y empezar a hacer el equipaje. No creía que me quedara más de un mes en Yale.

Sin embargo, contra todo pronóstico, seguí adelante. Poco después de mi reunión con el decano abandoné la costumbre de salir corriendo hacia el Publicans todos los fines de semana. A trancas y barrancas llegué al final del semestre, aprobé todas las asignaturas menos una, lo que conseguí gracias a las dos voces de aliento que siempre me susurraban al oído: una era la de mi madre, que me escribía unas cartas preciosas en las que me prometía que habría otras Sidneys, pero nunca otro Yale. Si creía en el amor, me escribía, y sabía que así era, entonces no debía abandonar mi primer amor, Yale, por llorar el segundo, Sidney. Mi madre me decía que con el tiempo volvería la vista atrás y recordaría muy poco de todo aquello, salvo si me había esforzado o no.

Si, después de leer la última carta de mi madre más de diez veces, no conseguía sacarme a Sidney de la cabeza, subía el volumen de la otra voz que me traía sosiego: la de Frank Sinatra. Él aportaba el acompañamiento musical a mi corazón roto y, lo que era más importante, una justificación intelectual. Mientras memorizaba fechas para un examen de Historia, también memorizaba a Sinatra, cuyas letras se convirtieron en mis nuevos mantras. En vez de decirme a mí mismo «no pienso preocuparme por algo que no pasará» cantaba «Guess I'll hang my tears out to dry».* Y me ayudaba. Después de aprenderme la letra de memoria, me la explicaba, buscaba el significado oculto bajo las palabras, como al Profesor Lucifer le hubiera gustado que hiciera con las de Keats. Pasaba a máquina las mejores letras en fichas de cartulina y las dejaba sobre el escritorio. Juntas, podían leerse como un largo monólogo misógino, algo parecido a lo que podías oír cualquier noche de la semana en el Publicans, pero Sinatra lo decía de una manera, con un aplomo y una pasión, y sin ese acento de Long Island, que hacía que sonara más sofisticado, más razonable. Sinatra me decía que las mujeres eran peligrosas, incluso letales. Sidney era sólo una mujer guapa, me decía, y que te traicionara una mujer guapa era un

---

* «Creo que pondré mis lágrimas a secar»; verso de la canción del mismo título. (*Nota del traductor.*)

rito de paso para cualquier hombre joven. Él había pasado por lo mismo. Sobrevivirás, me prometía. Gracias al dolor te saldrá pelo en el pecho. Mi amor por Sinatra ya era profundo, pero aquella primavera desarrollé una dependencia física hacia su voz.

Hacia el final del semestre también oí la voz de mi padre. Me llamó por teléfono así, de pronto, y me sugirió que nos viéramos, y me prometió que aquella visita sería mejor, más seria, porque había dejado de beber. Ahora era una persona «como Dios manda», dijo, y si alguna vez necesitaba hablar con alguien, podía llamarlo a cobro revertido. Yo le hablé de Sidney, y de mi lucha por mantenerme a flote en Yale. Él me aconsejó que me planteara dejar los estudios. La universidad no es para todo el mundo, me dijo mi padre.

Cuando terminaron las clases en mayo, me fui a Manhasset a pasar el verano. Le dije a mi madre que tendría más posibilidades de encontrar un trabajo de temporada en Nueva York que en Arizona. Pero la verdad, claro está, era que quería ponerme al día por todo el tiempo que llevaba sin pisar el Publicans. En mi primera noche en el bar celebré dos hitos en mi vida: mi supervivencia académica y la graduación de Sidney. En mi mente, el segundo era el motivo de alegría más grande, porque a partir de entonces tendría Yale para mí solo. Nunca más, le dije al tío Charlie, tendría que oír rumores sobre Sidney, ni verla morder las manzanas de otros chicos.

Al empezar mi último curso, volvía a ser el mismo. Iba a clase, escribía para el *News*, me acercaba al número de créditos que me hacía falta para obtener el título. Me sentaba al escritorio, escribía a máquina mis trabajos de clase, me sentía fuerte. De repente, como salida de la nada, mi felicidad me hacía sacar lo mejor de mí. Captaba nuevos significados en las canciones de Sinatra. Si Sidney no es distinta a las demás mujeres, razonaba yo, tal vez debería perdonarla. Si las mujeres guapas mienten y engañan, ése es el precio que hay que pagar por amarlas. Me preguntaba dónde estaría ella en ese momento. ¿Habría roto con el alumno de posgrado? ¿Pensaría en mí? ¿Alguna vez querría oír mi voz?

Respondió la llamada al segundo tono. Lloró, dijo que me echaba de menos, e hicimos planes para cenar al día siguiente.

Nos sentamos en un rincón oscuro del restaurante, y el camarero entendió que debía dejarnos en paz. Sidney me explicó con todo lujo de detalles por qué había hecho lo que había hecho. En Yale no estaba contenta, me dijo. Deprimida, añoraba su casa y se comportaba de un modo que ni ella entendía. Le echaba casi toda la culpa a su primer amor. Ella tenía dieciséis años, y él era un hombre mucho mayor que la había usado y la había engañado. Aquella experiencia la había convertido en una mujer desilusionada y cínica, con ideas retorcidas sobre la fidelidad.

Ahora había crecido, era más sensata, me prometió, acariciándome el brazo. Y yo también, añadió. Lo veía en mis ojos, dijo, una nueva fortaleza y confianza en mí mismo, que le resultaba «locamente atractiva». Cuando el camarero nos trajo la cuenta yo ya tenía a Sidney sentada sobre mis piernas.

–Y entonces –me susurró al oído–, ¿te gustaría llevarme a tu casa y enseñarme tus grabados?

En medio de mi cuarto, mientras le desabrochaba la blusa, Sidney se fijaba en mi escritorio.

–¿Qué es todo esto? –me preguntó, señalando montones de papeles.

–Relatos.

–¿Sobre qué?

–Sobre un tonto y una chica guapa que le rompe el corazón.

–¿Ficción o no ficción?

–No estoy seguro.

Levantó un bolígrafo de la mesa y dibujó un corazón gigante en una de las páginas, y dentro de él escribió, con una letra pulcra, de arquitecta: «Fin». Y apagó el flexo. A oscuras, oí que los botones de su blusa, delicados, antiguos, chocaban contra el suelo.

Me dije que esta vez todo sería distinto. El éxito tanto con Sidney como con Yale dependía del equilibrio entre ambos, de no entregarme en cuerpo y alma ni a una ni a otro. Tenía que mejorar en la gestión de mi tiempo y de mis emociones, sobre todo de éstas. En el pasado me había movido con el corazón, exhibiendo mi desesperación como una medalla de honor. A mí me parecía que había sido sincero, pero en realidad había sido un pardillo. Ahora me juraba a mí mismo que sería más frío.

Sidney notó la diferencia, lo que hizo que ella también se comportara de otra manera. Aunque yo ya no hablaba de futuro, Sidney no paraba de hacerlo. Muchas noches nos quedábamos en la barra de algún bar hasta mucho después de la hora del cierre, cuando los demás taburetes ya estaban levantados y el camarero quería irse a casa, y ella se dedicaba a hacer listas de los nombres de nuestros futuros hijos. Los viernes por la tarde insistía para que tomara el tren del sur y fuera a pasar el fin de semana con ella y sus padres. (Vivía con ellos hasta que hubiera decidido qué quería hacer con su vida.) Sus padres también estaban distintos. Ya no fruncían el ceño con las cosas que yo les decía. Sonreían, alentándonos, cuando Sidney y yo hablábamos de irnos a vivir juntos. Después de la cena, nos trasladábamos al salón y tomábamos cócteles, leíamos el *Times* y veíamos los canales de la televisión pública, como si ya fuéramos una familia. Cuando los padres de Sidney subían a acostarse, Sidney y yo avivábamos el fuego de la chimenea y ella me leía a Proust mientras yo estudiaba. A veces miraba por la ventana e imaginaba a un niño pequeño observándonos desde la otra acera. Una o dos veces sentí que una parte de mí aún seguía ahí afuera, en el bosque, mirando dentro.

Cuando cumplí veinte años Sidney y yo nos fuimos en coche a Boston, porque a Sidney le parecía que sería un buen sitio para que viviéramos juntos cuando yo me graduara. La ciudad estaba cerca de la casa de su familia, y así no la añoraría, pero a la vez lo bastante lejos para poder vivir nuestra vida y ser independientes.

–¿Verdad que es un sitio magnífico para empezar una nueva vida? –me decía, mientras aceleraba y frenaba por las calles estrechas del North End–. Tendremos un apartamento pequeño, monísimo. Y todas las noches encenderemos un fuego enorme en la chimenea y tomaremos café y nos leeremos mutuamente *En busca del tiempo perdido*.

–Y hay varias buenas facultades de Derecho en la zona –dije yo.

–Yo creía que ibas a ser periodista.

–Los abogados ganan más que los periodistas.

–No necesitamos dinero –dijo ella–. Tenemos amor.

Pero también nos hacía falta el dinero. Desde el desastre del negocio de lavandería de segundo, yo había aceptado diversos trabajos a tiempo parcial, que me daban apenas lo justo para pagarme las copas y los libros, pero durante mi último año encontré un trabajo de jornada completa en el café de una librería que quedaba justo al lado del Centro de Arte Británico. El local habría sido la idea del paraíso de Bill y Bud. La entrada estaba cerrada por un vidrio de arriba abajo, por lo que la luz natural lo inundaba todo, y el bar, con forma de herradura y situado en medio de la sección de obras de ficción, servía café gourmet y dulces. Mi trabajo consistía en sentarme a un taburete frente a la caja y cobrar algún pedido esporádico. Como la librería la frecuentaban casi exclusivamente personas sin techo y alumnos de posgrado –que se aprovechaban de la política de rellenado gratuito de las tazas y se dedicaban a tomar café hasta convertirse en manojos de nervios–, las ventas eran escasas, y yo tenía todo el tiempo del mundo para leer y escuchar conversaciones ajenas sobre arte y literatura. El ambiente era vigorizante, absurdamente intelectual. En una ocasión presencié el estallido de una pelea a puñetazos entre dos ayudantes de camarero por ver quién se quedaba con el limpiador de pipas de Jacques Derrida, de plata, que el famoso profesor de literatura se había dejado olvidado junto al plato después de comerse un sándwich.

También estaba a cargo del equipo de música de la librería, lo que significaba que allí se oía siempre a Sinatra. Los alumnos de posgrado se cubrían las orejas con las manos y pedían otra cosa. Hasta los vagabundos se quejaban.

–Por Dios, chico –me gritó un día un sin techo–, algo de Crosby no estaría mal para variar.

Un día de invierno cedí y puse a Mozart. La pieza favorita de Bud: el quinteto para piano y vientos en Mi bemol mayor. Abrí mi ejemplar de Chéjov y mis ojos se posaron en la frase «Descansaremos!... ¡Oiremos a los ángeles, contemplaremos un cielo cuajado de diamantes». Cerré el libro de golpe y noté que las palabras me entraban en el torrente sanguíneo como un martini del tío Charlie. Descansaría. Oiría a los ángeles; y el cielo sí estaba cuajado de diamantes... Nevaba, espesos copos de nieve como plumas que hacían que la librería, con su frente de vidrio, pareciera uno de aquellos globos de nieve que se usaban como pisapapeles. Veía la nieve caer sobre el campus, le daba sorbos al café, escuchaba a Mozart y me decía a mí mismo –me advertía a mí mismo– que tal vez eso fuera todo. Tal vez nunca fuera más feliz que en ese momento. Iba a graduarme. Iba a solicitar plaza en varias facultades de Derecho, había vuelto con el amor de mi vida. Incluso mi madre se sentía mejor. No le iba mal del todo vendiendo seguros, y estaba saliendo con alguien.

Un cliente se acercó al mostrador. Marqué el precio de su libro en la caja y, mientras le devolvía el cambio, oí que algo golpeaba el escaparate de la entrada. Una inmensa bola de nieve aplastada contra el vidrio. Fuera, en medio de la calle, Sidney estaba plantada con la mano en la cadera, radiante. Salí corriendo afuera, la levanté y empecé a darle vueltas. Le dije que hacía un minuto estaba pensando en que nunca sería más feliz, y ahora lo era el doble, y todo gracias a ella.

–Te quiero –repetía ella una y otra vez.

En mi recuerdo parece que apenas cinco minutos después de aquello yo estaba saliendo de la Biblioteca Sterling con el borrador de mi tesina en la mochila, y que volvía a ser primavera. Me encontré por casualidad con Franklin Decano Roosevelt. Me felicitó por mi buen aspecto. Y añadió con énfasis –y cierta emoción– que tenía muchas ganas de verme, especialmente a mí, con el birrete y la toga el día de la graduación.

Sidney y yo fuimos a bañarnos desnudos en una cala escondida que ella conocía en la bahía de Long Island. Nadamos hasta una plataforma flotante de madera que quedaba lejos de la orilla y nos tendimos al sol, boca arriba, cogidos de la mano, hablando en voz baja sin saber bien por qué, pues allí no había nadie. De hecho el mundo parecía haber quedado cubierto por un Segundo Diluvio Universal, del que nosotros éramos los únicos supervivientes.

–Dime la verdad –le dije.

–Siempre –me dijo ella.

–¿Has sido tan feliz alguna vez?

–Nunca –dijo–. Nunca me había atrevido a esperar serlo tanto.

Mi madre me escribió para decirme que ya se había comprado un billete de avión y un vestido azul para la ceremonia de graduación. Leí la carta bajo mi olmo frondoso, y alcé la vista hacia sus altas ramas, en las que estallaban las hojas nuevas, y me quedé dormido y en paz. Cuando desperté ya anochecía. Al regresar a pie a mi cuarto vi un anuncio en el que se informaba de conferenciantes que venían a dar charlas sobre diversos temas. «¿Quién tiene tiempo para ir a sentarse en una apolillada sala de conferencias a escuchar a esos pesados, y más al principio de la primavera?» Pero el nombre de uno de ellos me llamó la atención. Frank Sinatra. Pobre cabrón. Un profesor pirado de Economía del MIT y resulta que le pusieron el nombre del tío más genial del planeta.

Seguí leyendo. El anuncio daba a entender que aquel Frank Sinatra que iba a venir a Yale era Frank Sinatra, el cantante. Lo habían invitado para que hablara de su «arte». Leí aquellas palabras una y otra vez. Debía de tratarse de una broma, sin duda. Y entonces me fijé en la fecha. 1 de abril. Muy graciosos.*

Con todo, mis compañeros de clase me juraron que no se trataba de ninguna broma. Sinatra iba a venir a la universidad, me dijeron, aunque a ellos no les importaba. Acudí a la sala de conferencias el día en cuestión. Allí no había multitudes ni aglomeraciones. Me senté en los peldaños de la entrada a ver pasar los coches. Sí, tenía que ser una broma. Mientras me ponía de pie para irme, vi a un alumno que subía corriendo por la escalera con un manojo de llaves en la mano.

–¿Vienes por lo de Sinatra? –me preguntó.

–¿De verdad va a venir?

–A las cuatro.

–¿Y dónde está la gente?

–Es que sólo son las dos.

–Creía que habría cola, que la gente querría conseguir un buen sitio.

–Bueno, si viniera George Michael, tal vez...

Me dejó entrar. Escogí un buen asiento y esperé mientras la sala se iba llenando a mi alrededor. Todavía quedaban butacas libres cuando Frank Sinatra entró discretamente a través de una puerta lateral, sin séquito, sin guardaespaldas, flanqueado sólo por su mujer y un decano desaliñado. Se sentó tranquilamente junto al atril y cruzó las piernas, esperando.

No era como yo lo había imaginado; menos flaco, y más bondadoso de lo que esperaba. No parecía más excepcional que el decano que revoloteaba sobre el estrado ajustando el micrófono. Tal vez fuera porque iba vestido como él. En todas las fotos que había visto de Sinatra, aparecía con esmoquin o con traje y corbata estrecha. Pero ese día llevaba un blazer de tweed, pantalón gris marengo, corbata ancha y zapatos ingleses bien enlustrados. Sinatra intentaba parecer académico, encajar en el ambiente. Me rendí al momento.

Me fijé en sus ojos. Había visto muchas veces aquellos ojos azules en las carátulas de los discos, en las películas, pero no había cámara capaz de mostrar lo azules que se veían desde lejos. Se movían a izquierda y dere-

---

* *Fool's Day* en los países anglosajones. Se celebra el 1 de abril y es en parte equivalente al día de los Inocentes. (*Nota del traductor.*)

cha, recorrían la sala como focos azules, se posaban aquí y allá, y no me pasó por alto que adoptaban distintas tonalidades –índigo, ultramar, marino– a medida que se movían. Detrás de aquel azul vi algo más asombroso: el miedo. Frank Sinatra tenía miedo. Comerse un plato de pasta con unos asesinos a sueldo no le daba miedo, pero hablar ante un público de empollones le provocaba sudores. Le temblaban las manos, que mantenía ocupadas moviendo unas notitas antes de guardárselas en el bolsillo de la pechera. Miró a su mujer, que estaba sentada en platea, justo delante de él y que le dedicó una sonrisa que decía «Tranquilo, tú puedes». Al verlo inquieto, sintiendo las mismas ganas de ser aceptado que yo había sentido durante cuatro años en Yale, me hubiese gustado gritarle: «¡Relájate, Frank! Tú solo vales más que todos nosotros juntos».

El decano pronunció unas palabras a modo de presentación y Sinatra se puso de pie y se dirigió al atril. Se llevó el puño a la boca y carraspeó varias veces para aclararse la voz, antes de empezar a hablar. La Voz era rugosa. Sonaba como mis discos de vinilo más viejos. Nos dio las gracias por haberlo invitado a hablar sobre su «arte», y nos dijo que aunque era artista, quería sobre todo que supiéramos que él era un cantante de salón. Le encantaban los salones, y resultaba evidente que también le encantaba la palabra. Cada vez que la decía se le relajaban las cuerdas vocales y su acento callejero, de Hoboken, afloraba y le ganaba la partida a su intento de pronunciar las palabras como un alumno de universidad de pago. Los bares, las salas de fiesta, los salones, eran el lugar de nacimiento de su voz, dijo. Aquellos salones eran la pista de despegue de su identidad. A aquellos salones lo llevaba su madre cuando era niño y lo sentaba en la barra para que les cantara a todos los hombres. Miré a mi alrededor. ¿Aquella gente entendía lo que les estaba diciendo? ¡Frank Sinatra se había criado en un bar! Nadie parecía demasiado sorprendido, pero yo me golpeaba el muslo con el puño.

No creía que fuera posible sentir más gratitud por Sinatra. Yo ya le atribuía la mitad del mérito de conseguir a Sidney, de haber vuelto con Sidney, y de ayudarme con mi graduación. Pero cuando me hizo sentir que no había nada malo en que me gustaran los bares, que criarse en un bar no le quitaba a un joven la posibilidad de triunfar, de ser feliz, de amar a alguien como Sidney, me dieron ganas de subir corriendo al estrado y darle un abrazo. Hubiera querido darle las gracias por sacarme de una época muy oscura, por sacarme de ella cantando. Hubiera querido invitarlo al Publicans, y estuve a punto de hacerlo. Levanté la mano para hablar durante el turno de preguntas y respuestas. «Si te gustan los bares, Frank, conozco uno que te va a encantar.» Pero antes de que La Voz me diera el turno de palabra, el decano dio un paso al frente y anunció que nuestro invitado de honor tenía que irse.

Sinatra nos dio las gracias por el tiempo que le habíamos dedicado y, con cara de alivio, salió por la puerta lateral.

Veintiséis
JR Maguire

En los días anteriores a la graduación, a mí me faltaba sólo una tarea por completar, un último requisito que cumplir, que me había impuesto a mí mismo. Debía cambiarme el nombre a efectos legales. Debía librarme del JR, del Junior, y del Moehringer, dejar a un lado aquellos pesados símbolos, y sustituirlos por algo normal, por un nombre que no proviniera de un vecino alemán que el padre de mi padre había asumido como propio. Quería repudiar a mi padre y rechazar mi nombre, y quería un apellido que Sidney no tuviera que repudiar o rechazar cuando nos casáramos y le pidiera que lo adoptara.

Me pasaba horas y horas en la Biblioteca Sterling confeccionando listas de nombres potenciales. Repasaba novelas, antologías poéticas, enciclopedias de béisbol, volúmenes del *Who's Who*, recogía nombres líricos, atípicos, ultramasculinos. Me imaginaba a mí mismo, durante cinco minutos, como Chip Oakwood, Jake McGunnigle, Clinton Vandemere. Practicaba mi nueva firma como Bennett Silverthorne, Hamilton Gold y William Featherstone. Me acostaba como Morgan Rivers y me levantaba como Brock Manchester. Me planteé seriamente pasar a llamarme Bayard tal o cual, pero después de robarle la camisa, no hubiera podido justificar por qué también le robaba el nombre a aquel alumno. Experimentaba con los nombres de jugadores de béisbol del siglo XIX, como Red Conkright y Jocko Fields, y me paseé por el campus una tarde pensando que me llamaba Grover Lowdermilk. Imaginaba combinaciones de nombres y apellidos ingleses hasta la médula que encontraba en los anales del Parlamento, como Hamden Lloyd Cadwallader. Al final me di cuenta de que todos los nombres que me gustaban, todos los que figuraban en mi breve listado, se prestaban tanto a burla como JR Moehringer.

Finalmente me decidí por Charles Mallard. Fácil. Simple. Charles en honor a mi tío Charlie, y Mallard porque sonaba a dinero y a Viejo Continente. Charles Mallard era un hombre que llevaba corbatas con estampados de gansos y que sabía limpiar una escopeta del calibre doce, y que se acostaba con las chicas más guapas del bar. Charles Mallard era quien yo creía que quería ser. Y fui Charles Mallard. Durante un fin se semana. En el último minuto un amigo me salvó de formalizar aquel error garrafal haciéndome entender que me estaba condenando de por vida a que me llamaran Chuck Duck.*

Decidí entonces que seguiría llamándome JR, pero que lo convertiría en mi nombre oficial. Así ya no mentiría cuando le dijera a la gente que aquellas iniciales no correspondían a nada. En cuanto al apellido, adoptaría el de soltera de mi madre, Maguire. Sidney lo escribió con su letra de arquitecta en la cubierta de mi cuaderno de notas de Yale. Muy elegante, dijo. Y debajo añadió: «Sidney Maguire». Los dos admitimos que sonaba bastante bien.

La funcionaria del Tribunal Superior de Justicia de New Haven dijo que cambiarse el nombre estaba chupado.

–Rellene este formulario –me pidió, alargándome una hoja de papel–, y podrá ser quien quiera.

–Quiero cambiarme el nombre de pila y ponerme JR. Sólo JR. ¿Puedo hacerlo?

–¿Sólo JR? ¿Y que las iniciales no correspondan a nada?

–Exacto. Precisamente de eso se trata. ¿Es legal?

–En el estado de Connecticut puede llamarse R2D2 si le apetece.

–Genial.

–¿Y cuál será su apellido?

–Maguire.

* «Pato Chuck.» Chuck es un diminutivo de Charles, y Mallard es un ánade. Chuck the Duck es el nombre de una marioneta de ventrílocuo conocida en Estados Unidos. (*Nota del traductor.*)

—JR Maguire —dijo ella—. ¿Cuál es su nombre actual?

—John Joseph Moehringer Jr.

Ella ahogó una risotada.

—Pues sí, chico —me dijo—. Vas a mejorar, sin duda.

Me llevé el formulario a mi cuarto y llamé a mi madre para contarle lo que estaba a punto de hacer. A ella no le entusiasmó —el apellido del abuelo tenía connotaciones negativas para ella—, pero lo comprendió. El cambio costaría setenta y cinco dólares, le dije, y yo no los tenía. Cortejar a Sidney me había dejado sin blanca. Mi madre me dijo que me enviaría el dinero enseguida.

Cuando salía de Western Union, contando el dinero, decidí dedicarle a John Joseph Moehringer una despedida a la altura. Me fui al centro y entré en un bar. Allí me encontré a mi amiga Bebe, la única alumna de Yale a la que los bares le gustaban tanto como a mí. ¡Hola!, le dije, adivina quién se ha muerto. ¡Junior! Como lo oyes, Junior Moehringer ha muerto. ¡Viva JR Maguire! Ella soltó una risita nerviosa. No tenía ni idea de qué le estaba hablando. Quiero invitar a mi amiga Bebe a una copa, le dije al camarero, y pasé a explicarme mejor, compartiendo con los dos una breve historia de mi nombre y de lo mucho que lo había odiado, y de por qué me lo iba a quitar por fin de encima.

—Buen viaje, Junior —dije, alzando la cerveza.

—Hasta luego, Junior —dijo Bebe, haciendo chocar su botella contra la mía.

—Sayonara, gilipollas —gritó el camarero.

Al día siguiente me levanté con un dolor de cabeza espantoso. Me quedé un rato en la cama, boca arriba, con los ojos cerrados, intentando reconstruir lo que había ocurrido desde mi salida de Western Union. Recordaba haber hecho un brindis. Recordaba a Bebe y al camarero riéndose y diciendo cosas graciosas que rimaban con Maguire. El resto era vacío. Pensé en telefonear a Bebe para preguntarle qué había ocurrido, pero entonces, de pronto, me volvió todo a la mente. Salté de la cama y rebusqué en los bolsillos del pantalón. Los setenta y cinco dólares ya no estaban. No quedaba ni uno. Junior, el muy cabrón, el muy rastrero, me había emborrachado y me los había quitado.

Me quedé un buen rato sentado al escritorio, mirando fijamente el impreso. JR Maguire. Qué nombre tan elegante. Y yo acababa de enviarlo todo a la mierda. Peor aún, lo había enviado al desagüe. Me metí en el baño y me miré en el espejo y me dije que no me merecía un nombre tan elegante. Me merecía pasarme la vida siendo JR Moehringer. Una combinación de alias y de mentira.

Sidney me besó y me dijo que no le importaba cómo me llamara. Días después descubrí que quien no le importaba era yo. Una vez más, estaba saliendo con otro a escondidas.

Descubrí la verdad en su cuarto de baño. Había un sobre en el lavabo, dirigido a Sidney, con letra de hombre. Leí la carta varias veces. «¿Sigue Junior en tu vida? En caso afirmativo, ¿por qué? Me muero de ganas de [ilegible] cuando vuelva a verte.»

Cuando le entregué la carta a Sidney ella me preguntó: «¿De dónde la has sacado?». Me la arrancó de las manos y me habló de él, facilitándome ciertos datos que hubiese preferido no haber sabido. Era un hijo de papá y tenía un yate rapidísimo y un apellido mucho mejor que el mío. Era de la misma ciudad que ella, divertido, listo... Pero eran sólo amigos, me insistió ella con voz implorante. Yo quería creerla, o perdonarla, pero ni siquiera Sidney esperaba que lo hiciera. Hubiera querido que se me ocurriera algo que no fuera otra ruptura, pero no se me ocurrió nada, y a Sidney tampoco. Días antes de la graduación nos dijimos adiós para siempre.

Me hubiera encantado irme al Publicans para mi tradicional sesión post-Sidney, pero no tenía tiempo. Era el día de la graduación. Mi madre estaba ahí, en mi habitación, con su vestido azul recién estrenado, sonriendo, echando la vista atrás (lo sabía), recordando todos aquellos días en que un momento así parecía inimaginable.

Mientras avanzaba por el Campus Antiguo con la toga negra y el birrete, sonaron las campanas de Harkness y me acordé de la primera vez que las había oído, hacía siete años. Recordé cómo me habían atormentado. Pero ahora, mientras me sentaba entre mis compañeros de promoción, todos los tormentos quedaban atrás, y en su lugar se instalaba una gratitud radiante, que yo consideraba el verdadero logro de ese día, más que el diploma que estaba a punto de recibir.

Sólo un momento triste ensombreció aquella tarde espléndida. Todo ocurrió tan deprisa que después me pregunté si lo había imaginado yo.

Inmediatamente después de la ceremonia, Sidney apareció entre la multitud, con un ramo de lirios en la mano. Me lo entregó y me dio un beso en la mejilla. Me susurró que lo sentía mucho, que siempre me querría, y entonces se dio media vuelta –falda corta, piernas bronceadas, tacones– y se alejó por New Haven Green. La vi desaparecer entre las sombras de mi olmo frondoso, un refugio fundiéndose en el otro.

No sentí ira. Lo que sentí, con una claridad poco frecuente, era que éramos muy jóvenes. Sidney tanto como yo. Tal vez fuera la borla que flotaba frente a mis ojos la que me hiciera pensar con tanta madurez, pero por un breve instante me di cuenta de hasta qué punto, a pesar de su sofisticación, Sidney era una niña, y agradecí que fuera así. Los dos fingíamos que éramos adultos, pero se trataba sólo de eso, de fingirlo. Los dos buscábamos las mismas cosas –sentirnos a salvo, refugiarnos, gozar de seguridad económica–, y es posible que Sidney las buscara un poco más que yo, porque todo aquello lo había tenido de niña y sabía lo importante que era. En su desesperación por obtenerlas, había actuado movida por el pánico, no por la malicia.

Mientras llevaba en coche a mi madre hasta Manhasset, me negaba a pensar en Sidney. Me concentraba en las cosas buenas que había tenido el día, y mi madre, a mi lado, estudiaba con detalle el diploma.

–Está todo en latín –dijo.

–Excepto mi nombre, que es una mezcla de alemán y galimatías.

–¿*Primi Honoris Academici*? ¿Qué significa?

Negué con la cabeza.

–Ni idea.

Un diploma que era incapaz de leer, un nombre con el que no me identificaba. Pero no me importaba. Atesoraba aquel diploma, lo consideraba como un segundo certificado de nacimiento. Mi madre pasó un dedo sobre el nombre.

–JR Moehringer –dijo–. ¿Para eso has estudiado en Yale? ¿Para poner JR? ¿Y sin puntos?

–Una negociación de última hora.

–¿Y qué fue de JR Maguire?

–Tuve..., me lo pensé mejor.

Ella me miró la mano, que sostenía el volante.

–¿Y el anillo de Yale? –me preguntó.

–Ya lo hablaremos a la hora de cenar.

La universidad había enviado recientemente a mi madre un catálogo de anillos, que no sé por qué había llamado poderosamente su atención. Se había obsesionado extrañamente con la idea de regalarme uno como regalo de graduación. Me dijo que debía tener un anillo. Un anillo, insistió, formaba parte de la experiencia de Yale. Como el diploma, opinaba ella, el anillo sería la prueba de que había ido a Yale. «La prueba resplandeciente», dijo.

Pero yo no quería un anillo. Le hablé de mi aversión a las joyas de hombre, y le dije que, además, los anillos de Yale eran caros. Pero ella no me hizo caso. Debía tener un anillo, insistió. Muy bien, le dije, envíame el catálogo y ya lo encargo yo. Pero lo pagaría yo, trabajando horas extras en el café de la librería.

Mientras cenábamos en el Publicans mi madre supo que había incumplido mi palabra y que el dinero del anillo se había ido por el mismo camino que el que me había enviado para el cambio de nombre.

–Me prometiste que ibas a encargar un anillo –dijo en tono decepcionado.

–Y lo hice.

Del bolsillo de mi americana saqué un estuche de terciopelo y lo dejé sobre la mesa, a su lado. Ella lo abrió. Contenía un anillo de Yale. Un anillo de mujer. Le expliqué que Yale había sido nuestro sueño, y nuestro logro. Le dije a mi madre que yo nunca habría entrado en Yale si no hubiese sido por ella, y que era evidente que no habría terminado los estudios sin su ayuda.

–Por lo que a mí respecta –le dije–, tú hoy también te has graduado en Yale. Y debes tener alguna prueba de ello. Una prueba resplandeciente.

Se le llenaron los ojos de lágrimas. Intentó decir algo, pero tenía un nudo en la garganta.

Después de cenar nos trasladamos al bar. El tío Charlie estaba detrás de la barra y se pasó la noche poniendo canciones de Sinatra en mi honor.

–Ésta es tu *Marcha de Pompa y Circunstancia* –dijo, subiéndole el volumen a *My Way*. Cuando un joven aspirante a hippie con abrigo de gamuza y flecos en las mangas le pidió al tío Charlie que, por favor, pusiera otra música, él le dedicó una mirada asesina y subió aún más el volumen.

Steve saludó a mi madre muy efusivamente. Le alabó el anillo y le dedicó una variación caballerosa de su sonrisa de Cheshire. Cager se llevó la mano a la visera y le dijo al tío Charlie que quería invitarla a una copa.

—Dorothy —le dijo él—, ésta corre a cargo del Pívot.

Intenté susurrarle algo a mi madre sobre el paso de Cager por Vietnam. Quería decirle que era todo un honor que Cager te invitara a una copa. Pero nos interrumpió Fuckembabe.

—Su hijo —le dijo a mi madre— es único en la casba jodiendo la barrana, sobre todo cuando se baja las puteyas y las basía, que lo sepa.

—Ah —dijo ella mirándome, en busca de ayuda—. Gracias.

Mientras mi madre hablaba con el tío Charlie y Fuckembabe, Cager me dio una palmadita en el hombro. Me preguntó qué especialidad había escogido para el posgrado. Historia, le respondí. Me preguntó por qué. Le dije que uno de mis profesores me había dicho que la Historia es el relato de la gente que busca un sitio adonde ir, y que me había gustado la idea.

—¿Y cuánto sacan actualmente los de Yale por educarte? —quiso saber.

—Unos sesenta mil —le dije—. Pero en su mayoría me lo he pagado con becas y préstamos y ayudas escolar...

—¿En qué año se firmó la Carta Magna?

—¿Magna? No lo sé.

—Lo que me temía. Sesenta mil tirados por el váter. —Se encendió un Merit Ultra y le dio un trago a la Budweiser—. Carta Magna, 1215. Los cimientos de la legislación inglesa. Un bastión contra la tiranía. ¿Y os dejan salir del puto Yale sin saber eso?

Era como si mi graduación le hubiese puesto de los nervios. Y no era el único. Colt también parecía malhumorado, como el Oso Yogui al robar una cesta de picnic que resulta estar vacía. ¿Se sentirían los hombres intimidados con Yale, como Sinatra? No podía soportar la idea de que Yale levantara una barrera entre el bar y yo, de modo que empecé a restarle importancia a mi título, hice hincapié en mis malas notas y en el hecho de que Sidney me hubiera castrado y, cómo no, su humor mejoró enseguida.

Cuando se cerró la cocina, la gente del restaurante se pasó al bar para tomarse un último trago, y después lo hicieron los camareros y las camareras, que ya no estaban de servicio, dispuestos a tomarse los primeros cócteles de la noche. Todo el mundo me felicitaba y elogiaba a mi madre y recordaba el día de su graduación. Llegó mi prima Linda y me hizo dos regalos. El primero, la noticia de que McGraw volvía a casa la semana siguiente. Acababa de terminar su primer año de estudios en Nebraska, donde le habían concedido una beca de béisbol, y yo me moría de ganas de verle. El segundo, una pluma de plata de Tiffany. Linda sabía que yo tenía la vaga idea de ser escritor. Mi madre no lo sabía, o no quería saberlo, y la pluma de Linda marcó el camino hacia la conversación que llevábamos años evitando. Finalmente –protegido por el Publicans, envalentonado por el alcohol–, admití ante mi madre que no iba a ser abogado. La facultad de Derecho no era para mí. No estaba hecho para la universidad. Lo siento, le dije. Lo siento mucho.

Mi madre levantó la mano. Espera, me dijo. No tan deprisa. Ella no tenía especial interés en que yo fuera abogado. Si me empujaba en aquella dirección era sólo, dijo, porque quería que aportara algo al mundo, que me construyera una carrera como profesional, para que no me limitara a fichar en un trabajo aburrido. Ella sería feliz si yo lo era, escogiera la profesión que escogiese.

–¿Qué crees que te gustaría hacer en lugar de Derecho? –me preguntó con dulzura.

La pregunta permaneció sobrevolando sobre nuestras cabezas como una voluta de humo. Yo no le sostuve la mirada. ¿Cómo contarle a mi madre que lo que quería hacer a partir de ese momento era sentarme en un taburete del Publicans y ponerme cómodo? Lo que quería era jugar al póquer del mentiroso, ver partidos de béisbol, apostar, leer... Lo que quería era instalarme en el bar y tomarme un cóctel y disfrutar de los libros que, en Yale, me sentía demasiado intimidado y atareado para disfrutar. Después de tanto tiempo, lo que quería era sentarme en una silla y alzar la vista al cielo.

Mi madre esperaba sosegadamente, y sostenía el vaso de vino zinfandel. ¿Qué crees que te gustaría hacer? Me planteé empezar con alguna frase directa, contundente: «Mamá, es que no le veo el sentido a todo eso de la ética del trabajo». Pero me dio miedo que se cayera del taburete al suelo. Pensé en citar a Whitman: «Quiero "aprender y no hacer nada, a mi antojo, observar una brizna de hierba de verano"». Pero a mi madre Whitman le traía sin cuidado, y encontraría desafinada aquella canción sobre mí mismo.

Yo, claro está, no sabía qué decirle porque no sabía lo que quería. Mi incapacidad para ver la vida si no era en blanco o negro me impedía comprender mi yo contradictorio. Sí, quería perder el tiempo y acodarme en la barra del bar, pero también quería esforzarme y tener éxito, ganar mucho dinero, poder, finalmente, ocuparme de mi madre. El fracaso me resultaba tan doloroso, me inspiraba tanto temor, que intentaba apaciguarlo, llegar a algún tipo de pacto con él, en vez de combatirlo de frente. Al pasar de mi madre a los hombres durante todos aquellos veranos, había desarrollado una identidad dual. Una parte de mí quería conquistar el mundo, y la otra, ocultarse de él. Incapaz de entender mis impulsos en conflicto, y mucho menos de explicarlos, y en busca de una respuesta que pudiera satisfacer a mi madre, aplacar mis ambiciones y dejarme tiempo libre para pasar muchos ratos en la barra del bar, anuncié en voz muy alta, impulsivamente, diciéndomelo a mí tanto como a ella, que iba a escribir un extenso *roman à clef* sobre el Publicans. Iba a ser novelista.

–Novelista –dijo mi madre en su tono monocorde más plano, como si acabara de comunicarle que quería vender bocadillos de queso a la salida de los conciertos de los Grateful Dead–. Entiendo. ¿Y dónde vas a vivir?

–En casa del abuelo.

Ella se echó hacia atrás. La tía Ruth y los primos llevaban instalados desde hacía un tiempo en casa del abuelo, una vez más. Las condiciones de vida en la casa eran pésimas.

–Hasta que se me ocurra algo –añadí enseguida–. Con el tiempo encontraré habitación en alguna parte.

Me sentía bastante orgulloso de mí mismo. Me parecía que había dado con un plan que combinaba los sueños de mi madre con los míos. Pero en realidad mi plan sintetizaba sus peores temores. Le daba vueltas a su anillo recién estrenado, como si estuviera preparándose para devolvérmelo, y miraba a su alrededor, al bar, arrepintiéndose, tal vez, de haberme enviado hasta allí todos los veranos. Ella había tenido siempre una idea fija del Publicans, que se basaba sobre todo en mis explicaciones idealizadas, y ahora yo me daba cuenta de que ella temía haber sobrestimado aquel sitio, creía que tal vez no hubiera debido dejar que me apasionara tanto por él. Se fijaba en los rostros de las personas que ocupaban la barra, hombres y mujeres a los que les habría parecido que escribir una novela sobre ellos era una buena idea, y su expresión fue como la de Sidney cuando entró en el Publicans por primera vez.

Yo también miré a mi alrededor. En la otra punta del bar había un grupo de chicos jóvenes, de mi edad, y según pude oír todos ellos acababan de conseguir sus primeros empleos en Wall Street. Se estaban embolsando unos ciento cincuenta mil dólares al año, al menos, y todos parecían los hijos que harían que una madre se sintiera orgullosa de ellos. No sabía si mi madre también los estaría viendo, si estaría pensando en cambiarme por alguno.

–¿Y ése es tu plan? –dijo mi madre–. ¿Quieres ser un escritor muerto de hambre que vive en una buhardilla?

Yo no estaba del todo seguro de qué era una buhardilla, pero sonaba bien, tal vez, precisamente, el tipo de apartamento que podía convenirme para empezar.

–Tienes que tener un empleo –dijo mi madre–. Eso es así y punto.

–Tendré un empleo. Mi empleo será escribir mi novela.

Yo sonreí. Ella no.

–Un empleo empleo –insistió ella–. Tienes que ganar un sueldo para poder pagarte el seguro médico, la ropa, y si estás decidido a vivir en casa del abuelo, tendrás que darle algo a la abuela para las comidas.

–¿Y eso desde cuándo?

–Ya tienes veintiún años. Ya te has graduado por la Universidad de Yale. Necesitas dinero, JR. Dinero para vivir. Dinero para... para..., aunque sólo sea para pagar la cuenta en el bar.

No le expliqué que no había cuenta del bar, que los sobrinos de los camareros no pagaban las bebidas. Sabía que aquel argumento no contribuiría precisamente a mi causa, ni tranquilizaría a mi madre. Me acabé el whisky y mantuve la boca cerrada, la última decisión sensata que tomaría en mucho tiempo.

Veintisiete
RJ Mohinger

Recorría Plandome Road arriba y abajo, rellenando solicitudes de trabajo, presentándome a todos los propietarios y encargados de las tiendas. Al llegar al final de la calle ya estaba agotado. Hacía un calor insoportable, y necesitaba tomar algo. ¿Qué hora era? Estaba a punto de empezar la *happy hour*. Alcé la vista. La tienda que me tocaba a continuación era Lord & Taylor. Rellenaré un formulario más, me dije a mí mismo, y me iré al Publicans a tomarme una cerveza y a comerme una de las hamburguesas de Smelly, con el tío Charlie.

La encargada de personal de Lord & Taylor me dijo que no había vacantes para el departamento de caballeros. Mientras estaba ahí de pie ya me parecía saborear la cerveza que estaba a punto de tomarme, y le di las gracias por el tiempo que me había dedicado.

–Espere un momento –me dijo–. Sí tenemos algo en moda del hogar.

–¿Moda del hogar?

–Toallas. Jabones. Velas. Es un departamento encantador. Y el puesto es de jornada completa.

–No sé. –Pensé en mi título de Yale. Pensé en mi orgullo. Y acto seguido pensé en la cara que había puesto mi madre en el Publicans–. ¿Cuándo tendría que...? ¿Cuándo podría empezar?

–Enseguida.

La encargada de personal y yo bajamos por la escalera mecánica hasta el departamento de moda del hogar, que ocupaba parte del segundo sótano. Me presentó a los demás empleados, cuatro señoras que debían encontrarse entre las primeras sufragistas. La directora del departamento me llevó a una trastienda y me puso al día de lo que había que saber. Aquella sesión de orientación duró apenas diez minutos, porque no había mucho sobre lo que orientarme. En Lord & Taylor no había ordenadores, ni cajas, ni la menor muestra palpable de que el siglo xx estaba a punto de llegar a su fin. Todas las ventas se anotaban en un cuaderno de pedidos, y los recibos se escribían en papel carbón. En el caso poco probable de vender algo, el cambio se sacaba de una caja de caudales metálica. A los clientes les parecía pintoresco, me dijo, que Lord & Taylor siguiera fiel a los viejos usos. Me entregó un delantal, me confeccionó una chapa con mi nombre –RJ Mohinger–, y me envió a la zona de ventas.

–Puedes empezar quitando el polvo –dijo.

En una de las cajitas de música con espejo del departamento de moda del hogar me vi a mí mismo un instante fugaz. «Ése se parece a mí pero no puedo ser yo, porque llevo un delantal y en la mano sostengo un plumero, y estoy en el segundo sótano de Lord & Taylor.» Yale en mayo, moda del hogar en junio. Pensé en mis compañeros de facultad, en tipos como Jedd Reencarnado y Bayard. Imaginé las carreras que estaban iniciando, las vidas emocionantes que empezaban a construirse. Al paso que iba, con la buena suerte que estaba teniendo, seguro que alguno de ellos iba a comprarse un apartamento en Shelter Rock Road y pasaría por Lord & Taylor a llamar por teléfono, y allí estaría yo, con mi delantal, castrado y hasta el cuello de jabones perfumados.

–Perdón.

Me volví. Una clienta.

–RJ –me dijo, leyendo el nombre de mi chapa–. ¿Podría ayudarme con la Waterford?

La mujer me señaló varias piezas de cristal que deseaba examinar. Las saqué de la vitrina y las deposité ante ella sobre un paño suave. Levantándolas a contraluz empezó a formularme preguntas detalladas, y aunque yo desconocía las respuestas, me di cuenta de que en Lord & Taylor no te ponían notas. Le dije que los métodos empleados en la fábrica de Waterford se remontaban a los tiempos de los druidas. Le hablé de las campanas que repicaban todos los días en el castillo de Waterford (aunque le describía la Torre Harkness), y le aseguré que todas y cada una de las piezas de Waterford eran únicas, como los copos de nieve, como las almas humanas. Yo ya no sabía qué era lo siguiente que iba a salir de mi boca, y estaba tan impaciente como la clienta por descubrirlo. Mentía con elocuencia y desparpajo, profusamente. Mentía por los codos, por los descosidos, y a través de la mentira sentía que reivindicaba una parte de mi dignidad.

La clienta se gastó seiscientos dólares en piezas de cristalería de Waterford, lo que hizo de mí Vendedor del Día en el departamento de moda del hogar. Se trataba, al parecer, de una hazaña sin precedentes. Ningún empleado en la historia del departamento había sido nombrado Vendedor del Día en su primera jornada de trabajo, según me informó la directora mientras me hacía entrega de una bandeja para caramelos.

–¿Qué es esto? –le pregunté.

–El Vendedor del Día recibe un premio. El de hoy es una bandeja de plata para caramelos.

–Enhorabuena –dijo una de las sufragistas, una mujer que se llamaba Dora y que llevaba unas gafas con lentes del tamaño de pantallas de televisor. Su tono de voz, falso, revelaba que ella había quedado segunda, y que ya le tenía echado el ojo a aquella bandeja.

Al día siguiente ocurrió lo mismo. Vendí unos ochocientos dólares en productos, y me recompensaron con un juego de cuchillos de carne. Durante toda aquella semana vendí mucho más que las sufragistas, y el domingo pulvericé un récord largamente mantenido en moda del hogar, el equivalente a los sesenta y un *homeruns* de Roger Maris, pero en versión grandes almacenes. Mis ventas suponían más salida de mercancías de las que Lord & Taylor podía reponer, y no sólo en piezas de cristalería Waterford. Con todas las velas que había vendido podría haberse iluminado el Shea Stadium en un partido nocturno, y con las toallas, drenarse la bahía de Manhasset.

Las sufragistas de Modas del Hogar se pasaban el día mirándome mal, como si las privara del derecho a voto. Yo era su peor pesadilla: joven, lleno de energía, libre de todas las dolencias que atormentaban sus pies tras años de ventas en la sección, y receptor de los premios diarios con los que ellas contaban para complementar sus salarios. Yo también me miraba mal a mí mismo cada vez que me descubría en los espejos de las cajitas de música. Si ya me había parecido mal aceptar un trabajo que estaba por debajo de mis posibilidades, ahora me enfrentaba a la posibilidad de haber encontrado mi verdadera vocación. Como el agua, buscaba mi propio nivel. ¿Me había ido tan mal en Yale por eso? ¿Me había rechazado Sidney por eso? ¿Por haber apuntado más alto de lo que me correspondía? ¿Sería mi destino convertirme en el mejor empleado de Modas del Hogar? En varios momentos de mi vida me había preocupado albergar cierta atracción hacia el fracaso. Ahora me preocupaba mi inexorable éxito en moda del hogar, y lo que éste auguraba.

Pero había algo más preocupante en aquel departamento, algo más espantoso. Más indigno. Me gustaba. Todas aquellas noches pasadas mirando a escondidas por las ventanas de todo Manhasset, toda aquella admiración por las casas y las cosas bonitas, me habían convertido en una especie de experto en modas del hogar. En los recovecos más profundos de mi inconsciente había desarrollado un fetichismo por modas del hogar, un talento innato vomitivo. Incluso cuando no me lo proponía vendía cualquier artículo como nadie. De hecho, la clave era no proponérselo. Cuanto menos me lo proponía, mejor me iba, y más placer enfermizo obtenía de la venta. Estaba atado a aquel delantal como una mula al arado.

Torturado, confuso, cargando con el último premio que me había ganado por ser el mejor vendedor, regresaba cada noche al Publicans acompañado de otras dos vendedoras de los almacenes, dos chicas de mi edad. Una trabajaba en el departamento de cosméticos, y la otra en el de lencería. Me encontraban divertido, y un mentiroso audaz, no porque me hubieran oído soltarle mis rollos a las clientas, sino porque insistía una y otra vez en que me había graduado por Yale.

–Siempre pensé que si alguna vez tenía un trabajo que destruyera mi alma, sería como abogado –les dije–. Pero tal vez estoy hecho para trabajar en moda del hogar. No puedo pasar por alto el hecho de que es la primera cosa que hago bien en toda mi vida.

–No te preocupes –me dijo Cosméticos–. Estoy segura de que es sólo una fase.

–¿De verdad? –le pregunté, esperanzado.

–Si todo lo que nos has contado de ti mismo es, en efecto, cierto –comentó Lencería–, seguro que muy pronto no podrás evitar cagarla.

Llegó el otoño. Me pasaba los días en Lord & Taylor, pulverizando récords de ventas, y las noches en el Publicans, aprendiendo de Cager y Fast Eddie a jugar al póquer del mentiroso. En mi tiempo libre, perfilaba mi novela sobre el Publicans, veía el programa de Oprah con la abuela, y me sentaba en el escalón a leer. Allí estaba una tarde límpida, clásica de octubre, cuando llegó el cartero por el caminito con el funesto sobre rosa. Reconocí la letra de arquitecta desde cinco metros de distancia. Se lo arrebaté al cartero y rompí la carta en pedazos. Un minuto después la pegué con cinta adhesiva. Sidney me decía que me echaba de menos, que me quería y que quería cenar conmigo alguna noche en la ciudad.

Me prometí no ir. Leí varias páginas más de mi libro, me preparé un té, telefoneé a Sidney y le dije que iría a verla esa noche. Pasé el resto de la tarde arreglándome y ensayando distintas expresiones faciales frente al espejo del baño. Frío. Sereno. Contenido.

Camino de la estación de tren, paré en el Publicans en busca de aliento. De los conocidos, sólo estaba Fuckembabe. Me preguntó adónde iba tan elegante.

—A cenar con mi exnovia —le dije, poniendo los ojos en blanco.

—Que le den, nene.

—Eso, Fuckembabe.

—¿Alguna vez te rompió el corazón alguna chica? —le pregunté.

Fuckembabe acercó mucho su cara a la mía. Me dedicó una sonrisa ebria, y el olor a alcohol de su aliento estuvo a punto de levantarme la corbata. Pero yo no me aparté, y eso pareció conmoverlo, como si mi inmovilidad fuera una muestra de lealtad. Entonces me dedicó unos consejos paternales que no he olvidado nunca.

—Una vez salí con una pavita del sur —me dijo—. Y cuando me arrancó el canuto le dije que no pensaba consentírselo, no señor, y le di una sacudida que toda una vida.... ¿Me pillas el sentido?

Sidney ya no vivía con sus padres. Tenía un apartamento en la última planta de una de aquellas casas del East Side. Cuando me abrió la puerta me sentí débil. Era más guapa de lo que recordaba. Los ojos castaños, el pelo rubio, otoñal. Sólo hacía dos meses, pero me había olvidado. Me dije a mí mismo que la belleza no puede recordarse, como tampoco puede describirse.

Ya en el restaurante pedí un whisky. Sidney, un vodka con tónica. Fue directamente al grano. Se disculpaba por haberme hecho daño por segunda vez. Pero aquella disculpa era distinta. No sonaba a preludio tipificado de la reconciliación que yo esperaba. Me habló de su Hijo de Papá

–de su familia, su yate, su sentido del humor– como si fuera más que un amigo, más que un rollo. Sentía algo por él, me dijo, aunque también lo sentía por mí. Estaba dividida.

Yo no soportaba enterarme de tantos detalles sobre Hijo de Papá. Ni todo el whisky del Publicans sería suficiente para borrar todos los detalles que Sidney me estaba metiendo en la cabeza. Para cambiar de tema le pregunté a qué se dedicaba. Trabajaba para una pequeña agencia de publicidad, me dijo, y le encantaba. Al parecer había abandonado sus sueños de ser arquitecta y directora de cine. Me preguntó qué hacía yo. Yo le hablé de mi novela, que de momento, provisionalmente, había titulado *Cuentos de un bar de carretera*. De momento llevaba escritas dieciocho páginas. Le conté que Smelly le había lanzado un cuchillo carnicero a alguien en el bar, y que el filo se había clavado en la pared como un tomahawk. Me parecía que tal vez podía empezar el libro con esa escena. Sabía que el Publicans incomodaba a Sidney, pero no tenía otra cosa que contarle, e intentaba evitar el tema que sabía que la pondría enferma. Notando que le ocultaba algo, insistió.

–¿Y qué haces para ganarte la vida?

–Me ha salido un trabajo.

–¿Dónde?

–En ninguna parte. No vale la pena ni mencionarlo, es algo temporal.

–JR, amor mío. ¿Dónde estás trabajando?

–En el departamento de moda del hogar de Lord & Taylor.

–¿Moda de qué?

–Del ho... hogar.

Apareció el camarero a tomar nota, pero Sidney le hizo un gesto para que se fuera.

–Todavía no lo sabemos –le dijo–. Vamos a necesitar más tiempo. Bastante más tiempo.

Alineó bien los cubiertos, volvió a doblar la servilleta y se concentró en el mantel, como si el mantel fuera la primera página del discurso que estaba a punto de pronunciar. Pero lo que pronunció no fue tanto un discurso como una lamentación. ¿Dónde está tu ambición? ¿Qué se ha hecho de tus esperanzas y tus metas? ¿Qué sentido ha tenido que fueras a Yale? ¿Por qué coño vendes velas y cristalerías?

–Porque –dije, avergonzado– se me da bien.

–¿Has pedido trabajo en algún periódico? ¿Les has enviado los artículos que escribiste para el *Yale Daily News*? ¿Te has puesto en contacto con el *New York Times*?

–¿El *New York*...? Ya basta. No bebas más vodka.

–Pero si siempre me hablabas del *Times*. Si siempre decías que era tu sueño.

–¿Ah, sí? No era consciente de ello. Mira, el *Times* me queda en otra liga. El *Times* es como... tú. Fue un milagro entrar en Yale, un milagro conocerte a ti. Los rayos no caen tres veces en el mismo sitio.

–En esta vida hay que arriesgarse, exponerse al fracaso, Problema.

–Yo ya me he arriesgado. Contigo. Y mira adónde he llegado.

Ella se echó a reír.

Después de cenar fuimos a dar un paseo por Madison Avenue, a mirar los escaparates de las tiendas. Sidney me cogió de la mano y se puso a caminar muy pegada a mí. Yo me odié a mí mismo por desearla tanto.

Al volver a su apartamento, nos tendimos en el suelo del salón y nos pusimos a charlar, sobre todo de libros. Estaba leyendo más de lo que había leído en Yale, me dijo, y estaba descubriendo un grupo nuevo de escritores jóvenes muy interesantes. Yo envidiaba a todos los escritores jóvenes que nombraba, no tanto porque tuvieran talento y les hubieran publicado sus obras, sino por haber impresionado a Sidney. Además, sospechaba que no eran hallazgos suyos, sino recomendaciones de Hijo de Papá. Rodé por el suelo, hacia Sidney, y la besé. Sus labios eran más suaves de lo que recordaba. Le desabroché la blusa. Le cubrí los pechos con las manos, le separé las rodillas con la pierna. Ella me desabrochó el cinturón y se apretó mucho contra mí y empezó a decir oh sí. De pronto, bruscamente, se detuvo y se apartó.

–Espera –dijo–. Esta noche ha sido preciosa. No la estropeemos.

–¿Y así la estropeamos?

–Necesito ir despacio.

Una voz en mi interior me decía que Sidney quería ir despacio porque yo iba al Publicans a tomar copas y porque trabajaba en Lord & Taylor. «Si hubiera entrado por la puerta hablándole de mi nuevo empleo en Wall Street, ya estaríamos desnudos.» Me puse de pie. Mareado. La habitación daba vueltas. Había bebido demasiado. Y a la vez no lo bastante. Sidney también se levantó, me sujetó del brazo y me pidió que me quedara, que la dejara explicarse. Pero yo le retiré el brazo. Si me iba en ese momento, tal vez lograra salvar algo de orgullo. Y, lo que era más importante, podría tomar el tren de la 1.19 y llegar al Publicans antes de que cerraran.

Veintiocho
Tim

El bar estaba lleno. Me abrí paso entre cuatro vendedores que se quejaban de sus jefes, o de sus mujeres, no estaba seguro, y un hombre cuya esposa lo había abandonado para irse con otra mujer. El tío Charlie estaba ocupado aconsejándolos a todos a la vez. Cuando me vio, cuando vio la cara que traía, echó la cabeza hacia atrás, como si alguien le hubiera puesto las sales bajo la nariz.

–¿Quién se ha muerto?

–Yo. Acabo de cenar con Sidney.

–Perras –dijo, golpeando la barra con una botella de Dewars–. Son todas unas perras.

Los vendedores y el cornudo gruñeron algo, solidarizándose.

El tío Charlie servía y servía, y puso frente a mí un vaso rebosante de whisky. Inmediatamente después empezó a abrir botellas de cerveza para los vendedores y me perdió la pista. Yo me fijé en el bar. Otro no habría visto más que a un grupo aleatorio de bebedores, pero yo veía a mí gente. A mi familia y amigos. A mis compañeros de viaje. Allí había todo tipo de personas –agentes de Bolsa y ladrones de bancos, atletas e inválidos, madres y supermodelos–, pero todos éramos uno. A cada uno le había herido algo, o alguien, y todos acudíamos al Publicans porque a la tristeza le gusta la compañía, pero lo que busca, realmente, es el gentío.

El tío Charlie se volvió de nuevo hacia mí.

–Está bien –dijo–. Cuéntame.

Aspiré hondo. Mala idea. El oxígeno, combinado con el whisky, me puso triste de nuevo. Y se me trabó la lengua. El tío Charlie me contó después que había dicho algo así: «Siempre que alguien muere, la gente habla de lo frágil que es la vida, pero qué coño, a mí me parece que el amor es lo que nos hace frágiles. Matar a alguien es difícil, pero el amor se muere antes que una flor recién cortada, esto es lo que pienso, y venga a farfullar y a farfullar». El tío Charlie no sabía qué responderme, pero es que además no habría tenido ocasión de hacerlo, porque yo, sin querer, había abierto la veda. Los hombres empezaron a expresar sus opiniones sobre el amor y las mujeres en todas direcciones.

Uno que llevaba un traje moderno, de algodón, de rayas, dijo que el amor no se diferenciaba en nada de otras drogas.

–Toda euforia viene seguida de una depresión –dijo–. Lo que sube, baja. La medida de lo que bebes está en el dolor que soportas al día siguiente... ¿O no tengo razón? Pues lo mismo pasa en el amor. Pagas un ojo de la cara por cada orgasmo.

–Gracias –dijo el tío Charlie–. Voy a tardar una semana en quitarme esa imagen de la mente.

Al lado del Hombre del Traje había otro con el pelo como una gran hoja de tabaco extendida sobre la cabeza. Dio un paso al frente.

–Vale, muy bien, con las mujeres guapas, esto es lo que hay –dijo Hoja de Tabaco–: Las mujeres guapas suelen ser solitarias, pero nunca están solas. Vaya, que siempre tienen algún novio, así que incluso si son vulnerables, nunca están disponibles. Es uno de los enigmas de la vida.

El tío Charlie asintió.

–Enigma –dijo.

Oí una voz detrás de mí. Cuando me volví, no había nadie. Bajé la cabeza. Al nivel de mi ombligo había una gran nariz aguileña. Y pegada a la nariz un hombre de ojos azules muy hundidos, y con unas mejillas salpicadas por unas pecas a lo Shirley Temple. En una voz de barítono incongruente, aquel diablillo pecoso aseguró que las mujeres eran seres más «evolucionados» que los hombres y, por tanto, más capaces de emociones contradictorias. Ellas podían quererte y odiarte a la vez, dijo. En el caso de los hombres, añadió, era todo o nada.

El tío Charlie tarareó varios compases de *All or Nothing at All*: «Half a Love never was dear to me», dijo, mirando a Diablillo Pecoso.*

---

* Letra de una canción compuesta por Arthur Altman en 1939, con letra de Jack Lawrence, popularizada por Frank Sinatra en 1943. El verso, en español, dice: «Nunca me gustó el amor a medias». (*Nota del traductor.*)

Un cuarto hombre, con una frente tan ancha y tan vacía que sentí al momento la necesidad de escribir algo en ella, intervino para opinar que si las mujeres eran más evolucionadas era sólo en el mismo sentido en que eran más evolucionados los extraterrestres.

–¿Os habéis fijado alguna vez en la visión periférica que tienen las tías? –dijo–. Un hombre ve a una mujer en un tren, por decir algo, y la mira como un perdiguero a un pato muerto. No puede evitarlo. Pero una mujer no. Una mujer es capaz de repasarte de arriba abajo sin volver siquiera la cabeza. Cuando tú miras a una mujer, ella lo sabe, tío, lo sabe. Y ella también te está mirando, aunque parezca que lee el periódico. Son marcianas, os lo digo yo.

El tío Charlie masculló su argumento y apuntó al pecho de Frente con el dedo.

–Y hay algo más sobre las mujeres de lo que a nadie le gusta hablar –le dijo Traje a Hoja de Tabaco, Diablillo Pecoso y Frente–, y es la manera que tienen de desaparecer. Como fantasmas.

A veces, confesó Traje, cuando veía a una mujer guapa, la seguía una o dos calles, sólo para ver adónde iba. ¿Estaba casada? ¿Tenía una cita con algún amante aquella tarde? ¿Iba a comprar ropa interior? Pero las mujeres, sin excepción, entraban por la puerta de un edificio, o se metían en una tienda, y cuando Traje las seguía, zas, ya no estaban.

–Eres un enfermo –dijo un policía fuera de servicio que se estaba tomando un café español: un café con Tia Maria, ron y nata montada–. ¿Sabes a cuántos chalados como tú pillo todos los días?

Traje, Hoja de Tabaco, Diablillo Pecoso y Frente bajaron la vista, avergonzados.

–¿Queréis saber qué mujer no es atractiva? –dijo entonces Charlie–. Sigourney Weaver.

–¡Pues a mí me encanta! –dijo Traje–. Dejaría a mi mujer y a mis hijos por ella.

–Tú dejarías a tu mujer y a tus hijos por Earl Weaver–dijo el tío Charlie.

–Hablo en serio –insistió Traje.

–Parece serio –dijo Diablillo Pecoso.

El tío Charlie levantó las manos de la barra como si fuera una cocina caliente. Clavó la vista en los vasos de cóctel depositados en ella, intentando decidir cuál de ellos estrellar en la cabeza de Traje.

–En ese caso –le dijo–, sólo puede haber una conclusión ineluctable. No os molesta que diga «ineluctable», ¿verdad? Si crees que Sigourney Weaver es sexy, entonces es que eres homosexual.

A mí también me parecía sexy Sigourney Weaver, y me gustaba su nombre, un nombre artístico que había escogido de una lista de invitados que aparecía en *El gran Gatsby*. Pero el tío Charlie estaba tan indignado que ni abrí la boca. Siguió despotricando sobre la «infollabilidad» de Sigourney Weaver, y dio un puñetazo sobre la barra. Caso cerrado. A ninguno de nosotros se nos permitiría salir con Sigourney Weaver. Y, si desobedecíamos, si alguno de nosotros llegaba a salir con Sigourney Weaver, no se le serviría ninguna bebida en el Publicans. A continuación pasamos a debatir quién representaba la quintaesencia de la feminidad. ¿Sobre qué sirena no podía haber el menor desacuerdo entre ningún grupo de hombres? Ganó Elisabeth Shue, aunque un habitual con las orejas como albaricoques insistía en que infravalorábamos a Myrna Loy.

–Bueno, ya basta de tías –dijo el tío Charlie–. Es deprimente. Llevo sin sexo desde la crisis de los misiles con Cuba.

La conversación pasó de las mujeres al béisbol, una transición recurrente en el Publicans. El tío Charlie inició una disquisición apasionada sobre el tema de «esas otras perras caprichosas, los Metropolitans». Los Mets habían sentenciado la Liga Nacional del Este, y el tío Charlie compartía con nosotros su análisis sobre sus posibilidades en los playoffs y las Series. En cuanto que seguidores de los Mets, esperábamos con impaciencia sus predicciones, pero justo cuando empezaba a calentarse, unas universitarias escandalosas levantaron sus vasos vacíos por encima de sus cabezas y gritaron: «¿Nos atiende alguien?».

–Las marcianas tienen sed –murmuró Traje.

El tío Charlie se acercó a atender a las chicas. Yo me volví hacia mi derecha, donde había un hombre unos diez años mayor que yo acodado en la barra, leyendo un libro. Tenía los ojos negros, grandes, un bigote moreno y poblado, y llevaba un chaquetón de cuero negro muy elegante, muy moderno, muy caro. Era guapo de una manera que casi costaba de creer, que resultaba casi descabellada, y sostenía un martini en la mano como si fuera una rosa cubierta de espinas.

–Hola –le dije–. ¿Qué lees?

–Rilke.

Me presenté. Él se llamaba Dalton. Era abogado... o eso dijo. Acababa de volver de dar la vuelta al mundo... o eso dijo. Escribía poesía... o eso dijo. Nada de lo que decía parecía verdad, porque se negaba de plano a aportar detalles, detalles como en qué tipo de Derecho se había especializado, dónde había viajado o qué clase de poesía escribía. Ejercía el Derecho en todas sus especialidades, respondió impaciente. Por el Lejano Oriente, dijo, agitando la mano. Pues poesía elemental, dijo, antes de añadir «mamón». Yo pensé que su atrevimiento, sus respuestas vagas, su chaquetón negro de cuero y su atractivo a lo James Bond significaban que debía de ser espía.

A pesar de sus reservas, Dalton resultó ser también una persona bastante habladora. Siempre y cuando el tema no fuera él mismo, tenía una amplia variedad de opiniones que deseaba compartir. Mejor que cualquier otro en el Publicans, sabía evitar que la conversación decayera. Hablamos de arte, de cine, de poesía, de comida, y también hablamos de hablar. Convinimos en que el Publicans era un paraíso para los conversadores. En la mayoría de los bares, dijo Dalton, la gente hablaba para justificar que bebía. Pero en el Publicans la gente bebía para justificar que hablaba. Yo le comenté que Thomas Jefferson, Montaigne y Cicerón creían que el arte de la conversación era el más masculino de todos. Le dije que creía que la conversación seguía siendo la mejor manera que teníamos de conocernos los unos a los otros. Él me buscó la mano y me la estrechó.

–¡Tú lo has dicho! –exclamó–. Lo has dicho largo y tendido, mamón.

Cuando Dalton me preguntó por qué iba tan arreglado, le conté que había ido a Manhattan a que mi exnovia me arrancara el corazón del pecho y se lo comiera delante de mí. Él me hundió su libro en el esternón.

–Tienes que conocer a mi amigo Rilke –me dijo–. Rilke escribe: «No hemos de saber por qué nos domina esto o aquello». Rilke escribe: «El sexo es difícil, sí. Pero son las cosas difíciles las que nos han sido encomendadas...».

Yo anoté aquélla y otras frases en una servilleta, junto con las observaciones aleatorias y certificables de Traje y compañía. A la hora de cerrar me sentía bien. Sidney ya quedaba borrosa en la distancia, como algo que hubiera ocurrido hacía décadas. Me acabé el whisky, planté el vaso en la barra de un golpe y apunté al tío Charlie al pecho.

–¿Qué coño...? –me preguntó él.

Bajé la vista. Había roto el vaso.

–Déjalo, niño –dijo al ver la cara que ponía–. Vete a casa.

–Sí –dijo Dalton, mirándose desde las alturas el chaquetón de cuero, que yo acababa de mancharle de whisky–. De todas todas, mamón. Vete a casa.

Llegué a trompicones hasta la entrada de la casa del abuelo, y perdí el conocimiento en el sofá del bicentenario. Al despertar, de madrugada, hice algo movido por el ímpetu: busqué todos los artículos que había escrito en Yale y los metí, junto con un currículo, en un sobre que enviaría al *New York Times*. Se lo enseñaría a Sidney. Y cuando los del periódico rechazaran mi solicitud de empleo, también le reenviaría aquella carta a ella. Eché el sobre en el buzón que quedaba justo delante del Publicans y seguí a pie hasta Lord & Taylor, donde vendí productos por valor de más de mil dólares, lo que me valió ganar un abrecartas de plata, que no descarté clavarme en el corazón.

Días después, me estaba afeitando, arreglándome para mi jornada laboral en Lord & Taylor. La abuela se acercó al baño y se quedó junto la puerta.

–Ha muerto Pat –me dijo.

«¿Pat? Pat murió hace años.»

Miré con extrañeza a la abuela a través del espejo.

–El tío Pat –dijo–. Pat Byrne.

Se refería al padre de mis otros primos, los chicos a los que la abuela siempre había considerado «perfectos caballeros».

–Pobres chicos –dijo, secándose los ojos con la toalla que yo le ofrecí–. Nueve niños sin padre. Imagínate.

En la iglesia hacía mucho calor, no corría el aire, estaba atestada. La abuela y yo nos sentamos, apretujados, en un banco del fondo y vimos a los hijos Byrne llevar el ataúd de su padre. Todos tenían el pelo peinado hacia atrás, las mejillas sonrosadas, y mucho músculo bajo las camisas. Todos habían salido del mismo molde, todos se parecían a su padre, aunque uno de ellos se destacaba del resto. Se diría que él solo cargaba con casi todo el peso del ataúd. A mí me dolía el corazón, por él, por toda la familia Byrne, y aun así quería irme de allí. Hubiera querido largarme corriendo al Publicans, hablar con Dalton sobre Montaigne, beber para olvidarme de todo pensamiento sobre los padres y la muerte. Pero después de la ceremonia, la abuela insistió en que la llevara en coche a casa de los Byrne.

Nos sentamos en el salón con la viuda del tío Pat, la tía Charlene. Era prima hermana de mi madre, tía segunda mía, y yo me dirigía a ella llamándola tía Charlene, como había hecho siempre. Cuando yo era niño, la tía Charlene parecía percibir la tormenta de pensamientos que se arremolinaba en mi mente, y hablaba conmigo con una amabilidad que me calmaba al momento. Y ese día hacía lo mismo. Conversamos largo rato, pero sólo recuerdo uno de los temas que tratamos: los padres. Ella me confió que le preocupaba cómo les iría a los hijos sin padre. Yo notaba que hubiera querido que yo le dijera algo útil, que le diera algún consejo sobre el hecho de ser un hijo sin padre, pero yo no tenía ningún consejo que darle.

En ese momento Tim, el hijo de la tía Charlene, el más fuerte, el que había sostenido casi todo el peso del ataúd, dio un paso al frente. Se disculpó por interrumpir. Me estrechó la mano, aceptó mis condolencias. Al lado de su mano, la mía era diminuta. Tenía mi misma edad, pero me doblaba en tamaño. Acababa de graduarse en Syracuse, donde había jugado al fútbol americano, y sus brazos eran del tamaño de mis piernas. Hablaba con ese acento marcado de Long Island que yo me había esforzado tanto por perder, pero al oírlo hablar deseé recuperarlo. Aquel acento hacía que sonara más duro.

Le preguntó a la tía Charlene si necesitaba algo. ¿Bebida? ¿Comida? Le sostenía la mano entre las suyas mientras le hablaba. Era tan dulce con su madre que la abuela lo miraba con una mezcla de incredulidad y adoración. Tim se agachó y besó a la tía Charlene en la mejilla, antes de irse a buscarle un bocadillo y algo de beber, y a asegurarse de que los invitados estuvieran cómodos. La abuela lo siguió con la mirada, y después se volvió hacia mí. Le parpadeaba el ojo, como si estuviera transmitiéndome un mensaje en morse.

No le hizo falta decirme nada.

Los hombres de verdad se ocupaban de sus madres.

Veintinueve
Hombre del Times

Dora respondió al teléfono en el escritorio de ventas porque yo estaba atendiendo a una clienta. Mientras le soltaba el rollo sobre velas y jabones, oí que Dora informaba a quien había llamado que estaba ocupado y no podía atender la llamada.

–¿Quién? –preguntó, levantando mucho la voz–. ¿El *New York Times*?

Salí corriendo hasta el escritorio y le arranqué el teléfono.

–¿Diga? –dije–. ¿Diga?

Era una mujer del departamento de personal del *Times*. Se llamaba Marie. Habían pasado ya varias semanas desde que había enviado el currículo, y no recordaba que como teléfono de contacto había incluido el de Lord & Taylor; no me había parecido prudente poner el de casa del abuelo, donde alguien podía pensar que se trataba de una apuesta. Marie me informó de que un jefe de sección había leído los artículos que les había enviado y le habían gustado. Una parte de mí habría querido lanzar un grito. La otra parte se preguntaba qué tipo listo del Publicans estaba imitando –bastante bien, por cierto– una voz de falsete y me estaba gastando una broma pesada. Smelly, ¿eres tú? Pero aquella tal Marie usaba palabras que Smelly no conocía, por lo que llegué a la conclusión de que la cosa era verdad. El *Times* me ofrecía un programa de formación para personas que se hubieran graduado recientemente, me dijo. Empezabas como chico de las fotocopias, pero podías ascender y llegar a ser periodista con todas las letras. ¿Me interesaba? Intenté pensar en la mejor manera de decir que sí, que me interesaba. Sonar despreocupado pero no demasiado. Entusiasmado pero no del todo. Agarré con más fuerza el auricular y miré a Dora. No me sirvió de nada. Miré a la clienta a la que acababa de abandonar. Me sirvió de menos aún. Allí estaba ella, moviendo el pie rítmicamente, consultando la hora con impaciencia. Opté por una respuesta simple.

—Me interesa —le dije a Marie.

—Bien. ¿Cuándo puedes traernos más muestras de tu trabajo?

—¿Más muestras? Les envié todo lo que escribí para el periódico de la universidad.

—Ah. Pues tenemos un problema. Los editores creen que deben ver más escritos tuyos antes de tomar una decisión.

—Supongo que puedo acercarme a New Haven y consultar los micro-films de la biblioteca para ver si hay algo más que no incluí.

—Sí, haz eso. Y si encuentras algo, ponte en contacto conmigo.

Tras colgar el teléfono, estaba en estado de delirio, rebosante de adrenalina. Regresé volando junto a la clienta y le vendí una caja de velas con perfume a jazmín, ocho o diez toallas de mano y un encendedor Waterford, gracias al que desbanqué a Dora como Vendedora del Día. El premio era una cena para dos personas en un restaurante italiano. Cuando le regalé a Dora el certificado que me acreditaba como ganador, ella me puso la mano en la mejilla.

—Eres tan buen chico —me dijo—. No sé por qué todas las demás te odian.

Mientras esperaba a que el tren saliera de Grand Central, con la frente apoyada en la ventanilla, la vi pasar en el reflejo. Llevaba una falda marrón, de lino, y una camiseta de manga corta color marfil. Sostenía una porción de pizza en una bandejita de cartón. En busca de un vagón que no estuviera tan lleno, se detuvo un instante junto a mi ventanilla para inspeccionar el interior, y siguió andando por el andén. Al cabo de un momento regresó. Esa vez la saludé con la mano. Ella se sobresaltó un poco, y sonrió. Entró en el vagón y se sentó a mi lado.

—Hola, Problema. ¿Adónde vas?

—A Yale. A buscar más artículos míos para llevarlos al *New York Times*.

—¡No!

—Les envié mis cosas, y quieren ver más.

Ella me apretó la rodilla.

—¿Y tú?

–A casa, a ver a mis padres.

Mientras el tren traqueteaba rumbo al norte, yo hablaba del destino. El destino no dejaba de unirnos, argumentaba. Desde aquel día en Derecho Constitucional hasta hoy, en Grand Central, nuestros caminos se cruzaban una y otra vez. Era evidente que el destino intentaba decirnos algo. ¿Cómo si no explicar ese encuentro fortuito? Y más teniendo en cuenta que me dirigía a Yale a hacer algo que me había inspirado precisamente ella. El universo, le dije, quiere que estemos juntos.

Ella dejó que defendiera mi argumento mientras se comía su pizza. Cuando terminó, se dio unas palmaditas en las manos para librarse de las migas, y dijo.

–Tal vez me equivocaba.

–¿En serio?

–Tal vez sí tendrías que haber estudiado Derecho.

Fruncí el ceño. Ella me acarició el brazo. Me dijo que estaba de acuerdo con todo lo que le decía, pero que no querría correr el riesgo de hacerme daño una vez más.

–Eso era lo que intentaba decirte cuando cenamos juntos el mes pasado –me dijo–. Estoy confusa, estoy jodida. Necesito...

–Ya lo sé. Tiempo.

–Tú siempre estás tan seguro sobre la gente –dijo ella–. Contigo todo es blanco o negro. No tienes problemas dejando entrar a los demás en tu vida.

–Me encantaría saber cómo dejarlos salir.

Ella se acercó una servilleta de papel a los labios y se dio unos toquecitos.

–Mi estación –dijo–. Buena suerte con el *Times*. Ya me contarás cómo te ha ido.

Me dio un beso y se bajó corriendo del tren.

Cuando llegué a New Haven, lo único que me interesaba era entrar en un bar y llamar a mi madre. Tuve que obligarme a mí mismo a sentarme en la Biblioteca Sterling y revisar microfilms de números atrasados de periódicos, lo que no contribuyó a mejorar de mi humor. Aunque, en efecto, encontré varios artículos que había pasado por alto, si no los había incluido en el currículo era por algo. Se trataba de notas breves, insignificantes, sobre nada, unos cientos de palabras aquí y otros cientos allí sobre un conferenciante, sobre un acto. Marie, del *Times*, no se dignaría ni a envolver con ellos las sobras de su bocadillo del mediodía.

Ahora sí me hacía falta una copa. Telefoneé a mi excompañero de habitación, que seguía en New Haven y estudiaba Derecho. Nos encontramos con otro amigo, y con dos mujeres en un bar. Tras varias copas, todos nos apretujamos en el coche de mi amigo y nos fuimos a un restaurante. Por el camino, mi amigo cortó a otro coche lleno de jóvenes de nuestra edad. Llevaban camisetas ajustadas y cadenas de oro al cuello, y nuestros gestos de disculpa no los apaciguaron. Al llegar al siguiente semáforo en rojo, nos bloquearon el paso y nos abrieron las puertas. Yo iba en el asiento del copiloto, con una mujer en el regazo. Me eché un poco sobre ella para protegerla de los golpes, lo que me convirtió en blanco inmóvil de ellos. Un hombre, que llevaba anillos, o un puño americano, me golpeó seis veces, rápidamente, en un lado de la cara, mientras repetía algo así como «Mamón de Yale», mientras otro intercambiaba puñetazos con mi amigo, el conductor. Cuando el semáforo se puso verde, mi amigo consiguió arrancar y salimos pitando de allí.

Me sangraba mucho el labio. Tenía un chichón en la frente que era como un cuerno incipiente. A mi ojo le pasaba algo. Nos fuimos a un hospital, pero tuvimos que esperar varias horas.

–Nos automedicaremos –dijo mi amigo, llevándome a un bar de la esquina.

Me preguntaba por qué las campanas de Harkness sonaban tan tarde. Se lo pregunté al camarero.

–Las campanas sólo suenan en tu campanario personal, campeón –me dijo–. A ver si vas a tener una conmoción o algo. Para eso lo mejor es el tequila.

Lo miré. Me sonaba de algo. El bar también. ¿No era allí donde me había bebido los setenta y cinco dólares que mi madre me había enviado para que me convirtiera en JR Maguire? Les dije a mis amigos que a JR Maguire no le habrían dado una paliza. JR Maguire era demasiado listo para dejar que le ocurriera algo así. Ellos no tenían la menor idea de qué les estaba hablando.

Dormí unas horas en el sofá de mi compañero de habitación, y al amanecer tomé el primer tren a Nueva York. Al llegar a Grand Central me monté en un taxi y me fui al *New York Times*. Desde el otro lado de la calle, me maravillé ante el aspecto imponente y augusto del edificio, con sus luces redondas de la fachada principal y sus letras antiguas: **Times**. Era el mismo tipo de letra del cartel que anunciaba el Publicans. Hubiera querido acercarme más y echar un vistazo por las ventanas, pero no había ventanas. Me vinieron a la mente los grandes periodistas que cruzaban aquella puerta todos los días, y también los patéticos artículos que llevaba yo, recortados, bajo el brazo, en una carpeta. Deseé que aquellos delincuentes musculosos de New Haven me hubieran matado de la paliza.

A tres metros de mí había un hombre. Llevaba un blazer cruzado, una camisa blanca, una corbata de rayas en diagonal. Con su poblada mata de pelo blanco me recordaba a Robert Frost. Aunque no tenía dientes, comía lo que parecía ser un sándwich de mortadela, y me sonreía, como si estuviera a punto de ofrecerme un bocado, como si me conociera. Yo le sonreí también, intentando ubicarlo, y sólo entonces me di cuenta de que iba desnudo de cintura para abajo. Su «mortadela» personal, a la luz cegadora de aquella hora temprana, era blanca como un colmillo de marfil. Cuando se la miré, él se la miró también, y sonrió aún más, encantado de que me hubiera dado cuenta.

Ahora ya no había duda: el universo me hablaba, y lo que me decía era que no estaba hecho para trabajar en el *Times*. Había señales de ello por todas partes, desde mi encuentro con Sidney hasta la paliza de New Haven. Y ahora eso. El universo me decía que yo hubiera sido al *Times* lo que el Frost Desnudo era a Times Square: un intruso obsceno. La policía se abalanzó sobre el Frost Desnudo y se lo llevó a allí, y yo hubiera querido salir en su defensa, contarle a la policía que aquel hombre no tenía la culpa de nada, que era sólo un mensajero involuntario del universo. Sentía más afinidad por aquel hombre que conmiseración o desprecio. De los dos, seguramente yo era el que llevaba más alcohol circulando por sus venas.

En cierto sentido, sentí alivio. De haber conseguido el empleo en el *Times*, no habría tenido valor para entrar en aquel edificio todos los días. Ya iba a tener que hace acopio del poco que me quedaba para cruzar la calle, empujar la puerta giratoria, cruzar el vestíbulo forrado de mármol y acercarme al guarda de seguridad. Le comuniqué mi nombre y le entregué la carpeta y le pedí que se la hiciera llegar a Marie, del departamento de personal. Él descolgó el teléfono, habló con alguien y colgó.

–Tercera planta –me dijo.

–¿Disculpe?

–Tercera planta.

–¿Tercera...? ¿Yo? No, no, si yo sólo he venido a dejar esta carpeta. No a verla. No quiero verla.

–¿Qué quieres que te diga? Te está esperando.

La única cosa sensata que cabía hacer era salir corriendo de allí. Tomar el siguiente tren a Manhasset, esconderme en el Publicans, no volver nunca la vista atrás. Pero ¿cómo iba a desaparecer ahora que ya me habían anunciado? Marie pensaría que estaba chiflado, y eso no podía permitirlo. Mejor que me viera desaliñado y medio borracho a que me tomara por loco.

Mientras subía a la tercera planta contemplé mi reflejo en las puertas de latón del ascensor. Siempre me había imaginado entrando en la sala de redacción del *New York Times* con traje nuevo, zapatos de cordones, bien lustrados, camisa de cuello inglés, corbata dorada y tirantes a juego. En cambio, ese día llevaba unos vaqueros rotos, mocasines desgastados y una camiseta manchada de sangre. Y tenía el ojo derecho tan hinchado que no podía ni abrirlo.

La gente se volvía a mirarme cuando me bajé del ascensor. Parecía un lector demente que hubiera acudido a ajustar cuentas con algún periodista. Un redactor que se encontraba cerca de unos buzones mordió un puro sin encender y se quedó boquiabierto. Aquel puro me llevó a pensar en mi aliento, que debía de ser como el de Fuckembabe. Hubiera renunciado a diez años de vida a cambio de un caramelo de menta.

La sala de redacción medía lo mismo que una manzana de la ciudad, y era una pradera fluorescente de escritorios metálicos y de hombres. Supuestamente, en 1986 había mujeres que trabajaban en el *Times*, pero yo no vi a ninguna. Sólo veía a hombres perdiéndose en el horizonte, hombres atildados, hombres de aspecto intelectual, hombres distinguidos, hombres arrugados, que pululaban por allí bajo nubarrones de humo. «Yo ya he estado aquí.» Reconocí a uno de ellos de la tele. Había salido en las noticias hacía poco porque, por negarse a citar una fuente, lo habían metido en la cárcel. Además, era conocido por no separarse nunca de su pipa, en la que también fumaba aquella mañana. Me hubiera gustado acercarme y decirle lo mucho que lo admiraba por haber ido a la cárcel en defensa de la Primera Enmienda, pero no podía porque era yo el que parecía recién salido de un centro penitenciario, y no por defender ninguna enmienda, precisamente.

En el extremo más alejado de las sala de redacción, finalmente, vi a una mujer, a una mujer solitaria sentada a un escritorio diminuto. Tenía que ser Marie. Llegar hasta ella me llevó una semana. Durante el trayecto constaté que todo el mundo hablaba por teléfono, me convencí de que todos hablaban de mí, unos con otros. Sentía deseos de disculparme ante cada uno de ellos por profanar aquel lugar. Sentí deseos de disculparme ante Marie, que en ese momento se ponía de pie y me recibía con una cara que me llevó a preguntarme si haría que despidieran al guarda de seguridad cinco minutos después de que yo me fuera.

–¿Jay? –me preguntó.

–JR –le dije.

–Eso.

Nos dimos la mano.

Me señaló una silla, y ella se sentó en su sitio. Alineó varios sobres, metió un lápiz en el portalápices y tiró unos papeles a la papelera, todo en un momento. Estaba seguro de que era igual de rápida juzgando a las personas, colocándolas en su sitio. Se volvió hacia mí y aguardó mis explicaciones. Me planteé mentirle, pero no tenía la suficiente energía. Me planteé limitarme a sonreír, pero no quería que el labio partido empezara a sangrarme de nuevo. También temía tener algún diente medio suelto. No me quedaba más remedio que contarle brevemente lo de la paliza. Estuve a punto de contarle que me habían dado dos, incluida la de Sidney, pero decidí que era mejor no pasarme de listo. Cuando terminé, Marie dio uno golpecito con la uña en el escritorio.

–Sabes contar historias –dijo–. Eso lo admito.

Le aseguré que no era mi intención faltarle al respeto presentándome así. Le expliqué la confusión con el guarda. Le dije que me encantaba el *Times*, que idolatraba el *Times*, que leía todos los libros que caían en mis manos sobre la historia del *Times*, incluidas las memorias descatalogadas de algunos editores viejos y rancios. Mientras intentaba explicar lo que sentía por el *Times*, yo mismo iba entendiéndolo mejor. Comprendía por qué me había sentido fascinado desde mi adolescencia. Sí, el periódico ofrecía una visión del mundo claramente delineada, en blanco o negro, pero lo que también me ofrecía era ese puente tan raro entre los sueños de mi madre y los míos. El periodismo era esa combinación exacta de respetabilidad y rebeldía. Como los abogados, los periodistas del *Times* llevaban trajes de Brooks Brothers y leían libros y defendían a los pisoteados, pero también bebían mucho y contaban historias y pasaban mucho rato en los bares.

Aquél no era el momento adecuado para ninguna revelación. El esfuerzo de explicarme, de comprenderme a mí mismo, de no dejar de disculparme ante ella, todo ello al tiempo que hacía lo posible por mantener mi aliento –que apestaba a tequila– fuera de la trayectoria de Marie–, hizo que me mareara y me pusiera muy pálido. Y el labio volvía a sangrarme. Marie me alargó un pañuelo de papel y me preguntó si quería un vaso de agua. Me dijo que me calmara. Tú tranquilízate. Un joven tan claramente despreocupado por su aspecto, dijo, tan abierto a la aventura, tan enamorado del *Times* y tan conocedor de sus tradiciones, sería, sin duda, un muy buen periodista. De hecho, añadió, por mi aspecto se diría que estaba hecho para ser corresponsal de guerra. En aquella silla, junto a su escritorio, ella veía más que a un impresentable de Long Island de veintiún años con un ojo morado y con resaca y con una carpeta llena de escritos espantosos. Si no otra cosa, dijo, yo resultaba «refrescante».

Marie pasó un buen rato mirándome, pensando. Yo me daba cuenta de que sopesaba dos opciones; parpadeó y, claramente, se decidió por la opción B. Me dijo que existía un protocolo para contratar a gente. Ella no tenía potestad para contratarme en ese momento. Habría que consultar a los editores. Habría que seguir el procedimiento.

–Sin embargo –me dijo–, a mí me gusta el patrón con el que estás cortado.

Yo no conocía bien aquella expresión. Por un momento me pareció que me decía: «Me gustaría cortarte el patrón». Pensé en algo que responderle, pero Marie ya se había puesto de pie y volvía a extenderme la mano. A menos que ocurriera algún imprevisto, añadió, pronto podría darme la bienvenida al *New York Times*.

Cuando irrumpí en el Publicans dos horas más tarde con la noticia, el local se volvió loco. Finalmente, dijeron los hombres, iba a hacer algo de provecho en la vida. Ir a la universidad estaba bien, sí. Graduarse sí, muy bien también. Pero aquello era un auténtico logro. Los periodistas –Jimmy Cannon, Simmy Breslin, A.J. Liebling, Grantland Rice– eran dioses del bar, y que me admitieran entre sus filas merecía vítores atronadores y abrazos de oso.

El tío Charlie me estrechó la mano con tal fuerza que me crujieron los huesos, pero le pareció que no era suficiente. Abandonó su puesto tras la barra y me dio un beso en la mejilla.

–El puto *New York Times*, joder –dijo.

La última vez que lo había visto tan orgulloso fue cuando me explicó, con todo lujo de detalles, cuando yo tenía once años, cómo funcionaban las apuestas más/menos, y yo lo entendí enseguida. Colt me dedicó una reverencia y me dijo lo mismo que cuando entré en Yale, lo mismo que decía cuando hacía algo bien:

–Será por todos aquellos Wordy Gurdy que hacías.

Steve estaba exultante. Me pidió que volviera a contarle ciertas partes de la entrevista, que volviera a describirle al Frost Desnudo y al guarda de seguridad, y las caras horrorizadas de la gente cuando avanzaba por la sala de redacción. Me examinó el ojo morado a la luz del bar, y por un momento pensé que iba a sacar una lupa de joyero para verlo mejor. No estaba seguro de qué era lo que más le impresionaba: mi nuevo empleo o el moratón del ojo. Pero estaba más que impresionado. Se sentía reivindicado. Su optimismo innato quedaba avalado. Steve creía que, al final, todo sale bien, que la comedia siempre sigue a la tragedia, que a todos los chicos malos del Publicans les pasaban cosas buenas, y ahora algo muy bueno acababa de pasarle a un sobrino de su camarero más veterano.

–¡Extra! ¡Extra! –gritó–. ¡Junior trabajará en el *Times*!

Y entonces ya tuvieron bastante de lo mío. Steve y los hombres volvieron a prestar atención a la tele, donde los Mets estaban atascados en una jugada con los Houston Astros, correspondiente a un partido de la Liga Nacional. Mientras todos bebían y veían el partido, yo me metí en la cabina de teléfono y llamé a mi madre.

Los Mets ganaron el sexto partido de la Serie Mundial pocos días antes de que yo empezara a trabajar en el *Times*. En la última jugada, cuando los daban por muertos, volvieron a la vida y derrotaron a los Boston Red Sox cuando parecía imposible. Ahora los Mets iban a ganarlo todo, en el Publicans eso lo sabía todo el mundo.

–Piensa en todos los bares como éste que hay por toda Nueva Inglaterra. ¡Ah! Se me rompe el corazón cuando pienso en ellos.

Al tío Charlie le encantaban los perdedores, y no había perdedores más trágicos que los Sox. Por un momento consiguió que me sintiera culpable por mi felicidad absoluta por la victoria de los Mets.

Según mis cálculos, el desfile por la victoria de los Mets recorrería las calles de Manhattan la misma mañana en que yo entrara en el edificio del *Times* para asistir a mi primera jornada de trabajo, y a esa misma hora, precisamente. De todas las señales que había recibido del universo, aquélla era la más estridente, la más clara. Contra todo pronóstico, ni mi equipo ni yo éramos ya unos perdedores. Mi nueva vida, mi vida de verdad, mi vida de ganador ya venía de camino, al fin. Empezaba a dejar atrás todos mis fracasos anteriores, a dejar atrás mi peligrosa atracción por el fracaso, a superar mi indecisión infantil sobre si había que intentarlo o no.

Persistía sólo un hilo muy fino que me unía a mi vida anterior, a la percepción que tenía de mí mismo como causa perdida. Sidney. Aquella misma semana había recibido otra carta suya. Seguía queriéndome, seguía echándome de menos, y seguía necesitando más tiempo. Me adjuntaba una foto de ella. Justo después de que terminara el Sexto Partido, yo estaba de pie en el Publicans, releyendo la carta y mirando la foto mientras a mi alrededor la gente enloquecía celebrando la victoria. El bar era un delirio. Todos estábamos llenos de whisky, llenos de una fe nada razonable en nosotros mismos y en el futuro, inferida a partir de la buena fortuna que había recaído sobre nuestros Mets, y en ese momento tuve una idea. Le pedí a Fuckembabe que me trajera un bolígrafo y un sello de la oficina de Steve que estaba en el sótano. Él me dijo que buscara cajón, o que no fuera cabrón, no sé. Finalmente fue el tío Charlie quien me dejó el bolígrafo y el sello, y entonces garabateé mi dirección en el sobre de Sidney para reenviárselo. Volví a cerrar el sobre, con la carta y la fotografía dentro, y me abrí paso entre la multitud, salí por la puerta y me acerqué al buzón que quedaba justo enfrente. El mismo desde el que había mandado mis recortes de prensa al *Times*.

Para mí estaba clarísimo: si le escribía a Sidney y le decía que se tomara todo el tiempo que necesitara, al final acabaría ganándomela. Resistiría más que el Hijo de Papá y todos los que vinieran detrás, y Sidney y yo nos casaríamos. Viviríamos en una casa cerca de sus padres y tendríamos dos hijos rubios, y cada vez que ella bostezara o atendiera una llamada desde otra habitación me daría un vuelco el corazón. Aquélla era la vida que me esperaba, meticulosamente planificada, predeterminada. La veía alzándose ante mí como la pantalla de un autocine. Pero también había otra vida esperándome, una vida sin Sidney, también predeterminada. Todavía no podía verla, pero la notaba, creía en ella, gracias al *Times* y a los Mets y al Publicans. Oía las voces de aquella otra vida con la misma claridad que las voces que sonaban detrás de mí, en el bar. Recordé al Profesor Lucifer, aleccionándonos sobre el libre albedrío, opuesto al destino, el enigma que había desconcertado a las mentes más preclaras a lo largo de los siglos, y deseé haber prestado más atención en clase, porque allí, apoyado en mi buzón de la suerte, sosteniendo la carta de Sidney ya sobre la ranura, no sabía por qué el destino y el libre albedrío tenían que ser mutuamente excluyentes. Tal vez, pensaba, cuando llegamos a nuestras encrucijadas, escogemos libremente, pero la decisión fluctúa entre dos vidas predestinadas.

Solté el sobre. Nunca hasta entonces había rechazado a Sidney. Nadie hasta entonces había rechazado a Sidney. Yo sabía que cuando recibiera su propia carta, y su fotografía –devuélvase al remitente. Sin comentarios–, no volvería a ponerse en contacto conmigo. Volví a entrar en el Publicans, le pedí al tío Charlie otro whisky escocés y le conté lo que había hecho. Él me apuntó al pecho, brindó conmigo y bebimos. Por mí. Por los Mets. El 25 de octubre de 1986, después de que hubiera perdido el gran amor de mi vida, el tío Charlie declaró –nadie lo escuchaba, pero me gustó oírselo decir– que su sobrino era un ganador.

Treinta
Mr. Salty

Ser chico de las fotocopias no era mucho más complicado que ser dependiente en el departamento de moda del hogar. Una chica de las fotocopias me explicó en qué consistía todo mi trabajo en cinco minutos. A mí me correspondía «ir a por bocadillos» y «separar el papel carbón». Como los editores no tenían tiempo de ir a buscarse su propia comida, me dijo, yo tendría que recorrer la sala de redacción a lo largo del día tomando pedidos, y después acercarme a toda prisa a la tienda de Al, que estaba abierta toda la noche. El resto del tiempo lo pasaría recogiendo y clasificando papeles de la sala de teletipos. En el *Times* había ordenadores, pero los redactores, sobre todo los de más edad, se negaban a usarlos. Así, los papeles inundaban la sala de redacción. Artículos, reportajes, boletines, teletipos, memorias, noticias y resúmenes de noticias que aparecerían en la portada del día siguiente, todo lo vomitaban con estrépito las impresoras, agrupado en gruesas series de doce copias en papel carbón, que debían separarse, doblarse de una manera determinada y distribuirse al momento. Muchos editores no tenían conocimiento de una noticia de última hora hasta que veían el boletín aterrizar en su cajón de rejilla. Por eso, los chicos de las fotocopias eran un eslabón desproporcionadamente importante en la cadena de información. Y, lo que era más importante: los redactores jefes debían recibir las primeras copias, en las que la tinta resultaba más legible, y los menos importantes las últimas, que se leían peor o, en algunos casos, resultaban ilegibles.

–Es una cuestión de estatus –me dijo la chica–. Te pegarán bronca si un editor poco importante recibe una de las primeras copias... Pero que Dios te ayude si un redactor jefe recibe una de las últimas.

Puso los ojos en blanco, y esperó que yo hiciera lo mismo. Pero yo estaba tan contento con mi trabajo, tan impactado por estar en el *Times*, que no lograba borrar de mi cara el gesto de felicidad. «¿Me estás diciendo que me corresponde a mí dar de comer a todos estos periodistas con talento? ¿Y hacer posible que estos redactores tan famosos se enteren de lo que sucede en el mundo?»

–¡Suena genial! –dije.

A partir de ese momento la chica me evitó, y una vez la oí hablando con otra chica de las fotocopias, refiriéndose a mí como «el burro ese de Long Island».

Otros becarios más amables me explicaron en qué consistía el programa de formación desde una óptica más general. Se trataba, decían, de someterse a una serie de pequeñas indignidades seguidas de unas recompensas exponencialmente mucho mayores. Ibas a por bocadillos, separabas copias en papel carbón, trabajabas de noche, en vacaciones, los fines de semana, hasta que algún redactor se fijaba en ti. Tal vez fuera porque siempre te acordabas de que le gustaba la mostaza picante en el pastrami. O porque le doblabas las copias en papel carbón con un pliegue bien marcado, como a él le gustaba. El caso era que de pronto te convertías en su protegido, y siempre que era posible te pasaba la entrevista con algún autor para el suplemento de libros, o la lista de la sección inmobiliaria. Si cumplías con aquellos encargos razonablemente bien, te encargaba cosas mejores. Un tiroteo, el descarrilamiento de un tren, una fuga de gas en el Bronx. Alguna de aquellas noticias se convertía en tu gran oportunidad, la noticia que crearía o destruiría tu reputación en la sala de redacción. Si aprovechabas tu gran oportunidad, te ponían a prueba en la sección de local. Treinta días seguidos, sin un solo día libre, escribiendo, escribiendo, una prueba que era tanto de resistencia como de talento. El periodo de prueba era el grial. El periodo de prueba era lo que daba sentido al hecho de ser chico de las fotocopias: si sobrevivías al periodo de prueba, física y mentalmente, sin cometer ningún error y, sobre todo, sin obligar al periódico a tener que incluir una tan temida fe de erratas, entonces un comité secreto se reunía y decidía de una vez por todas si eras material del *Times*. En caso afirmativo, te ascendían a periodista a jornada completa y te asignaban un despacho y un sueldo digno. De lo contrario, podías quedarte allí el tiempo que quisieras, yendo a buscar bocadillos y separando copias de papel carbón hasta que cumplías los sesenta y cinco, pero siempre serías un chico de las fotocopias, un zángano, una no-persona en la sala de redacción.

Dadas aquellas condiciones, y la competitividad despiadada, cabía esperar que los veinticinco chicos y chicas de las fotocopias que participaban en el programa de formación pulularan por allí como ratas en un laberinto. Y nosotros éramos calmados si se nos comparaba con los editores, varios de los cuales parecían encontrarse al borde de sufrir un brote psicótico. Algunos bebían cerveza mientras trabajaban, otros se metían en un bar que quedaba enfrente entre ediciones para tomarse una copa de algo más fuerte. Y todo el mundo fumaba. Fumar no sólo estaba permitido, sino que era un requisito, y la mayoría de los días en la sala de redacción había más niebla que en la bahía de Manhasset. Un conocido jefe de sección empezaba la jornada fumando en pipa, se pasaba a los puros avanzada la tarde, y a medida que se acercaba la hora de cierre encadenaba un Camel sin filtro tras otro. Parecía tener ciento cincueta años y alimentarse de las sobras de los chicos de las fotocopias. Lo apodábamos Smoky el Cabrón, y varios compañeros míos me advirtieron que me mantuviera lo más lejos de él que pudiera.

Aunque el *Times* me recordaba a Yale –demasiada gente lista en un espacio cerrado–, no me sentía intimidado. Me sentía como en casa, y me parecía que seguramente sería por los muebles feos y la moqueta naranja manchada y los váteres embozados. Los años que había pasado en casa del abuelo habían sido la preparación ideal. Pero en realidad el motivo que explicaba mi relativa calma era el Publicans. Pasara lo que pasase en la sala de redacción durante el día, sabía que el bar me esperaba por la noche. Siempre podía contar con los hombres del bar, con sus consejos y sus charlas preparatorias, y con las mujeres del bar y sus recomendaciones sobre cuestiones de ropa. Todos los periodistas del *Times* llevaban tirantes, corbatas a juego y unos zapatos ingleses grandes y sin costuras, unos zapatos que parecían canoas, y aunque yo no tenía dinero para comprarme aquellas cosas, mis excompañeras de Lord & Taylor se sentaban conmigo en el Publicans y me aconsejaban sobre la manera de añadir prendas a mi vestuario. Me enseñaban a «llevarme prestadas» cosas de los grandes almacenes. Los tirantes y las corbatas, decían, podían «probarse» y después devolverse. Y siempre podía «oler a éxito» si entraba en alguna tienda camino del trabajo y me echaba un poco de perfume de los frascos de prueba.

Estaba loco de contento. Me quedaba trabajando hasta tarde en la sala de redacción, y me ofrecía voluntario para hacer horas extras. Incluso me dejaba caer por el periódico en mis días libres y hacía como si ése fuera mi sitio, y fingía estar ocupado. Si no encontraba nada que hacer, pasaba el rato en la «morgue», donde el *Times* archivaba todos los artículos que había publicado desde la época de la guerra de Secesión. Leía artículos firmados por periodistas estrella, estudiando su estilo. Un día, en un impulso, le pregunté a la encargada de la morgue si había alguna carpeta dedicada a mi padre. Y sí, en efecto, allí estaba. No contenía muchas noticias, pero era fascinante. Me la llevé a la sala de redacción y me senté a leer aquellas informaciones como si pertenecieran a un dossier del Pentágono. Un artículo publicado justo después de que los Beatles aparecieran en el programa de Ed Sullivan citaba a mi padre y lo describía como experto en rock and roll. Mientras iba leyendo, empecé a silbar *I Want to Hold Your Hand*.

–¿Quién coño está... silbando? –masculló Smoky el Cabrón.

Un montón de periodistas y editores dejaron de hacer lo que estaban haciendo y se volvieron a ver.

–Yo –dije.

–Silbar en una sala de redacción da mala suerte, mamón.

Todos me miraban. A mí no se me ocurría nada que decir. Por suerte, al momento, todos regresaron a sus cosas, sonriendo. Yo consulté la hora. Las cinco y media. Si salía enseguida llegaría a la *happy hour* del Publicans.

Alicaído, mientras caminaba hacia Penn Station, me encontré con un tumulto en el exterior del Hotel Penta. Camiones de bomberos. Policía. Corrillos de mirones.

–¿Qué ocurre? –le pregunté a una mujer.

–Hay un incendio en el hotel.

«Mi gran oportunidad.» Me metí en una cabina telefónica y llamé a la sección de local. Respondió un redactor.

–¡Hola, soy JR Moehringer! –dije–. Estoy aquí abajo, en el Penta, y parece que el hotel está en llamas.

–¿Quién dices que eres?

–JR Moehringer. El nuevo chico de las fotocopias. Desde aquí huelo el humo.

–¿Hay un incendio... en el Penta? ¿Hueles el humo?

–Sí, señor. Me impregna la nariz. Espeso.

–Joder... Está bien, te paso con el de dictados. Descríbele lo que veas. Ponle algo de color. Y después ponte en contacto con alguien que esté al mando de la situación. Bob, ¿puedes tomar al dictado lo que te diga un tal Guillermo Winger?

«Me está pasando con el de dictados.» Qué importante para mí que el Penta se estuviera incendiando hasta los cimientos. Mis días de ir a por bocadillos y de separar papel carbón estaban contados. Los editores me propondrían de inmediato para el periodo de prueba. Estaba impaciente por contarle al tío Charlie y a Steve mi golpe de suerte, mi exclusiva, mi dosier del «Penta-gono» (con aquella ocurrencia arrancaría unas risas en el Publicans). Consciente de que los hombres del bar querrían saberlo todo del incendio, con todo lujo de detalles, me volví a mirar. Los bomberos parecían bastante calmados. No hacían nada, y se reían y conversaban entre ellos. Los policías también. Nadie parecía demasiado preocupado. Levanté la vista y me fijé en el hotel. No había llamas. Ni ventanas rotas. Ni humo. Pero a mí seguía oliéndome a humo. Me volví de nuevo. Al otro lado de la cabina telefónica había un carrito que vendía pretzels. El vendedor estaba charlando con los bomberos, y se había olvidado de los que tenía al fuego, que se habían ennegrecido y desprendían unas nubes sulfurosas de humo que me daban directamente en la cara. Oh, oh. Colgué el teléfono y salí corriendo hacia el bombero que llevaba el casco más grande. Tenía una cara tan imponente que podría haber sido el alcalde de Manhasset.

–¿Qué ocurre, jefe? –le pregunté–. Quiero decir... agente. Quiero decir, ¿qué está pasando aquí? Soy JR Moehringer. Del *Times*.

–Tranquilo, chico, tranquilo. No hay ningún problema. Es un ejercicio, un simulacro. Lo hacemos todos los meses.

–¿No hay ningún incendio en el hotel?

–No.

–¿Está seguro?

Al notar la decepción de mi voz, el bombero se acercó más a mí para ver si era un pirómano en potencia. Regresé abatido a la cabina y llamé a la sección de local. Me atendió el mismo redactor.

–¡Winger! Lo siento, se ha cortado. Te debo de haber colgado cuando intentaba pasarte con dictados. Ahora no cuelgues. La voz que oirás a continuación será la de Bob. Él transcribirá lo que le digas.

–No hará falta.

–¿Qué?

–El Penta no parece estar... incendiándose. *Per se.*

–¿Qué?

–Es un simulacro.

–¿Un qué?

–Un simulacro.

–Winger, por Dios, pero si me has dicho que olías el humo.

–Es cierto. Cuando hablaba con usted, en realidad tiene su gracia, estaba al lado de un carrito de venta de pretzels. Y los pretzels sí se estaban quemando.

Oí que el editor aspiraba hondo, como si a él también le hubiera llegado algo del humo de los pretzels. Contuvo el aliento y le gritó a Bob que ya no hacía falta.

–Falsa alarma –oí que le decía–. Un chico de las fotocopias que... cabina delante del Penta... pretzels que se quemaban...

No oía lo que le respondía Bob, pero por el tono no parecía muy complacido.

El redactor volvió a comunicarse conmigo.

–Gracias por llamar –dijo–. Gracias por hacerme entrar a la reunión de Portada como un imbécil, con una falsa alarma. ¿Por qué no te mueres un rato? Ve a comerte un pretzel, ¿vale, Mr. Salty?*

¿Mr. Salty? Esperaba que el apodo no cuajara. Incluso Guillermo Winger hubiera sido mejor apodo que Mr. Salty.

El tren a Manhasset se estropeó en la estación de clasificación que quedaba justo a la salida de Penn Station. Las luces se apagaron, y nos pasamos dos horas sin movernos. Allí sentado, a oscuras, repasaba mi jornada una y otra vez. «Silbar en una sala de redacción da mala suerte, mamón.» «Ve a comerte un pretzel, ¿vale, Mr. Salty?» Cuando el tren, finalmente, se puso

---

* Mr. Salty es una marca de pretzels de aperitivo populares en la década de 1980. Su imagen era un marinero con forma de pretzel. (*Nota del traductor.*)

en marcha, cuando finalmente llegué a la puerta del Publicans, ya eran las ocho y media, y no entré por la puerta caminando; me tiré de cabeza.

Ese día servía en la barra Michael, el primo de Joey D, y me alegré de que así fuera. Michael era el hombre ideal para la tarea, el camarero perfecto para mi estado de ánimo. A mí me hacía falta distracción, temas nuevos que me mantuvieran la cabeza ocupada, y Michael era proveedor de temas nuevos al por mayor. Por ser la única persona sobria del Publicans –había dejado de beber hacía años–, Michael siempre se mostraba lúcido y dispuesto a compartir hechos e ideas interesantes que recababa en sus lecturas. También era conocido por tener muy malas pulgas, y a mí me encantaba aquel malhumor suyo. Parecía un Ulysses Grant recién nombrado: temeroso, barbudo, de pelo tieso, desesperado por fumarse un puro. Más que nunca, aquella noche necesitaba sentarme con General Grant para que me consolara por toda aquella sangrienta campaña. Aún no me había subido del todo al taburete cuando General Grant ya se había plantado frente a mí y me hablaba de Donald Trump, de Caspar Weinberger, de Babe Ruth, de Marla Hanson, de John Gotti, de Carlo Gambino, del archiduque Francisco Fernando, y del *Achille Lauro*, de los atascos, de los quarks, de la destrucción de la capa de ozono, y de a qué correspondían las iniciales W.B. en el nombre de Yeats. El olor acre de los pretzels carbonizados empezaba a disiparse.

La otra punta de la barra, aquella noche, la atendía Joey D. Lo saludé desde mi sitio, pero él me miró sin verme, como hipnotizado. Hablaba, pero no había nadie a un metro a la redonda. Estaba manteniendo toda una conversación con su ratón, con la diferencia de que, aquella vez, la mascota parecía responderle. Le pregunté a General Grant qué coño le pasaba a su primo.

–Se ha producido un avistamiento de Josie –me respondió, pasándole un trapo a la barra.

–Oh, no –dije yo–. ¿Está aquí? ¿Esta noche?

Él puso mala cara y asintió.

Joey D y Josie, una de las camareras, se habían divorciado hacía poco tiempo, y como su separación no había sido amistosa, el encargado de programar los turnos hacía todo lo posible por que no coincidieran nunca. Pero algunas noches, si alguien se ponía enfermo o se iba de vacaciones, resultaba imposible, y Josie y Joey D no tenían más remedio que trabajar juntos. En aquellas ocasiones, Joey D parecía más un enterrador que un camarero. Al verla circular entre las mesas, les explicaba a los clientes en voz baja que ella le había hecho mucho daño. Durante una de aquellas noches con Josie, particularmente incómoda, los hombres bautizaron la esquina de la barra de Joey como el Triángulo de las Birramudas, porque la gente se acercaba hasta allá a pedir una cerveza y ya no se la volvía a ver... engullida por el vórtice del relato triste de despecho de Joey.

El tío Charlie se culpaba por ello. Habían sido Pat y él los que en un primer momento habían propiciado el acercamiento entre Joey D y Josie. La peor apuesta de mi vida, decía el tío Charlie cada vez que Joey D se quejaba y se lamentaba de su exmujer. Otros camareros ponían los ojos en blanco a sus espaldas y se lo tomaban a broma. Incluso Steve, que adoraba a Joey D, perdía la paciencia de vez en cuando. Al menos en una ocasión lo convocó al sótano y le pidió que creciera de una vez.

—No puedes comportarte así en un bar —le dijo—. Eso deprime a la gente. Ya va siendo hora de que te hagas hombre, Joey D. Sé un hombre.

Cuando oí que Steve había llamado a capítulo a Joey D, me estremecí. Pensé que prefería que me pusieran en un potro de tortura a que Steve me llamara al sótano y me aleccionara sobre masculinidad.

Yo no podía decirle a Steve ni a ninguno de los hombres que Joey D contaba con todo mi apoyo y comprensión. Si a mí me hubieran obligado a trabajar con Sidney no me habría comportado mejor. Además, era incapaz de pensar mal de Joey D, hiciera lo que hiciese. Siempre le estaría agradecido por haber sido amable conmigo y con McGraw cuando éramos niños, por haberme enseñado a surfear las olas, a buscar entre ellas la cabeza de McGraw. Además, sabía que Joey D seguía vigilando al tío Charlie, asegurándose de que no se le hundiera la cabeza. Joey D se consideraba a sí mismo el salvavidas del tío Charlie, su guardaespaldas, su retaguardia. Le preocupaba que apostara; lo defendía en cada bronca en el bar. Y cuando el tío Charlie terminaba otra jornada de trabajo, Joey D limpiaba las manchas y los cercos de su zona.

—Maldito Chas —decía mientras pasaba un trapo—. ¿Cuándo se dará cuenta de que un bar limpio es un bar contento?

Después agarraba un cepillo de cerdas duras y lo pasaba por las marcas que sobre la madera iba dejando el tío Charlie con cada golpe de botella cuando quería expresar enfado o entusiasmo. Para mí, aquello era amor.

Inconscientemente también me gustaba, y envidiaba ligeramente, la manera que tenía Joey D de ventilar su ira. Si sentía que tenía el corazón roto, partía algunas caras. Sin remordimientos, descargaba su frustración por Josie sobre borrachos que causaban problemas en el Publicans, y lo hacía con estilo. La pelea de bar era un arte para Joey D. Era a las broncas de barra lo que Hemingway a las corridas de toros: practicante, conocedor, defensor. En una ocasión le pregunté en cuántas peleas había participado a lo largo de los años, y él las fue contando despacio, en éxtasis, como un Casanova rememorando a todas las mujeres que había poseído.

–Al menos en trescientas –dijo–. Y sólo perdí una. –Hizo una pausa, recordando–. Bueno, no importa pero en realidad fue un empate.

Joey D creía que su mejor momento le llegó un día en que un gilipollas, después de ser expulsado del Publicans, arrancó un poste de la verja de la entrada y se puso a blandirlo frente a los congregados. Joey D le agarró el palo al vuelo, se lo quitó y lo partió en dos sobre la rodilla, antes de tumbarlo a golpes.

–No es por chulear, no os creáis, pero eso ha sido lo mejor que he hecho en mi vida. «Lomejorquehehechoenmiputavidajoder.»

El secreto para pelearse, me contó Joey D, era estar tranquilo. Para partirle el culo a otro primero tenías que relajar el tuyo. Puño blando, me dijo, puñetazo duro. Todo resultaba muy zen, y muy difícil de creer viniendo de un torpe integral como era Joey D. Y sin embargo era cierto. La expresión más relajada que le vi nunca en aquella cara de teleñeco fue el día en que me salvó de que me dieran la paliza del siglo. Fue cuando un bocazas tuvo un problema con el tío Charlie. Había una lista muy larga de nombres que no se podían usar para llamar al tío Charlie –Cocoliso, Kojak, Cabeza de Huevo, Capullo, Bola de Billar, Don Limpio–, y el bocazas las había usado todas, descaradamente, en una sola diatriba tabú. Yo di un paso al frente para defender a mi tío, y el bocazas me agarró de la camisa y levantó el puño. Me encontraba a medio segundo de una fractura de nariz y de un vuelo por el ventanal cuando Joey D saltó por encima de la barra como si fuera el campeón del Open de Estados Unidos saltando la red. Jamás olvidaré su expresión, la misma que ponía cuando flotaba boca arriba en Gilgo, mientras tumbaba al bocazas cuan largo era en el suelo del bar, con un *ace* digno de McEnroe.

Dejé a General Grant y me llevé la copa a la esquina de Joey D. Me senté con él, que observaba a Josie y le hablaba a su ratón en tono de queja. No tardó en interrumpirnos el equipo de sóftbol del Publicans, que entró en estampida por la puerta trasera. Le habían dado una paliza a los Kilmeade gracias al buen juego de Cager. Aunque llevaba la visera muy baja, vi la sonrisa victoriosa en la cara sucia de Cager. Parecía recién llegado de una misión culminada con éxito. Algo en mí, no en Cager, me hacía ver siempre aquella visera suya como si fuera un casco con red, y el bate de sóftbol que llevaba al hombro como si fuera un M60. Le estreché la mano y noté que un chispazo de testosterona me subía por el brazo.

–¿Te invito a una cerveza? –le dije.

–¿Eso es lo que los que vais a universidades caras llamáis «pregunta retórica»?

Me preguntó qué tal me iba en el nuevo trabajo, y me oí a mí mismo hablándole de mi llamada telefónica y del incendio de los pretzels. No sabía por qué se lo contaba. Tal vez necesitaba algo de compasión. Pero tendría que haber sabido que la compasión no era cosa de Cager.

–¿Guillermo Winger? –repitió a voz en grito, riéndose, golpeando el suelo con el bate–. ¿Mr. Salty? ¡Eso es impagable! –Se reía tanto que temí que le diera un ataque de asma–. Pues te habrás quedado... hecho un lío con el incendio de los pretzels... ¡Hecho un pretzel!

Yo también me eché a reír.

«Había llamado para informar del incendio de unos pretzels. ¿Y qué?» De algo había servido si al menos alguien tan noble como Cager había soltado unas buenas carcajadas a mi costa. Los dos nos partíamos de risa, echados hacia delante, aporreando la barra e intercambiando golpes entre nosotros. Darle palmadas a Cager en la espalda no era muy distinto que golpear la barra. Roble macizo que se mantenía firme.

Cuando Cager consiguió recuperar el aliento, cuando se le secaron los ojos y dio un trago a su cerveza fría, me dijo que no me preocupara. Tú tranquilo, niño, tú no te pongas nervioso, joder. Hay errores y errores. Él, una vez, en el ejército, había hecho explotar sin querer un helicóptero. Venga, hombre, le dije. Te juro por Dios que es verdad, dijo él. Estaba disparando rondas de mortero, en unas prácticas de puntería, y algo salió mal. Un mortero se encalló. Él lo manipuló y de pronto oyó como un zumbido... El arma se disparó. Había un Chinook sin tripulación detenido en un helipuerto cercano.

–*Boom* –dijo Cager–. Todavía le debo al tío Sam unos seis millones por el bicho ese.

Había llegado el momento de olvidarse de aquellos temas irrelevantes y de hablar de lo único que importaba, el gran acontecimiento de la noche, el partido de sóftbol. Varios jugadores más formaron un corro a nuestro alrededor, y todos nos colgamos de Cager como adornos navideños en un abeto mientras él nos relataba la victoria. Alguien lo alabó por su eficaz juego de guante en la tercera base. El segundo advenimiento de Brooks Robinson, comentó alguien. Bah, dijo Cager fingiendo modestia. Más que de su juego en el campo estaba orgulloso de un momento de pura diversión que había tenido con Steve. Ya se habían anotado varios *homeruns*, dijo Cager, y todas las pelotas habían ido a parar al estanque, al otro lado de la valla. Cager le gritó: «¡Nos estamos quedando sin pelotas! ¡Vamos a tener que ir a pescar algunas al río! ¿Te has traído la caña?». «No –le respondió Steve–. La caña viene más tarde, con los niños.» Steve se refería a su mujer, Georgette, de origen polaco y Zaleski de apellido de soltera.* Cager tuvo que suspender temporalmente el partido porque Steve y él no podían parar de reír.

Dejé allí a Cager y regresé al lado de la barra regentado por General Grant, enzarzado en ese momento en una conversación con un banquero de inversiones que llevaba traje de raya diplomática, un hombre de aspecto próspero de cincuenta y tantos años cuyo bigote entrecano parecía crecerle para el único fin de combinar con su corbata blanca y negra. Los dos fumaban puros, hablaban de la guerra de Secesión, y yo supuse que su conversación la habría suscitado el extraordinario parecido de General Grant con el General Grant. Pero no; resultó que Banquero era un apasionado absoluto de la guerra de Secesión. Compartió con General Grant y conmigo algunos datos poco conocidos sobre Shiloh, Antietam, Gettysburg. También nos contó que Lincoln, en su juventud, había regentado un bar y dormía en la trastienda.

–¿Tú sabías eso? –le pregunté a General Grant.

–Eso lo sabe todo el mundo –respondió él–. Lincoln también estuvo metido en negocios de destilería. Preparaba un bourbon de Kentucky muy fino.

---

* Caña es *pole* en inglés. El término también puede usarse como gentilicio y, en ese caso, significa «polaco». (*Nota del traductor.*)

Colt me agarró y me dio la vuelta.

–Tú, que te crees muy listo –dijo–. A ver si sabes esto: ¿a cuántos malos de Batman puedes nombrar? Se supone que hay más de treinta, y a mí sólo me salen diez.

Me alargó una hoja de papel.

Estuve a punto de decir algo sobre lo absurdo de que el Oso Yogui escribiera una lista de malos de Batman, pero Colt parecía tan auténtico, parecía necesitar tanto mi ayuda, que me mordí la lengua y leí lo que había conseguido recordar. Joker, Riddler, Puzzler, el Rey Tut. Me vino a la mente la lista de motes que no se podían usar para llamar al tío Charlie.

–¿Y El Bibliófilo? –sugerí.

–¡El Bibliófilo! –repitió Colt dándose una palmada en la frente–. Me había olvidado de él.

Llegó el tío Charlie. Le quitó el precinto a una cajetilla de Marlboro, le pidió a General Grant un vodka con zumo de arándano y se llevó la mano a la sien.

–JR –dijo–. Hoy estaba leyendo algo y me he encontrado con la palabra «nidífugo». ¿Qué significa?

Me encogí de hombros.

El tío Charlie pidió el Libro de las Palabras. General Grant se volvió y de un estante que quedaba detrás de la barra sacó un ejemplar antiguo, precioso, que todo el mundo llamaba el Libro de las Palabras, a menudo en un susurro reverencial, como si se tratara del Libro de Kells. General Grant lo depositó sobre la mesa, delante del tío Charlie, que fue pasando las páginas e instantes después anunció que «nidífugo» se refería a las aves «cuyas crías abandonan el nido inmediatamente después de nacer». Aquella definición le encantó. Ahora yo estaba encajado entre el tío Charlie y Banquero, mi cerveza estaba fría, el tema de conversación eran las palabras, y yo estaba tan contento que no quería moverme de allí. Pero tenía que ir a mear.

En el baño pensé que tal vez estaba teniendo una alucinación. Los dos urinarios estaban llenos a rebosar de dinero. Billetes de un dólar, de cinco. Monedas de veinticinco centavos. Al volver al bar le pregunté al tío Charlie de qué iba todo aquello. Él frunció el ceño.

–Esa chorrada la empezó Don –dijo.

Don, un abogado de Manhattan que había estudiado en Princeton, era uno de los primeros amigos del tío Charlie. Según me contó, hacía unas noches Don había decidido que daría buen karma rendir un tributo cada vez que fuera al váter.

–Dijo algo de aplacar a los dioses de la orina –añadió, suspirando–. Bueno, el caso es que ahora lo hacen todos. Una nueva tradición.

–¿Y la gente pide un deseo cuando tira el dinero? Como con las monedas en las fuentes...

–¿Tengo pinta de saber qué hace la gente en el váter? Por Dios, menuda pregunta. Ahora, te digo una cosa. Don lleva un control muy preciso, por escrito, del dinero que se acumula antes de que algún enfermo meta la mano y se lo lleve. Y siempre hay alguien que mete la mano, antes o después. Está en la naturaleza humana, ya sabes. Y luego hablan de «ganancias sucias».

A los camareros no les gustaba nada aquel Fondo de Don, añadió el tío Charlie. Les preocupaba que les pagaran con dinero del urinario, y como todo el mundo sabía que los camareros desconfiaban del dinero húmedo, los rácanos y los bromistas pasaban los billetes de cinco dólares por debajo del grifo antes de depositarlos en la barra.

–Si pagas con un billete de cinco mojado –me explicó el tío Charlie–, tienes muchas posibilidades de que la copa corra a cuenta de la casa.

Me eché a reír y le pasé el brazo por el cuello al tío Charlie y le dije que me sentía genial. No, mejor que genial. Geniiiial. Le dije que hacía un rato no me sentía tan bien, pero que ahora me sentía genial. ¿Por qué? Porque el Publicans me había servido de distracción. Distracción, dije. Todos la necesitamos, y el Publicans la proporciona como ningún otro sitio. Pero el tío Charlie no me oía, porque, de pronto, frente a nosotros estaba Don. Joder, dijo el tío Charlie, hablando del Papa de Roma... Precisamente ahora estábamos hablando de ti. Me presentó a Don, que era de la misma edad que él, y de su misma altura. Ahí terminaba el parecido. El tío Charlie me había comentado que, de joven, Don había sido luchador, y aún se le notaba. Poseía aquella solidez, aquel grosor, aquel centro de gravedad permanentemente bajo. También poseía el rostro más abierto y simpático del bar, con sus cejas en punta y una mancha de venitas rojas en cada mejilla, como un soldadito de madera de esos de juguete. Caía bien al momento, todo el mundo lo adoraba, y se entendía fácilmente por qué el tío Charlie lo tenía en tanta estima.

Le conté a Don que acababa de explicarle al tío Charlie que el Publicans satisfacía una necesidad humana muy infravalorada: la distracción.

De eso se trataba, de distraerse, le dije a Don, y él me dijo que no podía estar más de acuerdo conmigo. Me contó que el bar le había ayudado a salir de muchos malos momentos de su vida, que había sido especialmente importante para él hacía unos años, después de su divorcio, cuando la distracción era la mejor barrera contra la depresión. Entonces, de pronto, a todos nos distrajo Banquero, que estaba dando una charla muy interesante sobre la obsesión de Lincoln con *Macbeth*.

–La obra apelaba a su sentido del presagio –dijo Banquero.

–Lincoln creía en las premoniciones –comentó General Grant.

–¿Y quién no? –dijo el tío Charlie.

–Lincoln leyó *Macbeth* días antes de ser asesinado –dijo Banquero–. ¿Lo sabíais? ¿No os lo imagináis con su sombrero de copa alta, leyendo sobre «el asesinato más cruel» justo antes de que fueran a asesinarlo?

–¿Crees que llevaba su sombrero cuando leía? –preguntó Don–. Es imposible que Lincoln llevara aquel sombrero enorme cuando leía.

–A ti te quedaría bien un sombrero de copa –le dijo Banquero al tío Charlie.

La imagen del tío Charlie con sombrero de copa provocó la risotada general.

–Dios mío, cómo echo de menos mi pelo –le dijo el tío Charlie a Don, así, por las buenas. Don le dio unas palmaditas en el brazo.

–¡Eh, Colt! –gritó alguien desde el otro lado del bar–. ¡Me acabo de acordar de otro malo de Batman! ¡El Rey Reloj!

–Buen trabajo –dijo Colt, añadiendo el nombre a la lista.

–¿Y Mr. Salty? –dije yo.

–Falso –dijo el tío Charlie–. No había ningún Mr. Salty.

–Precisamente –dije yo–. Precisamente.

Treinta y uno
Aladino

Aquel día de Acción de Gracias me tocó trabajar en doble turno, y cuando llegué a casa del abuelo no quedaba ni una migaja de la cena. La casa estaba a oscuras. Los primos ya dormían. Me acerqué al Publicans, que estaba atestado de gente. La de Acción de Gracias era siempre la noche más animada y concurrida en el bar, porque todo el mundo pasaba por allí después de la celebración, y los que ya no vivían en la ciudad pero volvían para la fiesta pasaban por allí con la esperanza de encontrarse con sensaciones pasadas y viejos amigos.

Apenas franqueé la puerta me tropecé con DePietro, un compañero de clase de Shelter Rock. Hacía años que no lo veía. Trabajaba en el World Trade Center, me dijo, de bróker de obligaciones del tesoro. Me preguntó por mi día de Acción de Gracias.

–¿Qué día de Acción de Gracias? –le dije.

–¿No has comido pavo?

Negué con la cabeza.

–Tienes mal aspecto, tío. Creo que no te vendría mal un medias de seda.

Colt estaba detrás de la barra. Cuando pregunté qué era eso de las medias de seda, tanto DePietro como Colt agitaron las manos como diciéndome que no me preocupara de aquellos detalles sin importancia.

–Salud –dijo Colt, vaciando una jarra de un líquido claro en un vaso de tubo. Aunque era claro, aquel líquido tenía algo de espeso, como un jarabe.

–Sabe a melocotón helado –dije, dando un sorbo.

–Que se te van a helar los melocotones, eso te lo aseguro –dijo Colt.

–Tengo que comer algo –dije–. ¿Ya es muy tarde para pedirle a Smelly que me prepare una hamburguesa?

DePietro insistió en que fuera con él a casa de sus padres en ese mismo instante: allí me daría una sorpresa. No tenía energía para discutir con él. El medias de seda empezaba a hacerme efecto, como si me hubiera tomado un batido de Valium. Él conducía a velocidades insensatas por Manhasset Woods, y se detuvo en seco frente a una casa alta de estilo Tudor que me resultaba conocida. Me parecía que de niño había fisgado por su ventana. Me hizo pasar por la puerta trasera hasta una cocina inmaculada y me sirvió una montaña de sobras en un plato: pavo, relleno de nueces, una porción de tarta de calabaza. Mientras yo inhalaba la comida, DePietro me contaba historias, historias inolvidables, entre ellas la de un chico conocido suyo que había batido el récord de golpes del Plandome Country Club cuando le faltaba una semana para cumplir los dieciocho años. Henchido de orgullo, el joven le presentó la hoja que acreditaba su récord al entrenador, éste le dijo que se largara de allí: había que tener dieciocho años para poder aspirar al récord. Una semana después, el día de su cumpleaños, el chico regresó al amanecer, contrató los servicios de un caddie y volvió a batir el récord. Cuando le entregaba la hoja con las puntuaciones, le dijo al entrenador que se la metiera por su obstáculo de agua.

—Su trabajo de *blade* a partir del décimo hoyo fue una obra de arte —me comentó DePietro—. No sé quién me dijo que el último putt lo dio desde unos cuarenta, el muy cabrón.

Yo le dije a DePietro que daría lo que fuera —excepto el plato de sobras que tenía delante en ese momento— por tener esa seguridad en mí mismo.

Saciado, contento, regresé con DePietro al Publicans y bebí más medias de seda, y a las tres de la mañana salía a cuatro patas del BMW descapotable de DePietro y aterrizaba en la entrada de casa de mi abuelo, gritando todas las cosas por las que me sentía agradecido, como DePietro y las medias de seda, y el Publicans, que, días después, DePietro me juró que pronunciaba «Pumpkin Cans».*

Semanas después, estaba en el bar con Cager y le comenté que había empezado a elaborar una nueva teoría sobre el Publicans. ¿Que estaba solo y tenía hambre el día de Acción de Gracias? En el Publicans me daban de comer. ¿Qué me sentía deprimido por ser Mr. Salty? El Publicans me dis-

---

* *Pumpkin cans*, en inglés, significa «latas de calabaza». (*Nota del traductor.*)

traía. Siempre había pensado en el Publicans como en un refugio, pero ahora creía que era otra cosa totalmente distinta.

–El Publicans es la lámpara de Aladino de Long Island –dije–. Pides un deseo, frotas un poco el bar, y listos. Aladino, alias el Publicans, provee.

–Espera un momento –dijo Cager–. ¿Aladino era el tío que frotaba la lámpara, o el genio de la lámpara?

–Eso da igual.

–¿El Publicans concede deseos? –Cager alzó la vista y se dirigió a las vigas–: Quiero que gane el caballo cuatro en la séptima carrera de Belmont.

El tío Charlie soltó una risotada.

Un hombre que llevaba un abrigo magnífico de pelo de camello se acercó a la barra y preguntó de qué estábamos hablando.

–De Aladino –le respondió Cager.

–Sí –dijo él con gesto amable, sonriendo–. En *Raíces profundas* estaba estupendo.

–Usted se confunde con Alan Ladd –le dijo Cager.

Una mujer, que llevaba el pelo teñido de un amarillo estridente, como el de los precintos policiales, estaba oyendo la conversación.

–¡Me encantaba ese programa! –gritó desde su sitio.

–¿Qué programa? –preguntó Cager.

–*Palabra clave.*

–No, ése era Allen Ludden –dijo Cager.

–¿Allen Ludden concede deseos? –dijo el primer hombre.

–Seguro que sí –respondió Cager, que se acercó más a mí y me susurró al oído–: «Y la palabra clave es... burros».

Le pregunté al tío Charlie qué le parecía mi teoría del Publicans-Aladino.

–El único Aladino que me importa está en Las Vegas –dijo.

Al ver a la gente que seguía entrando en el bar aquella noche, le comenté al tío Charlie que el Publicans parecía congregar cada vez a más clientela. Todas las noches eran como Acción de Gracias.

–Ni te lo imaginas –me dijo–. Ni te imaginas los litros de alcohol que vendemos todas las semanas. Un Mississippi de Michelobs. Un lago Hurón de Heinekens.

–¿Hurón o Pontchartrain? –preguntó Cager.

–¿Cuál de los dos es mayor? –dijo el tío Charlie.

—El mayor es el Pontchartrain. Creo que tú has querido decir Pontchartrain.

—En mi puta vida he querido decir Pontchartrain.

Parte del mérito de la facturación récord de ese otoño era de Wall Street. La Bolsa estaba en llamas, toda una bendición para todos los bares de la zona metropolitana de los tres Estados. Pero la verdadera razón del éxito sostenido del Publicans, según el tío Charlie y otros sabios del bar, era Steve. Steve seguía atrayendo aún a más gente al bar, por causas que no eran fáciles de explicar con palabras.

—Por eso se está expandiendo el Jefe —me contó el tío Charlie—. Entre nosotros. *Sotto voce. Capisci?* El acuerdo todavía no está cerrado. Va a abrir un garito en la ciudad, un segundo Publicans, en el South Street Seaport. —Se cruzó de brazos y abrió mucho los ojos—. Aún no has visto nada —dijo.

Yo no estaba seguro de dónde estaba South Street Seaport, y mi ignorancia jugaba a favor del tío Charlie. Pocas cosas le producían tanta satisfacción como dibujar un plano en una servilleta. Era el cartógrafo del bar, y en un momento me presentó un boceto elaborado de la parte baja de Manhattan, con el Seaport aquí, el distrito financiero allá, una X azul que indicaba dónde estaría el nuevo local de Steve: Publicans on the Pier. Se situaría al final del Muelle 17, con un ventanal inmenso con vistas al puente de Brooklyn. Una vista espectacular, comentó el tío Charlie. Una ubicación inmejorable, por allí pasa muchísima gente a pie. Y justo al lado había un restaurante muy conocido regentado por Doug Flutie, el quarterback, y a menos de tres metros se encontraba amarrada una majestuosa goleta de más de cien años de antigüedad convertida en museo marítimo flotante.

—Y está a media manzana, o menos, de Wall Street —dijo el tío Charlie— y a casi un kilómetro del Trade Center. O no tanto. Tan cerca de las Torres Gemelas como estamos ahora desde aquí de la iglesia de Saint Mary.

No a todo el mundo le parecía tan buena idea que abriera un Publicans en aquel muelle. A medida que se corrió la voz sobre la nueva aventura empresarial de Steve, muchos en Manhasset manifestaban que no entendían por qué Steve se buscaba dolores de cabeza y se metía en líos. Ya era propietario de toda una manzana en Plandome Road, la que acogía el Publicans. Él era el dueño de bar más famoso de la historia de Manhasset, lo que no era poco, dado el estatus de Manhasset como Valhalla del Alcohol. Según aquellos aislacionistas, Steve era como Estados Unidos: grande, rico, poderoso, admirado. Debería quedarse en casa, decían, dedicarse a contar el dinero que había ganado y ser prudente. Si el mundo exterior tenía algo para Steve, que fuera el mundo exterior el que viniera a buscarlo.

Yo intuía que lo que disgustaba a quienes se oponían al proyecto era la idea de compartir a Steve con el mundo exterior. Estaban celosos por adelantado de las multitudes de Manhattan que pronto descubrirían a Steve, de los modernos, los triunfadores, los ricos, que tal vez cambiaran a Steve, lo alejaran de nosotros. Cuando Steve se convirtiera en otro Toots Shor, un restaurador mundialmente famoso que se emborrachaba con personajes conocidos y se codeaba con alcaldes, se olvidaría de los peones que había dejado atrás. A medida que el Publicans on the Pier adquiriera fama, el Publicans de Manhasset quedaría relegado a un papel secundario.

En aquellos primeros meses de 1987, los opositores parecían tener razón. Steve ya no se pasaba por allí. Estaba siempre en la ciudad, negociando acuerdos, firmando contratos, supervisando el inicio de las obras.

–Cuanto más tiempo pasa, menos vemos al Jefe –dijo el tío Charlie con pesar.

El bar, sin la sonrisa de Cheshire de Steve, ve veía perceptiblemente más oscuro.

En su ausencia, hablábamos mucho de él, y cantábamos sus excelencias como si hubiera muerto. Pero cuando más hablábamos de él, menos me parecía que lo conocíamos. La persona más adorada de Manhasset, la más analizada, Steve era también la menos comprendida. La gente siempre mencionaba el efecto que causaba en ellos, pero nunca oí a nadie describir sus cualidades esenciales. Todo el mundo parecía sentir que sabía mucho de él, pero todo el mundo compartía los mismos cuatro datos desnudos: le encantaba el hockey; le encantaba la Heineken; vivía para el sóftbol; se animaba en cuando oía música doo-wop; se partía de risa con un buen juego de palabras. Todos sabíamos –y repetíamos– las mismas historias sobre Steve, las conocidas. La vez que se había pasado la noche bebiendo y después había llevado su Chevy rojo del 51 hasta la punta de Long Island para competir en una carrera ilegal con unos colgados; el James Dean de Manhasset. Nos reíamos de sus frases hechas. Cada vez que alguien le preguntaba cómo se ganaba la vida, sobre todo si era al final de una jornada laboral de catorce horas, respondía, cortante: «Soy independientemente rico». Cada vez que alguien le preguntaba cuál era el secreto para llevar un bar, decía: «La gente va a los bares a que la maltraten, y yo les brindo ese servicio». Cada vez que un camarero le preguntaba si su nueva novia podía tomar copas gratis, Steve respondía: «Todavía no ha demostrado sus méritos».

Pero eso era todo lo que sabíamos, y cuando lo poníamos todo junto, parecía mucho menos que la suma de sus partes.

Durante una de nuestras conversaciones sobre Steve, le oí decir al tío Charlie lo que todos sospechábamos, que la clave de Steve era su sonrisa. Según el, siempre que Steve entraba en el Publicans, repartía aquella sonrisa como si se tratara de un regalo. Muchos esperaban todo el día, se callaban historias graciosas que les habían ocurrido, porque se morían de ganas de contárselas a Steve, de obtener de él una de aquellas sonrisas.

–Nunca dices «Joder, ahí llega el jefe» –dijo el tío Charlie–. Lo que dices es «¿Por qué has tardado tanto en llegar?».

Volví a exponer mi teoría. Por lo que respectaba a la metáfora Publicans-Aladino, era terco. Le sugerí al tío Charlie que todo el mundo reaccionaba con tanta pasión a Steve porque Steve era Aladino. Daba a la gente lo que quería.

–Creo que no era Aladino el que concedía los deseos –observó el tío Charlie no muy convencido, tirándose un poco del lóbulo de la oreja–. Aladino fue el que escribió la historia de la lámpara y el genio.

Al final me fui a la biblioteca de Manhasset y pedí un ejemplar de *Las mil y una noches*. Después, sentado en la punta de la barra que atendía el tío Charlie, me puse a leer y descubrí que Aladino es el nombre del muchacho desarraigado que es el héroe del relato; que un día un hechicero (el joven cree que es su tío) lo envía a una cueva a buscar una «lámpara maravillosa»; que el hechicero encierra a Aladino dentro de la cueva con la lámpara; que éste se frota las manos, nervioso y, al hacerlo, invoca al genio, que se ofrece a proporcionarle lo que necesita.

Le conté todo aquello al tío Charlie, y nos enzarzamos en un intenso debate sobre si Steve era más como la lámpara o como el genio. Yo mantenía con firmeza que la lámpara era el Publicans, y que Steve era el genio, además de la fuente de luz. Sin Steve todos rodeábamos una lámpara sin luz, sin genio.

Más tarde hablé con Dalton y con DePietro sobre mi teoría y les conté, muy emocionado, que tal vez Aladino pudiera ser la clave de mi novela sobre el Publicans, y que la titularía *Mil y una noches en el Publicans*. De-Pietro no me escuchaba porque intentaba ligar con una mujer que en el bar tenía fama de loca. A ella tampoco la escuchaba, sólo fingía que lo hacía, toda una proeza de interpretación porque, además de loca, era una persona muy aburrida, que terminaba todas las frases con un «lo que oyes». Dalton sólo me escuchaba a medias, y tenía la nariz metida en un libro de Emily Dickinson. En el bar había una carpeta con poemas que Dalton había escrito sobre el Publicans, incluidos varios sobre el tío Charlie, que era para Dalton lo que el mirlo para Wallace Stevens.

–Deja en paz a Aladino –me dijo–. Y escucha esto.

Me leyó en voz alta «Podría estar más sola». Hablamos sobre Dickinson, sobre las mujeres poetas, y después sobre las mujeres en general. Le dije a Dalton que me había fijado en su manera de mirar a las mujeres guapas que entraban en el bar: no con lascivia, sino con deleite. Muy observador, me dijo. A las mujeres no les gusta que las miren con lascivia, pero les encanta que las miren con deleite.

–¿Seguro? –preguntó el tío Charlie–. Porque yo diría que es un impedimento.

Le hablé de Sidney, y descubrí con horror que él tenía a su propia Sidney, una mujer que, en su pasado, le había roto el corazón y que ahora era la vara de medir con la que juzgaba a todas las que venían detrás. Todo hombre, me aseguró Dalton, tiene una Sidney. Aquélla fue la única vez en que lo oí triste.

–Emily lo sabía –dijo, blandiendo el libro–. La puta rara esa se escondía en el desván porque prefería la soledad a los horrores del amor.

DePietro apartó la mirada de su ligue y se fijó en la imagen de Dickinson que aparecía en la cubierta del libro.

–No era precisamente un bombón –dijo.

–Era un ángel –replicó Dalton–. Piensa en su sensibilidad. Piensa en su pasión contenida. ¡Qué no daría yo por viajar en el tiempo y cepillarme a esa fierecilla! Darle un buen «encabalgamiento». Ya me entendéis.

–Si hay alguien capaz de acostarse con una ermitaña solterona y virgen en la Nueva Inglaterra del siglo XIX –dije– ése eres tú. Y, ahora que lo pienso, si el Publicans fuera la lámpara de Aladino, yo le pediría como deseo que me diera sólo un poco de tu poder con las mujeres.

–El poder –dijo Dalton– es darse cuenta de que todos somos impotentes contra ellas, mamón.

Además, añadió, lo has entendido todo al revés: es mucho más probable que nosotros le digamos al bar lo que queremos y que el bar, como la lámpara maravillosa, enfoque su luz sobre lo que queremos.

–La lámpara es Steve –dije yo.

–Yo creía que Steve era el genio –dijo DePietro.

–Steve es la luz –dijo Dalton.

Nos miramos los tres, confundidos. DePietro volvió con su ligue, Dalton volvió a Emily, y yo me volví hacia la puerta a la espera del siguiente regalo del bar: una mujer. Recé por que fuera una mujer. Sabía que sería una mujer. La mujer ideal. La mujer que iba a salvarme. Yo tenía una fe inquebrantable en el bar y en mi teoría. Y en las mujeres.

Pero Dalton tenía razón. El bar no concedía deseos, sino que satisfacía necesidades, y lo que yo necesitaba en ese momento no era una mujer, sino cierta clase de amigo. Días después, un hombre corpulento entró en el Publicans, no saludó a nadie y se instaló junto a la máquina de tabaco. Era dos palmos más alto que la máquina, y más ancho que ella. Me pareció que tendría unos treinta y bastantes. Pidió un destornillador y miró al frente, sin establecer contacto visual con nadie, como si fuera de los servicios secretos y la escolta presidencial viniera de camino.

–¿Quién es ese mameluco? –le pregunté al tío Charlie en voz baja.

–Mameluco... –dijo el tío Charlie–. Buena palabra.

Yo le di la razón, aunque no sabía bien qué significaba.

El tío Charlie entornó los ojos y miró en dirección a la máquina de tabaco.

–Ah, sí... Siempre alerta. –Negué con la cabeza, porque no entendía a qué se refería–. Es de la pasma –me aclaró el tío Charlie–. Poli. Madero. Del Departamento de Policía de Nueva York. Acaba de comprarse una casa en una de las colinas, por ahí abajo. Es un buen hombre. Muy buena persona. –Bajó la voz–. Y tiene una historia.

–¿Qué historia?

–No puedo contarla. Pero es algo único.

El hombre se acercó a nosotros.

–Hola, Chas –dijo.

–Ah –dijo el tío Charlie–. Poli Bob, quiero que conozcas a mi sobrino, JR.

Nos dimos la mano. El tío Charlie se disculpó y se metió en la cabina telefónica.

–Bueno –le dije a Poli Bob, dándome cuenta de pronto de que tenía la boca seca–, mi tío me ha dicho que eres policía.

Él asintió, un gesto breve, como si le dijera a un crupier de blackjack: «Otra».

–¿En qué sección? –le pregunté.

–En Puertos.

Los dos guardamos silencio durante más de un minuto.

–¿Y tú qué haces? –me preguntó.

Carraspeé.

–Soy chico de las fotocopias en un periódico.

Él frunció el ceño. Me había descrito mil veces como «chico de las fotocopias», pero aquélla era la primera vez que oía lo ridículo que sonaba. No había muchas profesiones que incluyeran el «chico» en su nombre. «Chico de los recados», tal vez. «Mozo de cuadra» se parecía un poco. Allí de pie, delante de Poli Bob, presenciando su reacción, me habría gustado poder decir que era un «hombre de las fotocopias». O, al menos, un «separador de papel carbón».

Pero no era mi trabajo lo que a Poli Bob le parecía desdeñable.

–No me entusiasman los periódicos –dijo.

–Ah. Bueno, a mí me dan miedo los policías, así que supongo que estamos hechos el uno para el otro.

No hubo respuesta. Pasó otro minuto. Volví a carraspear.

–¿Y por qué no te gustan los periódicos? –le pregunté.

–Una vez mi nombre apareció e ellos. No me gustó la experiencia.

–¿Y por qué saliste en los periódicos?

–Es una larga historia. Búscala algún día.

Se fue a aportar un donativo al Fondo de Don. Volvió el tío Charlie.

–Tu amigo –le dije–, es un pelín tenso.

–Es hombre de pocas palabras –dijo el tío Charlie.

–Me gusta. La gente habla demasiado.

Poli Bob regresó. Yo le sonreí. Él a mí, no.

Tardé media noche en determinar a qué estrella del cine se parecía. (Tenía mucho tiempo para pensar, porque los silencios se prolongaban varios minutos cada vez.) De pronto caí en la cuenta: a John Wayne. No tanto por la cara como por el físico y la frenología. Tenía el cuerpo de John Wayne –aquel tronco ancho, aquellas caderas estrechas–, y su misma cabeza grande y rectangular, que parecía hecha expresamente para llevar sombrero de *cowboy*. Si le hubiera puesto un sombrero a Poli Bob, pensé, él no habría ni arqueado una ceja. Se habría limitado a llevarse la mano al ala y a decir: «Buenas». Incluso movía el cuerpo como Wayne, con aquella leve oscilación que proclamaba: «Ni todos los apaches del mundo tomarán este fuerte». No me habría extrañado que ensillara el taburete antes de sentarse en él.

Una vez que hubo consumido la cantidad adecuada de alcohol y consiguió la atención incondicional de todos, el Hombre Tranquilo llegó a emitir cierto ruido aquella noche. En realidad, contó algunas de las mejores anécdotas que yo había oído nunca en el Publicans. A Poli Bob le encantaban las historias, y su trabajo se las proporcionaba. Las historias pasaban frente a la proa de su barco todos los días, sobre todo en primavera, cuando el agua empezaba a calentarse y los cadáveres ascendían a la superficie como tapones de corcho. Poli Bob los llamaba «flotantes». Durante aquellos primeros días tibios de abril en que la mente de todo el mundo se concentraba en el renacimiento, en la renovación, a Poli Bob le tocaba armarse de un garfio y ponerse a pescar fiambres de entre el cieno turbio. Ajustes de cuentas, suicidios, personas desaparecidas... Los puertos y los ríos eran terreno abonado para las tragedias, y explicar aquellas historias era la manera que tenía Poli Bob de enfrentarse a ellas.

El Publicans estaba lleno de narradores, pero nadie tenía el don de Poli Bob para mantenernos a todos en vilo. En parte era por miedo: si dejábamos de escuchar, ¿nos daría un puñetazo? Pero en parte era por su manera de contar las cosas, que se basaba en el mismo principio al que recurría Hemingway: su estilo parco. Dibujaba escenas y personajes con la menor cantidad posible de palabras, inflexiones y expresiones faciales porque, como Hemingway, no necesitaba florituras. Absolutamente convencido del interés de su historia, Poli Bob hablaba en un tono monocorde y mantenía un aire impasible, socarrón, que creaba incertidumbre sobre el género. No sabías si Poli Bob estaba contando una tragedia o una comedia hasta que él quería que lo supieras. Además, su acusado acento de Nueva York era la guinda del pastel: tenía la voz adecuada para describir ese submundo por el que se movía, poblado por putas y estafadores, políticos corruptos y asesinos a sueldo, un infierno de cómic en el que alguien siempre cometía un error que alguien pagaba muy caro. Ya describiera un avión estrellándose en el East River por el fallo de un piloto o una metedura de pata de algún detective secreto que causaba la huida de un delincuente, el acento de Poli Bob parecía siempre el más adecuado para explicarlo.

A mí, sin embargo, las historias que más me gustaron fueron las que nos contó sobre sus hijos. Me relató que un día se había llevado a su hijo de cinco años con él en el barco patrulla. Se suponía que iba a ser un día tranquilo, pero un helicóptero cayó en el río, y Poli Bob acudió a la escena del siniestro para sacar del agua a los supervivientes. Aquella noche, cuando estaba acostando al niño, notó que éste estaba disgustado.

–No quiero acompañarte más al trabajo –le dijo el pequeño.

–¿Y eso por qué? –le preguntó Poli Bob.

–Porque yo no puedo salvar a nadie.

Poli Bob se quedó pensando.

–¿Y si hacemos un trato? –le dijo a su hijo–. Vienes conmigo a trabajar y, si ocurre algo malo, tú me dejas que yo salve a la gente mayor, y yo te dejo a ti salvar a los seres diminutos.

Cuando Poli Bob dejó de hablar, cuando se volvió a escuchar la historia de otro, me apoyé en el pecho del tío Charlie.

–Sí, Poli Bob es un buen tipo –dije–. Una buena persona de verdad.

–Yo nunca miento –dijo él.

–¿Y qué le pasó a él?

El tío Charlie se llevó el índice a los labios.

Treinta y dos
Maravilloso

El tío Charlie le debía dinero a alguien por una apuesta que había perdido, tanto dinero, según oí, que casi no podía pagar los intereses de la usura.

–¿Qué es usura?

–La usura es como los intereses de una tarjeta Visa –dijo–. Con la diferencia de que esa Visa te parte los meniscos si dejas de pagarle un plazo.

El tío Charlie ya caminaba como un flamenco con dolor de rodilla. No quería ni imaginar cómo andaría si se enemistaba con sus acreedores. Según Sheryl, que había estado indagando un poco por el bar, el tío Charlie debía cien mil dólares a aquella gente. Joey D dijo que seguramente la cifra se acercaba más a la mitad, y, además, los acreedores no eran mafiosos, sólo matones de la zona. Yo no sabía bien cuál era la diferencia. Me preguntaba si Mr. Sandman todavía andaría por ahí.

La deuda del tío Charlie me preocupaba y, sobre todo, me preocupaba que a él no le preocupara. Se movía de un lado a otro de la barra, tarareando la música doo-wop que sonaba en el equipo de música. Una noche lo vi salir bailando de detrás de la barra y recorrer todo el bar como un flamenco tanguero, y me pareció entenderlo. Después de haber perdido el pelo, de haber perdido a Pat, el tío Charlie había renunciado a la felicidad sostenida –una trayectoria profesional, mujer, hijos– y perseguía sólo breves estallidos de alegría. Por eso ignoraba cualquier preocupación, cualquier idea prudente, que interfiriera con ellos.

Aquella estrategia de alegría a cualquier precio, además de resultar engañosa, lo llevó a un exceso de despreocupación. Dos policías de incógnito, que actuaban tras haber recibido un soplo, frecuentaron la barra durante una semana y observaron al tío Charlie mientras éste hacía negocios con más descaro que un vendedor a plazos. Mientras servía copas, se dedicaba a aceptar apuestas, a reinvertir en apuestas, a cerrar operaciones por teléfono. Al final de la semana los dos policías se presentaron en casa del abuelo, esta vez de uniforme. El tío Charlie estaba tumbado en el sofá del bicentenario. Los vio entrar por el camino y fue a recibirlos a la puerta.

–¿Se acuerda de nosotros? –le preguntó uno de ellos desde el otro lado de la mosquitera?

–Sí, claro –respondió el tío Charlie mientras encendía un cigarrillo tranquilamente con su Zippo–. Whisky con soda y Seagram con Seven Up. ¿Qué hay de nuevo?

Se lo llevaron esposado. Durante los días siguientes interrogaron al tío Charlie para sacarle los nombres de sus jefes y socios. Cuando se corrió la voz de que no contaba nada, de que no había dado a los policías ni un solo nombre, empezaron a llegarle regalos a la cárcel. Paquetes de Marlboro, periódicos, almohadas de pluma de ganso. También llegó un abogado caro, cuyos servicios pagaba alguien que prefería mantenerse en el anonimato. El abogado informó a los policías de que el tío Charlie prefería morir antes que cooperar, y los convenció para que redujeran la acusación, que pasó de juego ilegal a vagabundeo. Cuando nos enteramos en el Publicans, todos nos partimos de la risa. Sólo al tío Charlie podían arrestarlo por vagabundo... en el salón de su propia casa.

Me encantaría poder decir que la detención del tío Charlie me sorprendió, o me avergonzó, o consiguió que me preocupara más por su seguridad. Pero lo cierto es que, en todo caso, hizo que me sintiera orgulloso de él. Volvió al bar convertido en un héroe conquistador, tras dar una lección de dureza y resistencia todo en uno, y nadie lo recibió con mayor adoración que yo. Los miembros de aquella banda que se ocupaban de cobrarle al tío Charlie los plazos de su deuda abusiva, los que «lo tenían pillado», como decían los hombres, sí me preocupaban, pero la policía no, porque creía en el mito del bar según el cual polis y apostadores jugaban al mismo juego del gato y el ratón, que nadie se tomaba en serio. A cierto nivel yo sabía que mi planteamiento era erróneo, que el orgullo que sentía por mi tío estaba equivocado, y fue por ello, seguramente, por lo que no le conté a mi madre que habían detenido al tío Charlie. No quería que se preocupara por su hermano menor, ni por mí.

Poco después de que saliera de la cárcel hubo un cambio en el tío Charlie. Empezó a apostar más, a arriesgar más, tal vez porque, al escapar por los pelos, se sentía invencible. Entonces empezó a perder más, tanto que no le quedó más remedio que tomarse en serio sus pérdidas. En el bar, se quejaba amargamente de distintos atletas y entrenadores que ese día le habían hecho perder dinero con sus errores y fallos. Aseguraba que, si no fuera por Tony LaRussa, el mánager del Oakland, él podría retirarse e irse a vivir al trópico. Y podría comprarse un Ferrari de no ser por el quarterback del Miami Dan Marino. Elaboraba una lista mental de los jugadores que le habían jodido la vida, y en ella incluía también a los locutores deportivos que no castigaban suficientemente a los deportistas de su lista negra.

Aunque no llegué a saber el monto exacto de la deuda del tío Charlie, sus pérdidas puntuales eran legendarias. Colt me contó que una noche había perdido quince mil dólares jugando al póquer del mentiroso con Fast Eddie. Joey D. me dijo que el tío Charlie era adicto a los perdedores, «Cuantas menos probabilidades de ganar, mejor». Cager lo corroboró hablándome de la noche en que el tío Charlie dejó caer que estaba «intrigado» con el margen del partido Nebraska-Kansas del sábado. Nebraska partía con una ventaja de sesenta y nueve a nada. «Imagínatelo –le dijo el tío Charlie a Cager–, apuestas por Kansas y en el lanzamiento inaugural estás sesenta y nueve a nada.»

–No, Goose –le dijo Cager–. Yo ni me acercaría a ese juego. Si la diferencia es tan grande, será por algo, algo sabrán los que fijan las apuestas, y lo que saben, muy probablemente, es que el Kansas no ganaría ni al equipo de niñas de lacrosse de Saint Mary.

Cuando Cager volvió a aparecer por el bar, le formuló la pregunta inevitable.

–Aposté por el Kansas y sus sesenta y nueve a nada –respondió el tío Charlie bajando la cabeza.

–¿Y?

–Nebraska 70, Kansas nada.

Cager soltó el aire muy despacio a través de los espacios que tenía entre los dientes.

–Pero Cager –dijo el tío Charlie con cara de pena, implorante–. Es que decidí ir a por todas.

Después de contarme la conversación, Cager me preguntó:

–¿Qué se puede hacer con un hombre como ése?

Cager era un jugador prudente, que ganaba más de lo que perdía y que, de hecho, vivía del juego, por lo que se ofreció al ayudar a tío Charlie.

–La única manera de rebajar tus deudas –le dijo– es que te vengas conmigo al hipódromo y que apostemos por caballos perdedores.

–¿Y qué coño sé yo de caballos?

–¿Qué coño sabes tú de caballos? –dijo Cager–. ¿Qué coño sabes tú de caballos?

En marzo de 1987, tuve conocimiento de primera mano de lo mucho que se había deteriorado la situación del tío Charlie. Una mañana me desperté y vi que estaba de pie delante de mí.

–Eh –me dijo–. ¿Estás despierto? ¿Eh? –La habitación estaba impregnada de olor a Sambuca. Consulté la hora. Las 4.30–. Vamos –me dijo–. Quiero hablarrrr cottigo.

Me puse una bata y lo seguí a la cocina. Normalmente, cuando estaba en aquellas condiciones, lo que quería era hablarme de Pat, pero ese día el tema era el dinero. Estaba preocupado. No se puso muy pesado, pero me dejó muy claro que era un asunto que no podía seguir ignorando. La alegría engañosa se había esfumado. Su única esperanza, me dijo, su última oportunidad, era Sugar Ray Leonard.

Yo sabía muy bien que pronto se iba a disputar un combate por el título de los pesos medios entre Sugar Ray Leonard y Marvin Hagler, alias «Maravilloso». El «Supercombate», como empezaba a conocerse, había sido el principal tema de conversación desde hacía semanas en el Publicans. Todos los bares presentan cierta afinidad con el boxeo, porque bebedores y púgiles se sientan en taburetes y se marean y miden el tiempo en asaltos, es decir, en *rounds*, es decir, en rondas. Pero en el Publicans el boxeo era un vínculo sagrado que todos los hombres compartían. Los más veteranos todavía recordaban con cariño la época en que Rocky Graziano frecuentaba el local, décadas antes de que se llamara Publicans, y yo, en una ocasión, había visto a dos hombres en el cuarto trasero a punto de llegar a las manos al discutir sobre si Gerry Cooney era un contrincante a la altura o un paquete. Aquellos hombres aguardaban el choque inminente entre dos extraordinarias figuras como eran Leonard y Hagler como unos científicos de la NASA aguardarían la aproximación de un cometa raro. Unos científicos de la NASA borrachos.

Leonard, que se había retirado hacía tres años, y con unas entradas que le llegaban a las sienes, era ya un viejo estadista del deporte a sus treinta años recién cumplidos. Había sido guapo cuando era atleta olímpico, y ahora se veía distinguido, como un diplomático. Había tenido siempre un brillo reflexivo en la mirada que le hacía parecer engañosamente tímido, pero ahora, además, padecía un desprendimiento de retina a causa de los golpes recibidos en uno de los últimos combates en los que había participado, y los médicos aseguraban que un golpe directo, bien dado, podía dejarlo ciego. No estaba a la altura del campeón reinante, Hagler, que era malcarado, doméstico, calvo, y cuyas cualidades violentas se encontraban en pleno apogeo. Como un Godzilla agraviado, Hagler se había dedicado a deshacerse de todos los aspirantes. Llevaba once años sin perder, y aun así consideraba a todas sus víctimas, incluidos cincuenta y dos KO, como meros aperitivos antes del plato principal: Leonard. Hagler tenía hambre de Leonard. Quería demostrarse a sí mismo que era el luchador de la década, y para ello necesitaba sacar a Leonard de su retiro y humillarlo, destronar al mimado de los medios de comunicación. Además, Leonard le caía mal personalmente, y por eso, también, quería destruirlo. No le importaba lo más mínimo dejarlo ciego, sordo, o matarlo. Dada la cólera de Hagler, y la atrofia de Leonard, su enfrentamiento no iba a ser tanto un combate como una ejecución acordada. En Las Vegas estaban convirtiendo a Hagler en el favorito prohibitivo, pero mientras el sol se asomaba a la ventana, por encima del fregadero de la cocina, el tío Charlie me dijo que en Las Vegas se equivocaban. El combate iba a ser desigual, de acuerdo, pero no en el sentido que Las Vegas percibía. Había apostado mucha pasta, pero que mucha pasta, a Sugar Ray Leonard.

Me convencí de que Joey D tenía razón: el tío Charlie era adicto a los perdedores. Y no sólo apostaba por ellos; se convertía en ellos. Todos nosotros éramos culpables de entregar nuestro corazón a los deportistas; el tío Charlie les entregaba el alma. Al verle babear cuando hablaba de Leonard, pensé en lo peligroso que era identificarse con alguien, y mucho más con los perdedores. Y aun así yo ya no podía preocuparme más por el tío Charlie, porque eran las cinco y media de la mañana y yo tenía mis propios problemas.

Tras casi cinco meses en el *Times*, todavía me dedicaba a ir a por bocadillos, seguía separando hojas de papel carbón, seguía siendo el infame, el hilarante Mr. Salty. Había redactado alguna que otra noticia breve, microscópica, y había aportado alguna nota para la anodina lista de celebraciones de los aficionados posteriores a la victoria de los New York Giants en la Superbowl. Un debut «poco lucido», en palabras del tío Charlie. Si había albergado alguna esperanza de que el *Times* me devolviera la seguridad en mí mismo, lo cierto era que me estaba despojando de la poca que me quedaba. Y, por si fuera poco, el periódico amenazaba con despojarme de mi nombre.

Uno de los jefes de redacción me llamó a su despacho. Era un hombre corpulento, de gafas grandes, pajarita, y tenía un gran problema conmigo. Se había enterado en la sala de teletipos de que yo insistía en que la firma que aparecía en los breves que redactaba fuera JR Moehringer, sin puntos en las iniciales. ¿Un chico de las fotocopias insistiendo? Aquello era una herejía.

–¿Es eso cierto? –me preguntó.

–Sí, señor –le respondí.

–¿Sin puntos en las iniciales? ¿Quieres que en tu firma aparezcan tus iniciales sin puntos?

–Sí, señor.

–¿A qué corresponde JR?

«Cuidado ahora», me dije a mí mismo. El jefe de redacción me estaba pidiendo que revelara mi verdad más oscura, y yo sabía qué ocurriría si lo hacía. Decretaría que a partir de ese momento mi firma debería coincidir con el nombre que figuraba en mi partida de nacimiento, es decir, John Joseph Moehringer Jr. Los hombres del Publicans se enterarían de cuál era mi verdadero nombre, y yo ya nunca volvería a ser JR, ni «Niño». Sería Johnny, o Joey... o Junior. Y la escasa identidad que hubiera podido forjarme en el Publicans desaparecería. Es más, cada vez que tuviera la suerte de poder firmar alguna noticia en el *Times*, mi firma sería la de otra persona. Sería la de mi padre, un recordatorio de él, un mérito para él. No podía consentirlo.

–JR –le dije al redactor– no corresponde a nada.

Empezaba a encontrarme mal, tenía náuseas.

–¿JR no son tus iniciales?

–No, señor.

Parecía que me había librado, de momento. No era mentira decir que JR no eran mis iniciales.

–¿JR es tu verdadero nombre, tu nombre oficial? Sólo una J y una R?

–Sí, señor.

«¿Por qué me bebería los setenta y cinco dólares que mi madre me había enviado para cambiarme de nombre?»

–Debo estudiármelo un poco más –dijo el redactor–. La verdad es que no lo veo bien. JR sin puntos. Ya te diré algo.

Aquella noche, en el Publicans, le conté al tío Charlie mi reunión con aquel jefe de redacción.

–¿Y por qué no le dices cuál es tu verdadero nombre? –me preguntó.

–No quiero que la gente sepa que me llamo como mi padre.

–¿Quién se llama como su padre? –preguntó Colt.

Miré al tío Charlie con ojos suplicantes. Él torció el gesto. Colt miró al tío Charlie. Y a mí. El tío Charlie se encogió de hombros. Yo me encogí de hombros. Colt perdió interés.

Aquello era lo bueno de Colt.

El jefe de redacción me miró mal, como si le hubiera traído un bocadillo de ternera y no de atún con lechuga. Ya me había dedicado diez minutos de su tiempo, el doble de lo que nunca había dedicado a un chico de las fotocopias.

–He investigado un poco –dijo–. Parece que existe algún precedente. ¿Sabías que Harry S. Truman no escribía la inicial de su segundo nombre con punto?

–No, señor, no lo sabía.

–La S no respondía a nada. ¿Y e.e. cummings? También sin puntos.

–Entiendo.

–Pero, por el amor de Dios, nosotros se los poníamos. Al presidente, al poeta, les poníamos los puntos, tanto si les gustaba como si no. ¿Y sabes por qué? Pues porque es el estilo del *Times*. ¿Y sabes por qué lo es? Pues porque de la otra manera se ve ridículo. Y no vamos a saltarnos un precedente, ni el libro de estilo del *Times*, porque lo diga el chico de las fotocopias, ¿no te parece? De ahora en adelante serás jota punto erre punto Moehringer.

El redactor garabateó una nota en una carpeta, que supuse que contenía mi ficha de recursos humanos. Alzó la vista y se asombró al ver que seguía allí.

–Buenos días –me dijo.

Salía de copas con otros chicos del programa de formación. Recorríamos la ciudad riéndonos, burlándonos de los jefes de sección, imaginando qué cosas les meteríamos en los bocadillos. Frecuentábamos Rosie O'Grady's, un pub irlandés que me recordaba un poco al Publicans, y también un local que quedaba enfrente del *Times*, un antro con el suelo lleno de cáscaras de cacahuete y la barra llena de hombres profundamente dormidos, como bebés subidos a sus taburetes.

Un día, al entrar, oímos gritos.

–¿Qué ocurre? –le pregunté al camarero.

–Leonard acaba de ganar el cuarto asalto.

Señaló con la cabeza la radio que tenía sobre la caja registradora. Con toda la angustia y el revuelo en relación con mi nombre, me había olvidado por completo del «Supercombate». Me despedí de mis compañeros y me fui corriendo a Penn Station.

Llegué al Publicans justo en el momento en que el tío Charlie regresaba de un cine de Syosset, donde Colt, Poli Bob y él habían ido a ver la transmisión del combate por circuito cerrado.

–¿Quién ha ganado? –le pregunté.

El tío Charlie, con la cara empapada de sudor, meneó la cabeza.

–J.R. –dijo, encendiendo un cigarrillo–, ha sido el combate final, la madre de todos los combates.

–¿Quién ha ganado?

–Lo han presenciado cuatrocientos millones de personas en todo el mundo. Todos los famosos del mundo estaban en la arena. Chevy Chase. Bo Derek. Billy Crystal. Y esa zorra de *Dinastía*.

–¿Linda Evans?

–La otra.

–Joan Collins.

–La exmujer de...

–Anthony Newley.

–Ése es mi chico. Y... esto te va a interesar. También estaba Sinatra.

–No.

–Lo que yo te diga, J.R. Pero la gente ni se daba cuenta. El combate ha sido tan absorbente... Menuda trifulca... Era como la escena final de *El hombre tranquilo*.

Eso sí era un elogio. Todos los hombres del Publicans consideraban que la pelea final de *El hombre tranquilo* era la mejor que se había rodado nunca, mejor que los combates de *Rocky, Toro Salvaje, La leyenda del indomable* o *De aquí a la eternidad*.

El tío Charlie se sentó en un taburete y pidió un vodka con un chorro de zumo de arándano y un chupito de Sambuca.

–¿Quién ha ganado? –insistí.

–Hagler lleva calzón azul –dijo–. Leonard, blanco con rayas rojas a los lados, y borlas rojas en las botas. Los dos están... muy guapos. Aceitosos. Setenta kilos de músculo reluciente, sus cuerpos en perfecta forma. Gladiadores romanos. Primer asalto. Hagler acecha a Leonard, y Leonard lo esquiva con su danza. Como Fred Astaire. No, joder, Fred Astaire parece cojo comparado con Leonard. No has visto en tu vida a un hombre más ligero sobre sus pies. Hagler quiere matar a ese hijo de puta. Pero hay un pequeño problema: no lo encuentra. Leonard se desliza por el cuadrilátero, en círculos, Hagler lo persigue, y cuando Hagler se detiene, Leonard para y le lanza una combinación etérea: directo, directo, gancho, directo, y se aleja danzando. Adiós. Me encantaría quedarme a charlar un poco, pero... directo, directo... tengo que irme. Poli Bob y yo le damos el primer asalto a Leonard, aunque creo que Colt se lo da a Hagler. Colt. Me cago en Colt.

–¿Quién ha ganado? –pregunté.

–El segundo asalto se lo ha llevado también Leonard, sin duda. Es un genio, un maestro. Un artista. Se asoma, lanza un directo, baila. Hacia el tercer asalto Hagler empieza a ponerse nervioso. Está como loco.

El tío Charlie se bajó del taburete e imitó a un boxeador agazapado. La gente dejó de hablar, posó los vasos en la barra y las mesas, y se volvió a ver qué hacía.

–Leonard le está dando tormento a Hagler, te lo digo yo –dijo el tío Charlie–. Finta y gancho, finta y gancho de derecha, gancho de izquierda, y después se aleja de Hagler, sin dejar de provocarlo verbalmente.

El tío Charlie fintaba, soltaba ganchos, acechaba las sombras, con el cigarrillo colgado de los labios. En el bar, la gente empezaba a acercarse a nosotros, a formar un corrillo a su alrededor.

–Hagler pasa a la ofensiva –siguió explicando el tío Charlie–, pero Leonard sigue bailando y fintando como un loco, sin dejar de mover los pies. Lleva a la espalda la mochila propulsora de Buck Rogers. Hagler lleva toda la vida entrenándose para ese momento, pero Leonard se ha entrenado para conseguir que los entrenamientos de Hagler no le sirvan de nada, para incapacitarlo. No os molesta que use «incapacitar», ¿verdad?

–En el cuarto asalto, Leonard controla el combate, tan calmado, tan relajado, que echa el puño hacia atrás, lo coloca detrás de la espalda, y lo gira en el aire, el viejo truco, y le da a Hagler en plena barriga. Humillante. No muestra el menor respeto por el hombre. Le sonríe. Y aun así uno tiene la sensación de que Leonard se está burlando de un tigre salvaje.

En el quinto asalto Leonard para. Deja de bailar. Ya no puede seguir bailando. Está cansado. La fatiga se instala en él. Hagler lo alcanza con un derechazo. Pum. Otro más. Bam. Uno solo de esos golpes le bastaría para matarme a mí, o a ti. Hagler le lanza un golpe con la izquierda directo a las costillas. Se agarrota. Otro más. Se prepara. Otro más. El martillo de Hagler lleva cuatro asaltos levantado. ¡Y ahora tiene la oportunidad de dejarlo caer! Golpea la cabeza y la cara de Leonard. ¡Y le hace daño!

El tío Charlie reprodujo una combinación de puñetazos con la izquierda y la derecha. En el bar ya todos habían dejado de hacer lo que estaban haciendo, no se servía a nadie, nadie hablaba, y todo el mundo formaba parte del corrillo que rodeaba al tío Charlie.

–¡Hagler consigue que Leonard se tambalee! Pero Leonard se retira, se agacha, aguanta, escapa. Sigue persiguiendo a Hagler. «Todavía estoy muy bien, asqueroso. Todavía no me tocas.»

El tío Charlie dio unos pasos atrás. Una especie de *moonwalk* de ave zancuda. El ejercicio físico parecía estar potenciándole la borrachera. Como Leonard, tendría que haberse caído al suelo, tendría que haber estado ya inconsciente, pero una fuerza sobrenatural lo mantenía en pie.

–En los asaltos sexto, séptimo y octavo –dijo–, los dos boxeadores están tan débiles que apenas se aguantan de pie. Pero Leonard no para. Si para, es hombre muerto. Se le ve en la mirada lo que quiere hacer, lo que haría si no estuviera tan cansado. Lo que harían los dos. Te das cuenta, J.R., de lo mucho que esto, que todo, tiene que ver con estar cansado. Todo el mundo ve su vida como un combate, no te dejes engañar por quien te diga lo contrario. ¿Me sigues? No hay nada que no pueda aprenderse del boxeo. Los poetas lo sabían. ¿En quién estoy pensando? ¿Qué poeta era boxeador?

–¿Byron? ¿Keats?

–Da igual, ya sabes a qué me refiero. Noveno asalto. Uno de los mejores asaltos de todos los tiempos. Hagler arrincona a Leonard y los dos quedan muy juntos, pegados. Hagler le suelta su artillería pesada. Lo está matando. Yo le grito a Leonard: «¡Sal de ahí! ¡Sal de ahí!» –El tío Charlie hace revolotear los puños, intentando salir del rincón del cuadrilátero–. Poli Bob se vuelve hacia mí y me dice: «Ya está. Leonard está acabado». Pero Leonard, no me preguntes cómo, consigue zafarse a puñetazos. Alcanza a Hagler en el costado y se aleja bailando, y el público se pone en pie.

Los clientes del bar también se agitaron, vitorearon y cerraron más el corro, preparándose para el final.

–Décimo asalto. Hagler ataca a Leonard con un gancho. Leonard contraataca, combinaciones de derechazos y ganchos de izquierda. Undécimo asalto. Hagler, izquierda, derecha, a la cabeza. Dios mío. Leonard responde. Lluvia de golpes. ¡Guau! Increíble.

–Último asalto –dijo el tío Charlie–. Los dos hombres salen cuando suena la campana y ¿qué hacen? ¿Qué crees tú que hacen, J.R.?

–No lo sé.

–Se retan, se llaman. Se golpean el pecho, se tocan la cabeza, se mueven. «¡Vamos, cabrón! ¡Ven, vamos!» Imagínate el valor que hay que tener...

Me pareció que el tío Charlie tenía lágrimas en los ojos mientras recreaba los últimos segundos. Rodeó mi taburete, lanzándome directos a la barbilla, derechazos, ganchos de izquierda, y cada golpe se detenía a un centímetro de mi cara. Le corrían gotas de sudor por la frente. Me acordé de la vez que se había roto las costillas en el Publicans cuando se lanzaba contra la pared imaginaria del estadio Fenway, y recé por que ese día no rompiera ningún hueso, ni suyo ni mío, anulando la distancia entre él y su Hagler imaginario.

–Cuando sonó la campana –dijo el tío Charlie, jadeando–, Leonard estaba tan cansado que su asistente tuvo que llevárselo al rincón. –El tío Charlie actuaba como si unos asistentes lo ayudaran a subirse al taburete–. Anuncian la decisión. Los jueces están divididos. Uno a favor de Hagler, dos a favor de Leonard. Gana Leonard. La mejor victoria contra pronóstico de la historia de boxeo. No lo digo yo. Lo dicen los locutores. La mejor victoria contra pronóstico de la historia. Leonard se apoya en las cuerdas. No se sostiene de pie, pero cuando le comunican que ha ganado... ¡Que cara de alegría! Está tan cansado..., tan cansado, J.R. Pero cuando ganas en realidad no te das cuenta de lo cansado que estás.

El tío Charlie se echó hacia delante. El bar entero prorrumpió en aplausos. Todo el mundo parecía entender lo que aquel combate significaba para el tío Charlie, que tenía poco que ver con reducir su deuda. Le di un beso en la cabeza y lo felicité.

–Me he sentido mal por Hagler –me dijo él poco después, cuando ya se había secado con una toalla y había recobrado el aliento–. Parecía tan triste. Tan «inmaravilloso». ¿Se dice así? No te molesta que use «inmaravilloso», ¿verdad?

–No.

–¿Sabías que Hagler se cambió el nombre y ahora se llama legalmente Maravilloso? ¿Por qué un hombre con todo el dinero que él tiene se tomaría la molestia de cambiarse el nombre oficialmente? ¿Para ponerse uno tan ridículo? ¿Qué llevaría a un hombre a hacer algo así, J.R.? ¿Por qué se tomaría la molestia? ¿Qué? ¿Por qué me miras así?

Treinta y tres
Chica de las Fotocopias

Con la misma destreza con la que combinaba sus cócteles, el tío Charlie también sabía combinar a sus clientes. Tenía un don especial para presentar a la gente. Apuntaba con el dedo al pecho de una persona, después a otra, después cantaba las virtudes del uno y del otro, y después prácticamente les ordenaba que fueran amigos, o amantes. Era un catalizador incluso cuando no pretendía serlo. Durante una cena en Westhampton, me encontré sentado junto a una pareja de recién casados. Les pregunté cómo se habían conocido, y me dijeron que en un bar, en un «bar antiguo, magnífico», cuando los dos intentaban inútilmente llamar la atención del camarero. Habían empezado a charlar sobre aquel camarero, sobre aquella mala educación suya que resultaba incluso cómica, y en ese momento empezaron a fijarse el uno en la otra. Les pregunté si por casualidad aquel camarero era calvo, y si llevaba gafas oscuras, y si les había pedido que no se quitaran la camisa. Los dos abrieron mucho la boca, a la vez, como pájaros a punto de recibir su alimento.

Uno de los emparejamientos más espectaculares del tío Charlie fue el de Don y Dalton. Nadie, salvo el tío Charlie, creía que el auditor de los urinarios y el poeta del bar pudieran ser colegas. Pero el tío Charlie decidió presentarlos porque los dos eran genios fuera de lo común, y porque los dos eran abogados, y porque tenía una corazonada. Poco después, Don y Dalton decidieron montar juntos su chiringuito, su propio bufete, que inauguraron oficialmente dando un cóctel en el Publicans, donde los dos pretendían llevar a cabo gran parte de su actividad profesional. Si para ellos fue una noche de celebración y orgullo, para el tío Charlie representó un triunfo, y suponía que por el hecho de haberlos presentado tendría garantizada la asistencia legal el resto de su vida.

Las oficinas de Don y Dalton estaban en Plandome Road, a tres manzanas del bar, justo encima del restaurante de Louie el Griego, e incorporaban un pequeño apartamento en la parte trasera. Don y Dalton buscaban inquilino, según oí que alguien comentaba en el bar. Le pregunté a Don si se plantearían alquilármelo a mí.

–¿No quieres verlo antes? –me preguntó.

No me hacía falta.

La abuela me suplicó que no me fuera. Parpadeaba con fuerza mientras argumentaba en contra de mi decisión. La tía Ruth y los primos habían vuelto a irse, por lo que la casa del abuelo volvería a quedarse más tranquila, y estaría más limpia. El agua caliente no se terminaría. Y piensa en todo el dinero que te ahorrarás, dijo. Los alquileres son tan caros. Además, añadió en voz más baja, le gustaba que le hiciera compañía. Me echaría de menos. No mencionó la otra razón por la que quería que me quedara con ellos, la razón más triste: había llegado a depender de la barrera que yo representaba entre ella y el abuelo. Yo nunca había agarrado al abuelo por el pescuezo, pero al hacerme mayor había ido aprendiendo a distraerlo cuando se portaba mal con ella.

Le expliqué a la abuela que debía irme. Necesitaba un poco de intimidad. Lo que no le dije fue que también necesitaba dormir. Iba por el mundo como un zombi, porque su hijo me despertaba una noche sí y otra no. Me hacía falta una cama que no estuviera en la pista de aterrizaje del tío Charlie todas las noches. Además, había otro motivo que no pude compartir con ella, por más que hubiera querido: los hombres de verdad no viven con sus abuelas.

Poli Bob me ayudó con el traslado. Al entrar en casa del abuelo se fijó en el sofá del bicentenario y en los muebles sujetados con cinta aislante y me di cuenta de que pensaba: he llevado a cabo operaciones policiales en antros mejores que esta casa. Cargó su coche con mis cosas –seis cajas de libros, tres maletas– y me llevó a otro punto de Plandome Road. Don nos entregó las llaves de mi nuevo apartamento: dos espacios diminutos, medio baño. La alfombra era marrón caca; el «dormitorio» estaba justo encima de la cocina de Louie el Griego. El olor a chuletas de cerdo, a piernas de cordero, a *gyros*, a tortillas, a patatas fritas con queso, a pastel de chocolate y a Pepsi penetraba como vapor a través del suelo. Poli Bob comentó que olía tanto que hasta se oía el olor.

Poli Bob iba de un lado a otro, entraba y salía, se fijaba en todos los detalles, como si el apartamento fuera la escena de un crimen. Por la ventana trasera miró a través de las persianas venecianas, que estaban muy sucias. Un aparcamiento. Cubos de basura. Gaviotas. Un tren rugió a su paso por la estación, que quedaba al lado, y las paredes temblaron. Ahogó una carcajada.

–Sales del fuego para caer en las brasas –dijo.

Cuando Poli Bob les contó a los hombres del Publicans lo de mi piso de soltero, y les habló de la ubicación de mi cama, todos empezaron a burlarse de mí, a decirme que tenía que encontrar a una chica con la que «poner bien caliente esa plancha». Creían que estaba cachondo, como ellos. Les informé de que me sentía solo. De que quería a alguien con quien dar largos paseos, escuchar las canciones de Frank Sinatra, leer. Ellos me miraron, horrorizados.

Entonces les confesé que me había obsesionado por completo con una de las chicas de las fotocopias del *Times*. Me recordaba a Sidney. Aunque no se parecía a ella, mostraba el mismo distanciamiento etéreo que yo asociaba a la riqueza. Era rica, creía yo, o acaso fuera que, como trabajaba en la sección de empresa, su proximidad con las noticias del mundo de los ricos, hacía que me lo pareciera. En cualquier caso, cada vez que recorría la sala de redacción con su falda larga, entallada, y su blusa de seda ajustada, con aquel gesto de aburrimiento o desprecio en la cara, todos los chicos del programa dejábamos de separar copias de papel carbón, y todos los redactores (y algunas redactoras) suspendían la lectura para mirarla por encima de las gafas bifocales. Dejaba tras de sí un rastro de perfume, como una serpentina transparente, rosada, y yo, a su paso, caminaba tras ella expresamente para que me llegara alguna bocanada. No se me ocurría cómo acercarme a ella, y me preocupaba ser tan inútil, estar tan confundido. Temía que mis problemas con las mujeres fueran consecuencia de algún defecto mío de personalidad, un defecto que me había diagnosticado yo mismo y que consideraba una forma de hiperempatía. Educado por mi madre, cuidado por mi abuela, influido por Sheryl, había asimilado el punto de vista femenino. Todas las mujeres que habían intentado hacer de mí un hombre habían logrado lo contrario. Por eso me costaba abordar a las mujeres. Me gustaban demasiado, y me parecía demasiado a ellas para demostrar con ellas una actitud depredadora.

En vez de tranquilizarme y decirme que todo aquello eran manías mías, tonterías, los hombres se mostraron de acuerdo conmigo. En la guerra entre hombres y mujeres, me dijeron, yo no temía lo bastante al enemigo. Yo discrepé asegurando que miedo, precisamente, era lo que me sobraba, pero ellos consideraron que yo confundía el miedo con el respeto. Además, añadieron, carecía de plan. No vayas nunca a la guerra sin un plan. La mayoría de los hombres del bar concebían el amor en términos bélicos, porque decían que todo era cuestión de llevarse algo que pertenecía a otro, lo que era la dinámica básica de toda acción militar. La seducción entendida como destrucción. Todo consejo romántico de Cager, por ejemplo, tendía a verse modelado por su experiencia de lucha contra el comunismo. Las tías eran como los Rojos, decía. Inescrutables. Despiadadas. Entregadas a la redistribución forzosa de tu dinero. El tío Charlie, por su parte, creía que los vikingos, los hunos y otros saqueadores primitivos estaban en lo cierto.

–Tú agarra a la tía por el pelo y sácala a rastras de la puta sala de redacción –decía.

Hablaba metafóricamente, suponía. O esperaba. Dalton me instaba a adoptar una estrategia más parecida al asalto de Dresde y «bombardear» a la chica con poemas de amor. Él había tenido un gran éxito recitando, entre hipos, sus haikus alcohólicos a algunas mujeres. («Enfermeras de blanco hoy en el Publicans se sientan todas juntas como un equipo olímpico cada una sueña deseos correspondidos...») Pero él era lo bastante guapo para compensar aquellos versos tan empalagosos.

Al final decidí, simplemente, llamar a la Chica de las Fotocopias desde el Publicans y pedirle una cita.

–Ése será tu funeral –dijo el tío Charlie apagando una colilla.

A la Chica de las Fotocopias le sorprendió recibir mi llamada, porque no sabía quién era.

–¿Quién dices que eres? ¿Puedes repetírmelo? –me pidió.

Le repetí mi nombre, pronunciándolo despacio. Le recordé cuál era mi sitio habitual en la sala de redacción.

–¿Y cómo has conseguido mi número de teléfono?

Como se lo había robado a Marie del fichero que tenía en su mesa, fingí no oír la pregunta. Le pregunté si estaba libre el sábado.

–Se me ha ocurrido que podríamos...

–De hecho –me dijo–, pensaba ir a ver la nueva exposición de cerámica, de la que habla todo el mundo.

–Ah, sí, claro, la exposición de cerámica. Pero es que yo, en realidad, había pensado que tal vez podríamos...

–Si quieres que nos veamos allí, supongo que no habrá problema.

Quedamos en encontrarnos a la puerta de «el museo». Yo no tenía ni idea de a qué exposición se refería, ni de a qué museo. Llamé a mi compañero de piso de Yale, el estudiante de Derecho, que ahora vivía en Nueva York, le puse al día resumidamente de la situación (compañera de trabajo guapa, enamoramiento súbito, cita inminente), y le pregunté si sabía algo sobre una gran exposición de cerámica.

–Qué subnormal eres –me dijo–. Es una exposición de Klee. Paul K-L-E-E.* Una retrospectiva de su obra que se inaugura en el Met este fin de semana.

A la mañana siguiente saqué unos diez libros sobre Klee de la Biblioteca Pública de Nueva York y me dediqué a leerlos a escondidas en la sala de redacción. Al salir del trabajo, me los llevé al Publicans. Colt me sirvió un whisky y arqueó una ceja al ver que abría uno de aquellos ejemplares.

–Me lo temía –le dijo Cager a Colt–. Los de Yale se han enterado de que no sabe nada de la Carta Magna y ahora tiene que volver y matricularse en un curso de verano.

–No es por Yale –dije–. Es por... una chica.

Cager y Poli Bob se miraron. Era evidente que iban a tener que sacarme al aparcamiento y darme una paliza para que entrara en razón. Pero entonces las pinturas de Klee llamaron su atención. Y se acercaron para poder verlas mejor. A Cager le intrigaban las formas y las líneas de Klee, y le fascinó que le hablara de la experiencia del pintor durante la primera guerra mundial. Poli Bob me comentó que le gustaba el uso del color de Klee.

–Éste es bonito –dijo, señalando *Máquina de Trinar*.

---

* Fonéticamente, Klee es muy similar a *clay,* que en inglés significa «arcilla, material con que están hechos los objetos de cerámica». (*Nota del traductor.*)

Les conté lo que había averiguado hasta entonces. Les hablé de la relación de Klee con Kandinsky. De su fascinación por el romanticismo. De su uso del trazo infantil en sus dibujos.

–Éste –dijo Cager– parece una resaca.

Me pasé la noche estudiando a Klee con ellos, hasta la hora de cerrar y, ya en casa, seguí estudiándolo hasta que Louie el Griego encendió la plancha a las cuatro de la madrugada.

Entré dormido en el museo, pero seguro de que ni los comisarios de la exposición sabían más que yo sobre Klee. La Chica de las Fotocopias estaba junto a la entrada, con una gabardina ajustada con cinturón y dándole vueltas a un paraguas abierto, como si fuera un parasol. Era una modelo; Klee habría dado cualquier cosa por poder pintarla, aunque él la habría visto como una pirámide de tetas y pestañas. Yo, más o menos, también me la representaba así.

Nos pusimos a la cola para sacar las entradas. Mientras esperábamos, me costaba encontrar temas intrascendentes de conversación, porque mi mente estaba tan llena de datos sobre Klee que funcionaba lentamente. Entramos al cabo de bastante rato. Nos plantamos delante del primer cuadro. Le señalé una esquina del lienzo, donde un monigote observaba un pez. Me explayé en ese símbolo de la visión de Klee, que contraponía humanidad y naturaleza. Seguimos avanzando y nos detuvimos frente a un dibujo hecho a lápiz. Le hablé de la deuda de Klee con los primitivos, de su predilección por los medios más básicos, como los lápices.

–Sabes mucho sobre Klee –me dijo la Chica de las Fotocopias.

–Soy muy fan de él.

Ella ponía mala cara ante aquel Klee, con un gesto que no se diferenciaba demasiado del de Cager.

–¿A ti no te gusta? –le pregunté.

–En realidad no mucho. Sólo quería ver a qué venía tanto alboroto.

–Entiendo.

Salimos de la sala. En una barra de sushi nos sentamos frente a una bandeja de California rolls. Yo estaba tan decepcionado de que el examen sobre Klee se hubiera suspendido que no decía nada. Pasada media hora, la Chica de las Fotocopias me dijo que tenía que irse a otro sitio, y yo la entendí perfectamente. Yo mismo me habría alejado de mí de haber podido, me habría apuntado a cualquier plan con tal de perderme de vista. Nos separamos con un apretón de manos tipo candidato-votante.

De nuevo en el Publicans, Cager me preguntó qué tal me había ido.

–No como esperaba –le dije.

–Te está bien. Mira que ponerse a estudiar para una cita...

–¿Qué otra cosa podía haber hecho?

Se volvió en el taburete para mirarme a la cara, y se echó la visera hacia atrás para que yo pudiera verle bien la suya.

–La próxima vez que alguna tía te pida que la lleves a un museo –dijo–, llévala al Museo del Béisbol de Cooperstown, joder.

Treinta y cuatro
Peter

–Hola, Peter R. Murrow-ringer –me dijo un hombre en el Publicans–. ¿Cómo es que nunca veo tu nombre en el periódico?

–Uso un seudónimo. William Safire.

Él se echó a reír y le dio unas palmadas a la barra.

–¡Willie! –dijo–. Tus opiniones políticas no me interesan.

Aquel hombre sabía por qué mi nombre no aparecía nunca en el periódico. En el Publicans todo el mundo lo sabía. ¿Cómo no iban a saberlo? Me veían en el bar noche tras noche, más aplicado en el crucigrama del *Times* que en lo poco que escribía para las páginas de noticias del periódico. Aquel hombre me lo preguntaba porque no entendía por qué había dejado de intentarlo. Yo mismo apenas empezaba a comprenderlo.

Como el nombre con el que me hacían firmar, «J.R. Moehringer», el nombre del programa de formación también era algo engañoso. Allí no había ninguna formación, ningún programa. Poco después de que empezara a trabajar en el periódico, los jefes de redacción consideraron que aquel programa de formación no tenía sentido desde el punto de vista económico. ¿Para qué formar a un chico de las fotocopias hasta convertirlo en periodista cuando, por el mismo salario, el *Times* podía contratar a un profesional premiado de cualquier parte del país? Los jefes de sección no podían decirlo abiertamente, claro está, porque el programa de formación era una de aquellas venerables tradiciones del *New York Times*, y había sido la vía de entrada al periódico de muchos de aquellos mismos jefes de sección. ¿Cómo quedarían si ahora retiraran la escalera por la que ellos mismos habían subido? Además, no querían poner punto final al programa de manera drástica, sino, solamente, «desenfatizarlo». Aquélla

347

era la palabra que usaban en sus reuniones secretas, la palabra que se filtraba en la sala de redacción. Les gustaba contar con diez o doce graduados por las mejores universidades del país dispuestos a todo por complacerlos y corriendo de un lado a otro. Halagaba su vanidad enviarnos a por sus bocadillos y hacernos separar sus copias de papel carbón. Y así, sencillamente, fingían que existía un programa de formación, y seguían atrayendo a chicos y chicas de las fotocopias con la falsa esperanza de un ascenso, y después, cada mes más o menos, informaban a otro de aquellos jóvenes en prácticas que el comité secreto se había reunido y había decidido que no estaba hecho para el *Times*. Puedes quedarte si quieres, le decían, siempre y cuando entiendas que nunca te ascenderemos.

Al saber que eran «inascendibles» –la otra palabra que circulaba como si tal cosa–, la mayoría de los jóvenes dejaba su plaza. Ambiciosos, dolidos, se iban a otros periódicos o emprendían nuevos proyectos profesionales. Los jefes de sección contaban con aquel éxodo constante para evitar motines y mantener la farsa siempre renovada. Cada vez que se iba un chico de las fotocopias, montones de candidatos nuevos solicitaban la vacante, y de esa manera las huestes de buscadores de bocadillos y separadores de copias de papel carbón seguían siempre bien nutridas. El «programa de formación» seguía en marcha.

Se suponía que nadie debía saber nada de todo aquello, pero en una sala de redacción no existen los secretos. Todo el mundo lo sabía y, por tanto, los subjefes de sección habían dejado de encargar textos a los jóvenes en prácticas. ¿Por qué invertir tiempo y energía en un puñado de chicos y chicas a quienes los jefes de redacción habían empezado a ver con indiferencia? ¿Para qué convertir a alguien en tu protegido si no se iba a quedar mucho más tiempo en el periódico? Enfrentados a aquella repentina apatía y «desénfasis», nosotros podríamos haber iniciado una desaceleración, o haber hecho un mutis por el foro, o haber incendiado el edificio. Pero no. Seguíamos intentándolo. Rebuscábamos en las papeleras ideas de reportajes que los periodistas desechaban, y recibíamos con gran sumisión notas de prensa y noticias que en realidad eran anuncios encubiertos con la esperanza de convertirlas en algo bueno. Cuando finalmente nos llegaba algo que escribir, pulíamos todas y cada una de las frases con el empeño de Flaubert, y rezábamos por que los editores vislumbraran algún rayo de promesa en nuestro trabajo. Ninguno de nosotros perdía la esperanza de ser el elegido, el único, el que se destacaba del resto, el que llevaría a los jefes a olvidar el desdén que sentían por todos.

Durante meses yo lo había intentado tanto como los demás. Pero un día, como en Yale, dejé de hacerlo. Con todo, en ese caso no existía la amenaza de la expulsión. La única consecuencia de no esforzarme era una ligera sensación de remordimiento, y el viejo y angustioso sentimiento de que estaba destinado al fracaso. Cualquier otra duda sobre mi decisión de dejar de esforzarme se veía rápidamente mitigada por el Publicans, un lugar lleno de gente que había dejado de esforzarse hacía mucho tiempo. Cuanto más me quejaba del *Times*, más popularidad adquiría en el bar. Aunque se sentían orgullosos de mis éxitos, los hombres me jaleaban cuando fracasaba. Yo tomaba nota de ello, después lo ignoraba, como ignoraba el hecho de que mis resacas post-Publicans a veces me avinagraban el carácter, entorpecían mi rendimiento en el trabajo y reducían mis ya de por sí escasas probabilidades de ascenso a un cero absoluto.

Más o menos por las mismas fechas en las que dejé de esforzarme en el *Times*, hice algo aún más desconcertante: dejé de telefonear a mi madre. Tenía la costumbre de llamarla cada pocos días desde la sala de redacción, en busca de su consejo y sus palabras de aliento, y para leerle el encabezamiento del texto que estuviera escribiendo. Después de colgar me sentía aún peor, y no porque ella no me hubiera ayudado, sino precisamente porque lo había hecho. Demasiado. Yo tenía veintitrés años. No quería seguir dependiendo de mi madre. Y, sobre todo, no quería que me recordaran que se suponía que mi madre debía depender de mí. Yo había pretendido que para entonces ya estaría ayudándola económicamente. Había albergado la esperanza de que, en 1988, ella ya se habría mudado a la casa que habría comprado para ella, que su mayor preocupación sería qué ropa ponerse esa mañana para asistir a su clase de golf. Pero, en cambio, mi madre seguía vendiendo seguros, seguía sobreviviendo como podía, seguía luchando para recobrar la energía. Yo me decía a mí mismo que quería ver qué tal me iba convirtiendo a los hombres en mis mentores, liberando a mi madre de ese papel, me decía a mí mismo que era sano para un hombre joven distanciarse de su madre, pero en realidad me estaba distanciando de promesas incumplidas, del espantoso sentimiento de culpabilidad que sentía por haber fracasado en mi intento de cuidar de ella.

Vetar a mi madre me hacía más fácil racionalizar mi decisión de tirar la toalla en el *Times* y concentrarme plenamente en la bestia negra de mi madre: la novela sobre el bar, que ya no iba a titularse *Mil y una noches en el Publicans*. El motivo de Aladino no había cuajado. Ahora la llamaba *Borrachos y medias de seda*, eso cuando no la llamaba *Bromas pesadas a la luz de la luna,* eso cuando no la llamaba *Aquí vienen todos*, frase sacada de *Finnegans Wake*. Tenía material a montones. Con los años, había ido llenando cajas de zapatos con servilletas de papel en las que anotaba impresiones inconexas, fragmentos de diálogos, conversaciones cazadas al vuelo en el bar, como aquella entre el hermano de Colt, que ese día lo sustituía detrás de la barra, y un cliente, al que le gritó: «¡No te rías de mí! ¡No te rías de mí, colega! Mi madre se rio de mí una vez y yo hice que la sometieran a una intervención quirúrgica innecesaria».

Cada noche oía al menos una frase que me parecía ideal como inicio o final de algún capítulo.

–No estoy sobrepasado –le decía un hombre a su novia.

–Entiendo –replicaba ella secamente–. Sólo estás pasado. En la justa medida.

–¿Te la cepillaste? –le preguntaba el tío Charlie a un hombre.

–No, no, Goose –respondía él–. Te lo digo en serio. Se me cepilló ella a mí.

En una ocasión oí a dos mujeres hablando de sus novios:

–Me ha dicho que soy una triple amenaza –decía la primera mujer.

–¿Y eso qué significa? –preguntaba la segunda.

–Tiene algo que ver con el deporte –respondía la primera–. Me ha dicho que soy muy lista, y que tengo unas buenas tetas.

La segunda mujer contaba con los dedos y se echaba a reír.

A partir del momento en que tiré la toalla en el *Times*, empecé a aferrarme a un régimen estricto, posponiendo mi visita diaria al Publicans hasta que hubiera pasado al menos una hora dedicado a mi novela sobre el Publicans. Pero todos mis intentos estaban condenados al fracaso, porque no entendía por qué quería escribir sobre el Publicans, por qué adoraba el Publicans. Me daba miedo llegar a entenderlo, y por eso me limitaba a poco más que reordenar palabras en la hoja en blanco, un ejercicio que, en el fondo, resultaba tan inútil como el Wordy Gurdy.

Cuando la falta de sentido se me hacía obvia, me quedaba ahí sentado, contemplando el trozo de pared sobre el escritorio, donde había clavado con chinchetas fichas con mis párrafos favoritos de obras de Cheever, Hemingway y Fitzgerald. Con éste acababa enfadándome. Ya era mala suerte que hubiera establecido un nivel de perfección inalcanzable, que ya hubiera escrito la Gran Novela Americana, pero ¿por qué había tenido además que situar la acción en mi ciudad natal? Pensaba en mis novelas favoritas –*El gran Gatsby, David Copperfield, Las aventuras de Huckleberry Finn, El guardián entre el centeno*– y su brillantez me paralizaba. No captaba nunca las cosas que tenían en común, lo que de entrada me había atraído de ellas: todos y cada uno de los narradores, todos hombres, mencionaban a sus respectivos padres en las primeras páginas. En el caso de *El gran Gatsby*, en la primera frase. Es por ahí por donde un narrador atormentado suele empezar, y era por ahí por donde tal vez hubiera podido empezar yo.

Claro que, si mi intención hubiera sido provocarme un caso de bloqueo del escritor, las condiciones de aquel apartamento, situado justo encima de Louie el Griego, no habrían podido ser mejores: caluroso, ruidoso, con las paredes que temblaban cada vez que un tren entraba y salía de la estación, el aire impregnado de olor a encurtidos, grasa de cerdo, patatas fritas y queso. Pero no me habría ido mejor en una apartada colonia de escritores, en medio del bosque, porque yo era el candidato ideal al bloqueo del escritor. Todos los defectos clásicos convergían en mí: inexperiencia, impaciencia, perfeccionismo, confusión, miedo. Sobre todo, tenía la idea ingenua de que escribir debía ser algo fácil. Creía que las palabras habían de surgir espontáneamente. La idea de que los errores eran peldaños hacia la verdad no se me había ocurrido nunca, porque me había empapado de los valores del *Times*, según los cuales los errores eran unas cositas feas que había que evitar, y aplicaba equivocadamente esos valores a la novela que intentaba escribir. Cuando escribía algo que estaba mal, siempre me planteaba que lo había hecho porque había algo que estaba mal en mí, y cuando había algo que estaba mal en mí perdía el impulso, la concentración y la voluntad.

Visto en perspectiva, lo que me resulta más destacable es la cantidad de páginas que producía, la cantidad de borradores que terminaba, lo mucho que lo intentaba antes de dejarlo. No era propio de mí persistir tanto, lo que demostraba hasta qué punto el bar me cautivaba, mi intensa necesidad de describirlo. Noche tras noche, me sentaba a mi escritorio, sobre el restaurante de Louie el Griego, intentando escribir sobre las voces del bar, sobre las risas contagiosas de hombres y mujeres, todos juntos en un lugar en el que yo me sentía a salvo. Intentaba escribir sobre los rostros envueltos en nubes de humo, explicar que muchas veces parecían fantasmas en un más allá de niebla, y que la charla chispeante podía pasar de las carreras de caballos a la política, de la política a la moda, de la moda a la astrología, de la astrología al béisbol, del béisbol a las grandes historias de amor de la Historia, y todo en lo que tardaba en consumirse una cerveza. Intentaba escribir sobre la sonrisa de Cheshire de Steve, sobre la cabeza del tío Charlie, sobre el ratón de Joey D., sobre la visera de Cager, sobre la manera que tenía Fast Eddie de dejarse caer sobre un taburete, como si llevara paracaídas. Intentaba escribir sobre los urinarios rebosantes de dinero, sobre la vez que me quedé dormido en el baño de caballeros y alguien me despertó diciéndome: «¡Eh, tú, aquí se viene a cagar, no a sobar!». Intentaba escribir sobre aquella vez que Smelly apuntó con un cuchillo al corredor Jim Brown, el jugador de fútbol americano. Pero, hiciera lo que hiciese –por más que le cambiara de nombre y le pusiera Stinky,* por más que, en vez de un cuchillo, le hiciera blandir unas pinzas de langosta–, mi relato hacía que Smelly pareciera un homicida, y no un gruñón que daba risa.

Me pasé buena parte de 1988 tratando de escribir sobre Cager y su intento de desplumar a Fast Eddie. El «Gran Timo», como a Poli Bob le gustaba llamarlo, había empezado a finales de los setenta, o a principios de los ochenta, una noche en que en el equipo de música del bar sonó *Strangers in the Night*.

–Qué canción tan buena –comentó Fast Eddie chasqueando los dedos–. Supongo que por eso ganó el Oscar.

Cager dijo:

–*Strangers in the Night* no ganó ningún Oscar.

Apostaron cien dólares, sacaron el anuario, y averiguaron que tenía razón Cager. Pasaron los años. La canción volvió a sonar en el equipo de música otra noche, y Fast Eddie dijo:

–Qué canción tan buena. Supongo que por eso ganó el Oscar.

---

* *Stinky*, «apestoso» en inglés. El apodo del personaje, *Smelly*, es «maloliente». (*Nota del traductor.*)

Cager se echó a reír. Sin duda, Fast Eddie estaba de broma. Pero al verlo tan serio, Cager le propuso que se apostaran varios cientos de dólares. Fast Eddie volvió a perder, y volvió a pagar. Volvieron a pasar los años. Cager acorraló al tío Charlie y le dijo que le debía dinero a unos corredores de apuestas, y que necesitaba cancelar su deuda de un solo golpe.

–Fast Eddie tiene un «agujero negro» con *Strangers in the Night* –le dijo–, así que voy a picarlo para que apueste un montón de pasta. Esta noche, cuando entre, tú pones la canción, de lo demás me encargo yo. Después te daré tu parte.

Pero el tío Charlie se negaba a hacerlo. No quería participar en ningún juego sucio, dijo. Qué intachable, contraatacó Cage, sobre todo viniendo de alguien que usa el Publicans como su salón de apuestas particular. Más tarde, cuando llegó Fast Eddie, el tío Charlie miró a Cager. Cager miró a tío Charlie. Fast Eddie miró al tío Charlie. El tío Charlie le sirvió una cerveza y empezó a tararear. Scooby dooby doo.

–*Strangers in the Night* –dijo Fast Eddie chasqueando los dedos–. Qué canción tan buena. Supongo que por eso ganó el Oscar.

Cager estuvo magistral. Se metió con Fast Eddie, se burló de él, proclamó delante de todo el mundo que no sabía una mierda de música, hasta que a Fast Eddie no le quedó otro remedio que apostar una cantidad suficiente para que su hombría quedara a salvo. Ninguno de los dos le dijo a nadie cuánto apostaron, pero fue un montón de pasta, y entonces, justo en el momento en que Fast Eddie perdió y sacó el talonario de cheques, algo se encendió en su mente. El agujero negro de su cerebro se abrió y se cerró como el diafragma de una cámara. No recordaba haber perdido la misma apuesta otras dos veces, pero sí al tío Charlie cantando, y no precisamente *What Kind of Fool Am I?* Fast Eddie se preguntó qué clase de tonto había sido.*

Al convertir aquella historia en ficción, yo había cambiado los nombres. Cager era Killer, Fast Eddie, Speedy Eduardo, el tío Charlie, tío Butchie. Había convertido a Cager en un veterano de la guerra de Corea, a Fast Eddie en un expresidiario que tal vez había matado a su mujer, Agnes, a la que llamé Delilah. Hice que la canción fuera *Blue Velvet*, y situé la apuesta

---

* Traducción del título de la canción, popularizada también por Frank Sinatra. (*Nota del traductor.*)

en los mil dólares. La historia sonaba falsa, aunque por más que me lo preguntaba, no entendía por qué.

Mientras me peleaba con otro borrador de *Extraños en el bar*, sonó el teléfono. Era DePietro.

–¡Baja ahora mismo! –me gritó para hacerse oír entre el escándalo de doscientas voces–. ¡Esto está lleno de mujeres, y tengo las mejores calles del Monopoly! ¡Boardwalk y Park Place!

Se refería a los dos taburetes más buscados, los que se encontraban junto la puerta que daba a Plandome Road y permitían ver perfectamente a todos los que entraban. Además, desde allí era más fácil que el camarero te viera.

–No puedo –le dije–. Estoy escribiendo.

–¿Escribiendo? ¿Y sobre qué coño escribes?

–Sobre el bar.

–¿Entonces? Baja e investiga un poco. ¡Son los mejores sitios!

–No puedo.

Colgó.

Poco después oí que Louie el Griego apagaba la plancha. Un pitido grave, seguido de un débil silbido. Me acerqué a la ventana y me fumé un cigarrillo. Caía una lluvia ligera. La abrí para aspirar el olor de la lluvia, o lo intenté, porque estaba justo encima de los cubos de basura de Louie el Griego. Unas gaviotas se lanzaban en picado sobre ellos. Louie salió por la puerta trasera y las espantó. Apenas volvió a entrar, las gaviotas regresaron. Perseverancia, pensé. Las gaviotas la tienen. Yo no. Apagué el ordenador. Un pitido grave, seguido de un débil silbido.

Me dirigí hacia el Publicans, con el capítulo metido en una carpeta que llevaba bajo el brazo, y por el camino me consolaba pensando que todo escritor pasa tanto tiempo en los bares como en su escritorio. Beber y escribir van de la mano, como el whisky y la soda, me aseguraba a mí mismo mientras franqueaba las puertas. DePietro estaba ahí, como me había prometido, subido a Boardwalk. A su lado, sentado sobre Park Place, estaba el tío Charlie.

–Mi precioso sobrino –me dijo, besándome en la mejilla.

Se había tomado ya alguna que otra copa. Fast Eddie también estaba allí, junto a su mujer, Agnes, que trabajaba sirviendo mesas en Louie el Griego. Ella estaba tomándose un café irlandés, como de costumbre.

(Nunca sospechó que los camareros se lo preparaban con café descafeinado «para inhibir su locuacidad inherente», en palabras del tío Charlie.) Fast Eddie estaba contando la vez que había enfrentado a Agnes y al tío Charlie en una carrera. Fast Eddie había alardeado de que su mujer era capaz de darle cuatro vueltas al tío Charlie, y éste había prometido pegarle un tiro en la cabeza si conseguía ganar a una «camarera barata que no paraba de fumar», así que se trasladaron al momento a la pista de atletismo que había en el instituto, seguidos por medio bar. Agnes, envuelta en toallas, como una boxeadora aspirante a título, apagó su cigarrillo segundos antes de que Fast Eddie diera el pistoletazo de salida. (A nadie se le ocurrió preguntar por qué Fast Eddie llevaba una pistola encima.) El tío Charlie ganó a Agnes, pero le costó lo suyo. Al llegar a la meta tuvo que tenderse en el suelo, y vomitó, y tardó varios días en recuperarse.

A mí me pareció que aquella historia sería más fácil de escribir que la de *Extraños en el bar*. Tomé algunas notas.

Peter, el camarero, me vio garabateando algo en una servilleta. De todos los camareros del Publicans, era el más amable. Diez años mayor que yo, Peter siempre me miraba con cierta aprensión en el gesto, como ese hermano mayor bondadoso que sabe que has hecho algo malo pero aún no sabe qué. Hablaba con voz suave, tenía los ojos de un castaño suave, igual que el pelo, pero en cambio había algo duro en su interior, algo –¿honestidad?, ¿sinceridad?– que hacía que la gente se echara hacia delante cuando hablaba para oírlo mejor. Por muy contento que estuviera –y muchas veces se reía tanto que le dolía la barriga–, tenía siempre un aire triste. Cuando te miraba fijamente a los ojos, aunque te sonriera, oías lo que pensaba: «Todo es una mierda, niño, no voy a entrar en detalles ahora mismo, no hace falta, pero tampoco quiero mentirte: todo es una mierda». En un bar lleno de hombres estridentes y carismáticos, Peter era el tranquilo, lo que hacía que su carisma resultara aún más atractivo.

–¿Qué estás escribiendo? –me preguntó mientras me servía un whisky.

–Notas –le respondí.

–¿Para qué?

–Nada. Son cosas sobre el bar.

No insistió más. Sí hablamos, en cambio, de su nuevo trabajo en Wall Street, que había encontrado a través de un cliente del Publicans. Me alegraba por él, pero me entristecía que uno de mis camareros favoritos trabajara menos horas. Ahora se dedicaba a vender obligaciones a jornada completa, y sólo trabajaba en el bar a tiempo parcial, sobre todo los sábados por la noche, para sacar algo de dinero extra para su familia. Su familia cada vez más numerosa. Me contó que su mujer estaba embarazada.

–Sí –me dijo, tímido–. Hemos descubierto que funciona.

–¿Vas a ser padre? –le dije–. Enhorabuena.

Lo invité a una copa.

–¿Así que estás escribiendo sobre este antro? –me preguntó, señalando mi carpeta–. ¿Puedo?

Le dejé el capítulo a cambio de un whisky.

–¿*Borrachos y medias de seda*? –dijo–. Un título con garra.

–La inspiración me la dio Colt.

–¿Colt lleva medias de seda?

–¡No! ¡Por Dios! Lo que quiero decir es que..., no lo sé.

Veía leer a Peter, analizaba todos y cada uno de sus movimientos faciales, todos y cada uno de sus parpadeos. Cuando terminó me devolvió aquellas pocas páginas y se apoyó en el bar. Torció el gesto, y me pareció algo más triste que de costumbre.

–No es buena –dijo–, pero tiene algo.

Le dije a Peter que las ideas y los temas se arremolinaban en mi mente como los olores de la plancha de Louie el Griego alrededor de mi apartamento, imposibles de ignorar, imposibles de identificar. Le dije que quería rendirme.

–Eso sería un error –me dijo.

–¿Por qué?

Acababa de darle pie a que me dijera que tenía talento. Pero él no lo dijo. Lo que dijo, simplemente, fue:

–Porque rendirse es siempre un error.

–¿Qué tienes ahí? –preguntó el tío Charlie.

–¿Sabías que tu sobrino está escribiendo sobre el Publicans? –dijo Peter.

–Yo creía que todo lo que se decía aquí era *off the record* –masculló tío Charlie en broma, más o menos.

–El niño es literato –dijo Colt–. En mi opinión la culpa la tiene ese maldito Wordy Gurdy.

–Déjamelo –dijo el tío Charlie.

—Sí, vamos a echarle un vistazo —se apuntó Poli Bob.

Peter le entregó las páginas al tío Charlie, y a medida que terminaba de leer una, se la pasaba a Poli Bob, que a su vez se la pasaba a Colt, y así sucesivamente.

—Me falta la página seis —dijo Cager.

—¿Quién tiene la nueve? —preguntó el tío Charlie.

—Yo —respondió Peter—. No tan deprisa.

Al ver a los hombres formar una cadena humana e ir pasándose mi texto de un lado a otro, tomé una decisión importante: aquellos hombres del Publicans serían mis nuevos editores. Si los del *Times* iban a desenfatizarme, yo pondría el énfasis en el bar. Cada sábado por la noche presentaría mis textos a Peter y a los demás. Me impondría mis propios plazos de entrega, iniciaría mi propio programa de formación.

La decisión marcó un cambio en mi relación con el bar, y supuso un cambio en el tono mismo del bar. Era cierto que siempre habíamos llevado nuestras historias al bar, que las habíamos compartido, las habíamos barajado, propiciando transferencias de experiencias, por lo que, por las mañanas, te despertabas sintiendo por un momento que habías luchado en Vietnam, o recuperado cadáveres del puerto, o que debías cien dólares a unos matones. Pero ahora lo que se repartía allí eran mis versiones de las historias de los demás, y el hecho de contar historias —los trucos, los riesgos y las recompensas— se convirtió en el principal tema de conversación en el bar ese verano. Los hombres eran lectores exigentes, y exigían entretenimiento. Las palabras y las tramas debían ser lo bastante agudas y lo bastante simples para atravesar la tiniebla de lo que fuera que bebían. Todo aquello proporcionaba un entrenamiento valiosísimo para un joven escritor. Si no sabían tanto sobre las reglas de la escritura como los editores del *Times*, al menos no me ridiculizaban cuando usaba una palabra por otra, ni por mis faltas de ortografía.

—«¿Cayó como un pedo muerto?» —preguntaba Cager, señalando uno de los folios—. ¿Qué es un pedo muerto?

—No, eso es un error tipográfico —le aclaraba yo—. Debería poner «peso muerto».

—Pues creo que me gusta más así. «Un pedo muerto.» Piénsalo bien.

Alzaba la mirada y valoraba su sugerencia.

—¿Y esto otro qué es? —decía—. «¿Se lo dejo al zar?»

–No, debería poner «azar».

–De mecanografía no tienes ni idea, chico. Pero bueno, en todo caso es un lugar común. Sobre todo en Rusia.

Los errores se trataban de manera distinta en el programa de formación del Publicans y en el del *Times*. La diferencia se me hizo evidente cuando, allí, empleé mal la palabra «prestancia». El corrector que pilló el error me dejó en ridículo delante de todos. Aquel mismo día, ya en el bar, les conté al tío Charlie y a Peter que el corrector me había puesto a caer de un burro.

–¿Y entonces qué significa «prestancia»? –me preguntó el tío Charlie.

–No estoy seguro –le respondí yo.

Él depositó el Libro de las Palabras sobre la barra.

–Pues averígualo.

Se alejó para hablar de otra cosa con Fast Eddie. Yo busqué «prestancia». Según la definición, «prestancia» era «excelencia o calidad superior entre los de su clase. Aspecto de distinción».

Descubrí que alguien había destacado el término con un círculo rojo, y había anotado con letra muy grande: «VÉASE CHAS».

Se lo mostré a Peter, que soltó una carcajada. Cuando el tío Charlie volvió, también se lo enseñé a él.

–¿Qué te parece? –dijo.

–¿No habías visto nunca esta página? –le pregunté.

–¿No sabías que alguien había marcado la definición y había escrito tu nombre al lado? –dijo Peter.

–Pues no. –El tío Charlie leyó en voz alta la definición–. Pero me describe bien, ¿no?

Treinta y cinco
Jugadores de primera división

Al entrar en casa del abuelo vi a un hombre raro sentado a la mesa de la cocina, bebiéndose un vaso de leche.

–¿McGraw? –dije.

Él se puso en pie de un salto. La última vez que lo había visto ya me sacaba diez centímetros, y pesaba diez kilos más. Ahora medía casi dos metros y pesaba al menos cien kilos. Toda su grasa infantil se había convertido en carne dura. Cuando me abrazó noté como si llevara una armadura bajo la camisa, y al darme unas palmadas en la espalda sentí que sus manos eran mayores que los guantes para horno que usaba mi abuela. Me vino a la mente el momento en que abracé a mi padre cuando era niño, aquella sensación de ser incapaz de abarcarlo del todo.

–¿Qué te dan de comer en Nebraska? –le pregunté.

La abuela levantó la botella vacía de leche y la bolsa de galletas que acababa de devorar.

–No sé qué le darán –dijo–, pero está claro que no es suficiente.

Saqué una cerveza de la nevera y me senté frente a él. Nos habló a la abuela y a mí de sus problemas en las Grandes Llanuras, y nos hizo reír a los dos. También nos contó cosas de su aprendizaje para convertirse en pitcher suplente, de la presión, la intensidad, las multitudes. Me fijé en que su tartamudeo, que siempre había sido leve, había desaparecido por completo.

Me preguntó a mí por mi vida.

–¿Qué tal te va en el *New York Times*? –dijo–. ¿Ya eres periodista? –me preguntó como de pasada, como si mi ascenso fuera tan inevitable como la expansión de sus hombros. Como pude, le dije que era una larga historia.

Al oír hablar a McGraw, al admirar su altura, su envergadura, la anchura increíble del tronco, de las piernas, experimentaba aquel sentimiento de abandono que regresaba a mí cada vez que McGraw y las primas se iban a vivir a otra parte. Aquella vez no había sido la tía Ruth la que había secuestrado a McGraw, sino la hombría. McGraw era grande y corpulento, como se suponía que debían ser los hombres, y yo pensaba en aquellas visitas a Rawhide cuando éramos niños y veíamos aquellos *cowboys* mecánicos a través de la valla de alambre. McGraw se había convertido en uno de ellos. Y yo seguía allí fuera, observando.

De todas las personas a las que quería, de quien más veces me había despedido era de McGraw. Y ahora había llegado el momento de despedirme de nuevo. Adiós al niño de los mofletes gordos y el pelo rapado, y hola al Superman rubio que iba a ser un problema. Por naturaleza, por costumbre, yo admiraba a los hombres, pero a McGraw no quería admirarlo. Se suponía que era él quien debía admirarme a mí, su hermano mayor, su protector.

Días después, estaba en mi apartamento, trabajando en mi novela sobre el Publicans, cuando McGraw abrió la puerta y entró sin llamar.

—Tengo que ir a lanzar —me dijo—. Para que no se me agarrote el brazo. ¿Te apuntas?

Había traído un guante de más, para mí. Cruzamos Plandome Road hasta el Memorial Field, donde nos separamos, dejando unos veinticinco metros de distancia entre los dos, y empezamos a lanzarnos la pelota el uno al otro, quejándonos como artríticos mientras se nos calentaban los hombros. McGraw se secaba el sudor de la frente con la bola.

—¡Ahora con efecto! —me gritó.

La bola, en su trayectoria hacia mí, escupía sudor como si fuera una esponja. Primero se acercaba recta, y después se desviaba claramente. La atrapé por los pelos. Me lanzó otra, que pareció retroceder y adelantarse varias veces en plena trayectoria. Llegué a pensar que McGraw había ideado la manera de transferir su tartamudeo a las costuras de la pelota: a medida que la velocidad aumentaba, se estrellaba en mi guante con tal violencia que me parecía que se me iban a romper los huesos de la mano. Le lancé yo un tiro con todas mis fuerzas, dándolo todo, y al ver que McGraw me la devolvía me sentí avergonzado: su lanzamiento era cinco veces más rápido que el mío. Su tiro con efecto parecía un cometa, su curva describía una parábola que iba de las once a las cinco del reloj. Me estiré todo lo que pude para recogerlo, pero me quedé a dos palmos, y entonces lo comprendí: «McGraw va a ser jugador profesional de béisbol».

Era algo que, de manera no del todo consciente, siempre había sabido, al menos desde que McGraw tenía dieciséis años y los ojeadores de los California Angels habían ido a verlo jugar al instituto. Pero ese día vi, sentí en la dolorida palma de mi mano, que el niño con el que me había criado jugando a lanzar y recoger pelotas, venerando a los Mets, se me había adelantado y estaba a punto de alcanzar nuestro sueño de infancia. Pronto lo ficharían para las Grandes Ligas, seguramente los Mets, y su nombre se convertiría en algo cotidiano para la gente. Sería el primer Met de la historia en forzar un juego sin *hit*. Sería el próximo Tom Seaver, mientras que yo, Edward R. Murrow-ringer, Mr. Salty, sería el chico de las fotocopias más viejo del *Times*. Era posible que McGraw tuviera algún día su placa en el Paseo de la Fama, y durante la ceremonia los hombres del bar hablarían en susurros de los dos primos, de lo distintos que habían salido.

Sentí una punzada de envidia, y también una inyección de orgullo, pero sobre todo sentí vergüenza. Al ver a McGraw repasar su repertorio de lanzamientos, al observar su seriedad, su diligencia, entendí que mi primo era algo más que un jugador de primera división que despuntaba. Era un artesano entregado, y las recompensas que había obtenido como consecuencia de trabajar duro iban mucho más allá del dominio del efecto y el cambio de trayectoria: poseía el dominio sobre sí mismo. No sólo trabajaba duro porque tuviera talento, sino porque sabía que trabajar duro era el camino correcto para el hombre, el único camino. A él no le paralizaba el miedo a equivocarse, como a mí. Cuando me lanzaba un tiro demasiado fácil, o cuando su lanzamiento me pasaba por encima de la cabeza, a él no le importaba. Estaba experimentando, explorando, encontrándose a sí mismo, y hallando, a través de la prueba y el error, el camino hacia una especie de verdad. Por más ridículo que pareciera alguno de sus tiros, por garrafal que fuera el error que cometía, en el lanzamiento siguiente estaba concentrado, confiado, relajado. Ni una sola vez aquella tarde perdió la expresión que tenía cuando éramos niños. Trabajaba duro, sí, pero en ningún momento dejaba de jugar.

Nuestro entrenamiento de ese día, que para McGraw no fue más que un calentamiento suave, supuso para mí un punto de inflexión. En una hora me enseñó más de lo que todos los redactores del *Times* juntos me habían enseñado en los veinte últimos meses. Cuando McGraw regresó a Nebraska, yo volví a la sala de redacción y me convertí en el mejor chico de las fotocopias: me exigía al máximo, me esforzaba al máximo, y cuando terminó el año los jefes de sección decidieron que me había ganado un periodo de prueba. Durante un mes –enero de 1989–, sería periodista a todos los efectos. Después, mi trabajo se sometería a una evaluación formal. Y después, según apuntó un jefe de sección, tal vez me convirtiera en ese único chico de las fotocopias que sobreviviera al falso programa de formación. Primero una alegría inmensa. Y al momento empecé a encontrarme mal.

–Estoy alteradísimo –le dije a Poli Bob–. Me late el corazón.

–El corazón le late a todo el mundo –observó él.

–Pero el mío me late muy fuerte.

–Cuando te deje de latir del todo, me avisas.

–Que no, que te digo que tengo algo malo en el corazón.

–Fúmate un cigarrillo. Tranquilízate.

–Algo va mal, te digo.

Poli Bob me llevó en coche al hospital. Un médico de urgencias me clavó una vía en el brazo y me sometió a diversas pruebas, entre ellas a un electrocardiograma, que dio negativo.

–Es estrés –dijo el médico mientras yo me abrochaba la camisa–. Reduce el estrés.

Sin embargo, a finales de 1988, mi fortaleza contra el estrés se había convertido en mi fábrica de estrés. La Bolsa se había hundido, tras la caída más importante en un solo día desde la Depresión, y quienes trabajaban en Wall Street trasladaban su pesimismo al Publicans. Los brókeres y los agentes, que antes animaban el bar y ponían a todo el mundo de buen humor, se sentaban ahora solos a las mesas de bancos corridos, balbuceando cosas sobre sus «puestos». Lo que había sido un lugar de encuentro para millonarios se había convertido en refugio para los pobres en liquidez. Los dos miembros de una pareja joven y brillante, que solía pasar por el bar cada dos o tres días, vestidos con elegancia, camino del Carnegie Hall o el Lincoln Center, los Gerald y Sara Murphy de Manhasset, entraban ahora cabizbajos, se emborrachaban y discutían. Yo estaba presente cuando ella le lanzó a él un cenicero a la cabeza y le pegó cuatro gritos por acostarse con la *au pair*, y él se los pegó a ella por gastar tanto que iban a tener que vivir en un centro de caridad.

Para mí, aquel desplome de la Bolsa estaría siempre representado por Mr. Weekend. Durante la semana llevaba trajes impecables, camisas blancas almidonadas y corbatas de Hermès. De lunes a viernes nunca alzaba la voz ni se le despeinaba un solo pelo, y cuando me lo encontraba en el tren iba siempre leyendo el *Wall Street Journal*, muy concentrado, como si al poco fueran a examinarlo sobre su contenido. Pero todos los viernes por la noche, sin excepción, tras cinco días de vanos intentos por recuperar su fortuna perdida, el pobre hombre entraba en el Publicans y los camareros le gritaban:

–Me cago en... ¡Mirad todos! ¡Pero si es Mr. Fin de semana!

Entonces le recogían las llaves del coche, mientras él se deshacía el nudo de la corbata y, durante las cuarenta y ocho horas siguientes, Mr. Weekend se dedicaba a saltar de silla en silla, a agarrarse de los postes, a tenderse sobre las mesas cantando *Danny Boy*, y en determinado momento, no se sabía bien por qué, empezaba a hacer flexiones y sentadillas hasta que perdía el conocimiento en la tercera mesa empezando por la puerta, siempre, como si se tratara de su cabina privada en un tren nocturno. Muchas veces pensé en ir a presentarme: ¿Mr. Fin de semana? Soy Mr. Salty. Pero, en realidad, con Mr. Fin de semana no se podía hablar. Aunque sí podías usarlo para poner en hora el reloj, y con la misma certeza con la que podías esperar su llegada el viernes por la noche, podías contar con verlo el lunes por la mañana desfilando, impecablemente vestido, hacia la estación para tomar uno de los primeros trenes. En aquellos momentos costaba saber si era más un Mr. Fin de semana sonámbulo o un Mr. Día de Cada Día que acababa de despertar de una pesadilla.

En el Publicans muy pocos eran conscientes de ello, pero de entre todos nosotros, el más afectado por el desplome de la Bolsa había sido Steve. Su bar en el la zona baja de Manhattan tenía problemas. Steve había ideado el concepto de un Publicans de lujo, en la zona de los Muelles, en una época en la que la gente se enjuagaba la boca con champán. Pero ahora la gente volvía a recortar cupones de descuento de los supermercados. Lo último que se le ocurría a la gente era gastarse el dinero en un filete más caro de la cuenta y en una botella de vino más cara de la cuenta. Steve se preparaba para perder millones, tal vez perdiera su casa si los bancos se ponían duros. Pero ya había perdido su activo más valioso: la confianza en sí mismo. El bar de Manhasset estaba bien, pero Steve había pretendido triunfar a gran escala, jugar en serio, participar en primera división. Lo más probable era que toda la riqueza de la que había sido testigo en el bar le hubiera llevado a pensar así. Sus propios clientes lo habían corrompido. Había visto a cientos y cientos de personas entrar en el Publicans para celebrar su buena suerte, y en determinado momento decidió que sería divertido unirse a la fiesta en lugar de ser siempre el anfitrión. El Publicans on the Pier era su oportunidad. Creyendo que sería fácil, se había excedido, y ahora, por primera vez en su vida afortunada, estaba fracasando, y fracasando a lo grande, y el Publicans on the Pier era un monumento a su fracaso. Allí estaba, al final del muelle, vacío como una tumba. Una tumba muy bien iluminada por la que Steve pagaba cuarenta y cinco mil dólares mensuales de alquiler.

–Steve no tiene buen aspecto –le dije al tío Charlie días antes del inicio de mi periodo de prueba.

Los dos nos volvimos a mirar a Steve, que se encontraba en el otro extremo de la barra, enfadado, tambaleante, desconcertado. Ni rastro de su sonrisa de Cheshire. Ni rastro.

–Me recuerda a Hagler en los últimos asaltos –dijo el tío Charlie.

Con unos tirantes nuevos y corbata a juego –regalos de Navidad de mi madre–, fui el primero en llegar al periódico el primer día de 1989. Llevaba los zapatos bien lustrados, el pelo engominado y peinado hacia atrás, los lápices afilados como lanzas. Los jefes de redacción me encargaron una noticia sobre una disputa vecinal en el East Side, que yo abordé como si fuera el Watergate. Escribí ochocientas palabras, que entregué justo antes de que venciera el plazo, y como estaba tan nervioso la noticia me quedó toda desordenada, un lío de arriba abajo. Parecía escrita por Fuckembabe. Los correctores hicieron muchos cambios –cambios radicales, despiadados, del estilo del Profesor Lucifer–, y enterraron la noticia en el interior de la sección de local.

En el tren, cuando volvía a Manhasset, me dije a mí mismo que debía encontrar la manera de evitar que los plazos de entrega me pusieran tan nervioso. Pensé en Cager preparándose para la última carambola en una partida muy igualada de billar. Pensé en McGraw lanzando una pelota con efecto con todas las bases cargadas y el resultado pendiendo de un hilo. Pensé en Poli Bob enfrentándose a otro cadáver flotando en el río, y en el tío Charlie bailando su tango del flamenco mientras los matones planeaban su defunción, y en la cara serena de Joey D mientras dejaba inconsciente a un borracho de una paliza. Relajateniñoturelejatejoder. Pensé en todos ellos, y me ayudó.

A finales de semana, los jefes de sección me enviaron a Brooklyn, donde había muerto una adolescente en un fuego cruzado, en lo que parecía un tiroteo entre bandas rivales. Hablé con sus amigos, sus profesores y sus vecinos. Quería ser escritora, me dijeron. Había empezado la universidad hacía poco, y soñaba con convertirse en la próxima Alice Walker. Su vida, como la mía, apenas estaba empezando, y me sentí muy honrado de poder escribir sobre ella, y con la obligación de informar de su muerte, lo que no me dejaba tiempo para ponerme nervioso. Escribí durante una hora y le di a la tecla de «enviar» de mi ordenador. Los correctores realizaron unos pocos cambios menores, y colocaron la noticia en la primera página de la sección de local. Buen trabajo, me dijeron, sorprendidos.

Hubiera querido pasar por el Publicans para contarle a los hombres que había tenido un buen día, pero me había prometido a mí mismo que durante mi periodo de prueba evitaría el bar. Intentaba no pensar demasiado en mi promesa en ese momento. No quería admitir que pudiera ser un obstáculo para mi éxito, del mismo modo que no quería examinar con demasiado detalle mi dificultad para relajarme tras una larga jornada de trabajo. Despierto, en la cama, mientras oía a Louie el Griego encender la plancha, me preguntaba por qué estaba tan tenso. No era sólo por la ausencia del alcohol, ni sólo por el estrés. Había algo más. ¿Sería esperanza?

A medida que avanzaba el mes, aprendía a tomarme los plazos de entrega con más calma. Empecé incluso a disfrutar, y a comprender mejor qué me había fallado en Yale. Llegué a la conclusión de que el primer paso para aprender era desaprender, despojarse de viejos hábitos y falsas ideas preconcebidas. Nadie me lo había explicado, pero durante mi periodo de prueba se fue haciendo evidente. Con unos plazos de entrega tan marcados, no había tiempo para los viejos hábitos, ni para hacer lo que normalmente hacía antes de ponerme a escribir: preparar listas de grandes palabras y preocuparme por el resultado. Allí sólo había tiempo para los hechos y, así, el aprendizaje surgió de la necesidad, casi a la fuerza. Antes de redactar una noticia para el *Times*, aspiraba hondo y me decía a mí mismo que contara la verdad, y encontraba las palabras, o ellas me encontraban a mí. No tenía ilusiones. No escribía poesía. No escribía muy bien, en absoluto. Pero al menos, lo que veía cada mañana bajo mi firma era distinto. Había cierta claridad en los textos, cierta autoridad, que hasta entonces nunca había conseguido, y mucho menos mientras trabajaba en mi novela sobre el Publicans.

Cuando llegué al ecuador de mi periodo de prueba, uno de los jefes de redacción de más peso le envió una nota al jefe de la sección de local, que a su vez me la pasó a mí. «¿Quién es ese J.R. Moehringer? –le preguntaba–. Por favor, transmítele mi enhorabuena por su buen trabajo.

Cuando me asciendan, cuando me convierta en un periodista de pleno derecho, Sidney se arrepentirá. Cuando mi firma aparezca todos los días en el *Times*, no le pasará por alto, y se dará cuenta de que me juzgó mal. Me telefoneará y me pedirá que la acepte de nuevo.»

Y tal vez lo hiciera. Después de todo yo había cambiado... Tal vez ella también. En un año había pasado de asiduo al bar a reportero. ¿Quién sabía qué habría sido de Sidney?

Me metí en el baño de caballeros del periódico y me planté delante del espejo. Me veía distinto. ¿Más sabio? ¿Más seguro de mí mismo? No lo sabía bien, pero era una mejora clara. Le dije a mi reflejo: pronto te ganarás bien la vida. Tal vez puedas permitirte un apartamento de verdad, sin olores, con cocina. Tal vez te dé para enviar a tu madre a la universidad. Y después, ¿quién sabe? Tal vez te llegue para cortejar a Sidney. Y comprarle un anillo de compromiso, algún día.

Treinta y seis
Stephen Jr.

Días antes de que terminara mi periodo de prueba en el periódico, un jefe de sección me pasó el recorte de un breve del *Times* de aquella misma mañana. Un hombre llamado Stephen Kelley había sido abatido a tiros a la salida de su apartamento de Brooklyn. La policía apuntaba a un caso de violencia entre conductores. El artículo tenía sólo trescientas palabras, pero el jefe de sección había subrayado las cinco o seis más importantes. Kelley era negro, el autor de los disparos era blanco. Peor aún, el autor de los disparos era un policía fuera de servicio. Las tensiones raciales ya se encontraban en un punto álgido en la ciudad, y todavía estaba fresco en la memoria el caso de Howard Beach y Tawana Brawley. Aquella muerte podía fácilmente provocar disturbios e incendiar la calle. El jefe de sección me pidió que investigara un poco, que averiguara quién era Stephen Kelley y que escribiera algo sobre él.

Me fui a Brooklyn con un fotógrafo y llamamos a la puerta de su apartamento. Cuando se abrió, nos encontramos cara a cara con tres hombres del tamaño de McGraw, los hijos adultos de Kelley, incluido Stephen Jr. Les dije que éramos del *Times* y nos invitaron a pasar. Nos sentamos en su salón en penumbra, las cortinas corridas, y los hijos me hablaron con sus voces roncas, desgarradas, de su padre, que al parecer los había criado solo. Era un tipo duro, me dijeron, pero también tenía un gran instinto protector con ellos y se pasaba el día preocupado por sus «chicos». Hacía poco los hijos habían empezado a planear una salida juntos para celebrar que cumplía los sesenta y dos años. Eran seis en total, repartidos por todo el mundo. Todos volverían a casa y organizarían una fiesta. Ahora resultaba que el encuentro tendría lugar ante la tumba de su padre.

Antes de irnos, les prometí a los hijos que publicaría un relato fidedigno de todo lo que me habían contado sobre su padre.

–Una cosa –me dijo Stephen Jr. mientras me acompañaba hasta la puerta–. En varias noticias de prensa han escrito mal nuestro apellido.

–K-E-L-L-E-Y, ¿verdad?

–Así es.

–Créame, me aseguraré de que lo escriban bien. Sé lo importantes que son los nombres.

Estaba en la sala de redacción a la mañana siguiente, leyendo mi noticia mientras me tomaba un café. Alcé la vista y vi al redactor jefe de guardia ese fin de semana.

–Muy buen trabajo –me dijo.

–Gracias.

–Lo digo en serio. Un trabajo excelente. Esta mañana, en la radio, he oído que lo citaban.

–¿En serio?

–Sigue así y te auguro un gran futuro.

Se fue, y yo me eché hacia atrás en la silla. ¿Quién lo habría dicho? Yo, periodista del *New York Times*. Me preguntaba si Sidney habría visto la noticia publicada, y si la habría leído. Quería telefonear a mi madre para leérsela. Pero antes debía llamar a la familia Kelley.

Me contestó un hombre tras el primer tono. Le reconocí la voz: era Stephen Jr.

–¿Señor Kelley? Soy J.R. Moehringer, del *Times*. Sólo le llamo para darle las gracias por ser tan generoso con su tiempo ayer. Espero que el artículo le haya parecido bien.

–Sí, estaba bien. Pero, ¿sabe? Ha escrito mal nuestro apellido.

–¿Qué?

–Que lo ha escrito mal. Se escribe K-E-L-L-Y.

–No lo entiendo. Cuando me iba y se lo deletreé, K-E-L-L-E-Y, usted me dijo «Así es».

–Le dije «así es» queriendo decir que así era como lo habían escrito, mal, los otros periódicos.

–Ah.

El corazón me latía tan fuerte que temía que lo oyera. Si ya me había parecido exagerado el día que Poli Bob me llevó al hospital, el latido de ese día me golpeaba el pecho como si quisiera salirse de él.

–Lo siento mucho –le dije–. Lo siento muchísimo, de verdad. No le entendí bien.

–No se preocupe. Pero si puede asegurarse de que lo corrijan...

–Sí, una corrección. Por supuesto. Hablaré con los editores. Adiós, señor Kelly.

Me metí en el baño y me fumé cuatro cigarrillos. Y arranqué de la pared el toallero, y golpeé con él la papelera, y le di puñetazos a la puerta de un retrete hasta que me pareció que me rompía los nudillos. Me encerré allí e intenté decidir qué debía hacer después. Pensé en meterme en el bar que había al otro lado de la calle y tomarme cinco o seis whiskys. Pero ya habría mucho tiempo para beber en el Publicans. Me planteé no decir nada, con la esperanza de que los jefes de redacción no se dieran cuenta. Pero se lo había prometido al hijo. A Stephen Jr.

Al volver a la sala de redacción vi al redactor jefe de guardia. Me acerqué a su escritorio. Él me plantó una mano en el brazo y les preguntó a los jefes de sección que había por allí:

–¿Qué me decís de Moehinger? ¿Eh?

Pronunció mi apellido en tono melodioso, y casi consiguió que me gustara.

–Buen trabajo –dijeron los demás.

–Un trabajo bien hecho.

–¿Te has fijado en que los teletipos de las agencias intentaban competir con tu noticia? –me preguntó el jefe de guardia–. Pero no han podido. Les faltaba la familia. Pero si ni siquiera han escrito bien el apellido. Lo han escrito Kelly, sin e.

Y se echó a reír, despectivo.

–De hecho –dije yo–. Acabo de hablar por teléfono con los familiares. –Me temblaba la voz–. Al parecer se escribe así, sin e.

El jefe de redacción me miró. Yo seguí hablando.

–El hijo me contó ayer que en los periódicos le habían escrito mal el nombre, incluido éste, por cierto. En nuestro primer breve sobre el tiroteo nosotros habíamos puesto K-E-L-L-E-Y. Así que le dije al hijo: «K-E-L-L-E-Y, ¿verdad?», queriendo decirle, bueno, «Así es como se escribe tu nombre, ¿verdad?». Y él me respondió: «Así es», queriendo decirme «Así es como los demás periódicos lo han escrito mal». Fue un malentendido.

El jefe de redacción cogió un lápiz, lo sostuvo a un palmo de su escritorio, y lo soltó. Parecía como si quisiera hacer lo mismo conmigo. Sus ojos decían a gritos: «Eres hombre muerto». Le sostuve la mirada todo lo que pude, y al final bajé la cabeza. Me fijé en que llevaba unos tirantes preciosos. De color beis, con estampado de chicas que bailaban el hula-hop. Los había visto hacía poco en el escaparate de una tienda cara del East Side.

–Tendremos que publicar una fe de erratas –dijo en voz baja.

–De acuerdo.

–Ya la escribo yo, y cuando la tenga te la envío. Revísala, por favor, y dime si está bien.

Volví a mi escritorio y esperé a que me asignaran el trabajo del día, que no llegó. Lo único que me llegó fue la fe de erratas.

«En un pie de foto y en el artículo del sábado sobre un encuentro en memoria de un hombre de Brooklyn asesinado en el transcurso de una disputa por una plaza de aparcamiento, el apellido del hombre apareció transcrito erróneamente. Se llamaba Stephen Kelly.»

Más tarde, cuando me encontraba en el Publicans por primera vez en veintisiete días, le conté al tío Charlie lo que había hecho. Él le dio un golpe a la barra con el culo de una botella.

–¿Pero cómo ha podido pasar algo así? –dijo.

No sabía bien si estaba enfadado o decepcionado.

Hubiera querido llamar a mi madre, pero había cola para usar el teléfono y, además, nadie de los que hacían cola se había dado cuenta de que en la cabina había un hombre que se había quedado dormido dentro, borracho. Casi mejor. Hacía apenas unas horas había imaginado una llamada triunfante para pedirle a mi madre que empezara a escoger asignaturas, que pensaba enviarla a la Universidad Estatal de Arizona. Ahora me hacía falta algo de tiempo para asimilar mi nueva realidad.

Estaba ya borracho como una cuba cuando llegó Poli Bob.

–He rescatado cadáveres del río que tenían mejor cara que tú –dijo.

Le conté lo que me había ocurrido.

–¿Y cómo ha podido pasar algo así? –me dijo.

–No lo sé.

Aspiró hondo.

–Bueno –dijo–, no le des importancia. Es un error sin mala intención. Para eso les ponen gomas de borrar a los lápices.

–Tú no lo entiendes –le dije, airado–. Los pobres hijos del muerto... Primero un poli les mata al padre, y después voy yo con mi ridículo cuaderno de notas y empeoro las cosas. Y no hay manera de reparar el daño. Ya se han impreso un millón de copias. Están ahí fuera, por todas partes, un millón de copias que proclaman a gritos mi incompetencia. Cuando esos ejemplares en papel desaparezcan, el error permanecerá. Microfilms. Nexus. Y el error no lo he cometido en el *Sacramento Bee.* Lo he cometido en el Periódico Más Vendido. Gracias a mi estupidez habrá que incluir una fe de erratas. Y lo peor de todo es que el error no fue sobre la edad de ese hombre, ni sobre su color de pelo. El error lo he cometido con su nombre. Otra cosa no, pero, precisamente, creo que debería ser capaz de escribir correctamente un nombre, ¿no?

Me daba cuenta de que Poli Bob llevaba un rato mirándome mal. Al principio había supuesto que me escuchaba con atención, pero no, era evidente que mi monólogo lo estaba poniendo fuera de sí. Parecía herido, puesto en entredicho, y me miraba tan fijamente que casi se me pasó la borrachera de golpe. Tenía algo que decirme, algo importante. Pero, fuera lo que fuese, se tragó sus palabras. Lo vi escoger mentalmente un camino distinto.

–¿Y por qué «precisamente»? –me preguntó.

–Porque...

Ahora me tocaba a mí tragarme mis palabras. Podría haberle contado por qué los nombres eran importantes para mí, pero ya había tenido bastante ese día, no quería sentirme más expuesto. Negué con la cabeza y le dije, no importa, y entonces los dos miramos al frente, clavamos la vista en los genitales de la vidriera de Jane la Loca, sin decir nada. Finalmente, Poli Bob me plantó la mano en el hombro.

–Vete mañana al periódico –me dijo–, y haz como si no hubiera pasado nada. No. No hagas como si no hubiera pasado nada. Haz como si hubiera pasado algo pero tú estuvieras por encima de ese algo.

–Sí.

–Hazme caso. No hay para tanto, J.R. Tú no sabes qué es cometer un error.

Treinta y siete
Poli Bob

Con el fin de mi periodo de prueba, también terminó mi periodo de abstinencia. Volví al Publicans a jornada completa, con saña. Me hundí en el bar, me atrincheré en él, me convertí en un mueble más del bar, como la *jukebox*, como Fuckembabe. Comía en el Publicans, pagaba mis facturas en el Publicans, llamaba por teléfono desde el Publicans, celebraba mis días de fiesta en el Publicans, leía y escribía y veía la tele en el Publicans. En las cartas, a veces, anotaba la dirección del Publicans en el remitente. Lo hacía en broma, pero no era mentira.

Necesitaba, no menos que el alimento que comía y el agua que bebía, el hola diario del bar, los gritos de alegría de todos, que se volvían cuando entraba como si ni en mí ni en el mundo hubiera nada malo. «¡Pero bueno! –decía un camarero– ¡Mirad qué nos han traído por aquí!» «¿Hola qué tal? Ajá, ¿Cómo está usted, nana nana?», cantaba otro. «Pero mira quién está aquí», decía el tío Charlie, pronunciando el saludo que más me gustaba de todos.

Una noche, al entrar en el bar, vi a Joey D detrás de la barra. Levantó la vista del periódico.

–Este sitio es como una filtro de secadora –dijo, sonriendo–. Pilla todo lo que vuela por el aire.

Señalé a Poli Bob.

–Será por eso que hay tanto ruido –dije.

Poli Bob ahogó una risa. Joey D aplaudió.

–Vuelves en forma, joder –dijo. «Vuelvesenformajoder.»

Y me salvaron la noche.

A veces el bar me parecía el mejor sitio del mundo, y otras creía que era el mundo entero. Tras un día particularmente duro en el *Times,* encontré a los hombres sentados en círculo en la esquina de la barra del tío Charlie. Habían dispuesto unos adornos de cóctel en forma de sistema solar, un limón a modo de sol, y movían una aceituna a su alrededor, explicando por qué en Nueva York anochece antes que en California, por qué cambian las estaciones, cuántos milenios nos quedan hasta que todo se vaya a la mierda. Yo me coloqué detrás de ellos, dejando que su conversación orbitara a mi alrededor. ¿Y qué es eso del agujero negro? Una cosa que chupa todo lo que le pone en el camino. O sea, que es como mi ex. Exacto, pero más pequeño. Pienso contarle lo que acabas de decir. Un agujero negro es como el Gran Cañón pero con más *gravy.* Con más *gravy,* no, gilipollas. Con más gravedad. ¿Y yo qué he dicho? Para distinguirlos, piénsalo así: El universo se sostiene gracias a la gravedad; tu mujer se sostiene gracias al *gravy.* No uséis una aceituna para la Tierra. Las aceitunas me dan asco. ¿Qué tienes contra las aceitunas? Los huesos. No me gustan las cosas de comer que me atacan. ¿Pero quién coño se ha comido Marte? Lo siento, es que es veo una cereza y no puedo evitar comérmela. Pero bueno, ¿cuánto mide la Tierra, joder? Mide cuarenta mil kilómetros de circunferencia. Parece casi una distancia que se podría hacer a pie. Pero si a ti no te gusta ir a pie ni a la esquina a comprar el *Daily News.* ¿Y me estás diciendo que todos los que estamos en este garito vamos a ciento siete mil kilómetros por hora en este momento? Ahora entiendo por qué estoy tan mareado.

Los hombres dejaron de hablar y miraron, asombrados, su sistema solar hecho con aderezos. Sólo se oía una tos seca, una cerilla encendiéndose, a Ella Fitzgerald haciendo ruidos con la boca, y durante una fracción de segundo me pareció que podría oír el zumbido del Publicans surcando el cosmos.

Necesitaba la impredecibilidad del Publicans. Una noche entró en el bar un actor famoso. Su madre vivía cerca, y había venido a visitarla. Ninguno de nosotros podía dejar de mirarlo. Aquel actor había protagonizado películas clásicas con los mejores intérpretes de su generación, y ahí estaba, en el Publicans, pidiendo un vaso de suero de leche. Le dijo al tío Charlie que siempre se protegía el estómago con suero de leche antes de ponerse a beber en serio. La noche avanzaba, y el tío Charlie se metió con él, en broma, diciéndole que era el menos viril de todos los hombres importantes con los que había trabajado. El actor no captó el sentido del humor del tío Charlie. Se sintió ofendido. Se subió a la barra y empezó a hacer flexiones, hasta que el tío Charlie lo retiró todo y admitió que El Actor era tan masculino como cualquier otro hombre sobre la capa de la tierra.

Necesitaba los momentos de calma del Publicans. Algunos de mis mejores recuerdos son esas tardes deprimentes y lluviosas de domingo, justo después de mi periodo de prueba, con el bar vacío y unas pocas personas tomándose su *brunch* al fondo. Yo me comía unos huevos y leía el suplemento de libros del periódico mientras Mapes, el camarero de los domingos, enjuagaba vasos en un agua jabonosa. Me sentía como si acabara de entrar en mi cuadro de Hopper favorito, *Noctámbulos*. Incluso Mapes se parecía al capullo del mostrador, que se inclinaba sobre el fregadero con cara de pájaro. Un rato después, Mapes se subía a un taburete con peldaño y le sacaba brillo a las letras de latón en las que, sobre la barra, se leía «Publicans», y yo lo observaba, envidiando su concentración. Ojalá pudiera concentrarme en las palabras como tú te concentras en esas letras de latón, le decía. Y él asentía moviendo la cabeza. Hasta muchos años después no caí en la cuenta de que Mapes jamás me dirigió una sola palabra.

Una de aquellas tranquilas tardes de domingo oí que alguien, detrás de mí, gritaba: «¡Junior!».

Al volverme vi a Jimbo, el camarero relajado de rostro angelical, que acababa de regresar de la universidad. ¿De dónde habría sacado Jimbo la idea de llamarme Junior? Sólo Steve me llamaba así. Entonces me acordé de que Steve era como un padre para él, que sus padres se habían divorciado cuando era joven. Supuse que habría oído a Steve llamarme así, y él repetía como un loro todo lo que Steve decía. Lo miré amenazador. ¿Qué otra cosa podía hacer? Era demasiado grande para tumbarlo de un golpe. Se parecía a Babe Ruth pero en joven.

Se inclinó sobre mí, echándose a un lado, para ver qué libro estaba leyendo.

–¿*Desventuras de un fanático del deporte*? –dijo–. ¿De qué va?

Tal vez fuera porque me había llamado Junior, o tal vez porque me había tomado un bloody mary de más, de aquellos que preparaba Mapes, pero el caso es que ya no pude aguantar más. Y Jimbo pagó el pato.

–No soporto esa pregunta –le dije–. No soporto que la gente pregunte de qué va un libro. La gente que lee buscando una trama, la gente que chupa las historias como si fueran la nata de una galleta Oreo, debería quedarse con los cómics y las telenovelas. ¿Que de qué va? Todos los libros que merecen la pena van de emociones y de amor y de muerte y de dolor. Va de palabras. Va de un hombre que se enfrenta a la vida. ¿Te vale así?

Mapes miró a Jimbo, me miró a mí y meneó la cabeza.

Jimbo había trabajado en el Publicans desde los catorce años. Se había criado jugando al escondite con el hijo de Steve, Larry, en los túneles que había bajo el bar. «Como Huck y Tom en las cuevas», decía a menudo con orgullo. Jimbo había llegado incluso a conocer a McGraw, su mejor amigo mientras estudiaron en el instituto, en una noche de pizzas que se celebró en el Publicans después de uno de sus partidos de béisbol. Tal vez fuera el único joven de la localidad que sintiera un amor más profundo que el mío por el bar. De él obtenía lo mismo que yo, la misma clase de alimento emocional de Steve y de los hombres. ¿Y yo intentaba escribir sobre el bar? Pero si el bar era Jimbo.... Era el alma más bondadosa y leal que uno pudiera imaginar encontrar allí. Al recordar todo aquello, al darme cuenta de que Jimbo era hijo del Publicans y, por tanto, mi hermano, me sentí repugnante por haberlo maltratado así. Y me disculpé.

–No te preocupes –dijo. Y era sincero.

Aquélla era una de las mejores virtudes de Jimbo.

Entró Dalton agitando la primera edición de *El hombre de mazapán*, que le había prestado el tío Charlie.

–«Brilla un extraño sol de primavera» –me gritó al oído–. Es la primera frase de esta novela. Eso es poesía, capullo. Eso es lengua inglesa, coño. Te adoro, capullo, pero, sinceramente, nunca escribirás una frase tan buen como ésa.

–En eso estamos de acuerdo –dije.

–¡Tío! –le dijo Jimbo a Dalton, en tono de reproche–. Eso es un poco duro, ¿no?

Miré a Jimbo. Hacía menos de un minuto que yo le había pegado una bronca, y ahora él me protegía. Aquélla era otra de sus grandes virtudes.

Llegó el tío Charlie. Enseguida se puso tras la barra para relevar a Mapes, y se lanzó de cabeza a nuestro club literario. Citó sus párrafos favoritos de *El hombre de mazapán*, y no tardamos en compartir frases de nuestros escritores predilectos, Kerouac, Mailer y Hammett. Alguien mencionó el clásico de culto *Turno de noche*, de Irwin Shaw. Otro lo comparó con una novela corta de Melville.

–¡Melville! –dijo el tío Charlie–. ¡Ah! Es el mejor. *Billy Budd.* ¿Alguien lo ha leído? Billy Budd se parece a Cristo. –El tío Charlie puso los ojos en blanco, miró al cielo y extendió los brazos, como si estuviera crucificado–. Billy acepta que lo ahorquen porque sabe que ha cometido un error. ¿Me seguís? Mata a Claggart accidentalmente y debe pagar. «Que Dios bendiga al capitán Vere», es lo que dice Billy cuando le ponen la soga al cuello, porque hay que cumplir las reglas. Sin reglas lo que hay es anarquía. Billy ha cometido un error y lo paga con la vida... Lo paga por voluntad propia, porque cree en las reglas, a pesar de que él las ha incumplido. ¿Me seguís?

–Creo que la leímos en el instituto –dijo Jimbo–. Me recuerda a..., ¿de qué va?

Me dio un codazo en las costillas. Yo solté una carcajada. Entonces vi a Poli Bob junto a la máquina de tabaco. Su expresión era amenazadora, y supe que debía de haber entrado en el bar sin que yo me diera cuenta, y que debía de haberme oído pegándole la bronca a Jimbo. Seguro que ya me consideraba, definitivamente, un gilipollas.

La noche siguiente Poli Bob vino a por mí en el bar. Me llevó a una esquina y prácticamente me empujó contra la máquina de tabaco. Entendí al momento qué debían sentir sus detenidos.

–Ayer te oí hablar –dijo–. Hablar de libros.

–Sí. No estaba de muy buen humor. Tendría que haber tratado mejor a Jimbo, pero...

–Yo no fui a la universidad, ¿sabes? Fui a la academia de policía al salir del instituto. Mi padre era policía, y mi abuelo también lo había sido. ¿Qué otra cosa iba a hacer? No pienso mucho en ello, pero cada vez que os oigo hablar de libros me siento..., no sé... Como que me quedo al margen.

Empecé a discúlpame, pero él levantó la mano. Poli de Tráfico Bob.

–Yo soy poli –prosiguió–. Soy lo que soy. No me engaño a mí mismo. Pero a veces pienso que tiene que haber algo más. Tengo que ser algo más. ¿Te has dado cuenta de que todos me llaman Poli Bob? Nunca Padre Bob, ni Pescador Bob. Y, claro, nunca Rata de Biblioteca Bob. Me molesta. A ti nadie te llama Chico de las fotocopias J.R.

–Gracias a Dios. Sólo me faltaba eso.

–Bueno –dijo Poli Bob–. He estado pensando, acordándome de cuando te ayudé a subir todos esos libros a tu apartamento, cuando te ayudé con la mudanza, y se me ha ocurrido que..., bueno..., ya sabes...

Yo negué con la cabeza. No, no sabía.

–No sé si –dijo, a trompicones–, si tú podrías prestarme alguno de los libros cuando no los uses.

Mi primer pensamiento fue que, técnicamente, yo no estaba usando ninguno de mis libros. Veía que Poli Bob pensaba en los libros como en herramientas. De hecho, pensaba en casi todas las cosas como en herramientas. Incluso eran herramientas los cócteles que se bebía: destornilladores y rusty nails. Hubiera querido explicarle que los libros no tenían una función tan explícita como las herramientas, que no había una diferencia tan clara entre usarlos y no usarlos. La presencia de los libros me proporcionaba placer, me gustaba verlos alineados en los estantes, en el suelo. Eran el único elemento de redención en mi escuálido apartamento. Mis libros me hacían compañía, me animaban. Y, además, como todos los libros que había tenido desde pequeño estaban mohosos porque los sacaba del sótano, o les faltaba la cubierta, era muy maniático con ellos. No anotaba nada en los márgenes, no doblaba sus páginas para marcar los puntos, y nunca se los prestaba a nadie, y mucho menos si eran las primeras ediciones que me regalaban los jefes de sección de la *Times News Review*, el suplemento literario del periódico, cuando realizaba entrevistas breves con los autores. Pero, claro, a Poli Bob no podía contarle nada de todo aquello, porque habría sonado muy poco generoso, y por eso le dije que si quería podía pasar por casa al día siguiente y llevarse los libros que no estuviera usando.

Después hice algo que estaba mal: seleccioné un denso y sesudo análisis sobre la situación en Oriente Próximo, de 842 páginas, y una aburridísima historia de unos exploradores en el Polo Norte, de 785 páginas, y a la mañana siguiente, cuando Poli Bob entró por la puerta (sin llamar, como McGraw, un privilegio de los hombres corpulentos), le dije que me había tomado la libertad de escoger para él dos libros que seguro que disfrutaría. Sabía que si le entregaba a Poli Bob aquellos dos tochos enormes e impenetrables, ya no volvería a pedirme más.

Juntos, aquellos dos libros pesaban lo mismo que un pavo congelado, y cuando los deposité sobre sus manos extendidas me miró con tal expresión de gratitud y ternura que quise decirle que esperara, que era broma, que le buscaría unos libros que de verdad pudiera disfrutar, libros de London, de Hemingway, de Shaw. Mira, llévate este, *Turno de noche*. Llévate a

Nick Adams. Llévatelos todos, amigo mío Pero era demasiado tarde. Con aquellos dos libros ilegibles bajo el inmenso brazo, Poli Bob ya bajaba saltando la escalera.

Estuve dos semanas sin ver a Poli Bob por el Publicans, y sabía que sólo podía haber una explicación. Se estaba partiendo los cuernos con la lectura de aquellos libros. Aquel hombre había acudido a mí en busca de ayuda para educarse solo, como Hellen Keller, o como Booker T. Washington, y yo lo había boicoteado. ¿Por qué no lo había aplastado con los libros y había acabado con aquella farsa de una vez?

Una ventisca se abatía sobre Nueva York. La mayoría de los comercios y despachos cerraron. Pero el Publicans estaba a reventar. A pesar de que las carreteras eran intransitables, familias enteras acudían al bar en trineo, y pasaban allí casi toda la noche, porque no había luz, ni calefacción en las casas. Yo estaba allí, en el bar, intentando quitarme de encima el frío de mi apartamento, con una bufanda larga al cuello, cuando llegó Eddie Silla de Ruedas. «Rollin' rollin' rollin'», cantó Colt. Colt siempre cantaba el tema de la película *Rawhide* cuando veía aparecer la silla de ruedas en el bar, y a Eddie Silla de Ruedas le sentaba muy mal, lo que hacía que Colt la cantara aún con más ganas. Me eché a reír, y recordé que Eddie Silla de Ruedas vivía justo enfrente de Poli Bob. Le pregunté si había visto a su vecino últimamente.

–Sí –me respondió–. Acabo de verlo. Está en el jardín de su casa construyendo una de esas cabañas de hielo.

–¿Cómo dices?

–Sí, una de esas cabañas que usan los tarados esos del Polo Norte.

–¿De qué coño hablas?

–Es que no me acuerdo de la palabra... Ya sabes... La gente esa que vive en el Polo Norte...

–¿Esquimales?

–¡Eso! ¿Y cómo se llaman las cabañas esas donde viven?

–¿Iglús?

–¡Exacto! Se está construyendo un iglú de esos donde viven los esquimales.

–¿En el jardín de su casa?

Estaba a punto de acercarme hasta allí para investigar un poco cuando Poli Bob en persona se presentó en el bar. Se quitó los mitones, los dejó en la barra y pidió una copa.

Me senté a su lado.

—Eddie Silla de Ruedas me dice que has estado construyendo un iglú —le dije.

Él estornudó y se sopló los puños.

—La idea la he sacado del libro que me diste —dijo.

—¿Había fotos de iglús en el libro?

—El libro habla de todos aquellos ingleses que se fueron como señoritas a explorar el Polo Norte en el siglo XIX, y caían como moscas porque se negaban a hacer como hacían los esquimales. Los británicos iban al polo como quien va a Piccadilly Circus, y no se adaptaban al..., cómo se dice..., al entorno. Si hubieran aprendido a construir iglús, no habrían muerto. Qué tontos los cabrones esos.

—O sea, que has leído entre líneas y se te ha ocurrido la manera de construir un iglú y has decidido intentarlo tú.

—Te voy a decir una cosa, J.R., nunca te agradeceré lo bastante que me hayas prestado ese libro. No podía despegarme de la silla.

—¿En... serio?

—Es que no podía dejarlo. Por eso no he venido por aquí. Estaba leyendo.

—¿Y el de Oriente Medio?

—Ése lo leí primero.

Trazó una breve sinopsis de la crisis palestina.

—Me alegro de que no te diera por construir un campo de refugiados en el patio de tu casa. ¿Y ya te has terminado los dos libros? ¿Mil seiscientas páginas? ¿En dos semanas?

Poli Bob se encogió de hombros. No había para tanto. A partir de ese momento me prometí a mí mismo que Poli Bob tendría libre acceso a todos los libros que yo no necesitara.

Poli Bob ya era mi mejor amigo en el bar, pero el nacimiento, ese invierno, de nuestro club de lectura (formado por dos únicos socios) transformó nuestra amistad. Empezamos a pasar juntos más tiempo fuera del bar. Él me enseñaba cosas —a cambiar una rueda, a poner un cebo en un anzuelo, a beber rusty nails: mezcla infernal de whisky escocés y Drambuie–, y yo le correspondía enseñándole a él a reescribir los informes policiales con un estilo más claro. No se trataba de un intercambio equitativo. Nuestras sesiones de escritura me beneficiaban a mí más que a él. Yo no lograba convencerlo nunca de que era mejor poner «el hombre dijo» que «el interfecto declaró». Y siempre dudaba cuando me oía a mí mismo decirle a Poli Bob que no era buena idea llenar sus partes policiales de palabras grandilocuentes.

Cuando los dos teníamos el mismo día libre, Poli Bob y yo nos montábamos en su lancha Penn Yann restaurada, de seis metros de eslora, y nos acercábamos con ella a la ciudad. Él me prestaba una de sus chaquetas del Departamento de Policía de Nueva York para que no pasara frío, y navegábamos en círculos alrededor de la Estatua de la Libertad pescando platijas, o entrábamos a South Street Seaport. Yo me quedaba de pie en la proa de la barca, el agua del mar me salpicaba en la cara, y observaba las nubes que se formaban en lo alto de las torres gemelas. Avanzado el día amarrábamos la lancha en el Muelle 17 para comernos un bocadillo o tomarnos un helado. Siempre asomábamos la cabeza en el Publicans on the Pier, y siempre estaba vacío. Poli Bob meneaba la cabeza al ver la larga hilera de taburetes vacíos.

–Steve se ha metido en un buen problema –decía.

–Problema –decía yo, que lo sentía por Steve, pero que al oír aquella palabra pensaba siempre en Sidney.

Éramos un dúo atípico, el poli y el chico de las fotocopias, pero es que, en Poli Bob había muchas cosas atípicas. El narrador estoico. El lector salvaje. El tipo duro de corazón blanco. Una vez le oí contar una anécdota sobre sus hijos tan tierna que a Cager se le llenaron los ojos de lágrimas. Cinco minutos después le pregunté a Poli Bob si su mujer se ponía celosa alguna vez cuando tenía guardias de noche.

–Qué va –me dijo–. Sabe que no soy una marica irlandesa.

Le dije que no conocía aquella expresión.

–Una marica irlandesa –me explicó– es un tío que dejaría un bar para estar con una tía.

Desde que empezó a llevarse libros prestados, Poli Bob parecía otra persona. Hablaba más, y era más proclive a expresar su opinión sobre diversos asuntos esotéricos. Los libros parecían proporcionarle no tanto opiniones nuevas como una confianza renovada en las que ya tenía. No es que estuviera contento, exactamente, pero parecía menos agobiado, e incluso caminaba algo más ligero. Ya no entraba en el bar cargando con el peso del mundo sobre los hombros. Por eso me sorprendió encontrarlo una noche en el bar, triste, taciturno, bebiendo a grandes tragos un rusty nail tras otro.

–¿Qué pasa, piesplanos?

Me miró como si no nos conociéramos.

–¿Has trabajado hoy?

–He ido a un funeral.

Había dejado sobre la barra los guantes blancos de su uniforme.

–¿Lo conocías bien?

No me respondió.

–Pareces muy afectado.

–No me gustan los funerales. Sobre todo si son de policías.

Me habló de la ceremonia. El ataúd cubierto por la bandera. Manos enguantadas, blancas, saludando con firmeza. Gaitas. No había nada en el mundo, dijo, que se te clavara tanto en el alma como el sonido de una gaita.

–¿Pero tú no conocías al policía asesinado? –le pregunté.

–Yo los conozco a todos.– Se frotó los ojos y apuró el resto del rusty nail como si fuera un té helado–. No has buscado nunca mi noticia en el *Times*, ¿verdad?

–No.

Esperó, como si las palabras ascendieran desde las profundidades de su interior. Cuando era novato, me contó, más o menos de mi edad, iba con una patrulla cuando oyó disparos.

–¿Sabes eso que dicen de cuando todo va a cámara lenta? –me dijo–. Pues es verdad. Corres y corres y es como si tuvieras los pies atados a dos bloques de cemento.

Dobló una esquina, se encontró con un callejón sin salida y delante de él había un hombre apuntando a otro con una pistola. Cuando Poli Bob gritó, el hombre armado se volvió y lo apuntó a él. Poli Bob disparó y lo mató al instante.

–Dios mío –dije.

–Y eso no es todo –dijo él–. El tipo al que maté era policía. Llevaba diecinueve años en el cuerpo. De paisano. Intentaba detener al otro.

Varios amigos del policía muerto exigieron la renuncia de Poli Bob, incluso después de que la investigación concluyera que la muerte había sido accidental. «Accidental», repitió Poli Bob. Los amigos no estaban conformes. Lo siguieron, lo rodearon, lo atacaron, le dieron una paliza. Por eso lo habían trasladado a Puertos, me contó. Necesitaba un sitio donde esconderse, donde trabajar discretamente.

–¿Tenía... familia ese policía? –le pregunté.

Poli Bob clavó la mirada en el tablero de la barra.

–Un hijo –me respondió–. Se suicidó un año después.

Todas las conversaciones que había mantenido con Poli Bob regresaron a mi mente en un segundo. Pensé que habría formulado mis frases de manera muy distinta de haber conocido ese aspecto de su pasado. Pensé en mi rabieta por el error tipográfico con el apellido de Kelly. Recordé haberle dicho que ése era un error con el que debería convivir el resto de mi vida, y haberle repetido una y otra vez que había perjudicado aún más a los hijos de Kelly, después de que un poli matara a su padre.

Le dije a Poli Bob que lo sentía mucho. Él rechazó mis disculpas agitando la mano.

–Fue un error sin mala intención –me dijo–. Ya te lo dije, por eso les ponen gomas de borrar a los lápices. Pero J.R., créeme, a las pistolas no les ponen esas gomas.

Treinta y ocho
Michelle y la Reina de los Mares

Mucha gente creía que el Publicans era la mansión Playboy de Manhasset. En cuanto que refugio, el sexo era uno de los cimientos del bar, por lo que tenía cierto sentido que la gente practicara el sexo sobre aquellos cimientos, por todo el local: en el aparcamiento, en los baños, en el sótano... No cabía esperar que la gente que se quitaba las inhibiciones bebiendo resistiera el impulso más imperioso de todos los que existen. Incluso los empleados se veían arrastrados por la corriente emocional. Una vez, a una camarera y a un cocinero los pillaron montándoselo sobre la misma tabla de picar carne en la que Fuckembabe preparaba las hamburguesas. A partir de ese momento empezaron a circular bromas sobre el sabor tan raro de aquella especialidad de la casa, y el tío Charlie nunca se cansaba de preguntar a sus clientes si querían sus hamburguesas «entre dos panes».

Con todo, en la primavera de 1989, el nivel de energía sexual del Publicans se multiplicó por diez. Se declaró una epidemia virulenta de fiebre primaveral, y todos iban por el bar como aturdidos, aunque sólo un observador atento era capaz de detectar que dicho aturdimiento era distinto del que se daba el resto del año. Todos los días, al atardecer, salíamos a la puerta del bar en grupos de veinte o treinta, hombres y mujeres, y contemplábamos el cielo de abril, que iba adquiriendo una tonalidad azul oscura, etérea –un azul Maxfield Parrish–, comentó una camarera cuando volvimos a entrar. Después de habernos pasado todo el invierno metiendo en el bar nieve sucia y barro cuando entrábamos, ahora arrastrábamos con nosotros un trozo de aquel cielo azul.

El Actor volvió. Nos dijo que había venido a visitar a su madre, pero era mentira. Tenía el corazón roto y buscaba consuelo. Lo había rechazado una actriz de segunda, una rubia explosiva muy sexy que nos ponía cachondos a todos. Muchas noches El Actor traía su guitarra al Publicans y cantaba baladas españolas tristes –se parecía un poco a Neil Young–, mientras Dalton le recitaba poemas de Rilke a una rubia increíble de Upper Hudson Valley, con la que decía que quería casarse. Incluso el tío Charlie tuvo una novia aquella embriagadora primavera. Agachaba la cabeza para meterse en la cabina del teléfono y le cantaba: *My Funny Valentine*. No se molestaba en cerrar la puerta, por lo que todos teníamos que oírlo. Tampoco se molestaba en ver qué hora era antes de llamarla, y a su novia no le hacía demasiada gracia que la despertara a las dos de la madrugada. Ella se lo hacía saber, y él dejaba de cantar y la reñía por regañarlo, y seguía cantando, y la canción sonaba más o menos así: «*My funny Valentine*... cállate la boca, joder... *Sweet comic Valentine*... quieres hacer el favor de cállate de una puta vez... *You make me smile with my*... ¡Quédate tranquila mientras te dedico una serenata, hija de puta!».

Como los cerezos de Virginia y las falsas acacias que florecían por toda la bahía de Manhasset, de la noche a la mañana el bar se llenaba de una nueva remesa de mujeres. El tío Charlie y yo las veíamos aparecer a nuestro alrededor.

–¿De dónde vienen? –me preguntaba–. ¿De dónde vienen todas estas mujeres, J.R., y adónde van?

Lo preguntaba en abstracto, existencialmente, pero lo cierto era que muchas de ellas venían de Helsinki y de Londres, y trabajaban como *au pairs* para las familias ricas del pueblo. Otras eran nuevas dependientas contratadas por Lord & Taylor. Y al menos unas diez eran las nuevas enfermeras de urgencias del North Shore. Había, además, un montón de alumnas universitarias y de posgrado que vivían con sus padres hasta que conseguían apartamento en la ciudad. Entre ellas se encontraba Michelle.

Tenía el pelo negro azabache, unos ojos castaños, cálidos, con un círculo canela en el centro. En su voz había más humo de tabaco que en el bar, y eso la hacía parecer fuerte. Lo era, pero también era tímida. Se acobardaba delante del tío Charlie, pero al momento se volvía y se burlaba de mí porque llevaba corbatas y tirantes «prestados». A mí Michelle me gustaba mucho. Me gustaba su manera de reírse, en silencio, su manera de abrir la boca uno o dos segundos antes de soltar la carcajada. Me gustaba su sonrisa, que en otra época se habría definido como «cautivadora».

Me gustaba conocer a su familia desde siempre. McGraw y yo habíamos jugado en la Liga Menor con su hermano. Habíamos salido juntos muy pocas veces, pero yo ya albergaba grandes esperanzas sobre nuestro idilio, incluso después de que me confesara que una vez se había acostado con McGraw.

—¿McGraw y tú? —le dije—. No es posible.

—Íbamos a séptimo, y fue en una fiesta. Tomamos ron con... leche, creo.

—Pues sí. Entonces era McGraw.

Michelle era perfecta, lo mejor que Manhasset podía ofrecerme. Yo debería haberme echado en sus brazos, dedicado todo mi empeño a ganármela, pero me costaba ser el hombre que ella merecía. Después de Sidney, y de varios intentos fallidos por reemplazarla, no estaba seguro de si seguía creyendo en el amor romántico. Mi único objetivo con las mujeres era evitar que me engañaran de nuevo, lo que implicaba mantenerme distante, no comprometerme, como la propia Sidney. Además, no sabía qué hacer ante una mujer como Michelle: leal, amable, sincera. Sus virtudes chocaban con mi experiencia y con mis expectativas rebajadas.

Así pues, mantenía a raya a Michelle, mientras, ocasionalmente, me encontraba con una mujer muy maquillada que era la combinación perfecta de discreción y ausencia de discriminación. Cuando anunciaban que era hora de cerrar, ella me miraba desde el otro lado del local, levantaba el pulgar y ponía cara de pena. Si yo bajaba mi pulgar ella se encogía de hombros y me decía adiós con la mano. Si lo subía, se bajaba del taburete y salía del bar en ese mismo instante y a los cinco minutos nos encontrábamos delante de Louie el Griego. Cuando «Pulgarcita» no estaba a mano pasaba el rato tonteando, y sin llegar a ninguna parte, con una *au pair* británica de nariz chata que hablaba como Margaret Thatcher y me arrastraba a largas conversaciones sobre la batalla de Hastings y el almirante Horatio Nelson. Su acento me distraía, y su pasión por la historia británica me resultaba difícil de compartir, pero me fascinaba su piel, que era como de porcelana fina, y sus ojos, que eran zafiros. También salí varias veces, sin éxito, con una alumna de posgrado a la que había conocido en la ciudad y que tenía una visión bohemia de la higiene. Llevaba el pelo enredado, la ropa arrugada, los pies sucios. Yo pasaba por alto su desaliño por las virtudes que lo redimían: una inteligencia imponente y unos pechos en forma de peras. Cuando me contó que estaba escribiendo su tesis sobre la vida marina de la ciudad de Nueva York, la llevé de inmediato al Publicans y le presenté a Poli Bob. Ella le contó a él qué era lo que nadaba por los ríos y los puertos, y él le contó a ella qué era lo que flotaba en ellos. Apenas se fue al baño, Poli Bob me agarró del brazo y en un aparte me dijo, emocionado:

–¡No me puedo creer que hayas encontrado a una tía con esas tetas y que sepa tanto de peces!

Sin embargo, a Cager no le gustó la chica. Me pidió que cortara con la Reina de los Mares de inmediato.

–¿Por qué?

–Es demasiado... lista.

Yo me burlé de él.

–Toda tuya.

Horas después, en mi apartamento, la Reina de los Mares y yo estábamos tendidos en el suelo, escuchando a Frank Sinatra.

–¿Por qué te gusta tanto Frank Sinatra? –me preguntó.

Nunca nadie me lo había preguntado. Intenté explicárselo. La voz de Sinatra, le dije, es la voz que la mayoría de hombres oye en el interior de su cabeza. Es el paradigma de la masculinidad. Tiene el poder al que los hombres aspiramos, y la confianza. Y, aun así, cuando Sinatra está herido, afectado, su voz cambia. No es que desaparezca la confianza, pero por debajo aparece un atisbo de inseguridad, y oyes los dos impulsos guerreando por su alma, oyes toda esa confianza y esa inseguridad en cada nota porque Sinatra te deja que las oigas, se expone desnudo, algo que los hombres rara vez hacen.

Satisfecho con mi explicación, subí el volumen. Estábamos oyendo una grabación de las primeras canciones de Sinatra con Tommy Dorsey.

–¿Y siempre te ha gustado? –me preguntó la Reina de los Mares.

–Siempre.

–¿De niño también?

–Sobre todo de niño.

–Interesante. –Se pasó un dedo por el pelo, deteniéndose en un nudo–. Hacía tiempo que quería preguntártelo. ¿Tu padre dejó algo en casa cuando tus padres se separaron? ¿Alguna foto?

–Mi madre las tiró todas.

–¿Ropa?

–Dejó algún jersey de cuello alto. Cosas así. Cuatro mierdas.

–¿Y qué más?

Cerré los ojos.

–Me acuerdo de algunos libros de cocina italiana que tenían manchas de salsa de tomate en las cubiertas.

–¿Y?

–Recuerdo un montón de discos viejos de Sinat... –volví la cabeza. La Reina de los Mares parecía triste, pero orgullosa, casi como si se vanagloriara, como si acabara de resolver el desenlace de una novela de misterio tras leer la primera página.

–Sí –dijo–. Tenía que haber un motivo.

–Supongo que empecé a escuchar a Sinatra cuando dejé de oír la voz de mi padre en la radio.

Me levanté y empecé a caminar de un lado a otro.

–¿Te he asustado? –me preguntó ella.

–¿Lo dices por haberme sacado unas revelaciones dolorosas? Nada, nada...

Estuve despierto casi toda la noche, y a la mañana siguiente me despedí para siempre de la Reina de los Mares. ¿Quién sabía qué otras verdades perturbadoras descubriría en breve? Lo único que me costó fue decírselo a Poli Bob, que esperaba verla más veces. Pero cuando le conté lo que había ocurrido, lo entendió. Más que muchos otros hombres, Poli Bob creía que las cosas hundidas en el fondo de los puertos deben subir solas a la superficie, por voluntad propia.

Le di las gracias a Cager por haberme puesto sobre aviso, y me disculpé por haber dudado de él. A diferencia de la Reina de los Mares, él no se vanaglorió.

–Con las tontas –me dijo–. Tú quédate con las tontas, niño.

Lo decía medio en broma, pero a partir de entonces dejé de llamar a Michelle. Consideraba que desaparecer de su vida era un acto de amabilidad hacia ella. Las mujeres me confundían tanto que lo único que conseguía era hacerles perder el tiempo. Ella se merecía lo mejor, y yo no me merecía a nadie que estuviera por encima de Pulgarcita.

Un día, poco después de tomar mi decisión respecto a Michelle, estaba tomándome una copa con Dalton y su nueva novia. Peter estaba al otro lado de la barra, leyendo unas páginas mías. Le dije a Peter que, si bien su labor de corrección había mejorado, la mía como escritor estaba empeo-rando. Todo está empeorando, le dije. Peter empezó a decirme unas pala-bras de aliento, pero yo, como un sonámbulo, me fui hasta la cabina del teléfono y marqué el número de Sidney.

Eran las dos de la madrugada. Respondió un hombre. ¿Era Hijo de Papá? No dije nada. Lo oía a él intentando oírme a mí.

–¿Quién es? –oí que decía Sidney desde el fondo.

–No lo sé –respondió Hijo de Papá.

Quise pedirle que me pasara a Sidney, pero lo que hice fue empezar a cantar *My Funny Valentine*. Estaba bastante borracho, aquella fiebre pri-maveral me había vuelto bastante descarado, pero no estaba del todo se-guro de que cantar fuera la mejor manera de recuperar a Sidney, y a pesar de que la confianza y la inseguridad guerreaban en mi alma, me colga-ron el teléfono.

Treinta y nueve
El redactor jefe

Aquella misma primavera le levanté a mi madre el embargo telefónico que le había impuesto. Volví a llamarla regularmente desde la sala de redacción. Ella no me preguntó por qué había dejado de hacerlo, ni por qué ahora la llamaba de nuevo: lo entendía mejor que yo, y retomó la conversación donde la habíamos dejado, ofreciéndome palabras de aliento, consejos sensatos. A veces, en el bar, repetía algunas de las cosas que me decía –sin citarla, por supuesto– y los hombres me felicitaban por mi sagacidad.

Sigue escribiendo, me decía mi madre. Sigue intentándolo. Tal vez si yo olvidaba el desastre de Kelly, en el *Times* también lo harían. Para mí aquello era demasiado esperar, pero seguí su consejo porque no se me ocurría qué otra cosa podía hacer.

Semanalmente, en la sección inmobiliaria del *Times* aparecía una página menor que llevaba por título «Si está pensando en mudarse a...». Cada domingo se destacaba una localidad, y yo propuse un artículo dedicado a Manhasset. El redactor jefe me dio el visto bueno, y durante semanas me dediqué a recorrer Plandome Road entrevistando a la gente en relación con mi pueblo. Me gustaba volver a hacer de reportero, y me lo pasaba muy bien aprendiendo cosas sobre Manhasset, como por ejemplo que los Hermanos Marx se desplazaban hasta allí con el único propósito de emborracharse. Sin embargo, cuando me senté en la sala de redacción con mis notas, estaba más bloqueado que cuando intentaba escribir mi novela sobre el bar. Perseguido por la voz de Stephen Kelly Jr., me dedicaba a comprobar una y otra vez, de manera compulsiva, la ortografía correcta de todos los nombres, de todas las palabras, y no pasaba de los primeros párrafos. Finalmente, una tarde tranquila de domingo me llevé el artículo al Publicans y me senté con Mapes. Mientras él pulía las letras de la barra, yo me dedicaba a pulir mis palabras. Escribí todo el reportaje a mano, en el bar, razón por la cual, tal vez, la historia que contaba empezaba y terminaba allí. La palabra con la que cerraba la página era «Publicans».

El reportaje salió en abril de 1989. Cando entré en el Publicans esa noche, Steve me estaba esperando. Vino hacia mí con la cara más colorada que de costumbre. Pensé que estaba furioso. Tal vez había escrito mal el nombre del bar.

–¡Junior! –exclamó.

–¿Sí?

Me dedicó su más amplia sonrisa de Cheshire, la que reservaba para sus amigos del alma y para sus grandes victorias de sóftbol, y me abrazó con fuerza.

–¡Qué trabajo tan precioso! –dijo.

Vi que tenía el periódico abierto sobre la barra, y que con la Heineken a modo de pisapapeles lo mantenía abierto en mi página.

Mi relato era trivial, un repaso muy neutro de Manhasset –escuelas, precios de las viviendas, ese tipo de cosas–, más dos menciones al lugar de encuentro más importante de la localidad. Pero Steve actuaba como si yo hubiera escrito *Finnegans Wake*. Me dijo que tenía dominio de las palabras, y yo di un paso atrás y lo miré, pues sabía que ése era uno de los mayores cumplidos que podía dedicarte. Steve era un hombre de palabras. Se notaba en el cuidado que había puesto al elegir un nombre para su bar, y un apodo para cada uno de nosotros, y en el tipo de público que su bar congregaba: cuentacuentos con pico de oro, maestros de la labia, floridos narradores. Además, tal vez más que los demás hombres, Steve sentía gran amor por los periódicos, y ver que su local aparecía mencionado en el mejor rotativo del mundo era una de las mejores cosas que le habían ocurrido últimamente. Yo había conseguido que, por un tiempo breve, apartara su mente del otro Publicans, el Publicans moribundo, que estaba en la bancarrota. Él se mostraba tan elogioso conmigo, tan amable, que me dejé llevar y le conté que esperaba poder escribir algún día una novela sobre el Publicans.

Él reaccionó con un grado de entusiasmo parecido al de mi madre cuando se lo anuncié a ella más o menos en el mismo punto del bar en el que ahora nos encontrábamos él y yo.

—Ajá —dijo.

Su reacción me desconcertó, y al recordarlo más tarde me planteé si no sería que Steve ya consideraba que el Publicans ERA un libro. Al entrar por la puerta uno tenía siempre la sensación de acceder a una obra de ficción a medio crear. Tal vez Steve había intentado suscitar esa sensación de manera deliberada cuando le puso al bar el nombre de Dickens. Había creado su propio universo dickensiano, en el que no faltaba ni la niebla: las volutas de humo de cigarro y cigarrillo. Había bautizado incluso a los personajes. Quizá el Publicans fuera la Gran Novela Americana de Steve, y le pareciera que no tenía sentido que otra persona escribiera otra novela sobre él.

Pero entonces me dije que a lo mejor era sólo que Steve tenía muchas cosas en la cabeza.

A los jefes de redacción les gustó mi reportaje, pero no tanto como para hacerles olvidar mis pecados anteriores. Me informaron de que mi caso se sometería pronto a la consideración final. El comité secreto se reuniría y decidiría de una vez por todas si J.R. Moehringer estaba hecho para el *Times*, y para ayudarles en sus deliberaciones se me pidió que escribiera una carta de una sola página abordando la siguiente cuestión: «¿Por qué un graduado en Yale tiene tantos problemas para escribir correctamente las palabras?».

Poli Bob meneó la cabeza cuando le hablé de aquel encargo tan humillante. Me estaba planteando escribir al comité secreto una carta con unos cuantos insultos bien escogidos, todos ellos escritos correctamente, pero él me dijo que no me inmutara, que hiciera lo que el comité me había pedido. Tú tranquilo. Estás en el tramo final, como quien dice.

Un día me quedé a trabajar hasta tarde, y estaba redactando el borrador de mi carta de «losientosoyburro» dedicada al comité cuando recibí la llamada de Babe, mi compañera de facultad amante de los bares, la única de todos mis amigos y amigas que había llegado a «conocer» a JR Maguire. Me invitó a tomarme una copa en un bar de Broadway que le gustaba. Cuando entré, ella se echó a mis brazos.

—¡Vamos a colocarnos! —me dijo.

—¡Tendrás que obligarme!

Pedimos martinis. Nos los sirvieron en copas grandes como capirotes boca arriba. Babe me puso al día de los cotilleos de nuestra clase. Le pregunté por Jedd Reencarnado. Habían coincidido hacía poco en una fiesta y se veía genial. Mientras hablaba conmigo no dejaba de mirar al camarero. Cada vez que las copas empezaban a vaciarse, le hacía una seña para que nos trajera otra ronda.

–¡Eh! –protesté–. ¡Que yo todavía no he cenado! Voy a caer redondo.

Ella le dijo al camarero que no me hiciera ni caso, que siguiera trayendo martinis.

Cuando estaba a punto de terminarme el tercero, ella se echó hacia delante y me preguntó:

–¿Estás borracho?

–Pues sí, bastante.

–Bien. –Se echó hacia atrás–. Sidney se casa.

Hay doscientos seis huesos en el cuerpo humano, y yo de pronto tuve conciencia de todos y cada uno de ellos. Clavé la vista en el suelo, después en los pies de Babe, después en el camarero, que estaba ahí de pie, con los brazos cruzados, los ojos entornados, observándome atentamente, como si Babe le hubiera advertido de lo que iba a ocurrir.

–No sabía si debía decírtelo –me dijo Babe llorosa.

–No, no, has hecho bien. Cuéntame todo lo que sepas.

Ella lo sabía todo. Se lo había contado una amiga de la mejor amiga de Sidney. Sidney se casaba con Hijo de Papá.

–¿Ya han fijado la fecha?

–El fin de semana del Memorial Day.

–Está bien, ya basta. No quiero saber nada más.

Quería pagar cuanto antes y largarme al Publicans.

El viernes anterior al fin de semana del Memorial Day yo estaba separando copias de papel carbón en la sala de redacción, pensando en Sidney y en cómo sobrevivir a las siguientes setenta y dos horas. Alcé la vista y vi que tenía al lado a la secretaria del redactor jefe a cargo del programa de formación.

–Llevaba un rato buscándote –me dijo, señalando con el lápiz el cubículo del redactor.

–Pues estaba aquí. No me he movido.

–Yo he mirado y no estabas.

–Habré salido a buscar bocadillos.

–Qué lástima. Quería verte. –Abrió mucho los ojos, como queriendo decir que el deseo del redactor jefe de verme era importante y sin precedentes–. Pero ya no está. Se ha ido fuera a pasar el puente. ¿Estás libre el martes?

–¿Son buenas noticias?

Ella abrió más los ojos, apretó los labios y le dio la vuelta a una llave invisible.

–¿Son buenas noticias? –volví a preguntarle.

Ella le dio otra vuelta a la llave y la tiró hacia atrás, por encima del hombro. Y entonces me dedicó una sonrisa cálida, de felicitación.

–¡Me ascienden!

–El martes –insistió ella.

Qué perfecto. Qué adecuado. El mismo fin de semana en que Sidney iba a convertirse en la señora de Hijo de Papá, yo me convertiría en periodista del *New York Times*. Si hubiese estado en mi escritorio cuando el redactor jefe quiso verme, tal vez hubiera podido pasarme el fin de semana recreando la escena feliz, lo que me habría ayudado a apartar la imagen recurrente de Sidney avanzando camino del altar.

No, me dije. Así será mejor. La expectación será más dulce.

Una vez más, en el Publicans estaban viendo el Sexto Partido cuando fui a anunciarles que me habían ascendido. Los hombres lanzaron servilletas al aire y me vitorearon. Me pasaron la mano por el pelo, despeinándomelo, y le suplicaron al tío Charlie que les concediera el honor de invitar al periodista a su primera copa como periodista. Steve insistió en que mi ascenso tenía algo que ver con mi reportaje sobre Manhasset, al que él seguía refiriéndose como «el artículo del Publicans».

Decidí pasar mi último fin de semana como chico de las fotocopias yendo a visitar a mis amigos de facultad en New Haven. Aún algo resacoso tras la gran celebración en el Publicans, tomé un tren a primera hora del domingo. Me puse triste cuando el tren se detuvo en la estación de Sidney, pero era una tristeza que podía tolerar. Las cosas nos estaban saliendo bien a los dos. Habíamos emprendido caminos distintos, y ahora habíamos llegado a la vez a nuestros respectivos destinos. Todo tenía sentido. Nada había ocurrido porque sí. Si me hubiera dedicado a conquistar a Sidney aquellos últimos tres años, a intentar alejarla de Hijo de Papá, no habría tenido la energía necesaria para convertirme en periodista del *Times*. Aun así, pensaba, debía de estar preciosa avanzando hacia el altar, el pelo rubio recogido, la cara arrebatadora cuando Hijo de Papá le retirara el velo. No quería ni imaginar el daño mucho mayor que me habrían causado aquellas imágenes si mi gran día no estuviera también a la vuelta de la esquina.

Antes de ir a ver a mis amigos de Yale, visité al más fiel de todos: el olmo frondoso. Me senté bajo el árbol, tomándome un café y sintiendo que había llegado muy lejos. Me paseé un poco por el campus, deteniéndome junto a todos los bancos y los muros en los que me había desesperado cuando era estudiante. Visité las esquinas y los patios en los que Sidney y yo nos habíamos reído, nos habíamos besado y habíamos planeado nuestro futuro. Oí las campanas de Harkness, comí algo en el viejo café de mi librería, y me sentí más agradecido, más vivo que el día de mi graduación, porque me parecía que esa graduación, la que consistía en pasar de chico de las fotocopias a periodista, era un milagro mayor.

El martes por la mañana me presenté a las nueve en punto a la secretaria del redactor jefe. Ella me pidió que esperara un momento y entró en el despacho. El redactor jefe estaba hablando por teléfono. Vi que ella me señalaba. El redactor jefe me saludó con la mano y me sonrió. «Entra, entra.»

Me indicó que me sentara en la silla que tenía delante.

—Es del extranjero —me dijo en voz baja, señalando el teléfono.

El encargado del programa de formación había sido corresponsal en el extranjero, y tantos años recorriendo el mundo le habían imprimido un aire cosmopolita. Aunque era calvo, tenía la calva muy bronceada, y los vestigios de pelo que le cubrían el perímetro del cráneo eran espesos y rubios. Conseguía que su calvicie resultara chic, envidiable. Llevaba un traje hecho a medida —en Londres, sin duda—, y se notaba que sus zapatos, de cordones, color chocolate, estaban hechos a mano en Italia. Alguien me había contado una vez que ese redactor jefe llevaba años comprándole los zapatos al mismo zapatero. Me preguntaba si era cierto. También había oído rumores sobre su aventura con una escultural actriz de cine, y sobre su profundo desengaño al descubrir que tenía los pechos operados.

Colgó y entrelazó los dedos sobre el escritorio, y me preguntó cómo me había ido el puente. Le conté que había ido a Yale.

–Ah, claro, no me acordaba de que estudiaste allí –me dijo.

–Sí.

Volvió a sonreírme, con una sonrisa que era casi como la de Steve.

Yo también le sonreí.

–Bien, pues... –dijo–. Como supongo que sospecharás, los editores ya han tenido la oportunidad de revisar cuidadosamente tu trabajo, y es fabuloso. En serio, algunos de los trabajos que has escrito para nosotros son sobresalientes. Por eso me encantaría poder comunicarte mejores noticias. Como sabes, cuando el comité se reúne para evaluar a un candidato, hay redactores que le dan su apoyo y otros que no. Y se vota. No me está permitido decirte quién ha votado qué, ni sus motivos, pero me temo que el resultado final es que no puedo ofrecerte un puesto de periodista.

–Entiendo.

–La sensación predominante es que te hace falta más experiencia. Curtirte más. En un periódico más pequeño, tal vez, donde puedas aprender y crecer.

No dijo nada de incendios de pretzels ni de apellidos mal escritos. No mencionó que mi productividad no era constante, ni mi carta de «losientosoyburro». Era un dechado de compasión y de tacto. Hizo hincapié en que podía quedarme en el *Times* el tiempo que quisiera. Pero, si optaba por irme, si quería acumular la clase de experiencia que sólo se obtiene escribiendo bajo la presión de un plazo de entrega diario, el *Times*, sin duda, lo comprendería, y los redactores me desearían lo mejor y me dejarían partir con unas excelentes cartas de recomendación bajo el brazo.

Tenía razón, claro. Había sido absurdo y presuntuoso por mi parte pensar que estaba cualificado para ser periodista del *Times*. Necesitaba curtirme, curtirme mucho, mucho más de lo que él creía. Le di las gracias por el tiempo que me había dedicado y me eché hacia delante para estrecharle la mano. Me fijé en sus dedos, que venían hacia mí. Eran finos, de uñas impecables. Me apretó la mía con firmeza. La piel era blanda pero no demasiado. No era afeminada. Eran las manos de un pianista, de un mago, de un cirujano. Eran las manos de un hombre maduro, a diferencia de las mías, con las cutículas abiertas, las yemas amarillas de tabaco. Las mías eran las manos de un niño vagabundo. Las suyas habían enviado teletipos con aventuradas crónicas desde zonas en guerra, y acariciado pechos de actrices de cine. Las mías habían cometido errores garrafales, patéticas faltas de ortografía, y casi siempre se habían convertido en garras con una especie de rigor mortis creativo. Me hubiera encantado poder tener sus manos por un día, y dejarle a él las mías. Y su pelo. Al momento me desprecié a mí mismo por desearlo. Ese hombre acababa de decirme que no era lo bastante bueno, y aun así, yo no podía dejar de admirarlo, de envidiarle partes del cuerpo. Aunque él me transmitía unas últimas palabras de aliento, yo ya no lo escuchaba. Me estaba diciendo a mí mismo: «¡Pero enfádate!». Sería más sano, creía yo, gritarle al redactor jefe, o incluso darle un puñetazo. Joey D. hubiera arremetido contra un tipo así, pensé, allí mismo, por encima del escritorio, le hubiera dado una patada. Joey D hubiera agarrado al redactor jefe por ese pelo rubio amarillo que tenía, por ese cerco de pelo sedoso –¿cuánto se gastaba ese tipo en acondicionador?– y se lo hubiera restregado contra la mesa. Me hubiera encantado ser Joey D. Me hubiera encantado ser ese redactor jefe que ahora ya me acompañaba hasta la salida de su cubículo y me cerraba la puerta en las narices.

Caminé varias horas por Manhattan, intentando pensar. Al final llamé a mi madre desde una cabina de Penn Station. Ella me dijo que se sentía orgullosa de mí por el esfuerzo que había hecho.

–¿Por qué no vienes a Arizona? –me dijo–. Y empiezas de nuevo.

–Me voy al Publicans.

–Digo en el futuro.

Pero yo no veía futuro más allá del Publicans.

Cuarenta
Secretariat

Pedí una semana libre en el *Times* y me encerré en mi apartamento. Sólo salía dos veces al día, una por la mañana, para desayunar en Louie el Griego, y otra cuando oscurecía, para acercarme hasta el Publicans. El resto del tiempo me quedaba en casa sentado, en calzoncillos, tomando cerveza y viendo películas antiguas de Cary Grant en una tele portátil en blanco y negro. Nunca como entonces agradecí tanto contar con mis dos habitaciones encima del restaurante. Los olores ya no me importaban lo más mínimo, ni el hecho de que Dalton subiera a dormir la siesta cuando yo no estaba. A pesar de todos sus defectos, aquel apartamento era mi hogar, y por eso fue un mazazo que Don y Dalton me informaran de que iban a ampliar el bufete y necesitaban el espacio. A cambio de unos pocos libros, Poli Bob me ayudó a mudarme de nuevo a casa del abuelo.

La casa estaba atestada –la tía Ruth y varias primas habían vuelto–, pero me dije a mí mismo que no era tan mala idea. Me ahorraría el dinero del alquiler. Estaría un poco más cerca del Publicans. Y vería a McGraw más a menudo, porque ya faltaba poco para que regresara de Nebraska a pasar el verano. Volveríamos a compartir habitación por primera vez desde que éramos niños.

Lo mejor de todo era que McGraw, por fin, era mayor de edad. La legislación estatal de Nueva York había hecho todo lo posible por que McGraw no pudiera entrar aún en el Publicans, elevando la edad mínima para el consumo de alcohol cada vez que él estaba a punto de cumplirla. Pero en 1989 los legisladores finalmente la fijaron en los veintiún años, lo que hizo que McGraw, que acababa de cumplirlos, pudiera al fin visitar el bar sin cometer ninguna ilegalidad. En su primera noche en el pueblo, una semana después de mi traslado, nos zampamos uno de los gelatinosos guisos de la abuela, nos rociamos con colonia y nos fuimos corriendo al Publicans. Yo le sujeté la puerta para que entrara primero.

–Tú primero.

–No, primero tú.

–No, por favor.

–Insisto.

–Las canas primero.

Al final entramos los dos a la vez. Nos recibieron con vítores.

–¡Pero mira a quién tenemos aquí!

–Vaya, vaya –dijo Cager–. Se acabó la natación de los mayores. Los niños han llegado a la piscina.

Los hombres sacaron billetes de sus montoncitos y los agitaron mirando al tío Charlie. Aquello parecía un ataque de pánico bancario.

–¡Sobrinos! –dijo el tío Charlie–. ¡Vuestras copas os las cubren todos!

Los hombres le gritaban preguntas a McGraw. ¿Qué tal el brazo? ¿Cómo te va la temporada? ¿Te has cepillado a la hija de algún granjero últimamente? McGraw las respondía todas tranquilamente, a buen ritmo, como quien da una rueda de prensa en unos vestuarios. Yo me mantenía en un segundo plano, en la penumbra del bar, que parecía un poco más densa esa noche a causa del aura dorada que rodeaba a McGraw. Él era una estrella en Nebraska, y todo el mundo sabía que había batido el récord de ser el pitcher más veces convocado en una primera temporada. El tío Charlie quería conocer todos los detalles de su récord. ¿Cuántas veces había jugado? ¿En qué número de apariciones estaba el anterior récord? El tío Charlie dijo que McGraw sería profesional en menos de tres años. Cobraría una pasta por el contrato, se compraría un coche deportivo, subiría como la espuma en las Ligas Menores, y antes de que nos diéramos cuenta quedaríamos todos en el Publicans para tomar el tren hasta Shea, donde iríamos a ver a McGraw destrozar a los bateadores de las Grandes Ligas.

A pesar de la cálida acogida que le dispensaron, los hombres no sabían bien cómo tratar a ese nuevo McGraw. Como yo, se sentían orgullosos e intimidados por igual. Pasaban de meterse con él, como si aún tuviera diez años, a tratarlo con gran deferencia, como si fuera su rey. A veces me parecía que iban a confeccionarle una corona con tallos de cerezas y cucharas de cóctel. Cager había caminado entre minas en Cu Chi, Poli Bob había esquivado balas en Brooklyn, Fast Eddie había descendido sobre la tierra a casi doscientos cincuenta kilómetros por hora, pero aquella noche todos cedían el paso a McGraw, porque llegar a ser jugador de béisbol profesional era llegar a la cima. Sólo si hubiera estado preparándose para ser el próximo campeón de los pesos pesados aquellos hombres le hubieran mostrado más respeto.

Nadie le hizo más reverencias que Steve. Pegó un grito cuando lo vio desde el otro extremo del bar, y corrió hacia él como un defensa persiguiendo a un *fullback* en el campo.

–¡Pero mirad el tamaño de este niño! –gritó Steve, que siempre había adorado a McGraw. Desde que era muy pequeño, su risita característica lo entusiasmaba, y aquel verano de 1989 Steve necesitaba todas las risitas a su alcance. Estaba tan preocupado que empezaba a perder la cabeza. Muchos de los hombres comentaban que estaba bebiendo demasiado. Tenías que beber mucho en el Publicans para que la gente se diera cuenta, y más aún para que lo comentara.

Pero además de jalear a McGraw, Steve también le estaba dando la bienvenida al Club de los Hombres Corpulentos. Él también lo era, y le gustaba que hubiera otros tipos de envergadura, porque se relacionaba mejor con ellos, y aquella comodidad que demostraba con McGraw me llevó a pensar en la conspiración y la primacía de los hombres grandes. Yo era de estatura y tamaño medios, pero aquella noche, al lado de Steve y de McGraw, flanqueado por Cager y Poli Bob, por Smelly y por Jimbo, me sentía como una brizna de hierba en un bosque de secuoyas.

Steve le preguntó a McGraw si el atleta estrella asistía a clase alguna vez. McGraw palideció. Le encantaban sus clases, dijo. Habló de sus estudios, de sus lecturas, con tal pasión, tan a la defensiva, que me recordó a Poli Bob.

–Este semestre he leído *El ruido y la furia* –dijo–. El libro entero. Es un libro difícil. Es un libro muy jodido. Por ejemplo, hay una parte en la que Benjy pilla a Caddy haciéndoselo en un columpio hecho con un neumático. El profesor dice mi nombre en clase y me pregunta: «¿Qué crees tú que significa esa escena?». Y yo le respondí: «Practicar el sexo en un columpio... no parece fácil», y el profesor me dijo que nunca había oído una aproximación como ésa a Faulkner.

En ese momento se desencadenaron dos discusiones simultáneas, una sobre Faulkner y otra sobre radiales de correa de acero.

Pero ese Faulkner era un borracho o qué, ¿eh? Por cierto que tengo que ponerle ruedas de nieve a mi Chevy. Todos los escritores son unos borrachos. ¿Cuánto piden por unas ruedas nuevas hoy en día? En ese caso tal vez yo tendría que hacerme escritor, si lo único que hace falta es beber. Antes de poder escribir tienes que saber leer, atontado. De todos modos, ¿qué significa ese título, *El ruido y la furia*? Creo que he visto unas Michelin de oferta en Sears. McGraw dice que es de Shakespeare. Pues si tanto sexo practican en esas ruedas quizá sería mejor que el libro se llamara *El ruido y la Firestone*. ¿Cómo puede Firestone plagiar de esa manera a Shakespeare? Dirás Faulkner. ¿Y yo qué he dicho? Has dicho Firestone, Einstein. Ése sería un buen seudónimo: Firestone Einstein. Si alguna vez participas en el Programa de Protección de Testigos Amenazados, así es como puedes llamarte. No le plagia. Se trata de una «ilusión» literaria. Tengo que dejar de beber. Mañana me voy a Sears a ver esas ruedas Michelin. No me acuerdo de ninguna obra de Shakespeare que se titulara *El ruido y la furia*.

–¡Es de *Macbeth*! –estuve a punto de gritar yo, pero no quería ser el empollón enclenque que no se integra y que no para de hablar de Shakespeare. A los hombres les interesaba McGraw, no Shakespeare, así que seguí fumando, callado, sin decir nada.

Cuando su ceremonia de coronación terminó, McGraw regresó conmigo. Yo estaba en la otra punta del bar, hablando con Poli Bob.

–Y el tío aparece en su yate –me estaba contando Poli Bob–, y ve los cadáveres atados a mi barca de patrulla, y grita: «¡Eh! ¿Qué cebo usa?».

McGraw y no nos reímos. Poli Bob se fue a hacer su donativo al baño, y McGraw me preguntó qué había de nuevo en mi vida. Le puse al día de mis desgracias, desde el incidente de Mr. Salty hasta la Debacle Kelly, culminando en la boda de Sidney y mi no promoción.

–Brutal –dijo él–. Sobre todo lo de Sidney. Es tu Daisy Bohannon.

–Buchanan.

–Como se diga.

Me impresionó que McGraw hubiera leído *El gran Gatsby*, y que se acordara, y que lo citara. Me contó que él también tenía a su Daisy, una chica de Nebraska que llevaba un tiempo jugando con su corazón.

—Es tan guapa... que es fea —me dijo—. No sé si me entiendes.

Cuando volvió, le preguntamos a Poli Bob si alguna vez había tenido alguna Daisy. Puso cara de no entender nada. Me dije a mí mismo que la próxima vez le traería un ejemplar de *El gran Gatsby* al bar. Está claro que no lo estoy usando, pensé.

Esperaba pasar ratos con mi primo ese verano, pero jamás pensé que se convertiría en mi sombra. En lugar de levantar pesas, descansar y mantenerse en forma para su temporada final, McGraw se acodaba en la barra del Publicans noche tras noche, sin despegarse de mi lado. Cuando le preguntaba por qué intentaba batir mi récord de apariciones en el Publicans en una misma temporada, él me sonreía, pero después torcía el gesto. Se pasaba la mano por el hombro, y parecía a punto de echarse a llorar. Algo iba mal.

Había empezado a darse cuenta a principios de año, mientras lanzaba. Un tirón. La pelota se había desviado, y lo supo. No le hizo el menor caso al tirón, ni a los que siguieron, y siguió lanzando con dolor, y batió el récord. Pero ahora el dolor le resultaba insoportable. No podía levantar el brazo. No dormía. La tía Ruth lo había llevado a varios especialistas, me contó, y todos le habían diagnosticado tendinitis del manguito del rotador. La única esperanza que le quedaba para volver a jugar en su posición era la cirugía, pero no quería someterse a ella. Los riesgos eran excesivos, dijo. Podía perder por completo la movilidad en el brazo.

Pero inmediatamente después McGraw me sorprendió contándome la verdadera razón por la que no quería operarse: había perdido el amor por el deporte.

—Estoy cansado —me dijo—. Cansado de entrenar, cansado de viajar, cansado del dolor. Cansado. Ni siquiera sé si voy a querer levantar un bate de béisbol en lo que me queda de vida.

En los dos últimos semestres de universidad, me confió, lo que le apetecía era leer, pensar, mejorar sus calificaciones, y se había planteado incluso matricularse en Derecho.

—¿Derecho?

Intenté disimular mi sorpresa. Cuando me recuperé del shock, le prometí que haría todo lo que pudiera para ayudarlo en cualquier cosa que decidiese hacer.

–Gracias –me dijo–. Pero el problema no eres tú.

–¿Tu madre?

Él dio un trago de cerveza.

–Ruth está en pie de guerra.

McGraw me dijo que aquella misma mañana le había contado a su madre lo que acababa de contarme a mí, y que ella se había desquiciado.

Tan pronto como volvimos a casa del abuelo, entendí que McGraw no exageraba: la tía Ruth estaba ahí sentada, muy tiesa, esperándonos. Nos acorraló en la cocina, y me preguntó si McGraw me había contado lo de su brazo.

–Sí.

–¿Y tú qué le has dicho?

–Que lo apoyaré en todo.

Respuesta equivocada. Ella alzó la mano y la apoyó en la encimera de la cocina, y los vasos del Publicans que había en los armarios vibraron. Movía los ojos a un lado y a otro, muy deprisa, como si buscara algún objeto que lanzar contra el suelo. Pero lo que lanzó fueron palabras, las palabras más afiladas que le había oído decir nunca. Los gritos de la tía Ruth de los últimos veinticuatro años parecían un calentamiento para esa noche. Gritó que McGraw y yo éramos unos cobardes, unos cobardes de la peor calaña, porque no nos daba miedo el fracaso, sino el éxito. Éramos como todos los hombres de la familia, dijo, y a pesar del miedo que me daba, lo sentía por ella, porque estaba claro que la habían decepcionado muchos hombres, desde su padre hasta su hermano, pasando por su marido y, ahora, su único hijo. Tenía el corazón destrozado. Aunque quería apartarme de ella, la compadecía, y la comprendía, porque quería lo mejor para McGraw, como yo. No quería que él dejara de jugar sólo porque sintiera dolor. Quería que siguiera adelante a pesar del dolor. Como mi madre, la tía Ruth había seguido adelante a pesar del dolor durante toda su vida. Había soportado años y más años de trabajos precarios, pobreza y decepciones, y la tristeza de tener que volver a casa del abuelo una y otra vez, y lo único que la había hecho seguir adelante, a veces, había sido la esperanza de que la vida fuera distinta para sus hijos, que sus hijos fueran distintos. Y ahora sentía que McGraw iba a ser lo mismo, y aquello le causaba un dolor tan intenso al menos como el que él sentía en el hombro. Cuando McGraw le dijo que quería dejar el béisbol, la tía Ruth no oyó su voz. Oyó un coro de voces masculinas diciéndole «Lo dejo», y ella lo soltó todo, y se puso a gritar de angustia y de rabia, y al cabo de un momento yo salí huyendo de la cocina. McGraw quiso seguirme.

La madre de McGraw le bloqueó el paso. Él se agachó y pasó por debajo de su brazo extendido, pero ella lo interceptó y lo acorraló contra una pared. Entonces él bajó la cabeza, como un boxeador, como si estuviera contra las cuerdas y se zafara de la tía Ruth. Ella seguía soltándole palabras desde allí, lo llamaba vago, loco, fracasado, raro y cosas peores. Yo intenté interponerme entre ellos, le suplicaba que lo dejara en paz, pero como llevaba ya tanto tiempo fuera de casa había olvidado que la furia de la tía Ruth era como el viento. Soplaba cuando soplaba, y paraba cuando paraba. Y aunque de niños nunca habíamos tenido ningún sitio donde ocultarnos, en ese momento nos sentíamos especialmente expuestos. Yo estaba sin apartamento, el Publicans cerraba de noche, y ninguno de los dos tenía coche. Además, no contábamos con la ayuda de los abuelos. Ni cuando éramos más jóvenes les entusiasmaba enfrentarse a la tía Ruth, y ahora que eran mayores se mantenían todo lo lejos de ella que podían.

McGraw y yo no tuvimos más remedio que meternos en nuestras respectivas camas, en la habitación del fondo, y alejarnos de la tormenta. La tía Ruth se pasó al menos media hora gritándonos delante de la puerta, hasta que, bruscamente, se quedó en silencio y dio un portazo. Los dos nos quedamos allí, boca arriba, intentando respirar más despacio, devolver el corazón a su ritmo normal. Pasaron cinco minutos. Oí que la respiración de McGraw seguía alterada. Y entonces la puerta se abrió de par en par y la tía Ruth volvió a empezar.

A la mañana siguiente la encontramos ya sentada a la mesa de la cocina, dispuesta a seguir.

Y así era todas las noches. La tía Ruth nos esperaba despierta cuando volvíamos del Publicans y nos gritaba cuando pasábamos junto a la puerta. Sólo nos quedaba una opción: no salir nunca del Publicans. Nos escondíamos en el bar hasta que amanecía, y ni siquiera la tía Ruth aguantaba tanto rato despierta. Nuestro sistema era infalible. La tía Ruth sabía que nos ocultábamos de ella, y sabía dónde, pero no podía hacer nada. Aun en su turbulento estado emocional reconocía la neutralidad inviolable del bar, que era algo así como una embajada suiza. Sabía que el tío Charlie y los hombres no permitirían que una madre acorralara a su hijo en el bar, aunque algunas noches la tía Ruth enviaba a alguna de las hermanas pequeñas de McGraw hasta allí para que hablara con él, para que lo avergonzara. En aquellas ocasiones, el sentimiento de vergüenza de McGraw, de *déjà vu*, su miedo a haberse convertido ya, oficialmente, en su padre, resultaba palpable, y nos llevaba a todos a beber un poco más.

Hacia mediados de ese verano McGraw y yo empezamos a planear una huida más permanente y radical. Él se iría de Nebraska, yo dejaría el *Times*, y nos iríamos de mochileros por Irlanda, dormiríamos en albergues cuando tuviéramos dinero, y en los verdes prados, bajo las estrellas, cuando estuviéramos sin blanca. Trabajaríamos a veces, preferiblemente en pubs, lo que nos llevaría a encontrar empleos de jornada completa, y ya nunca volveríamos. Esbozábamos los detalles de nuestro plan en servilletas de cóctel, con gran solemnidad, como si se tratara de algo más noble, más complicado, y no de una ronda de pub en pub. Se lo expusimos a los hombres, y a ellos les pareció una buena idea. Les recordaba a sus viajes de juventud. Joey D. nos contó que había ido al Caribe con el tío Charlie. Una mujer de aquellas que hacían vudú miró al tío Charlie y dijo: «Este mala magia». Se rio tanto al recordarlo que se le saltaron las lágrimas, tanto que tuvo que secarse los ojos con una de las servilletas de cóctel en la que habíamos diseñado nuestro plan irlandés.

Telefoneé a mi madre y le conté lo de Irlanda. Ella aspiró hondo. A ti no te hacen falta unas vacaciones. Lo que te hace falta es levantarte del suelo y volverte a subir al caballo. Pedir trabajo en periódicos más pequeños, hacer lo que te recomendaron en el *Times*, y después, dentro de un par de años, volver a pedirles trabajo a ellos. Aquello me sonaba a la misma cantinela del «vuelve a intentarlo» que no me había llevado a ninguna parte, y yo quería, precisamente, decirle adiós a todo aquello. Le dije a mi madre que estaba «cansado», escogiendo conscientemente aquella palabra que le había tomado prestada a McGraw, sin tener en cuenta que estaba llena de significado para ella. Mi madre llevaba veinte años cansada, me dijo. ¿Desde cuándo estar cansado era excusa para dejar de intentar algo?

Ahora McGraw y yo teníamos algo más en común. Además de haber puesto punto final a nuestras respectivas trayectorias profesionales a la vez, los dos chocábamos con nuestras madres. Así que ese verano, una y otra vez, recurríamos a los hombres del Publicans, y como si de un corredor humanitario para hijos pródigos se tratara, ellos nos ocultaban no sólo en el bar, sino también en el Shea Stadium, en Gilgo, en casa de Steve, y sobre todo en el hipódromo de Belmont, donde hicimos un cursillo acelerado en el deporte de reyes impartido por el rey de Belmont: Cager.

A Cager le encantaban los hipódromos. Cager vivía para las carreras. Cager hablaba de las carreras con un lenguaje romántico que McGraw y yo nos moríamos de ganas de aprender, hasta el punto de que yo, a veces, tomaba notas en el reverso de mi hoja de apuestas, intentando captar el vocabulario de Cager, su cadencia, su voz.

–¿Ves a ese adiestrador del cinco? Es muy bueno con los de dos años, por eso me encanta el cinco, a lo mejor apuesto veinte a su hocico, pero ese siete, chicos, ese sale a ocho a uno, un precio que no estaba nada mal para un diablo de la velocidad como ése, os lo digo yo. Pero bueno, el aficionado que llevo dentro me dice que vaya a por el siete, a por el siete, pero después bajo la vista y veo los entrenamientos de la mañana del cuatro y veo que ha corrido a cuarenta y nueve, mientras nosotros todavía dormíamos la mona del Publicans de ayer, y eso es volar. Por otra parte, o por otra pata, mejor dicho, seguramente el nueve va a salir como un bandido porque le encanta el barro, siempre le ha encantado el barro, ¿y no veis que está empezando a llover? Podría estar en la meta tomándose una Budweiser mientras los demás aún corretean como cerdos. O sea que estoy pensando que a lo mejor me decido por un diez-diez al nueve y al cuatro, o apostar al cinco y al nueve y dejar diez dólares para el siete, a ver si gano algo. ¿Qué os parece, chicos? Vamos a las ventanillas, que ya sabéis lo que dicen: «Sólo en el hipódromo las ventanillas dejan limpia a la gente, y no al revés».

Un día llegamos tarde al hipódromo, y McGraw estaba nervioso por si nos perdíamos la primera carrera. Al acercarnos a la verja de entrada, Cager se detuvo frente a la estatua gigante de *Secretariat* para presentarle sus respetos. McGraw se apoyaba primero en un pie y después en el otro, como si se estuviera meando.

–Sólo queda un minuto para que empiece la primera carrera –dijo.

Cager, sin apartar la vista de la estatua, le dijo a McGraw con voz serena que había dos reglas que todo aficionado a los caballos debía respetar en todo momento, y que la primera de ellas era: «No tengas nunca prisa por perder dinero».

–¿Y cuál es la segunda? –preguntó McGraw.

–Asegúrate siempre de que, al terminar, te quede algo de dinero para comparte un pretzel caliente.

Después de tres carreras, Cager había ganado ya varios cientos de dólares. McGraw y yo, en cambio, habíamos perdido cien. Vimos que él doblaba el fajo de billetes y se lo metía en el bolsillo de la camisa.

–¿Qué vas a hacer con todo ese dinero? –le preguntó McGraw.

–Invertirlo.

–¿En serio?

–Sí. En Budweiser.

Entre carreras, Cager apoyaba los pies en el respaldo del asiento que tenía delante y nos preguntaba qué creíamos que íbamos a hacer con nuestras vidas, ahora que nuestras madres y nuestras carreras nos habían rechazado. Le comentamos la idea de ir a Irlanda. Le dijimos que esperábamos ganar lo bastante en las carreras para emprender una peregrinación a nuestra tierra ancestral.

–¿Y después qué? –preguntó Cager–. No os podéis pasar el resto de la vida sentados en un pub. Un momento, un momento. ¿Pero qué coño estoy diciendo?

McGraw dijo que se estaba planteando matricularse en Derecho, o tal vez en alistarse en el ejército. Yo le hablé del Yukón. Había oído que en el *Anchorage Daily News* buscaban periodistas, y les había enviado recortes de mis trabajos. El redactor jefe me había enviado una carta alentadora. Cager se echó hacia delante de golpe, y estuvo a punto de escupir la cerveza por la nariz. Y después, muy amablemente, me dijo que yo en el Yukón no duraría ni diez minutos.

Vimos que conducían los caballos hasta las puertas de salida y que los metían en los cajones. Los jinetes, en fila, inclinados sobre las grupas de los caballos, parecían camareros sentados en el bar. Le pregunté a Cager si se acordaba de la legendaria carrera de *Secretariat* en Belmont.

–Como si hubiera sido esta misma mañana –me dijo–. Yo estaba aquí.

Nos describió la carrera, cada paso, y aunque habíamos oído el relato, y habíamos visto películas, nada igualaba la explicación de Cager. Se me erizaban los pelos de la nuca. Hablaba de *Secretariat* con una reverencia que reservaba sólo para dos personas: Steve y Nixon. Si hasta la estatua de *Secretariat* podría ganar a todos estos caballos, añadió. Señaló el punto exacto en que el purasangre se había separado del resto. Yo veía su fantasma galopando hacia la meta, dejando entre él y los demás caballos varios campos de fútbol de distancia. Oía al público, sentía los miles de ojos clavados en el galope incesante de un animal. La gente tenía lágrimas en los ojos, dijo Cager. ¡Llegó a la meta con treinta y un cuerpos de ventaja! ¡Treinta y uno! Él ya estaba allí... y el resto todavía iba por allá atrás. Qué alarde... Cada vez que un atleta se desmarca del grupo de esa manera... se me pone la piel de gallina. Qué pasión.

Me di cuenta de que Cager pronunciaba aquella palabra, «pasión», dándole más énfasis, y pensé en que la pasión puede compensar otras cosas. Todos los detalles de la carrera, la velocidad, el talento y el peso y el mal tiempo, todos los factores que determinaban quién gana y quién pierde, la pasión los anulaba. Me sentí ridículo envidiando a un caballo, pero lo cierto era que, fuera animal o persona, qué bueno sería ganarme el respeto de un hombre como Cager. Para ello, me preguntaba, ¿tendría que ser un ganador? ¿O era más cuestión de distanciarme del grupo?

Cuando llegó la última carrera, McGraw y yo ya habíamos perdido todo nuestro dinero.

–Esperabais ganar lo suficiente para viajar a Irlanda –dijo Cager– y no tenéis ni para un café irlandés. Así son las carreras, chicos.

–Pero para un pretzel caliente nos alcanza –replicó McGraw orgulloso, sosteniendo en la mano tres billetes de dólar arrugados–. En el carrito de los pretzels que había a la salida del hipódromo, McGraw se volvió hacia mí–. Éste se ve quemado –me dijo, señalando un pretzel humeante–. ¿Quieres llamar al *Times* para informar?

–Oh, oh –dijo Cager.

Aquella noche, más tarde, después de la hora de cierre, McGraw y yo intentamos recuperar parte del dinero perdido jugando al póquer del mentiroso en el Publicans. Los otros jugadores eran Cager, Colt, Don, Fast Eddie, Jimbo y Peter, que atendía la barra.

–¿Cómo va la escritura? –me preguntó Peter.

–Nunca me había ido mejor.

–¿En serio?

–No, pero estamos jugando al póquer del mentiroso. ¿Lo pillas?

McGraw y él me miraron con lástima.

El tío Charlie sacaba un billete de su montón y se lo llevaba a la frente, como Carnac el Magnífico.

–Sin mirar –decía–, apuesto tres cuatros.

Entonces miraba el billete, y encendía una cerilla para ver con ella, porque todas las luces del bar estaban apagadas.

–Cuatro cincos.

–Cinco ochos.

–Los veo.

Al amanecer, el camión de la leche se detuvo frente a la puerta trasera.

–Última mano –dijo Cager.

McGraw y yo le dimos una propina a Peter, contamos el dinero y descubrimos que éramos los grandes ganadores de la velada. Con lo que habíamos ganado no nos alcanzaba para irnos a Irlanda, pero sí para volver a Belmont. Volvíamos a casa, y yo llevaba las ganancias, cientos de billetes de un dólar que eran como un puñado de hojas secas. Alcé la vista y vi la luna. Esa luna es muy bonita, le dije a McGraw. Lo que tú digas, dijo él. Tenemos que darle una propina a esa luna por ser tan bonita, dije yo. Le lancé todos los billetes a la luna, los arrojé hacia el cielo tan arriba como pude, y me quedé ahí, en medio de Plandome Road, con los brazos muy abiertos, dando vueltas mientras descendían en cascada.

–¿Qué coño haces? –dijo McGraw corriendo en círculos a mi alrededor y recogiendo los billetes. Cuando intentaba recuperar un dólar que revoloteaba sobre la doble línea continua, el camión de la leche estuvo a punto de atropellarlo.

–McGraw atropellado por el camión de la leche –dije yo–. Eso sí sería irónico.

Horas después McGraw me encontró en el peldaño de la entrada trasera, tomándome un café, con la cabeza apoyada en la mano.

–Tío –dijo, encendiendo un cigarrillo–. Nunca te había visto tan borracho.

Pues aún no había visto nada.

Cuarenta y uno
Hugo

Frustrada ante nuestra estrategia de escondernos de noche en el Publicans, la tía Ruth abrió un segundo frente: empezó a faltar a su trabajo de recepcionista en la ciudad. Llamaba para decir que estaba enferma, y de esa manera podía gritarle a McGraw toda la mañana y toda la tarde. Él le suplicaba que lo dejara en paz, pero ella le prometía que no pararía hasta que aceptara operarse del hombro y seguir jugando a béisbol. McGraw le decía a su madre que ya no podía aguantar más gritos, que quería volver a la universidad. Ella le decía que no volvería nunca: no pensaba pagarle el billete de avión hasta que pasara por el quirófano.

A principios de agosto McGraw se rindió. Estaba dispuesto a cualquier cosa con tal de poner fin a aquellos gritos, se lamentaba, sentado entre Jimbo y yo en el bar. Ella gana, dijo, y Jimbo y yo nos dimos cuenta de que volvía a tartamudear.

La tía Ruth se llevó a McGraw al hospital días después, una mañana de calor bochornoso. Cuando se fueron, él parecía aturdido, y asustado cuando regresó aquella misma tarde. Estaba seguro de que jamás recuperaría la movilidad del brazo. A mí me preocupaba más que recuperara su risita. Él quería echarse en la cama y descansar, pero la tía Ruth le tenía reservada una tarea más. Insistió en que se fuera hasta un bar de mala muerte de Port Washington para que su padre le firmara unos papeles.

Aquella noche quedamos para cenar con Jimbo en el Publicans. McGraw, atontado por los analgésicos, y casi llorando por el estrés al que llevaba sometido todo el día, apenas podía llevarse el tenedor a la boca. Me acordé de Jedd contándome por qué los cactus tenían brazos. «Perder» el suyo le había costado a McGraw el equilibrio, eso estaba claro. Vete a casa, le dije. Métete en la cama. Pero él no quería. Y exponía con absoluta sinceridad la razón por la que no quería irse: necesitaba quedarse en el bar. Ahora que había aceptado operarse, la tía Ruth no lo dejaría en paz hasta que se sometiera a rehabilitación. Lo atormentaría para que se preparase para la temporada de béisbol. No pararía nunca. No dejaba de murmurar que tenía que largarse de Manhasset. Enseguida. Esa misma noche. En ese mismo momento. Volvió a comentar que se alistaría en el ejército. Volvió a comentar que se iría a Nebraska haciendo autoestop.

No hará falta, le dije yo. No soportaba la idea de volver a despedirme de McGraw, pero le prometí que, a la mañana siguiente, le compraría un billete para que volviera a la universidad.

McGraw empezó a hacer el equipaje diez minutos después de que su madre se fuera al trabajo. Jimbo pasó a recogernos con su Jeep y nos alejamos a toda velocidad, mirando nerviosos por la ventanilla trasera, de plástico, como si la tía Ruth pudiera estar esperando agazapada tras los arbustos, lista para saltar y darnos caza, como un guepardo detrás de tres gacelas. Tres gacelas con una resaca espantosa.

Todavía faltaban seis horas para que saliera el avión de McGraw, y decidimos matar el tiempo en el Shea Stadium. Había un partido diurno contra los Padres. El calor del verano había remitido y era una de aquellas tardes de agosto que parecen un avance de la película del otoño. Compramos asientos detrás de la tercera base y llamamos al vendedor de cervezas. No te alejes mucho, le dije, y al hacerlo oí en mi voz el eco de la voz del tío Charlie. Las primeras cervezas pasaron como si fueran batidos. Cuando íbamos por el sexto periodo nos sentíamos muy bien, y los Mets ganaban. El público se ponía de pie, el estadio rugía, y era agradable oír a la gente gritar de alegría, y no de rabia. Tenemos que irnos, dijo McGraw con tristeza al ver en el marcador qué hora era. Su vuelo. Cuando subíamos por la escalera, se volvió para echar un último vistazo. Para despedirse. No de los Mets. Del béisbol.

Aquella noche, en casa del abuelo, yo estaba en la cama y observaba la cama vacía de McGraw, y me sentía desolado. La puerta se abrió de par en par. La tía Ruth gritaba, y la luz del pasillo la iluminaba desde atrás.

—¡No os vais a salir con la vuestra! ¡Rastreros! ¡Cobardes! ¡Entrometidos! ¿Jimbo y tú os creéis que lo estáis ayudando? ¡Le estáis arruinando la vida!

Y así siguió más de una hora.

Todas las noches lo mismo. Por más tarde que regresara del bar, por más discretamente que me colara en la habitación de atrás, la puerta se abría de par en par un minuto después y empezaban los gritos. Al cabo de una semana yo ya tenía los nervios destrozados. Llamé a Bebe desde el Publicans y le dije que necesitaba ayuda. En cuestión de horas ella ya había localizado a una amiga del Upper East Side que alquilaba una habitación. Es pequeña, me dijo Bebe, pero se ajusta a lo que puedes pagar.

No podía volver a pedirle a Poli Bob que me ayudara con el traslado. Además, ese parecía un trabajo hecho para Jimbo. Lo encontré en el bar, con su rock à l'orange a medio beber (un cóctel que había inventado él y que llevaba cerveza Rolling Rock y Grand Marnier). Aseguraba que tenía propiedades mágicas y medicinales que curaban el mal de amores. Jimbo tenía a su propia Sidney, una chica de la universidad que lo había dejado.

–Jimbo –le dije, plantándole una mano en el hombro–. Necesito que me hagas un gran favor.

–Lo que sea.

–Ya no aguanto otra noche de gritos. Tengo que desalojar.

Sin dudarlo, dejando la bebida a medias, me acompañó a casa del abuelo.

Por el camino miraba a Jimbo con el rabillo del ojo. Había pasado muchos ratos con él aquel verano, y había llegado a conocerlo un poco, a confiar en él. Tenía ganas de darle las gracias por venir siempre a mi rescate en su sólido Jeep, y decirle que debería llevar una cruz roja pintada a cada lado. Tenía ganas de decirle lo mucho que había llegado a significar para mí, que era como un hermano para mí, que lo quería mucho, pero había dejado escapar la oportunidad. Entre hombres, aquellas cosas sólo podían decirse en el bar.

Al entrar en la habitación del fondo, Jimbo echó un vistazo y me preguntó:

–¿Cómo quieres que lo hagamos?

–Recoger como si la casa se estuviera quemando.

Jimbo me llevó hasta la dirección que me había facilitado Bebe y me ayudó a subir las cosas al apartamento. Como estaba aparcado en doble fila, no hubo tiempo para una despedida larga. Nos dimos un abrazo en la calle, ese abrazo que se dan los hombres y que es como si tuvieran miedo a contagiarse de alguna enfermedad.

–Vuelve pronto a casa –me dijo Jimbo mientras se alejaba de la acera.

El Jeep se fundió con el tráfico.

–Lo haré –le dije–. Lo haré.

La amiga de Bebe estudiaba Derecho en Columbia, se llamaba Magdalena, y empezaba casi todas sus frases con una palabra, o con una pregunta retórica de una sola palabra.

–¿Sabes? –dijo, abriendo la puerta de mi habitación–. No es un dormitorio *per se*, sino un escusado reconvertido.

–¿Qué es un escusado?

–Realmente, es un cuarto de baño. Pero hay una cama y... bueno, una cama. Pero es acogedor, de verdad, como ves.

Le aseguré que era un baño muy acogedor.

Me explicó que la mayoría de las noches las pasaría en casa de su novio. Se volvió y se dirigió hacia él, como si fuera una prueba de cargo. Era tan callado que me había olvidado de su presencia.

–¿Quieres decir que tendré el apartamento para mí solo? –le pregunté.

–Sí –dijo ella–. Claro que mi madre puede dejarse caer por aquí de vez en cuando.

Su madre vivía en Puerto Rico, pero a veces tomaba un avión y venía a Nueva York de compras y a ver a amigos. Dormía en el sofá de Magdalena.

–Sinceramente –dijo Magdalena–. Es más silenciosa que un topo.

Le di las gracias por alquilarme la habitación con tan poca antelación por mi parte, y le dije que iba a darme una ducha caliente y a meterme en la cama.

–¿Sí? –dijo ella–. Estás en tu casa. Si necesitas algo, estaré estudiando en la cocina.

El baño que funcionaba como tal estaba en el otro lado del apartamento. Para llegar hasta él desde mi baño-dormitorio tenía que pasar por la cocina. Envuelto en mi toalla, sonreí tímidamente a Magdalena y bromeé con su novio.

–Sólo estoy de paso –le dije.

Él no dijo nada.

Abrí el agua caliente al máximo y me senté en el borde de la bañera mientras el vapor llenaba el espacio. Jimbo ya habría llegado al Publicans, pensé. El tío Charlie estaría abriendo una botella de Sambuca. General Grant estaría encendiendo su primer puro de la noche, y Cager, haciendo zaping en la tele en busca de un buen partido. Colt estaría metido en la cabina del teléfono, Fat Eddie y Agnes, pidiendo la cena, Smelly, lanzando cuchillos de carne a los camareros lentos. Me miré en el espejo. Justo antes de que mi rostro desapareciera tras el vapor, me pregunté: ¿es posible –es sensato– añorar un bar como se añora una casa?

Me metí en la ducha. El chorro de agua caliente me abrió los poros al momento, y me serenó la mente. Mantuve la cara levantada contra el agua, aspirando de placer. Un grito se abrió paso entre el rugido del agua. La tía Ruth. Había seguido a Jimbo y ahora estaba ahí, en el baño. Yo también grité, como Janet Leigh. Me eché hacia atrás, resbalé y me agarré de la cortina para no caerme. La arranqué de los ganchos y me caí fuera de la bañera, al suelo, doblando la barra de la cortina. Estaba seguro de que me había roto el codo. Levanté la vista y, entre una nube de vapor, vi, plantado sobre la alcachofa de la ducha, a un loro del tamaño de un chimpancé. El animal extendió las alas con un sonido que era el de un paraguas al abrirse.

Me envolví en la toalla y salí corriendo a la cocina.

–Se me ha olvidado comentarte lo de *Hugo* –me dijo Magdalena, mordiéndose la uña del pulgar.

–¿*Hugo*?

–*Hugo* vive en el baño. Le encanta el vapor.

Empapado, sujetando la toalla que llevaba a la cintura, le pedí si podía sacar a *Hugo* del baño. No me sentía cómodo, le dije, estando desnudo en la inmediaciones de ningún animal salvaje que tenía un cuchillo de samurái como pico.

–Francamente –dijo ella–. No puedo hacerlo. *Hugo* vive en el baño.

Miré al novio, implorándole ayuda. Nada.

Me fui a dar un paseo, y cuando volví Magdalena y su novio ya no estaban. Pero *Hugo* seguía ahí. Asomé la cabeza en el baño y me miró con mala cara. Se notaba que estaba indignado de que yo hubiera intentado que lo echaran de casa. Me metí en la cama, pero no podía dormir, asediado por pesadillas de loros y tías berreando.

* * *

Cuando entraba en la sala de redacción con una caja llena de bocadillos, oí en la tele que el hombre del tiempo decía que se estaba formando una gran tormenta en el Atlántico. El huracán *Hugo*, dijo. Me reí de mí mismo. No habría oído bien. Estaba obsesionado con ese loro. Pero el hombre del tiempo volvió a decirlo. El huracán *Hugo* se reforzaba a su paso por el Atlántico. ¿Qué era exactamente lo que el universo intentaba comunicarme ahora?

Dormí mal esa noche, y cuando desperté, una mujer rara estaba preparando café en la cocina. La madre de Magdalena, supuse. Su inglés no era muy bueno, pero conseguí deducir que había salido de Puerto Rico apresuradamente. Huyendo de *Hugo*, dijo. Como todos, ¿no?, repliqué yo.

Durante los días siguientes leí cosas sobre *Hugo*, seguí su trayectoria, me preocupé por los destrozos que pudiera causar. No sabía por qué aquella tormenta me obsesionaba tanto, por qué la temía tanto como la gente que vivía en casas construidas sobre pilones en las islas de Carolina del Norte. Tal vez fuera por la falta de sueño, tal vez porque dormía en un escusado, tal vez porque no tenía más remedio que ducharme presa del terror, dejé que el huracán *Hugo* se convirtiera en una metáfora de mi vida, y después dejé que consumiera mi vida. Como si su sistema de bajas presiones hubiera impactado contra mis altas presiones, la tormenta hizo aflorar toda mi infelicidad por McGraw y la tía Ruth y Sidney y el *Times*, y la concentró en un ojo pequeño. Desde que me levantaba hasta que me acostaba, no pensaba en otra cosa, sólo en *Hugo*.

Cuando *Hugo* tocó tierra, a finales de septiembre de 1989, yo estaba en el *Times*, leyendo teletipos, sintonizando televisores, como si fuera el chico de las fotocopias del Servicio Meteorológico Nacional. Me quedé en la sala de redacción y estuve hasta bien entrada la madrugada viendo la CNN, y cuando el personal de limpieza empezó a pasar la aspiradora, me fui al apartamento de Magdalena y vi la tele con su madre, que parecía tan traumatizada como yo. Incluso *Hugo* parecía traumatizado por el *Hugo*. Al oír que repetían su nombre una y otra vez, el loro graznaba frenéticamente, y con sus graznidos, y con el viento que ululaba y con la madre de Magdalena que gritaba en español, aquélla fue una noche larga y espantosa.

Cuando, a la mañana siguiente, los cielos se despejaron sobre las costas de Carolina del Norte y los daños fueron visibles, lo lamenté por todos los que habían perdido la vida y sus hogares. Pero si la compasión es un sentimiento muy sano, lo que yo sentía era algo más, algo desproporcionado e irracional. Llegué a plantearme que mi cerebro no funcionaba correctamente, que estaba al borde de un ataque de algo malo. Pero aquellas ideas se veían barridas al momento por las nuevas imágenes que llegaban del curso del *Hugo*.

Días después de la llegada del *Hugo*, estaba viendo la tele una vez más con la madre de Magdalena. Los dos bebíamos whisky y fumábamos sin parar. Me di cuenta de que nos quedaban pocos cigarrillos y bajé a comprar más. Por el camino, hice escala en un bar. Llovía a cántaros. Los coletazos del *Hugo* empapaban ya la ciudad de Nueva York. Al volver al apartamento me encontré con el salón patas arriba, los muebles rotos, los cojines del sofá rajados, cristales rotos esparcidos por el suelo de parqué. Llamé a la madre de Magdalena y me llegó un grito ahogado desde el dormitorio. Corrí por el pasillo. La madre estaba boca abajo. La habitación estaba destrozada. Me arrodillé junto a ella y le pregunté si estaba bien.

–Llamé a todos –dijo–. ¡Nadie en casa! ¡Nadie me quiere!

Tenía el teléfono en una mano y su libreta de contactos en la otra, y pataleaba como una niña en plena rabieta.

–¿Todo esto lo ha hecho... usted? –le pregunté–. ¿Usted ha destrozado el apartamento?

–Llamé a todos –gritó. El rímel se le corría por las mejillas. Arrojó la libreta contra la pared–. ¡A nadie le importo una mierda!

Aliviado al saber que no había sido víctima de un asalto, me fui a la cocina a buscar un vaso de agua para ella, y otro para mí. Oí a la madre romper más cristales, y pensé que podía hacerse daño. En un papel pegado a la nevera estaba el teléfono del novio de Magdalena. La llamé y le conté que su madre no estaba bien, y le sugerí que volviera a casa. Ella no me preguntó qué le ocurría, y deduje que no era la primera vez que su madre actuaba de ese modo.

Llegó Magdalena, con su novio, que se quedó pasivamente en un rincón mientras ella se acercaba con cautela a su madre.

–Madre –dijo–. Madre, ¿qué le ocurre?

Su madre balbuceaba cosas incomprensibles. Magdalena llamó al número de emergencias y el apartamento no tardó en llenarse de policías y personal sanitario. Echaron un vistazo y tal vez se dieron cuenta, como yo, de que aquel escenario de devastación evocaba las imágenes que aparecían desde hacía días en la tele.

–¿Quién es usted? –me preguntó un agente.

–Tengo alquilado el bañ... la habitación libre.

Todos miraban a la madre que, postrada en el suelo, se dedicaba a hacer pedazos la libreta de contactos, pedazos que rompía en pedazos más pequeños. Un policía le preguntó a la madre qué le ocurría, y ella repitió lo que me había dicho a mí. Había llamado a todos sus conocidos, en busca de alguien con quien hablar del huracán *Hugo*, pero nadie le había respondido.

–¿Quiere que la llevemos al hospital? –le preguntó otro agente a Magdalena.

–¿Hospital? –gritó la madre–. ¡A mí no me lleva nadie al hospital, cabrones, negros de mierda!

Y no hizo falta nada más. Los policías dieron un gran paso atrás, y el personal sanitario cayó sobre la madre para colocarle una camisa de fuerza. Ella forcejeó, arañó, se resistió, pero en menos de diez segundos ya la tenían atada. *Hugo* graznaba, Magdalena lloraba, el novio no decía nada, y yo me aparté para que el personal sanitario pudiera sacarla en volandas, por encima de sus cabezas, como un árbol de Navidad después de Año Nuevo. Se la llevaban a Bellevue.

Magdalena, su novio y yo nos sentamos a la mesa de la cocina. Le dije que sentía mucho los problemas que tenía, y no me molesté en decirle que iba a irme de allí. Ella ya lo sabía. Su novio lo sabía. *Hugo* lo sabía.

–¿Sí? –me preguntó ella–. ¿Adónde irás? Bebe me contó que no tenías adónde ir.

Cuarenta y dos
Steve

Dormí en el sofá de Bebe unas semanas antes de regresar a Manhasset, a casa del abuelo. Para entonces el huracán de la Tía Ruth había perdido fuerza y era sólo una tormenta. Mi tía estaba relativamente calmada, y no se metía conmigo, y yo también me había sosegado un poco. La visión de la madre de Magdalena con camisa de fuerza había tenido un efecto tranquilizador sobre mí.

Además, también me tranquilizaba contar con el Publicans a ciento cuarenta y dos pasos de casa. El bar estaba mejor que nunca ese otoño, todas las noches había alguna celebración de empresa, algún encuentro familiar, o simplemente la coincidencia atípica, entretenida, de personajes y personalidades. La primera noche de noviembre casi no pude entrar por la puerta. Me encontré con un muro macizo de gente. Con un rugido continuo de carcajadas. El único que no se reía era Steve, que estaba plantado en medio del bar. Acababa de volver de los bolos. Lo vi apoyarse en la barra, como si él, o la barra, estuvieran a punto de desplomarse, y supongo que lo miré con demasiada insistencia, porque él alzó la vista, como si acabara de gritar su nombre. Sonrió, aunque no con su sonrisa de Cheshire. Había algo raro en ella, aunque a aquella distancia no veía qué era. Me hizo una seña para que me acercara.

Hablamos de McGraw, al que los dos echábamos de menos, y de su brazo, que no se le había curado después de la cirugía. La posibilidad de que McGraw pudiera seguir jugando al béisbol era ya irrelevante. También lamentamos la pérdida de Jimbo, que acababa de mudarse a Colorado. Se notaba que Steve lo echaba mucho de menos. Él había apostado fuerte por que se quedara en Manhasset, ofreciéndose a encontrarle un trabajo en Wall Street. Una llamada telefónica a alguno de los cincuenta hombres que frecuentaban el Publicans le habría solucionado la vida a Jimbo. Pero Jimbo era un loco del esquí, y quería vivir para esquiar. Steve lo entendía.

Mientras hablaba con Steve, me mantenía muy rígido, temeroso de que comentara algo sobre nuestro encuentro de hacía una semana, la última vez que lo había visto. Inmediatamente después de volver del apartamento de Hugo, Steve me había convocado a su despacho del sótano. Cada uno se sentó a un lado de la mesa, y él me entregó un fajo de cheques con los que yo había ido pagando en el bar ese verano, todos ellos con una frase estampada en el anverso: «Devuelto por falta de fondos». Steve temía que hubiera pagado con aquellos cheques sin fondos deliberadamente, y le preocupaba por mí, no por él. Su preocupación no tenía nada que ver con sus problemas económicos. Steve creía que debía confiar en los demás. En su restaurante, todas las cuentas se escribían a mano, todas las bebidas se pedían de viva voz. No había ordenadores, ni registros, y tanto los clientes como los empleados se regían por un código de honor sin codificar. Cuando a un ayudante de camarero lo pillaban llevándose del bar una botella cara de champán, el personal de Steve lo gestionaba «internamente». Es decir, le daban una paliza al chico.

Yo le conté la verdad a Steve. Había estado bastante confundido, y no sabía cuánto dinero tenía en la cuenta de un día para otro. Había pecado de desorganizado, no de deshonesto.

–Junior –me dijo, apoyándose en el respaldo de su vieja silla de despacho, que emitió un crujido–, todos perdemos los papeles de vez en cuando. Pero esto no está nada bien. No está nada bien. Esto no es lo que tú quieres ser.

Sus palabras reverberaron en el sótano, y en mi cabeza.

–No, tienes razón. No es eso.

Esperé un rato, por si quería decirme algo más. Pero no había nada más que decir. Lo miré a los ojos, aquellos ojos acuosos medio grises, medio azules. Él me sostuvo la mirada. Nunca lo había visto clavarme a vista de ese modo, y cuando vio lo que quería ver –lo que supongo que necesitaba ver– me dejó subir de nuevo al bar. Al día siguiente dejé en la barra un sobre con dinero para cubrir los cheques sin fondo y los intereses que le había cobrado en el banco por mi descubierto. Estaba, oficialmente, sin blanca, pero no le debía nada a Steve, que era lo que contaba.

Aquella primera noche de noviembre Steve no dijo nada de aquel momento incómodo que habíamos vivido. Para él aquello pertenecía ya al pasado remoto. Cuando terminamos de hablar de «los chicos», como llamaba a McGraw y a Jimbo, me dio unas palmaditas en el hombro, le dijo a Colt «Ponle una copa a Junior», y se fue.

–Niño –dijo Colt–, ésta te la cubre el Jefe.

Yo sentí un arrebato de amor por Steve, y por Colt, y por todos los hombres del Publicans, porque finalmente había tenido una revelación. Siempre había dado por sentado que los hombres no habían oído nunca a Steve llamarme Junior, pero era evidente que sí lo habían oído. Simplemente, no habían adoptado el apodo porque habían captado que significaba mucho para mí. Steve no lo entendía, y ellos no se lo habían explicado; los hombres del Publicans nunca daban explicaciones. Sencillamente, habían dejado que Steve siguiera llamándome así, aunque ellos no lo hacían. No lo habían hecho ni una sola vez. Se habían saltado el protocolo conmigo, y aquello era un acto de ternura que a mí me había pasado por alto. Hasta esa noche.

Me senté en la esquina de la barra que atendía el tío Charlie, e intenté contarle lo de Steve y mis cheques sin fondos. Sí, sí, dijo él, como si estuviera en trance. Estaba viendo la tele. De pronto soltó un grito desgarrador. Su equipo, los Celtics, creo, acababa de perder un rebote fácil y el equipo contrario había pasado a la ofensiva. Se cubrió los ojos. Unos días antes, me dijo, había apostado mucha pasta en un partido de fútbol americano. La jugada estaba clara, pero su equipo, inexplicablemente, la había cagado y el rival había anotado el tanto. El tío Charlie se sirvió un Sambuca y dijo:

–Todo el mundo quiere joderme.

Oí que, al otro lado del bar, Steve alzaba la voz. Tenía la cara como el Gran Cañón, a estratos de rojo, naranja, amarillo y morado, colores que el agujero oscuro de la boca abierta no hacía sino acentuar. Aquello era lo que me había llamado la atención un rato antes en relación con su sonrisa, pero en ese momento no había podido, o no había querido, reconocerlo: todos aquellos años de consumo de alcohol le habían dañado los dientes, e iba a tener que someterse a cirugía bucal. Mientras llegaba el día, se suponía que debía llevar dentadura postiza, pero cuando se la ponía le sangraban las encías, y por eso aquella noche se la había sacado y la había depositado sobre la barra, junto a su Heineken. Estaba hablando con Dalton, que había pedido una botella de vino. Dalton le sirvió a Steve una copa, lo último que necesitaba. El vino, sumado a las diez o doce Heinekens y los dos años de estrés, alteró muchísimo a Steve. Se puso tan ininteligible y beligerante que el tío Charlie lo mandó callar. Steve no daba crédito: «Un momento, ¿en mi propio bar?». Ya basta, dijo el tío Charlie. A dormir, Jefe.

Joey D. se ofreció a llevarlo a casa en coche. Steve rechazó el ofrecimiento. Joey D. se alejó, humillado, susurrándole algo a su ratón. Un camarero también se lo propuso, y Steve aceptó. El camarero lo sacó por el restaurante. Cuando estaban a punto de salir por la puerta trasera, Colt vio la dentadura de Steve sobre la barra.

–¡Te olvidas los piños! –le gritó.

Pero Steve ya no estaba. Alguien comentó que Steve se había dejado la sonrisa olvidada en el bar. Ahí estaba, frente a nosotros, sonriéndonos. Era imposible no pensar en el gato de Cheshire, de *Alicia en el País de las Maravillas*, apareciendo y desapareciendo sin previo aviso. Su sonrisa era lo primero en aparecer, y lo último en desaparecer.

Minutos después sonó el teléfono. Era la mujer de Steve, Georgette, que decía que Steve se había presentado en casa sin su dentadura.

–La tenemos aquí mismo –dijo el tío Charlie.

Volvió a sonar el teléfono. Era Georgette de nuevo. Steve se había caído. Se había dado un golpe en la cabeza. Se lo llevaban al North Shore Hospital.

La gente en el Publicans se cae mucho, pensé. Le di las buenas noches al tío Charlie y regresé, tambaleante, a casa del abuelo.

A la mañana siguiente, temprano, desperté al oír la voz del tío Charlie que hablaba en el salón. Me puse la bata y fui a ver por qué estaba levantado a aquellas horas. Lo encontré sentado al borde del sofá del bicentenario. Tenía la cara blanca como el papel. Las venas de la cabeza le latían de manera visible. Dio una calada larga al Marlboro y me atravesó con la mirada, y atravesó también la pared que tenía detrás, mientras repetía lo que acababa de contarle a la abuela: Steve estaba en coma y no había demasiadas esperanzas.

La cosa había sido así: cuando Steve llegó a casa, Georgette le había calentado la cena. Cenó, se tomó un vaso de leche y habló con ella sobre el desastre en que se había convertido el Publicans on the Pier. Desconsolado, Steve se había levantado de la mesa y se había dirigido a la cama. Georgette oyó un golpe sordo. Corrió y vio a Steve tirado al pie de la escalera.

–¿Cuántos años tiene? –preguntó la abuela.

–Cuarenta y siete –dijo el tío Charlie–. Uno más que yo.

Las aceras a ambos lados de Plandome Road estaban llenas de gente, como si fuera a celebrarse un desfile. La retención de tráfico era de varios kilómetros. Desde todas direcciones acudían los asistentes al funeral en Christ Church, que estaba en lo alto de la calle, en diagonal con respecto a Saint Mary. La iglesia era grande, cabían doscientas personas, pero frente a sus puertas se habían congregado cinco veces más. Joey D. hacía las veces de acomodador, aunque allí ya no había nadie más a quien acomodar. Horas antes del inicio del funeral todos los bancos estaban ocupados.

Me colé por una puerta lateral justo a tiempo de ver entrar a Georgette, apoyada en sus hijos, Brandy y Larry. Vi al tío Charlie que, pegado a la pared del fondo, hablaba con alguien. Alzó la vista hacia el cielo, como si hiciera de Billy Budd. Y entonces se desplomó hacia atrás.

–¡Se cae, se cae! –gritó alguien. Varias personas lo ayudaron a salir de la iglesia. Yo los seguí y vi que lo tendían sobre la hierba, que lo apoyaban en una lápida cubierta de musgo. Cerca había otra de principios del siglo XVIII con su epitafio apenas legible: «Le ha concedido su amado reposo».

De nuevo en la iglesia, me abrí paso entre la multitud y llegué a ver el ataúd de Steve. Se oía una especie de rumor, algo así como una ola al romper en la orilla: era la gente que ahogaba el llanto, moqueaba y sollozaba. Una procesión de hombres corpulentos fue subiendo por turno al altar y leyeron pasajes de la Biblia en voz alta. Después subió Jimbo, que reprimía las lágrimas mientras hablaba. Al ver a Jimbo tan afectado, tan dolorido, me di cuenta de algo con tal fuerza, con tan meridiana claridad, que quise salir y tenderme en la hierba junto al tío Charlie.

Yo siempre había visto a Steve como a nuestro Gatsby, rico y misterioso, celebrando fiestas locas para cientos de desconocidos en la Costa de Oro de Long Island. Y su muerte prematura y violenta no hacía más que reforzar aquella idea. Pero, como en el caso de Gatsby, el verdadero carácter de Steve se puso de manifiesto en su funeral, y fue el panegírico de Jimbo el que me lo hizo ver. Steve había sido un padre para él, y de un modo u otro había sido un padre para todos nosotros. Incluso yo, que no lo había conocido tanto, era un hijo de su familia numerosa. «Publicano» de profesión, Steve era un patriarca de corazón, y tal vez por eso mostraba tanto empeño en ponernos nombres. Tal vez por eso el tío Charlie estaba tumbado en el suelo, apoyado en una lápida, y tal vez por eso todos los hombres del Publicans parecían, sobre todo, huérfanos.

Cuando terminó la ceremonia, salimos fuera, rezando en voz baja, abrazándonos, y nos dirigimos al cementerio. El cortejo fúnebre pasó despacio frente al Publicans. Aunque el bar no iba de paso, todos coincidieron en que Steve debía pasar por allí una última vez. Después del entierro regresamos al Publicans en masa, centenares de personas. Algunos habían pedido a Georgette que cerrara el bar ese día en honor a Steve, pero ella dijo que él no habría querido algo así. Steve siempre había prometido que el bar se mantendría abierto, por más que hubiera obras de reforma, recesiones, apagones, ventiscas, tormentas de hielo, hundimientos de la Bolsa, guerras. Tener abierto era la misión de Steve. Cerrar era el peor de sus temores, el temor al que algunos achacaban su muerte. Con tantos signos de interrogación rodeando a Steve en vida, su muerte, inevitablemente, estaba rodeada de misterio. La gente, en su mayoría, creía que había muerto al caerse por las escaleras, y algunos en Manhasset siempre lo creerían así, por más que les dijeran que no. Georgette también lo había creído al principio. Pero los médicos le habían asegurado que a Steve no lo había matado la caída, sino un aneurisma.

En honor de Steve, Georgette no se limitó a abrir el Publicans el día del funeral. Anunció que habría... barra libre. Nadie pagaría, nadie se atrevería a pronunciar las palabras «última ronda», y todos seguiríamos bebiendo hasta que nadie se tuviera en pie. Un gesto pródigo, extravagante, que también resultaba alarmante. ¿Una barra libre en Manhasset? A mí y los demás nos pareció una idea descabellada y peligrosa. Algo así como preparar una hoguera en un pueblo de pirómanos. Pero Georgette no atendió a razones. Contrató a camareros de los otros bares de Plandome Road para que trabajaran ese día. Así los camareros de Steve no tendrían que hacerlo, y ella invitó a todo el pueblo a beber, o más bien le obligó a hacerlo. Las copas de todo Manhasset corrían a cargo de Georgette.

Nunca en el Publicans había habido tanto ruido, tanta gente, tanta alegría y tanta tristeza a la vez. A medida que corría el alcohol, que la pena crecía, que la risa subía de tono, se iba instalando cierta histeria, una histeria que en parte parecía causada por la falta de oxígeno. El sudor, el calor, el humo, enrarecían tanto el aire que costaba respirar. El bar parecía el Manhasset de Dante. Ojos hinchados. Lenguas fuera. Cada cinco minutos a alguien se le caía una botella, y empezaban a formarse grandes charcos relucientes de alcohol y cristales rotos. A lo largo de las paredes había dispuestas mesas con comida, pero nadie se acercaba a ellas. Todo el mundo se concentraba en beber.

–Beben como si mañana fueran a morir en la silla eléctrica –comentó Colt.

Y aun así también oí a alguien quejarse de que el alcohol no hacía efecto. En aquel mar de tristeza, al parecer, todo el whisky del mundo era apenas una gota.

Fui abriéndome paso por el bar, sintiéndome como si recorriera un museo de cera atestado de réplicas cetrinas de las personas más importantes de mi vida. Vi al tío Charlie, o a su doble de cera, con la corbata desanudada y la espalda encorvada, todavía lacio tras el desmayo. Estaba más borracho que cuando murió Pat, nunca lo había visto así. Había alcanzado una nueva cima de borrachera, una borrachera trascendente, y era la primera vez que su embriaguez me daba miedo. Vi a Don y a Fast Eddie hablando en susurros de conspiración, y a Tommy justo detrás de ellos, con el ceño magníficamente fruncido, los rasgos escurriéndose por el desagüe de su barbilla. Parecía setenta y cinco veces más viejo que el día en que me había escoltado hasta el campo del Shea Stadium. Vi a Jimbo consolando a McGraw, que sollozaba. Vi a Poli Bob en el centro del bar, hablando con Cager, y un poco más allá estaba Dalton, apoyado contra una columna, aparentemente perdido sin un libro de poemas que leer, sin una mujer con la que flirtear. Joey D. hablaba con Josie, en una tregua propiciada por la muerte de Steve, y su primo, General Grant, estaba cerca, vestido con traje negro, con el único consuelo que necesitaba: su puro. Tal vez Fuckembabe, que también iba de negro, bien peinado, y se había lavado la cara, fuera la persona más sobria del lugar. Lo oí hablar con varios agentes de Bolsa, y casi se le entendía. La elocuencia de la pena. Vi a Colt y a Smelly apoyados el uno en el otro, y a DePietro junto a ellos, en el banco corrido de una mesa, hablando con unos colegas de Wall Street. Vi a Pulgarcita y evité su mirada, y su pulgar. Vi a Michelle, encantadora, como siempre, impaciente por marcharse. Vi a Jane la Loca, diseñadora de los vitrales con genitales que había detrás de la barra, surgir del sótano, seguida de un rastro aromático de marihuana. Vi a gente que reconocía, cuyo nombres no recordaba, y a gente a la que no había visto nunca hablando de los favores que Steve les había hecho, de las obras benéficas en las que colaboraba, de las comidas a las que había invitado, de los préstamos que había hecho posibles, de los chistes que contaba, de las bromas que gastaba, de los alumnos a quienes en secreto había financiado la carrera. Pensé: hemos descubierto más cosas de Steve en las últimas horas que en todos los años que llevábamos hablando con él, compartiendo esta barra con él.

Vi a Peter y me fui corriendo a su lado, con gran alivio. Me coloqué junto a él, junto a Peter, mi corrector, mi amigo, porque necesitaba aquella cordura tan suya, aquella amabilidad. Pensé en alguna manera de quedarme con él toda la noche sin molestarle. Me preguntó cómo me iba, y yo empecé a responderle, pero vino Bobo y me llevó a otro sitio. Hacía años que no veía a Bobo. Estaba contando una anécdota sobre Steve, pero yo no la entendía. Estaba borracho, y todavía le quedaban secuelas de su caída por las escaleras del bar: tenía la cara parcialmente paralizada. Me preguntaba si compararía la caída de Steve con la suya. Cuando Bobo me soltó, le comenté a Peter que en el Publicans la gente se caía mucho. Antes de que él pudiera decir nada los dos oímos a Georgette, que estaba cerca de la puerta trasera. Lloraba y repetía una y otra vez:

—Hemos perdido a nuestro Jefe. ¿Qué vamos a hacer sin nuestro Jefe?

En el equipo sonaba música clásica fúnebre. Alguien gritó que deberíamos escuchar la música que le gustaba a Steve. Elvis. Fats Domino. Johnny Preston. Uno de los camareros encontró un casete con sus canciones favoritas. Las canciones nos alegraron a todos, y a la vez nos hicieron sentir muy mal, porque resucitaban a Steve. Jefe estaba allí, sin duda. Nos echaríamos unas risas con él hablando de lo raro que era todo aquello, pero allí había tanta gente, tanta humanidad borracha, aplastada, que no lo encontrábamos.

Pedí otro whisky y me instalé junto a Poli Bob, que bebía rusty nails.

—¿Cuánto tiempo crees que durará este antro? —me preguntó.

—¿Crees que el Publicans cerrará? Dios mío. Ni me lo había planteado.

Lo que no era del todo cierto. La idea había estado rondándome, pero no había querido reconocerlo. Sin embargo, cuando Poli Bob la expresó en voz alta, entendí mejor mi pena, y la de todos los demás. En todo aquello había un componente de egoísmo. Echábamos de menos a Steve, y lo llorábamos, pero también sabíamos que, sin él, el Publicans también podía morir.

Me flaqueaban las piernas. Busqué un sitio donde desplomarme, pero no había ningún asiento libre. Tenía ganas de vomitar. De pronto, todo lo que había allí me repugnaba. Incluso la larga barra de madera pulida me daba arcadas, porque me recordaba al ataúd de Steve. Me abrí paso a codazos hasta la puerta y me fui dando tumbos hasta casa del abuelo, donde me desplomé en el cuarto de atrás. Cuando, horas después, abrí los ojos, no tenía ni idea de dónde estaba. ¿En Yale? ¿En Arizona? ¿En casa de Sidney? ¿En mi apartamento, encima de Louie el Griego? ¿En el piso de *Hugo*? Lentamente, las piezas de mi mente iban encajando, y recordé que estaba en casa del abuelo. Una vez más.

Después de darme una larga ducha, me puse ropa limpia y regresé al Publicans. Ya eran las tres o las cuatro de la madrugada, pero todos seguían exactamente donde los había dejado, aunque se fundían, se fusionaban, como si en el museo de cera hubieran puesto la calefacción al máximo. Me abrí paso como pude hasta el centro del bar, y encontré a Poli Bob y a Cager en el mismo sitio. Ni se habían percatado de que me había ido, ni de que ahora volvía. No sabían qué hora era, qué día era, y en realidad no les importaba. Bebí con ellos hasta que amaneció. Ni así hicieron el menor ademán de irse. Pero a mí me hacía falta respirar un poco de aire puro, comer algo.

Me acerqué a Louie el Griego. La barra estaba llena de gente a punto de tomar el tren. Todos estaban muy despiertos, impacientes por iniciar un nuevo día después de ocho horas de sueño. Vi a la *au pair* inglesa con la que había salido, la que hablaba como Margaret Thatcher. Tenía el pelo húmedo, y sus mejillas eran dos manzanas rojas. Mordisqueaba una magdalena, y se estaba tomando un té. Me miró con asombro.

—¿De dónde sales tú? —me preguntó.

—De un funeral.

—Joder, guapo. ¿El funeral de quién? ¿El tuyo?

Cuarenta y tres
Smelly

Semanas después, mientras pasaba por Plandome Road, vi una luna pálida, abotargada, que salía por detrás del Publicans. Era una luna tambaleante, como si hubiera bebido más de la cuenta. Siempre atento a las señales, hipersensible a su significado, no debería haberme costado interpretar aquélla. «Hasta la luna deja el bar.» Pero no le hice caso. En las semanas posteriores a la muerte de Steve no hacía caso de nada, y trataba todas las señales y los hechos desagradables como Joey D trataba a los bocazas: sencillamente, me negaba a atenderlas.

A pesar de ello, la muerte de Steve –lo que tenía de sórdido, de absurdo–, no podía ignorarse por mucho tiempo. Pensaba en él al menos una vez al día, pensaba en cómo había muerto, y me preguntaba qué diría ahora, ahora que ya tenía todas las respuestas, sobre cómo vivíamos nosotros. Yo siempre me había aferrado a la idea romántica de que en el Publicans nos refugiábamos de la vida. Tras la muerte de Steve no conseguía dejar de oír su voz, que me preguntaba: ¿nos refugiamos de la vida, o cortejamos la muerte? ¿Y hay alguna diferencia?

Muchas veces, ese noviembre, observaba el bar, todos aquellos rostros demacrados, de ojos hundidos, y pensaba que tal vez ya estábamos muertos. Pensaba en Yeats: «Un borracho está muerto, y todos los muertos son borrachos». Y pensaba en Lorca: «La muerte entra y sale, y sale y entra la muerte de la taberna». ¿Era casual que mis dos poetas favoritos representaran la muerte como una clienta habitual de un bar? A veces veía mi reflejo, demacrado, de ojos hundidos, en el metal de una de las cajas registradoras. Mi cara era como la luna, pálida, abotargada, pero a diferencia de ella, yo no me iba nunca. No podía. Siempre había visto el bar de Steve metafóricamente, como un río, un mar, una balsa, un barco, un tren que me llevaba a alguna ciudad lejana. Ahora lo veía como un submarino varado en el fondo del mar, y nosotros nos estábamos quedando sin oxígeno. Aquella imagen claustrofóbica se vio siniestramente reforzada cuando alguien le regaló al tío Charlie un casete con cantos de ballena, que él ponía una y otra vez en el equipo de música del bar, subiendo el volumen todo lo que podía. Los chillidos y los chasquidos eran tan ensordecedores que aquellos cetáceos parecían estar allí mismo, flotando por Plandome Road, como si el ventanal del bar fuera un ojo de buey.

–¿Verdad que es melifluo? –decía el tío Charlie–. No os molesta que diga «melifluo», ¿verdad? ¿A que es bonito cómo se comunican unas con otras?

Nosotros, por nuestra parte, no nos comunicábamos ni la mitad. El bar, en el que hasta entonces abundaban los conversadores virtuosos, era ahora una caja de resonancia donde reverberaban nuestros largos e incómodos silencios, porque sólo había una cosa que decir y ninguno de nosotros era lo bastante valiente para decirla: todo había cambiado. La muerte de Steve había provocado una reacción en cadena de cambio, precisamente aquello para lo que estábamos peor preparados. Su muerte nos había cambiado de maneras que no entendíamos, y había cambiado el bar de maneras que no podíamos negar. Las risas eran más estridentes, había menos gente. La gente ya no acudía al Publicans a olvidar sus problemas, a aliviar la tristeza, porque el Publicans les recordaba a la muerte, a la muerte de Steve, el suceso más triste de la historia de Manhasset. Poli Bob se había planteado si el bar podría sobrevivir a la muerte de Steve, pero lo que ya había desaparecido, para siempre, era nuestra idea de que el Publicans era un refugio. En lo que tardaba un hombre en caerse por las escaleras, el Publicans había pasado de refugio a prisión, como les ocurre tantas veces a los refugios.

Cuanto más me corroían aquellos pensamientos, cuanto más me inquietaban, más bebía. El desfase alcohólico del funeral de Steve duró dos días para la mayoría de los habitantes de Manhasset, pero yo, un mes después, todavía seguía desfasado. Montado en el tren que me llevaba al *Times*, con otra resaca paralizante, hablaba conmigo mismo, me cuestionaba a mí mismo, me martirizaba a preguntas. Aquellas autoentrevistas terminaban siempre con la misma interrogación: «¿Soy un borracho?». No lo creía. Si tenía dependencia de algo, era del bar. No podía imaginar la vida sin él. No podía imaginar dejar de ir algún día. ¿Adónde iría? Había llegado a confundir lo que era con dónde era, y la idea de desprenderme de todo, del bar y de mi imagen de JR en el bar, me aterraba. Tras pensar de ese modo en el trayecto de ida, y después de trabajar todo el día en algo en lo que había fracasado y donde no tenía futuro, estaba impaciente por regresar al Publicans para olvidarme, bebiendo, de mis sentimientos encontrados sobre el Publicans. A veces me adelantaba y me tomaba un par de cócteles en Penn Station, y me compraba dos o tres latas de Budweiser para el viaje de vuelta. Alguna vez me quedaba dormido en el tren, me pasaba de parada y algún revisor me despertaba en plena noche, cuando el tren ya estaba aparcado en la terminal. Los revisores me zarandeaban por el hombro y siempre me decían lo mismo: «Final de trayecto, amigo».

Hacía tiempo que ya no me engañaba a mí mismo diciéndome que bebía para reforzar el vínculo con los hombres, o para limar las asperezas del día, o para participar en rituales masculinos. Bebía para emborracharme. Bebía porque no se me ocurría qué otra cosa podía hacer. Bebía como había bebido Steve al final de su vida, para olvidar. Y me encontraba a pocos sorbos del olvido una fría noche de diciembre de 1989 –no recuerdo si era días antes o días después de cumplir los veinticinco años– cuando el bar decidió, finalmente, que ya había visto suficiente. El bar había satisfecho todas mis necesidades, incluso las que yo no sabía que tenía, y ahora a mí me hacía falta una cosa más.

Estaba con Cager y con Smelly. General Grant servía detrás de la barra. Serían las tres de la madrugada, y hablábamos de guerra. Yo comenté que hablábamos de guerra muy a menudo, incluso cuando era evidente que hablábamos de otras cosas. Cager dijo que aquello era normal, porque la guerra es el Gran Tema. La vida, dijo, es guerra. Una secuencia interminable de batallas, conflictos, emboscadas, escaramuzas, con unos escasos y brevísimos interludios de paz. Tal vez aquello lo dijera General Grant. Entonces Cager dijo algo sobre Oriente Próximo, y yo discrepé de él, no porque estuviera en desacuerdo, sino porque temía que si no seguía hablando me golpearía la frente con la barra.

–¿Por qué coño no te callas la boca? –me dijo Smelly.

Todos dejaron de hablar. Cager, que estaba entre los dos, le dijo a Smelly que se calmara.

–No –dijo Smelly–. Estoy harto de que este imbécil se crea que lo sabe todo. Como ha ido a Yale es un sabio. Sí, claro. Y no sabe una mierda.

–Tranquilo –dijo General Grant.

–¡Y una mierda! –dijo Smelly.

Con su cuello de toro y su barriga prominente, rodeó a Cager y se vino hacia mí.

¿Qué cable del fusible mental de Smelly había cortado yo sin querer?

Intenté decir algo en mi defensa, pero a esas alturas las palabras ya no servían para detener a Smelly. Ni una bala habría podido detenerlo. Cubrió los dos metros que nos separaban en dos zancadas, con una agilidad que sorprendía en un hombre de su envergadura. Levantó las dos manos y me agarró el cuello como si fuera una cuerda por la que quisiera trepar. Me lo apretó con fuerza, y yo sentí que se me cerraba la garganta. Pensé que Smelly podía lesionarme la laringe, y que ya no volvería a hablar normal, y que a partir de entonces me quedaría ronco, como Mr. Sandman, y aquello me asustó más que la idea –la idea más probable– de morir estrangulado.

Smelly me echó hacia atrás de un empujón, y ahora me retorcía el pescuezo con más fuerza. Las manos le apestaban a ajo y a carne. «Las manos de Smelly huelen mal.» Esperaba que ése no fuera el último de mis pensamientos. Levanté las manos e intenté apartarle las suyas de mi cuello, pero también las tenía húmedas, y él apretaba con mucha fuerza. Pensé en soltarle un puñetazo, pero no quería que se enfadara aún más. Lo miré fijamente, apelé a lo más hondo de sus ojos. Pero no había profundidad en ellos. Sus ojos eran dos puntos negros, los ojos de un personaje de dibujos animados. Entre ellos, formando una uve perfecta, las cejas naranjas vibraban, y como el bigote y el pelo, también naranjas, brillaban de sudor. Pesaba más de la cuenta, estaba más enfadado de la cuenta, había bebido más de la cuenta, y todo él estaba más naranja que un vaso de Minute Maid. Era un cruce entre Sam Bigotes e Hijo de Sam, y ése sí iba a ser mi último pensamiento de todos, porque Smelly estaba decidido a matarme.

Pero ni siquiera mientras Smelly me retorcía el pescuezo yo lo odiaba. Lo quería tanto como quería a todos los hombres del bar, y a medida que iba perdiendo el conocimiento sólo sentía odio por mí mismo, por quererlo, por querer a cualquier hombre que me hiciera caso, incluso cuando el caso que me hacía adoptara la forma de un asesinato.

Smelly se elevó. Flotó hacia el cielo como un ángel vespertino, y yo

pensé que aquella visión era sin duda la primera señal de la muerte inminente. Entonces, por encima del hombro de Smelly, vi a Cager. Había
agarrado a Smelly por la cintura de los pantalones y lo levantaba con el
clásico movimiento limpio, de un tirón. Smelly me soltó el cuello y el aire
me inundó los pulmones. Mis cuerdas vocales resonaron. Caí al suelo, y
un segundo después me siguió Smelly, que aterrizó con más fuerza que
yo, porque Cager lo arrojó como una lanza.

Cager estaba de pie sobre Smelly y se arremangaba.

–Vuelve a tocarle un pelo –le dijo a Smelly– y te mato.

Tendido boca arriba, llevándome las manos al cuello, miré a Cager
desde el suelo. Nunca había querido tanto a un hombre. Él se colocó bien
la visera, regresó a la barra y le dio un trago a su Budweiser.

–Bueno –dijo–, ¿dónde estábamos?

Me fui andando a casa del abuelo, cabizbajo, contando mis pasos... ciento
setenta. «Eso son veintiocho más de lo normal, lo que significa que voy
haciendo eses.» En la mesa del comedor había un regalo esperándome.
Era de Sheryl. Se había casado hacía poco, y ahora que fundaba su propia
familia se había acordado de la nuestra, y repasando las viejas películas
domésticas del abuelo, había decidido pasar las más interesantes a vídeo.
Me había dejado una cinta con una nota: «Creo que te vas a reír un rato».

Metí la cinta en el reproductor y me eché en el sofá del bicentenario.
De vez en cuando me acercaba la lata de cerveza fría al cuello, donde aún
notaba los dedos de Smelly. La pantalla pasó al blanco, y acto seguido se
formó una imagen. La casa del abuelo. La imagen era tan nítida, tan brillante, que pensé que tenían que haberla filmado esa misma mañana. Pero
el techo no estaba hundido, ni la pintura de las paredes desconchada, los
árboles estaban recién plantados, y en el camino no había ninguna grieta
con forma de relámpago. Ahora el tío Charlie pasaba frente a la cámara
luciendo un tupé, y la época parecía prehistórica.

La cámara se agitaba sin control, de izquierda a derecha, volvía a fijarse
en algo y se movía otra vez, y al final aparecía una mujer menuda sentada en el escalón. Sostenía a un bebé en el regazo. Lo acunaba, lo mecía,
le susurraba algo al oído: un secreto. Él volvía la cabeza hacia ella. Éramos mi madre y yo hacía veinticuatro años. Mi madre miraba a su hijo de

nueve meses, y después alzaba la vista y miraba al frente y me veía a mí, a su hijo borracho de veinticinco años. Me sentí descubierto, como si ella estuviera contemplando el futuro y viera qué había sido de mí.

Era evidente que aquellas imágenes habían sido filmadas después de que mi madre regresara a casa del abuelo, poco después de que mi padre hubiera intentado matarla, pero aquello no era posible, porque no había ni rastro de miedo en los ojos de mi madre. Parecía contenta, confiada, una mujer con dinero en la cuenta corriente y un futuro brillante a la vista. Pensé que estaba ocultando lo que sentía a los abuelos. No quería que se preocuparan. Y entonces lo entendí. No era ellos a quienes pretendía engañar.

Aquélla era la primera mentira que mi madre me decía a mí, y estaba grabada.

¿Cómo lo conseguía? Sin educación, sin dinero, sin perspectivas, ¿cómo conseguía mi madre parecer tan valiente? Acababa de sobrevivir a mi padre, que le había puesto un almohada en la cara y había apretado hasta que no podía respirar, mientras la amenazaban con una navaja de afeitar, y aunque debía de sentirse aliviada por haber podido huir, también debía de ser consciente del futuro que le aguardaba: soledad, problemas económicos, la Casa Mierda. Pero al mirarla no se lo notabas. Era una mentirosa extraordinaria, una mentirosa brillante, y también conseguía mentirse a sí misma, lo que me llevaba a percibirla bajo una luz totalmente nueva. Entendí que debemos mentirnos a nosotros mismos de vez en cuando, decirnos a nosotros mismos que somos capaces y fuertes, que la vida es buena y que el trabajo trae recompensas, y que después debemos intentar que nuestras mentiras se hagan realidad. Ésa es nuestra misión, nuestra salvación, y ese vínculo entre mentir e intentar era uno de los muchos regalos que me había hecho mi madre, la verdad que siempre asomaba bajo sus mentiras.

Mi madre jugaba con su hijo de nueve meses, y después lo levantaba para admirarlo, y veinticuatro años después yo la admiraba a ella de un modo totalmente nuevo. Siempre había creído que ser hombre implicaba mantenerse firme, pero aquello era algo que mi madre había hecho mejor que nadie. Y, a pesar de ello, ella también había sabido cuándo le había llegado la hora de irse. Había dejado a mi padre, había dejado la casa del abuelo, había dejado Nueva York, y yo era siempre el beneficiario de su valentía infatigable. Había estado tan concentrado en entrar que no había sabido valorar el don de mi madre para salir. Sentado muy tieso, echado hacia delante, en el sofá del bicentenario, miraba los ojos verdes-castaños de mi madre y comprendía que todas las virtudes que yo asociaba a la masculinidad –dureza, persistencia, determinación, fiabilidad, honestidad, integridad, agallas– las ejemplificaba mi madre. Siempre había sido vagamente consciente de ello, pero en ese momento, ante la primera visión de la guerrera que había tras su gesto inexpresivo, comprendí la idea plenamente, y la expresé con palabras por primera vez: «Toda mi búsqueda, todo ese anhelo mío por desvelar el secreto de ser un buen hombre, y lo único que tenía que hacer era seguir el ejemplo de una mujer muy buena».

Aparté la vista de mi madre y la fijé en mi yo de nueve meses. ¿Cómo se había convertido ese bebé indefenso en este borracho indefenso? ¿Cómo había podido viajar tanto y acabar a sólo ciento cuarenta y dos pasos de allí, con el pescuezo retorcido por Smelly? ¿Y qué pensaba hacer al respecto? La cinta de vídeo estaba terminando. Mi madre le decía a su hijo de nueve meses algo más, algo importante, y él fruncía el ceño, interrogándola. Conocía bien ese ceño fruncido. Me levanté y me miré en el espejo de la chimenea: ahí estaba. Volví a concentrarme en la pantalla, donde mi madre sostenía la mano de su hijo y saludaba con ella a la cámara. Ahora volvía a susurrarle algo al oído, y él fruncía el ceño una vez más. Aunque él oía su voz, sus palabras, no captaba su significado.

Pero yo sí. Veinticuatro años después entendía clara y meridianamente a mi madre.

–Di adiós.

Cada uno de los hombres reaccionó de manera distinta cuando les dije, el día de Año Nuevo de 1990, que dejaba el *Times* y me iba de Nueva York. Fast Eddie no se inmutó. Don se mostró amable. Colt se lo tomó bien. General Grant le dio una calada al puro y me dijo que fuera a por ellos. Cager se sintió orgulloso. Peter me pidió que le enviara algún capítulo de vez en cuando. Joey D estaba preocupado, y me miró como miraba a McGraw cuando se iba nadando hasta el banco de arena: me iba demasiado lejos, a lo hondo. Le dije que iba a estar bien y le di las gracias por todo, y él le soltó un montón de cosas sentimentales sobre «Vosotros, los chicos», a su ratón, cosas que me habría encantado oír.

Si Smelly reaccionó de alguna manera, no me di cuenta.

Poli Bob bajó la mirada y la clavó en sus pies enormes, y meneó la cabeza.

—Esto no será lo mismo sin ti —dijo.

Pero los dos sabíamos que, conmigo o sin mí, el bar nunca volvería a ser el mismo, y de eso se trataba, precisamente.

Fuckembabe me abrazó y me dijo:

—Será mejor que remangonees la terpsícore, ¿me oyes, endiablado? Y tú siempre tranquilo con el lacayo. Y cuidado con tener la calabeza sobre los sombros. Algunaars días te fallará la trompetilla, y otras días la tendrás almidonada. ¿Me cucuchas? Pero pasee lo que pasee, ¿me estuchas?, que no oiga yo que saltas a un ebro, o que cuartas a tu nenecita en flanes, malita sea. ¿Vale? Y recuerdea, siempre recuerdea, que les den, nene.

La reacción de Dalton fue la más inesperada:

—No tienes ni idea de los horrores que te aguardan ahí fuera —dijo, señalando la ventana—. ¿Sabías que, en algunas partes de este país, la última copa se sirve a la una? ¡A la una! Ahí fuera, en sitios como Atlanta, y en Dallas, se te acercan y te quitan la copa de martini de la mano... aunque todavía quede algo.

—Intentaré tenerlo en cuenta —le dije.

Lo decía en serio. Y le indignaba que yo no me lo tomara seriamente.

—Sí, sí, tú ríete todo lo que quieras —dijo—. ¿Tú conoces eso que dicen que la gente es igual en todas partes? Pues no es verdad.

—«Pero es precisamente duro y difícil cuanto nos ha sido encomendado» —dije yo—. Rilke.

A Dalton se le iluminó la cara.

—Te irá muy bien —me dijo, dándome un codazo. Y para reforzar sus palabras, y por los viejos tiempos, añadió con ternura—: mamón.

El tío Charlie trabajaba ese día. Nos tomamos un chupito de Sambuca y le conté que me iba a visitar a mi madre, que me quedaría con ella un tiempo y que después me iría a ver a mi padre, que ahora vivía en Carolina del Norte y tenía un programa de entrevistas en la radio. Cuando el tío Charlie me preguntó por qué, le dije que había algo en mí que no funcionaba bien y que quería descubrir qué era, y que para eso tenía que ir a la fuente.

El tío Charlie expulsó el humo por la nariz. Se llevó una mano a la sien.

—Tu padre estuvo por aquí una vez —me dijo—. ¿Te lo había contado?

–No.

–Vino a Manhasset para hablar con tu madre justo después de que se separaran. Creo que quería reconciliarse con ella. Camino del tren entró a tomar algo. Un whisky escocés. A palo seco. Se sentó ahí.

Observé el taburete que me señalaba el tío Charlie. Le pregunté de qué habían hablado, qué ropa llevaba mi padre ese día, cuál había sido su actitud.

–Es curioso –dijo el tío Charlie, apoyando los codos en el bar–. Lo único que recuerdo de tu viejo es su increíble voz. Aquella voz preciosa, grave, cantarina. Qué raro, ¿no?

–En realidad no es tan raro. Yo tampoco recuerdo nada más.

El tío Charlie encendió otro Marlboro. Ni queriendo habría podido sonar más a Humphrey Bogart, y entonces lo vi claro: quería parecerse a él. Su parecido no era casual. Debía de haber empezado a imitarlo cuando era niño. Debía de haber descubierto *Casablanca*, como yo, y habría caído bajo su embrujo y habría empezado a hablar como él, a actuar como él hasta que su actuación se habría convertido en una segunda naturaleza. Aquello significaba que mi imitación ocasional del tío Charlie había sido, en realidad, una imitación de segunda mano de Bogart. Intuía lo complicadas que podían llegar a ser aquellas cadenas de imitaciones. Todos rendíamos nuestros homenajes particulares a Bogart, a Sinatra, a Hemingway, a John Wayne, al Oso Yogui, a Ulysses Grant. Y a Steve. Como todos los camareros imitaban, en parte, a Steve, y todos nosotros, en parte, imitábamos a los camareros, tal vez el Publicans era un salón de los espejos lleno de imitadores de Steve.

No me quedé hasta la hora de cerrar. Tenía que hacer el equipaje, y mi vuelo salía temprano. Le di un beso de despedida al tío Charlie. Él le dio un puñetazo a la barra y me apuntó al pecho. Avanzaba por el bar, camino de la puerta, estrechando manos, con un nudo en la garganta. Le di un abrazo a Poli Bob, otro a Cager, pero ellos no eran muy dados a los abrazos. Abrazarlos era como abrazar a dos viejos cactus.

Mantén el contacto, me dijeron.

Lo haré, dije, saliendo por la puerta. Lo haré.

Cuarenta y cuatro
Mi padre

Me moría de ganas de tomarme una copa, pero no podía pedirla. Mi padre llevaba años sin probar el alcohol, y no quería que pensara que le faltaba al respeto si me bajaba un whisky doble en su presencia. Estábamos sentados en un rincón del restaurante, tomando Coca-Cola, y yo le hablé del funeral de Steve, le conté que me había ido de Nueva York, que había pasado unos días con mi madre hacía poco. Le dije que me había encantado verla, pero que había sido un poco raro, porque vivir con mi madre, aunque fuera sólo unas semanas, me hacía sentirme como el tío Charlie, y eso me hacía sentirme mal por mí y por el tío Charlie a la vez.

No le hablé de la larga conversación que había tenido con mi madre, en la que, entre lágrimas, le había pedido perdón por no ser capaz de cuidar de ella. Había llorado con la cara pegada a su cuello, y ella me había asegurado que no era responsabilidad mía cuidar de ella, que nunca lo había sido, que tenía que dejar de sentirme responsable de ella y encontrar la manera de cuidar de mí mismo. Me hubiera gustado contárselo todo a mi padre, pero no lo hice, porque el subtexto de la historia era el legado perdurable de su desaparición, y yo seguía decidido a evitar ese tema con él.

Le hablé de McGraw, que se había graduado en Nebraska y se había trasladado a Colorado, a vivir en las montañas, con Jimbo. Yo envidiaba su intimidad, le dije, y su libertad. Mi padre gruñó algo. Mientras yo seguía hablando, mientras me esforzaba por no pensar en lo bien que me vendría ahora un whisky, intentaba no fijarme, no dejarme afectar por el hecho de que él no me hacía caso. No me escuchaba. Se mordía las pieles de las uñas, partía los bastoncitos de pan en bastoncitos más pequeños, le miraba el culo a la camarera. Finalmente se inclinó hacia ella. Por un momento pensé que se lo iba a tocar. Pero no. Le dio una palmadita en el brazo.

–¿Me traes un martini con vodka, doble? –le pidió–. Bien cargado. Con dos olivas.

Lo miré fijamente.

–Ah, claro –dijo–. No te lo había dicho por teléfono. Ahora me permito disfrutar de una copa de vez en cuando. ¿Sabes? Me he dado cuenta de que en realidad no soy alcohólico. Sí, así está bien. Cuando me da, de vez en cuando, soy capaz de disfrutar de una copa.

Repetía una y otra vez la expresión «disfrutar de una copa», supongo que porque le parecía tranquilizadoramente banal.

Al principio me alarmé pero cuando ya había disfrutado media copa, también empezó a disfrutarme a mí. De pronto me hacía caso. Me escuchaba. Y no sólo eso: también me daba consejos, me hacía reír, ponía voces graciosas. Delante de mis propias narices se estaba convirtiendo en un hombre distinto, en uno de los hombres del Publicans. Por eso lo invité a que se tomara otra. Venga, le dije a la camarera, creo que yo también voy a disfrutar de una copa.

Pasé una semana pululando por el apartamento de mi padre, leyendo sus libros, fumando sus cigarrillos, escuchando su programa de radio. Era un sueño de infancia hecho realidad, oír su voz y saber que, cuando terminara el programa, vendría a casa. Salimos a cenar, disfrutamos de bastantes copas, llegábamos tarde a casa, tambaleantes, agarrados del brazo. Oíamos canciones de Frank Sinatra, nos tomábamos la última en casa, a veces veíamos en la tele alguna reposición de *The Rockford Files*. A mi padre le encantaba aquella serie. Por todo su apartamento había viejas fotos de anuncios en las que salía él, y me di cuenta de que, en sus mejores tiempos, se parecía un poco a James Garner.

Seguía siendo un buen cocinero, y le gustaba comer bien, y después de una noche de copas, a veces le gustaba preparar algún postre, una tarta de queso con amaretto, o unos *cannoli*. Los postres estaban muy buenos, pero lo mejor era poder ayudarle en la cocina, aprender a cocinar con él. Éramos colegas, hacíamos cosas juntos, como Rockford y su padre. Yo sabía que las copas eran la causa de aquella intimidad recién descubierta entre nosotros. Pero ¿y qué? Las copas nos ayudaban a relajarnos y a vencer el sentimiento de culpa que pudiéramos albergar por querernos. Las copas nos permitían olvidar todo lo que había hecho, y todo lo que no había hecho. ¿Qué objeciones podíamos ponerle al alcohol, si el alcohol nos permitía conseguir todo aquello?

Cuando empezó el fin de semana, mi padre me dijo que quería que conociera a su novia. Fuimos a tomar algo a un bar de carretera antes de dirigirnos a su casa, una cabaña baja en medio de un bosque. Abrió la puerta y se quedó boquiabierta al vernos a los dos con los brazos pasados por los hombros, sonriendo.

—Veo que habéis empezado la fiesta sin mí —dijo.

Era tan delgada que dolía verla, toda ángulos rectos y huesos. No era guapa, pero sí atractiva. En cambio, su hija de doce años, que estaba de pie a su lado, era bastante gorda, como si se hubiera comido todos los platos que ella había dejado intactos.

Entramos en la cocina, donde la hija volvió a ocupar su sitio y siguió leyendo un libro. Era *Elige tu propia aventura*, me dijo. Cada vez que llegabas a una disyuntiva en la historia, me explicó, el libro te hacía elegir. ¿Quieres ir a la cueva prohibida? Ve a la página 37. ¿Quieres descender flotando por un río? Ve a la página 42.

—Yo sólo leo libros de la serie *Elige tu propia aventura* —me dijo—. Porque prefiero construirme mi propia historia.

Mientras mi padre preparaba la cena, su novia me llevó a conocer la casa, en un recorrido que duró tres minutos, porque no era mayor que el Publicans. En la pared del pasillo había un puzle enmarcado. La novia me lo mostró como si fuera un cuadro de Van Gogh auténtico. Al volver a la cocina, los dos nos dimos cuenta de que había ocurrido algo. Mi padre estaba cambiado. Tenía los ojos más pequeños. Las mejillas muy coloradas. ¿Le habría dicho algo la hija? ¿Habría seguido hablando de *Elige tu propia aventura* hasta sacarlo de quicio?

—¿Qué te pasa? —le pregunté.

—Nada.

La novia comentó en voz baja que mi padre tenía «cambios de humor». Craso error. Él la insultó. La hija le dijo a mi padre que no le hablara así a su madre. Él insultó a la hija. Yo intenté intervenir, intenté que se calmara, y él me dijo «Cállate la boca, joder». Yo ya empezaba a estar harto de que los hombres me hicieran callar. Le dije a mi padre que la boca se la callara él, y ése fue el momento en el que todo cambió para siempre.

Se abalanzó sobre mí. Como Smelly, mi padre tenía el cuello ancho, y barriga, y estaba sorprendentemente ágil. Yo di un paso atrás y me preparé. Esta vez sería distinto, me prometí a mí mismo. Esta vez no dejaría que el atacante me pillara por sorpresa. Cuando me había atacado Smelly, yo estaba triste, no estaba preparado. Pero ahora sentía una gran indignación, y estaba borracho. Todos los combatientes a los que había conocido pasaron por mi mente. Poli Bob, Joey D., Cager, incluso el tío Charlie moviéndose de un lado a otro frente a sus Haglers imaginarios. Intenté recordar los consejos que me había dado Joey D. sobre las peleas de bar, y todo lo que me había contado Don sobre lucha. Bajé la vista para ver si mi padre cerraba los puños, y entonces vi que tenía el cuchillo de trinchar en la mano.

En algún rincón oculto de mi mente me di cuenta de que aquél era el mismo espectro al que mi madre se había enfrentado un día: mi padre enloquecido blandiendo un arma blanca. Yo siempre había dado por sentado que sabía lo asustada que debía de haberse sentido ella, pero en realidad no tuve la más remota idea hasta que vi aquel cuchillo en la mano de mi padre. ¿Era aquélla mi ocasión para vengarla? ¿Me estaba diciendo el universo que saldara una vieja deuda desarmando a mi padre y persiguiéndolo por el bosque con ese cuchillo? Sabía que mi madre no querría en absoluto que yo hiciera algo así. «Si ella estuviera aquí me diría que me fuera corriendo.» Pero no podía. Ya no podía dar marcha atrás. Cuando mi padre diera un paso, algo malo ocurriría, y fuera lo que fuese ese algo, yo sólo estaba seguro de una cosa: el que iba a quedar de pie de los dos iba a ser yo.

Mi padre soltó el cuchillo. El filo rebotó en el suelo de madera con un estrépito estremecedor. Salió de casa corriendo, se montó en su coche deportivo y se alejó a toda velocidad. La novia me miró. Yo la miré a ella. Los dos miramos a la hija, que estaba temblando. Los tres contuvimos la respiración, esperando a que regresara en cualquier momento. Como no lo hacía, le pregunté a la novia:

–¿Puedes llevarme al aeropuerto?

–Sí, claro.

–¿Puedes llevarme antes a su casa? ¿A recoger mis cosas?

–¡Estará allí!

–No. No está allí.

Estaba seguro de que, en cuestión de minutos, mi padre estaría en algún bar, y que se pasaría mucho rato en ese bar.

Nos fuimos enseguida al apartamento de mi padre. La puerta estaba cerrada con llave, pero entré colándome por una ventana lateral. En la semana que llevaba allí casi no había deshecho el equipaje, y no tardé casi nada en meterlo todo en una bolsa. Volvimos al coche y viajamos por carreteras oscuras. Como en una película de terror, mirábamos por los retrovisores, temiendo que unos faros se materializaran detrás de nosotros. La hija iba tumbada en el asiento de atrás, dormida, o rígida de miedo. Era una noche sin luna, oscurísima, y yo sólo veía las estrellas, aunque sabía que estábamos pasando por campos de cultivo, porque olía a tierra recién arada, a estiércol, y cada pocos cientos de metros distinguía las luces amarillentas de alguna granja. Cuando llegamos al aeropuerto, la novia paró junto a la acera y levantó el freno de mano de un tirón. Permanecimos allí unos instantes, intentando serenarnos.

–¿Sabes? –dijo al fin–. Tengo que decirte que no te pareces en nada a tu padre.

–Ojalá fuera verdad.

Me despedí con un beso y le deseé suerte cuando volviera mi padre.

El aeropuerto estaba cerrado; no había vuelos hasta la mañana siguiente. Todas las tiendas y los bares también estaban cerrados. Un empleado de la limpieza pasaba una máquina de encerar por el suelo de linóleo. Me tumbé sobre una hilera de sillas de plástico de la zona de espera, y cerré los ojos. Cuando volví a abrirlos amanecía. Olía a galletas y a café recién hecho. Las tiendas subían las persianas. Me compré una hojilla de afeitar y espuma, y me metí en un lavabo. En el espejo vi una cara distinta. Allí seguía el ceño fruncido que me era familiar, pero los ojos eran más conscientes. ¿De qué? No estaba seguro.

Pensé en Bill y en Bud. Ellos me habían advertido de que la desilusión era el mayor peligro al que me enfrentaba, y tenían razón. Pero aquella mañana, libre de unas ilusiones que llevaba toda la vida albergando sobre mi padre, y sobre los hombres en general, me descubrí a mí mismo silbando mientras esparcía la espuma de afeitar por la cara, porque mi desilusión implicaba que estaba solo. Sin nadie a quien venerar, sin nadie a quien imitar. No renegaba de todas mis ilusiones, y mucho menos renunciaba a todas ellas. Algunas tardarían años en abandonarme, otras eran permanentes. Pero la labor se había iniciado. «Mi padre no es una buena persona, pero tú no eres tu padre.» Al decirle aquello a ese joven del espejo con la barba llena de espuma, me sentí independiente. Libre.

Pedí un café y me lo tomé sentado en medio del aeropuerto, bajo el tablón en el que se anunciaban las llegadas y las salidas. Tantas ciudades, tantos lugares donde empezar de nuevo... Tal vez regresara a Arizona y le contara a mi madre que le había plantado cara a mi padre. Tal vez regresara a Nueva York y viera qué cara ponían los hombres cuando entrara por la puerta del Publicans.

Y entonces aquellas cuatro palabras, curiosamente osadas, me pasaron por la mente: «Elige tu propia aventura».

Llamé a McGraw y a Jimbo en Colorado. Cuando le conté a McGraw la pelea con mi padre, se rio. McGraw había recuperado su risita. Al oírlo reírse, me eché a reír yo también, y supe dónde quería estar.

—¡Junior! —me dijo, abrazándome, apenas me bajé del avión.

—¡Jimbo! —le dije yo—, me salvas la vida.

Habían pasado sólo ocho meses desde que nos habíamos visto, pero apenas lo reconocía: más corpulento, mayor, más colorado. Ya no se parecía a la versión joven de Babe Ruth, sino a una versión joven de Steve. Había algo en sus andares que me resultaba familiar, una confianza, un hacerse cargo de la situación, y además estaba desarrollando su propia sonrisa de Cheshire.

—¿Dónde está McGraw? —le pregunté.

—Trabajando. Tu primo es el nuevo último mono del hotel local.

Me eché a reír, pero me interrumpí al momento.

—No sé de qué me río. ¿Hay algún otro puesto de último mono vacante?

Era una tarde radiante de junio. El cielo era una lámina dura de azul, el aire sabía a agua helada. Jimbo le había quitado la capota a su Jeep, y mientras nos acercábamos a las laderas de las montañas que se alzan a las afueras de Denver, el pelo se nos agitaba, indómito. Al llegar a la cima de una montaña, el Jeep soltó un estrépito repentino, atronador. Miré a mi derecha y vi que el ruido no provenía del coche, sino de un rebaño de búfalos que corría junto a la carretera. En ese momento, al mirar al frente, vi por primera vez las montañas Rocosas. Espalda de Camello era un grano comparada con ellas. Ahogué un grito, y Jimbo sonrió, como si hubiera sido él quien hubiera puesto allí aquella cordillera. Yo esperaba que las montañas, como ciertos hombres, no resultaran más impresionantes vistas desde lejos.

El motor del Jeep atronaba, y Jimbo tuvo que gritar para preguntarme por la gente del Publicans. Yo iba preparado para contarle lo que me había sucedido con Smelly, pero en ese momento me pareció que había estado a oscuras mucho tiempo, y ahora quería recrearme en aquel sol radiante de montaña, no decir nada que pudiera proyectar una sombra sobre ese instante. Además, íbamos a encontrarnos más tarde con McGraw en un bar. Ya se lo contaría a los dos a la vez.

Me recliné en el asiento y escuché la música que había puesto Jimbo: los Allman Brohers. *Blue sky.*

> *You're my blue sky*
> *You're my sunny day.*
> *Lord you know it makes me high*
> *When you turn your love my way, yeah.**

Jimbo hizo como que tocaba la guitarra, y sostuvo el volante con las rodillas, y los dos cantamos mientras el Jeep ascendía entre prados alpinos. Unos carneros, plantados en las rocas más altas, como imponentes bailarinas, nos miraban desde allí. Empezaba a sentir la cabeza como un globo sujeto de una cuerda. Jimbo me dijo que era la altitud. El Jeep gimió al pasar por un puerto empinado, que yo supuse que sería la Gran Divisoria.

–Tengo un sorpresa para ti –me dijo Jimbo. Sacó el casete de los Allman Brothers y puso otro. La voz de Frank Sinatra atronó desde los altavoces. Jimbo se echó a reír, y yo le estrujé el hombro.

Unos kilómetros más allá el Jeep se ahogó. Jimbo miró los indicadores.

–¡Mierda! –dijo. Dio un volantazo a la derecha y se detuvo en el arcén. Bajó de un salto y levantó el capó. Salía humo del motor.

---

* Eres mi cielo azul / eres mi día de sol. / Señor, ya sabes que me animas / cuando vuelves hacia mí tu amor, sí. (*Nota del traductor.*)

–Es posible que tengamos que quedarnos aquí un rato –dijo, contemplando el sol que descendía hacia el horizonte.

Parecía preocupado. Yo, en cambio, por una vez en la vida, no lo estaba. Mientras la voz de Frank Sinatra siguiera reverberando en las imponentes laderas de piedra, no me importaba lo más mínimo sentarme en el tejado de aquel astro vano, saboreando el sol. No me importaba si faltaba mucho o poco para que se ocultara tras las montañas. Por un hermoso momento –¿y quién podía pedirle más a la vida?– no necesitaba ni quería nada.

Epílogo

Keep away from porter or whiskey
Don't play anything sentimental it'll make me cry
I've got to go back to my friend
Is there really any need to ask why.

Van Morrison, Got to Go Back

Epílogo
Uno de tantos

El 11 de septiembre de 2001, mi madre me telefoneó desde Arizona para darme la noticia. Ninguno de los dos colgó, y nos mantuvimos juntos al teléfono, viendo la tele, y cuando conseguimos articular palabra nos preguntamos cuánta gente de Manhasset habría en aquellas dos torres.

La cosa fue peor de lo que nos temíamos. Casi cincuenta personas de Manhasset murieron en el atentado contra el World Trade Center, entre ellos Peter Owens, el camarero que tan amablemente me había hecho de corrector, y amigo mío. También mi primo Tim Byrne, el fuerte y carismático hijo de la prima segunda de mi madre, Charlene. Bróker de Sandler O'Neil, Tim estaba en su despacho de la planta 104 de la Torre Sur cuando el primer avión se estrelló contra la Torre Norte. Llamó a su madre y le dijo que estaba bien, que no se preocupara. Entonces se estrelló el segundo avión, y ya nadie supo más de él.

Yo vivía en Denver en aquella época. Volví en coche a Nueva York para asistir a los funerales y las ceremonias de conmemoración. Durante el viaje escuchaba programas de radio con llamadas de los oyentes, y me asombraba la cantidad de gente que llamaba no para hablar, sino para llorar. A las afueras de Saint Louis intenté sintonizar a McGraw, que participaba como invitado en un programa de entrevistas de la KMOX, una de las emisoras más importantes de Estados Unidos. Quería oír lo que tuviera que decir sobre los atentados, oír, simplemente, su voz que, creía yo, me proporcionaría algo de alivio. Había perdido el contacto con McGraw. Cuando los abuelos enfermaron, varios años después de que yo me fuera de Nueva York, mi madre y la suya se habían peleado sobre quién debía hacerse cargo de ellos, y la dureza de aquella pelea, que acabó en los tribunales y no terminó hasta que los dos murieron en 1997, dividió en dos a la familia. McGraw y sus hermanas, incluida Sheryl, ya no me hablaban, porque ellos habían apoyado a su madre, y yo a la mía. Mientras atravesaba Missouri en plena noche, recorría la frecuencia de un lado a otro, y durante un momento me pareció que había encontrado a McGraw en aquella confusión de sollozos y de voces. Pero después lo perdí.

Apagué la radio y llamé a todos mis conocidos de Nueva York. Mi compañero de habitación me dijo que Dave Berray –aquel alumno de Yale tan extraordinariamente seguro de sí mismo al que yo había apodado Jedd Reencarnado– había muerto en los atentados. Tenía mujer y dos hijos pequeños. Llamé a Jimbo, que estaba viviendo a las afueras de Nueva York.

–¿Te acuerdas de Michelle? –me preguntó. Yo llevaba años sin hablar con ella, pero veía su cara con la misma nitidez que el anuncio de Coca-Cola que tenía delante–. Su marido está desaparecido –me dijo Jimbo.

–¿Tiene hijos? –le pregunté.

–Uno.

Cuando llegué a Huntington, Long Island, al apartamento que Tim le había comprado a su madre, la tía Charlene estaba llorando con un llanto que se notaba que duraría años. Pasé la semana con ella, intentando ayudarla, pero la única manera de ayudar a la tía Charlene y a los Byrne era poner palabras a su pérdida. Escribí un reportaje para el periódico en el que trabajaba, *Los Angeles Times*, sobre Tim, explicando que él se había hecho cargo de su familia tras la muerte de su padre. Aún recordaba aquel funeral, durante el que Tim había cargado con casi todo el peso del ataúd, y conté que se había responsabilizado casi por completo del bienestar de su madre. Así había seguido después, ayudando y guiando a la tía Charlene tanto económica como emocionalmente, siendo la clase de hijo que yo me esforzaba por ser. Sobre todo, había sido un patriarca para sus hermanos. Había ocupado el vacío dejado por su padre, y se había convertido en su padre, y entre las escalofriantes coincidencias que rodeaban la muerte de Tim, la más insólita era que su padre había nacido un 11 de septiembre.

Al término de aquella semana cruel quedé con Jimbo y asistimos juntos a la ceremonia en recuerdo de Peter. Cuando Jimbo aparcó delante de mi hotel y lo vi, me quedé mudo. Había perdido el contacto con él, como con todos los demás del Publicans, y después de varios años sin verlo no daba crédito a la metamorfosis que lo había llevado a ser una réplica de

Steve, con su cara roja. De hecho, parecía estar luchando con el punto en que la identidad de Steve terminaba y empezaba la suya. Me contó que ya había abierto un bar al que había llamado Dickens, que no le había ido bien, y que estaba pensando en intentarlo de nuevo.

Mientras nos dirigíamos a la iglesia en su coche, hablamos de Steve, porque la escena nos recordaba mucho a su funeral. Había gente que llegaba de todas partes, muchos más de los que aquella iglesia podía acoger. Reconocí muchas caras, entre ellas la de un hombre que parecía una versión de Colt en viejo. Y de hecho era una versión de Colt en viejo. No sé por qué, pero venía caminando por el medio de la calle. Jimbo y yo lo saludamos con la mano, y aquel Colt de pelo canoso nos devolvió el saludo, como en un sueño.

Jimbo aparcó y nos acercamos corriendo a la iglesia. Un esfuerzo inútil, porque todos los bancos estaban ocupados, y la gente no cabía por las puertas. El primer escalón parecía la barra del Publicans alrededor del año 1989: Cager, Joey D., Don. Los abracé y les estreché la mano. Una vez dentro, oímos al padre de Peter contener las lágrimas mientras pronunciaba sus palabras de recuerdo. Nos pusimos de puntillas para ver mejor. El padre de Peter se emocionó tanto que no pudo seguir hablando, y nosotros apartamos la mirada.

Después, Jimbo y yo nos encontramos a Georgette, la viuda de Steve, donde antes había estado el Publicans. Las deudas de Steve habían resultado ser mayores de lo que creíamos, y el negocio se había hundido más deprisa de lo que temíamos, pero Georgette había resistido más de lo que todos creían posible. Lo había intentado todo, incluida la contratación de grupos de rock para que tocaran en directo, pero finalmente, en 1999, se había desprendido del local. Con todo, mucho antes de venderlo, había tenido que despedir al tío Charlie. Georgette me contó que el tío Charlie no podía trabajar para nadie que no fuera Steve. La antipatía de que hacía gala se había convertido en otra cosa, en algo que ya no era divertido, en algo que sólo resultaba desagradable.

También se había convertido en un mal cuidador de la casa del abuelo, peor aún que el abuelo. Desde que vivía solo en ella, había provocado dos incendios fortuitos, o tal vez algunos de sus acreedores le hubieran pegado fuego a la casa a propósito. En el pueblo me llegaron todo tipo de rumores. Cuando la casa, afectada por el fuego, se vendió, el tío Charlie se fue de Nueva York, se sumió en una jubilación incierta hasta que desapareció del todo. Supongo que, en el fondo de mi mente, yo siempre había temido que el tío Charlie pudiera desaparecer, que se convirtiera en un miembro más de mi familia en hacer un mutis misterioso y teatral. Aun así, cuando desapareció, cuando sencillamente se esfumó un día, me causó un gran asombro.

Los nuevos propietarios del Publicans le habían cambiado el nombre al bar. Ahora se llamaba Edison's, y lo habían remodelado sutilmente, pero en muchos aspectos. Me sentía como si acabara de encontrarme a un viejo amigo que se hubiera sometido a una cirugía estética innecesaria.

–Al menos la barra larga sigue ahí –dijo Jimbo, pasando la mano por la madera.

–Y los mismos taburetes –dije yo.

Nos sentamos en el rincón de Peter, brindamos por su recuerdo. Yo, con ginger ale.

–¿No tomas alcohol? –me preguntó Jimbo.

–No.

–¿Desde cuándo?

–Desde hace diez años. Lo creas o no.

No entré en detalles. No quise enumerar todas las razones por las que beber –junto con fumar, y apostar, y la mayoría de mis demás vicios– había perdido su atractivo para mí tras mi marcha del Publicans. No quise contarle a Jimbo que dejar de beber había sido algo así como crecer, y viceversa. No quise decirle que «beber» y «seguir intentándolo» eran dos impulsos opuestos, y que cuando uno paraba, el otro, automáticamente, se iniciaba. No quise decirle que a veces, de noche, muy tarde, cuando me acordaba de Steve, notaba una sensación de frío en la boca del estómago, porque me preguntaba si habría muerto por nuestros pecados. Si él hubiera seguido viviendo, yo habría seguido viviendo en su bar y, tal vez, un bar en Manhasset no era, en el fondo, el mejor sitio para mí. Un asiduo al Publicans me decía muchas veces que beber es la única cosa en la que no se mejora con la práctica, y cuando me alejé del Publicans, comprendí al fin la sensatez que encerraba aquella afirmación. No le conté a Jimbo nada de todo eso porque no sabía cómo contarlo. Y sigo sin saberlo. Decidir que dejaba de beber fue lo más fácil que he hecho nunca. Describir cómo lo hice, y por qué, saber si alguna vez volveré a beber, me resulta mucho más difícil.

Pero si no le conté nada de todo aquello a Jimbo fue, sobre todo, porque no quería profanar el Publicans. Tras los atentados del 11 de septiembre, sentía una inmensa gratitud por todos y cada uno de los minutos que había pasado en el bar, incluso por los que lamentaba. Sabía que era una contradicción, pero no por ello era menos cierto. Los atentados complicaban mis ya contradictorios recuerdos del Publicans. Como los lugares públicos se habían convertido de pronto en blancos sensibles, yo no sentía más que cariño por un bar que se había creado con la idea, ya anticuada, de que uno se siente más seguro rodeado de otra gente. Con mi traje negro, sentado entre las ruinas del Publicans, adoraba aquel viejo bar más que nunca.

Le pedí a Georgette que me contara cómo había sido la última noche oficial del Publicans.

–Bueno, lloraron todos –me dijo, sobre todo Joey D., muy afectado por tener que retirarse temprano.

Joey D. llegó a ser maestro de una escuela pública del Bronx. De cuarto. Según me contó él mismo luego, en su primer día de clase escribió su nombre en la pizarra y empezó a pasearse por el aula. «Todos me miraban –me dijo–, y yo pensé: vamos, puedes hacerlo. Puedeshacerlo.» «Se había pasado la vida contemplando un mar de caras sedientas, y ahora se enfrentaba a un muro de caras hambrientas de conocimiento. Sería un buen maestro, pensé. A los niños les fascinaría su ratón. Y ay del pequeño gamberro que armara pelea en el patio de Joey D...

Según nos contó Georgette, Fast Eddie insistió en ser el único que invitara a los demás a la última ronda servida en el Publicans. Cuando se hubo lavado el último vaso, cuando el último cigarrillo se hubo apagado, General Grant apagó las luces y cerró las puertas con llave. No me costaba imaginar su puro flotando en el bar, a oscuras, como la luz de freno de una moto en una carretera rural. Me fijé en las mesas, en los bancos corridos, en los taburetes; todos estaban vacíos, pero yo oía las risas. Oía las voces de aquella última noche, de todas las noches, de todas las décadas pasadas. Pensé que nosotros, antes, perseguíamos el Publicans, y que ahora el Publicans siempre nos perseguiría a nosotros.

Georgette pidió otra copa de vino. Jimbo y yo nos pedimos unas hamburguesas con queso. Ya no sabían igual, porque Fuckembabe y Smelly no estaban en la cocina preparándolas. Fuckembabe estaba muerto, y Smelly trabajaba en un local de Garden City. Pregunté por Bobo. Ni Jimbo ni Georgette sabían dónde había ido, ni qué había sido de él.

Georgette me preguntó por mi madre. Le dije que le iba bien, que seguía viviendo en Arizona, y que aunque luchaba contra la fatiga y contra otros problemas de salud, esperaba poder jubilarse pronto. Entonces Georgette me preguntó por mí. ¿Qué había estado haciendo con mi vida en los últimos once años? Le conté que en 1990, tras unos meses viviendo con Jimbo en las montañas Rocosas, McGraw y yo nos habíamos trasladado a Denver. Yo había conseguido trabajo en el *Rocky Mountain News,* donde había pasado cuatro años aprendiendo los rudimentos del periodismo que me habían faltado durante mi paso por el *New York Times.* McGraw había regresado a Nebraska y había encontrado trabajo en una emisora de radio muy pequeña. Allí venció su tartamudeo y descubrió su verdadera vocación. Siempre fue un buen conversador, dijo Georgette sonriendo. Un encantador, dije yo. Un payaso, dijo Jimbo. Pero ahora era una estrella. Su risita podía oírse en cuarenta estados.

En 1994 había empezado a trabajar para *Los Angeles Times,* y en 1997 fui ascendido a corresponsal nacional con base en Atlanta. Desde allí, en el año 2000, me había trasladado a Harvard becado en la cátedra de Periodismo. Allí había retomado mi libro sobre el Publicans, que decidí escribir como obra de no ficción. Como siempre, el libro me esquivaba. Cuando terminó mi beca, los jefes de redacción del *Times* me habían pedido que fuera su corresponsal de la zona oeste, y que cubriera la zona de las montañas Rocosas desde Denver. Acababa de llegar a aquella ciudad de visita, para ver si me veía viviendo allí, cuando se había producido el atentado contra las Torres Gemelas.

–El futuro no se puede predecir –dijo Georgette a media voz.

Le dije que creía que yo sí podía predecirlo. La noche en que me fui del Publicans para siempre, había alardeado ante Cager, Dalton y el tío Charlie de que había dos cosas que tenía claras sobre mi futuro: nunca viviría en California, ni en el sur de Estados Unidos. Cuando me convertí en corresponsal de la región sur para *Los Angeles Times,* supe que el universo había oído a escondidas aquella conversación nuestra en el Publicans, y que el universo tenía un sentido del humor muy peculiar. Georgette sonrió de oreja a oreja. Cierto, dijo.

Empezaba a oscurecer. Georgette debía regresar a casa. Jimbo y yo la acompañamos hasta el aparcamiento. Nos dio un beso a cada uno y dijo que Steve habría estado orgulloso de cómo nos habían ido las cosas. A ver si seguimos en contacto, dijo.

Claro que sí. Claro que sí.

No podía irme a Denver. Aún no. No podía dejar la Costa Este sin antes escribir algo sobre mi pueblo, sobre cómo había cambiado tras los atentados. Mantuve mi apartamento en Harvard, pero básicamente vivía en Manhasset, en un hotel de las afueras, y me pasaba los días recorriendo Plandome Road, entrevistando a desconocidos, retomando la relación con viejos conocidos. Supe que la mayoría de los asiduos al Publicans se reunían ahora en otro antro de la misma calle. Me instalé allí durante la *happy hour* y, uno a uno, los vi entrar por la puerta, algo más viejos, algo más tristes. Había vuelto a leer *David Copperfield*, para distraerme, para consolarme, y me acordé de una frase que aparece hacia el final de la novela, cuando David se lamenta de los «restos errantes» de su orfanato.

Entró DePietro con traje negro, que volvía de asistir a su vigésimo funeral. Don, también de luto, dijo que conocía a un hombre que ya había estado en cincuenta. Charlamos durante horas, y alguien, en el bar, me contó que las cenizas de las torres habían llegado hasta allí flotando por el agua. Pensé en las orillas pantanosas que se extendían a las afueras de Manhasset, y que Fitzgerald había bautizado como «el Valle de las Cenizas». Ahora, aquella descripción suya resultaba una espantosa profecía.

Les pregunté por Dalton. Don y él habían dejado de ser socios, y a Don le iba muy bien solo, encima de Louie el Griego. Lo último que había sabido era que Dalton estaba en alguna parte de Mississippi, intentando acabar un libro de poemas.

Entró Cager, que estaba igual, aún pelirrojo, aún asomado bajo lo que parecía ser su misma visera. Me estrechó la mano y me preguntó cómo estaba; y si todavía jugaba al béisbol.

—No —le dije—. He dejado de hacer cosas que se me dan mal.

—Pero en cambio sigues siendo escritor —replicó.

Me dio una palmada en la espalda y quiso invitarme a una copa, y no se burló de mí cuando pedí una Coca-Cola.

Hablamos del estado del mundo, y todos los hombres del bar se suma-

451

ron a la conversación, mientras en los televisores del bar se sucedían las imágenes de las torres en llamas, y de gente con fotografías en las manos de sus seres queridos, que seguían desaparecidos. Me di cuenta de que nuestra conversación nos conducía enseguida hasta los ochenta, y no sólo porque aquél era nuestro vínculo común. Todos éramos expertos en idealizar lugares, y tras el 11 de septiembre sólo nos quedaba un sitio que idealizar, un sitio que nunca podría desilusionarnos: el pasado. El único que no quería hablar del pasado era Colt, porque no lo recordaba.

–A mí no me habléis de los ochenta –dijo–. No estuve allí.

Aquella noche, más tarde, cuando me encontraba entre Cager y Colt, sentí que alguien me plantaba una pesada mano en el hombro. Me volví. Poli Bob. Tenía el pelo totalmente blanco, y parecía exhausto.

–¿De dónde sales tú? –le pregunté.

–De la Zona Cero.

–Sí, claro.

Se sentó a mi lado y me miró a los ojos, muy hondo.

–¿Cómo estás? –le pregunté.

–Después de veinticinco años en el cuerpo, creía que ya lo había visto todo.

Siguió mirándome fijamente, y entonces cerró los ojos y meneó la cabeza despacio, de lado a lado.

Pasado un tiempo, me armé de valor y llamé a Michelle. Le dije que me había enterado de lo de su marido, y le pregunté si podía hacer algo por ella. Me dijo que le vendría bien tomarse algo conmigo. Me fui en coche hasta la casa de sus padres, donde se había instalado con Matthew, su hijo de once meses, tras los atentados. Michelle abrió la puerta. Estaba exactamente igual. Matthew, que se ocultaba tras sus piernas, tenía sus mismos ojos castaños con aquel punto canela en el centro. Me miró como si nos conociéramos, y en cierto modo así era. Su cara era la de quien ha visto salir a alguien importante de la habitación y se pregunta cuándo va a volver.

Llevé a Michelle a cenar a Port Washington, y allí me habló de su marido, Mike Lunden, un asesor energético al que le encantaban las pajaritas, los puros, el hockey, las bodas, Chicago y los buenos vinos... y ella. Me habló de su noviazgo, de su boda feliz. Me dijo que aunque vivían en un estudio con su bebé recién nacido, nunca jamás se hartaban el uno del otro. A medida que hablaba, constataba que ella era una licenciada más en la Academia de Cuentacuentos del Publicans: tan pronto me arrancaba una carcajada como lograba que se me formara un nudo en la garganta.

Me preguntó por mí. ¿Me había casado? Le dije que había estado a punto una o dos veces, pero que antes tenía que crecer un poco. Además, me había llevado mucho tiempo superar mi primer amor.

–Ah, claro –dijo ella–. ¿Y qué ha sido de...?

–Sidney. –Carraspeé–. Me llamó un día, de repente, al saber que vivía en Harvard. Quedamos para cenar.

–¿Y?

–Estaba exactamente igual que siempre.

–¿Y?

–Yo había cambiado.

Sidney me había contado, con tacto pero sinceramente, su decisión de no escogerme a mí unos años antes, y la justificó alegando que le había dado miedo estar con un hombre tan entusiasmado por un bar. Yo le dije a Michelle que creía que Sidney había hecho bien de sentir aquel recelo.

Después de cenar me llevé a Michelle a tomar una copa (mejor tomar algo) en el local donde había estado el Publicans. Nos sentamos en la mesa más cercana a la puerta, y noté que Michelle se animaba un poco, muy poco, a medida que los recuerdos iban regresando a su mente. Aun así, sus pensamientos volvían enseguida a su marido. Era tan bueno, me dijo, y repetía varias veces aquellas palabras, «tan bueno». Y estaba tan entusiasmado con Matthew, me dijo. Ahora Matthew sólo lo conocería por las cartas, por las fotos, por lo que le contaran. Le preocupaba que su hijo creciera sin padre, que ese vacío acabara por definirlo.

–Al menos tendrá a sus tíos –dijo, suspirando–. Está loco con ellos. Y en el colegio conocerá a tantos otros niños que han perdido a sus padres, que no creo que se sienta... distinto.

Me apoyé en el respaldo del banco. Hasta ese momento no se me había ocurrido: Manhasset, donde en otro tiempo yo me había sentido el único niño sin padre, era ahora un pueblo lleno de hijos sin padres.

* * *

Llevaba meses trabajando en mi relato sobre Manhasset, yendo y viniendo entre mi apartamento de Harvard y mi habitación de hotel de las afueras, y mis jefes de redacción me recordaban que se me acababa el tiempo. Me necesitaban en Denver. Finalmente, me senté a escribir. Escribí sobre los funerales, que seguían celebrándose meses después. Escribí sobre el estado de ánimo que se respiraba en Plandome Road, donde bares e iglesias estaban mucho más concurridos que de costumbre. Escribí sobre la viuda que no era capaz de ir a buscar el coche de su marido, que seguía en la estación de tren. Semana tras semana, el coche seguía allí, cubierto de velas y cintas y notas de apoyo y de amor. De vez en cuando ella se presentaba en el aparcamiento e intentaba sin éxito llevarse el coche, y la gente de Plandome Road la veía sentada al volante, mirando al frente, sin poder girar la llave en el contacto. Escribía en un arrebato, como en trance, sobre mi pueblo, y era la primera vez que experimentaba la escritura como catarsis. Las palabras salían solas, no me costaba ningún esfuerzo encontrarlas. Lo difícil era pararlas.

Cuando terminé el primer borrador, salí en coche a dar una vuelta. Hice una primera parada en el Memorial Field, me senté al sol, ebrio de nostalgia y cansancio. Al fijarme en el diamante del campo de béisbol me acordé de que había visto a los jugadores de sóftbol del Dickens, por primera vez, cuando tenía siete años. Recordé todos los partidos de la Liga Menor con McGraw, y nuestros trascendentales entrenamientos de cuando teníamos veintipocos años. Salí de mi ensoñación cuando cuatro personas llegaron y se pusieron a jugar al baloncesto. Eran tres hombres y un niño de unos once años. El niño tenía los ojos grandes, brillantes, la sonrisa traviesa, y por su manera de relacionarse con los hombres se notaba que no era familiar de ninguno de ellos. Empezaron a jugar dos contra dos. El pequeño, que llevaba unas gafas de vidrios gruesos, no se movía mucho. Pero era rápido, y decidido, y no se dejaba comer el terreno. Los hombres habían salido sólo a hacer algo de ejercicio, pero el chico estaba viviendo una experiencia que recordaría siempre. Tal vez él pensara lo mismo, y por eso no estaba atento cuando uno de los hombres, sin mirarle, le lanzó un pase. La pelota le dio en un lado de la cara, le arrancó las gafas, y él se detuvo en seco. Los hombres se acercaron corriendo a él.

–¿Estás bien? –le preguntaron.

–Sí, bien –respondió él tímidamente, frotándose la zona en que la pelota le había dejado una marca.

–Eh –dijo uno de los hombres–, que es un tipo duro.

Y los demás aplaudieron y le dieron palmaditas en la espalda, y el niño los miró a los tres, uno a uno, con tal gratitud, con un amor tan intenso, que a mí se me saltaron las lágrimas.

Me monté en el coche, me fui hasta Shore Drive y contemplé el mar. El propietario de la casa más impresionante de primera línea había muerto en los atentados. Había llamado a su mujer minutos antes de fallecer, y se decía que ella no salía de aquel palacio que tanto se parecía a los de *El gran Gatsby*, que vivía perseguida por el sonido de su voz. Seguí la ruta que mi madre y yo tomábamos cuando, en nuestro T-Bird, íbamos de Shore Drive hasta Plandome Road, y desde allí a Shelter Rock. En todo el recorrido se veían banderas de Estados Unidos a media asta en todas las ventanas, y cintas amarillas atadas a muchos árboles. Seguí conduciendo hacia el este, hasta casa de la tía Charlene, y pasé la tarde con ella, tomando café y viendo un vídeo de Tim durante su ceremonia de graduación en Syracuse.

Aquel precioso anochecer de invierno, mientras regresaba al hotel, iba oyendo la radio en el coche. En la emisora local más conocida sonaba el *Claro de Luna* de Debussy. Me emocionaba siempre que escuchaba aquella pieza, que me había dado a conocer Bud. Pero aquella noche me resultaba tan triste que casi no podía soportarla. Bud me había explicado que aquél era el retrato musical que Debussy le había dedicado a la luna, pero de pronto a mí me parecía una canción sobre el recuerdo, sobre el sonido sobrenatural que emite el pasado cuando regresa flotando hasta nosotros. Cambié de emisora y di con un hombre que enseñaba a preparar los «*cannoli* perfectos». Era divertido, y daba las recetas con un acento italiano exageradísimo. No pude evitar soltar una carcajada. Era mi padre. Hacía años que no hablábamos. Había oído que estaba en Nueva York, pero no sabía que tenía un programa de cocina los domingos por la noche. Estuve tentado de llamar, pero la tentación pasó. Murió tres semanas después.

No fui capaz de asistir al funeral, por muchas razones, pero sobre todo porque no me veía con fuerzas de enfrentarme al ataúd abierto. Lo que sí hice fue acercarme días después al Cementerio Nacional de Calverton, situado en el extremo más oriental de Long Island, un bosque de cruces blancas. Era un día frío de febrero, y un viento gélido soplaba desde el mar. La oficina estaba cerrada, pero una máquina me dijo que mi padre estaba en la Sección 23, Zona de Tumbas 591. Nunca me había resultado tan fácil encontrarlo.

La Sección 23 era la más nueva del cementerio. Se me encogió el estómago al ver bastantes sepulturas abiertas, a la espera. Caminaba, leyendo los nombres, hasta que me encontré con una tumba sellada hacía poco tiempo. John Joseph Moehringer, Soldado de la Fuerza Aérea. En su día, mi madre me había contado que se había cambiado legalmente el nombre y que había pasado a llamarse Johnny Michaels, y también que había sido marine. Dos mentiras reveladas por una lápida. Me metí las manos en los bolsillos, me subí el cuello del abrigo para protegerme del frío. Bajé la vista y volví a leer el nombre de mi padre, y vi las huellas recientes de los hombres que lo habían enterrado, e intenté pensar en algo que decir, pero no pude. Me quedé allí en silencio una media hora, esperando las palabras, y las lágrimas. Pero no llegaban.

–Bien –dije finalmente, volviéndome para irme–. Espero que estés bien, papá. Espero que hayas encontrado algo de... paz.

No sé por qué fue esa palabra la que desencadenó el llanto, pero las lágrimas brotaron torrencialmente, tan de repente, con tal violencia que tuve que acuclillarme. Meciéndome hacia delante y hacia atrás, cubriéndome la cara con las manos, sentía que aquellas lágrimas no tenían fin, que podría seguir llorando todo el día y toda la noche si no me obligaba a parar. Me sentía avergonzado, y me preocupaba la fuerza de mi reacción.

–Siento hacer esta escena en tu..., siento hacer esta escena –le dije a mi padre.

El viento silbaba entre las hojas muertas, en las ramas de los árboles. Era un sonido que recordaba al ruido estático. En algún lugar de aquel ruido blanco está tu padre. Me esforcé por creérmelo. Intenté oír la voz de mi padre diciéndome... ¿Qué? ¿Que lo sentía? ¿Que lo entendía? ¿Que estaba orgulloso de mí? ¿Que era normal sentir tristeza por un padre? ¿Que todos nos sentíamos así, y que esa tristeza forma parte del arduo trabajo de la masculinidad? Eran vanos deseos, oír aquellas cosas, oír su voz, pero mientras me alejaba del cementerio me concedí a mí mismo ese último deseo.

* * *

Me despedí de la gente del Publicans. En muchos sentidos me resultó más duro entonces de lo que había sido hacía unos años.

¿Cuándo vuelves?, me preguntaban.

Tardaré un poco, respondía yo con tristeza.

Esta vez no desaparezcas, me decían.

No desapareceré, no.

Les prometí a mis jefes de redacción que tendrían el reportaje sobre Manhasset a finales de semana. Antes de entregarlo debía hacer una última cosa. Debía conseguir una última entrevista. Había un hombre de Manhasset que se llamaba Roko Kamaj y que se dedicaba a limpiar los cristales de las Torres Gemelas, y que estaba en su puesto de trabajo cuando los aviones se estrellaron en ellas. Su hijo de veintitrés años, Vincent, seguía viviendo allí. Detrás mismo de Saint Mary.

Le telefoneé y le dije que estaba escribiendo un reportaje sobre mi pueblo y sobre cómo había cambiado para siempre.

Se resistía a colaborar conmigo. Los periodistas ya habían hablado de su padre, me dijo, y la mayoría lo había hecho mal. Muchos incluso habían escrito mal su apellido. Yo le prometí que al menos eso lo haría bien. Le supliqué que me atendiera. Él aspiró hondo.

–Está bien –dijo al fin–. ¿Dónde?

Le propuse algunos restaurantes de Port Washington. Le sugerí que nos encontráramos en Louie el Griego. Le mencioné varios locales que quedaban cerca de su casa, y otros que quedaban algo más alejados. Él no decía nada. Yo me callé. Finalmente dijo:

–Hay un sitio al que van mis amigos, y les gusta.

–Sí, donde tú digas. ¿Cómo se llama?

–¿Te acuerdas del viejo Publicans?

Agradecimientos

Como a su autor, a este libro lo han rescatado varias personas extraordinarias.

En primer lugar Sloan y Roger Barnett. Su amor y su generosidad desde el principio hicieron que cambiara todo. Cuando mi obra era sólo una idea sin forma, me presentaron a Mort Janklow, el arcángel de los agentes literarios, que desde el primer momento entendió la historia que quería contar. Me acogió, me alentó y me ordenó que escribiera una propuesta de libro. Y no sólo eso, sino que me enseñó a hacerlo. Estaré eternamente en deuda con él.

Fue Mort Janklow quien me puso en contacto con Jeff y Tracy Smith, los Nick y Nora de Water Mill. Ellos me regalaron recortes de frases de Somerset Maugham para que los pegara a la pantalla de mi ordenador, que me permitieron instalar en su casa vacía, Pond House, donde escribí una primera versión mientras asistía al deshielo de su estanque.

Durante mi estancia en la casa realicé gran parte de mi trabajo de campo, visité Manhasset muchísimas veces, entrevisté a la mayoría de la gente que figura en estas páginas. Doy las gracias a Poli Bob, Cager, Colt, Dalton, DePietro, Don, Georgette, Joey D y Michelle. Ellos, así como muchos otros asiduos al Publicans, dedicaron horas a confirmar o corregir mi memoria, y me ayudaron a recrear conversaciones mantenidas hace mucho tiempo. También me dieron permiso para usar sus nombres verdaderos y contar sus historias. (Sólo tres de los nombres que aparecen en el libro se han cambiado: Lana, Magdalena y Sidney.)

A medida que los borradores iban progresando, se los mostré a un grupo de lectores atentos y considerados. Jackie Griggs, Bill Husted, Jim Locke, McGraw Milhaven, Jim Newton, Emily Nunn y Amy Wallace me ayudaron extraordinariamente. Le debo un agradecimiento especial a John

Stauffer, profesor de Harvard, que me proporcionó una lista de libros de memorias poco conocidos para que los leyera, y pasó conmigo largas tardes de invierno en su despacho del campus hablándome del género de las memorias en Estados Unidos. Las horas que pasé con él se cuentan entre las más agradables de mi vida.

Desde el principio, mis editores de *Los Angeles Times* –John Carroll, Dean Baquet y Scott Kraft– demostraron una paciencia, un interés y un apoyo inquebrantables, y llegaron a concederme un permiso para que me dedicara a la escritura del libro en un momento en que resultaba de lo más inoportuno. Nunca podré agradecérselo lo bastante.

En un momento de especial incertidumbre tuve la suerte de conocer al director editorial de Hyperion, Will Schwalbe, que me encarriló con una breve tutoría sobre «arquitectura» del relato. Otro encuentro fundamental fue el que mantuve con Kit Rachlis, editor de *Los Angeles Times*. El Maestro en persona me ayudó a poner, al fin, el punto final.

En el campo de la comprobación de datos, la portavoz de Yale Dorie Baker, y la decana de Saybrook Lisa Collins se mostraron amables, discretas e infatigables. Las dos encarnan el espíritu de Yale.

A lo largo de todo el proceso, me alentó, me guio, me hechizó, me estimuló, me educó, me deslumbró y me corrigió, como nunca hasta entonces, la milagrosa Peternelle van Arsdale, mi editora de Hyperion. Tan excepcional y sinfónica como su nombre, consiguió dos cosas que nadie había conseguido: me hizo creer en la historia y, por la sola fuerza de su fe, me hizo seguir escribiendo.

Finalmente, mi madre. A pesar de ser una mujer reservada, respondió a centenares de preguntas mías con sinceridad, y con una precisión asombrosa. Me permitió escribir sobre algunos de los momentos más duros de su vida, y compartió conmigo diarios, fotografías, casetes y cartas recopilados durante décadas, sin las que tal vez este libro no habría sido posible Y, sobre todo, cuando yo perdía el norte, ella era el faro que me guiaba de nuevo hacia las palabras, las palabras sencillas. Al escribir este libro, tanto como al venir a este mundo, he tenido la gran suerte de tenerla a ella como fuente principal.

Esta primera edición de *El bar de las grandes esperanzas*
de J.R. Moehringer se terminó de imprimir en *Grafica Veneta*
S.p.A. di Trebaseleghe (PD) de Italia en diciembre de 2021.
Para la composición del texto se ha utilizado la tipografía Celeste
diseñada por Chris Burke en 1994 para la fundición FontFont.

Duomo ediciones es una empresa comprometida con el medio
ambiente. El papel utilizado para la impresión de este libro
procede de bosques gestionados sosteniblemente.

Este libro está impreso con el sol. La energía que ha hecho posible
su impresión procede exclusivamente de paneles solares.
Grafica Veneta es la primera imprenta en
el mundo que no utiliza carbón.